D1690729

Turfgeschichten

Traute König

Turfgeschichten

Heiteres und Kurioses vom Galoppsport

Fotos:

Hannelore Menzendorf	14
Frank Sorge	12
Frank Nolting	11
Jörg Tuchel	7
Udo Schmidt	6
Ruth Bauermeister	4
Marc Rühl	4
Volker Wessbecher	2
privat	115

Titelfotos

Frank Sorge	3
Frank Nolting	1

Traute König, 1998
63303 Dreieich, Waldstr. 51
Tel./ Fax 06103-82785
Satz & Bildbearbeitung: Jens Tinz
Frotscher Druck, Darmstadt
ISBN 3-00-002465-4

Inhaltsverzeichnis

Einleitung		7
Der schwarze Graf	Franz Felix Schreiner	13
Alles stinknormal	Jutta Mayer	41
Der Lokalmatador	Erich Pils	47
Klein ist normal	Mario Hofer	71
Zweimal um die Erde	Erwin Schindler	77
Guten Morgen, ihr lieben Pferde	Peter Lautner	89
Katrin war Soldat	Uwe Ostmann	113
Respekt verschafft	Peter Rau	127
Der rote Teppich	Norbert Sauer	143
Der verhinderte Elektriker	Uwe Stoltefuß	155
Magie oder Schicksal	Georg Bocskai	169
Die jüngste Legende	Peter Schiergen	179
Das Glück verspielt!?	Uwe Mathony	197
Endlich zu Hause	Terence Kelleher	211
Ein Mädchen gibt nicht auf	Cecilia Wolf	219
Aller guten Dinge sind drei	David K. Richardson	227
Der Mann fürs Kleine	Ralf Suerland	241
Totes Rennen	Clemens Zeitz	251
Alleingang	Manfred Weber	267
Zur rechten Zeit - die Russen	Rudolf Lehmann	275
Der Nachzügler	Werner Bauermeister	303
Platzgeld!	Hans Pförtke	311
Westkontakt verboten	Klaus Neuhaus	319
Der Widerspenstige	Lutz Pyritz	345
Vom Rennrad aufs Rennpferd	Alfred Lehmann	357
Keine zwei linken Hände	Rainer Kalmus	367
Das Bild über meinem Bett	Ute Thom	381
Mein Freund Tao	Sven Hoffmann	391
Ein Rennpferd für die Lindenstraße	Wolfgang Grönebaum	407
Fotograf und Abenteurer	Frank Nolting	417

Nachtrag zu »Laufen muß der Bagge«
und Einleitung zu »Turfgeschichten«

Ein Buch über den Galoppsport schreiben! – Das war doch ganz einfach. »Laufen muß der Bagge« hieß es, nach einem Ausspruch des legendären Hoppegartener Trainers Pan Horalek.
Es sollte kein Standardwerk des Galoppsports werden, sondern ein lebendiges Buch, das den Rennbahnbesuchern einen Blick hinter die Kulissen des Turfgeschehens erlaubt. Es sollten Menschen vorgestellt werden, die ihr Leben diesem schönen Sport verschrieben haben.

Traute König

Also, zwei Jahre lang ermittelt, damit möglichst verschiedene Biographien zusammenkamen.

Es machte auch Spaß – mit meinem Ehemann Peter – im ausgebauten VW-Transporter in ganz Deutschland herumzufahren.

Termine wurden ausmacht! Wenn man Glück hatte, erinnerte sich der Interviewpartner sogar daran. Wenn nicht, mußte man eben ein paar Stunden warten, bis er mal Zeit hatte.

Wieder zu Hause hieß es: Kassetten abhören und Originalton schreiben. Dann: sichten, ordnen – Überflüssiges entfernen – Fehlendes nachtragen – und erneut schreiben.

Immer wieder: lesen und korrigieren.

Endlich konnte der Text zum Lektorieren gegeben werden. Dann das gleiche Spiel: Korrekturen eingeben, wieder lektorieren.

Warum sind immer noch Fehler drin? Jetzt reicht's – das Manuskript ist fertig.

Nun brauchte man nur noch einen Verleger. Ein Bekannter wußte Rat, und gab mir eine Visitenkarte. Na sowas, ein renommierter Verlag, und ganz in der Nähe – toll.

Der Herr Verleger empfing uns sehr jovial. Er präsentierte beeindruckende, gut gemachte Bücher. Das war Qualität!
'So wird Ihr Buch auch aussehen', meinte er sehr überzeugend. Der Termin ist auch kein Problem, zur Rennsaison sind die Bücher garantiert fertig.

Da gab es kein Zögern – der Mann erhielt den Auftrag und 5.000 DM als Anzahlung. Ich bekam einen Handschlag, einen schriftlichen Vertrag versprach er mir obendrein – den bekam ich nie.

Dann tat sich nichts. Auf mein Drängen erhielt ich die Adresse des Layouters, eines Studenten aus Darmstadt. Jetzt ging's los. Das Buch nahm Gestalt an, die Bilder wurden eingefügt und der Text zurechtgestutzt. Vorletzte Fehler entfernt.

Der Verleger ließ uns gewähren – und obwohl noch nichts Auffälliges geschehen war, stellte er eine kleine Nachforderung. Er wollte einstweilen das Papier bestellen. Dann kam eine weitere Nachforderung, der Umschlag mußte bestellt werden.

Das Frühjahr kam, doch wo blieb mein Buch? Insgesamt hatte ich jetzt bereits 15.000 DM lockergemacht. Ohne Buch gibt's jetzt nichts mehr!

'Nächste Woche können Sie ihr Buch abholen', wurde mir jetzt regelmäßig mitgeteilt. Dabei erfuhr ich auch, daß das Buch in Slowenien gedruckt wird.

Nachdem der vereinbarte Termin um etliche Wochen überschritten war, erhielt ich drei Musterexemplare per Kurier aus Ljubljana. Die übrigen Bücher seien bereits unterwegs, hieß es.

Die drei Muster waren beeindruckend. Schon beim ersten Durchblättern lösten sich etliche Seiten, sie sind nicht gebunden, sondern nur geklebt. Der Einband ist instabil. Die Fotos unscharf – wie fotokopiert.

Was nun? Ob die anderen Exemplare von gleicher Qualität sind?

Nach zwei Wochen trafen die Bücher beim Verleger ein. 15.000 DM hatte ich bereits bezahlt. Jetzt will er noch mal den gleichen Betrag, bevor er die Lieferung übergibt. Damit war mir klar, daß alles von gleich schlechter Qualität sein muß.

Ich lasse die Muster von einem Sachverständigen begutachten. Sein Urteil macht mir klar: Hier bin ich einem Schlitzohr auf den Leim gegangen.

Da half kein Jammern und kein Klagen. Ich fuhr nach Darmstadt, dort gibt es – das wußte ich inzwischen – viele Druckereien, und ließ mir verschiedene Angebote machen. Diese bekam ich schriftlich und detailliert. In drei Wochen war das Buch gedruckt und geliefert. Die Qualität war wie versprochen – der Preis angemessen.

Eine Anzahlung sei nicht üblich, hieß es. Die Rechnung erhielt ich nach Lieferung.

Nun hatte ich *gute* Bücher und brauchte sie nur noch zu verkaufen. Aber wie und wo?

Die Buchhandlungen interessieren sich nicht für Galoppsport-Bücher. Dressur und Springen oder Pferdehaltung, das geht eher.

Also blieb nur eins: selbst verkaufen. Was kann man tun, um den Rennbahnbesucher auf einen kleinen Tisch mit Büchern aufmerksam zu machen? Schließlich wollen die ja wetten – Geld verdienen – und kein Buch kaufen.

Ein Werbeträger mußte her! Er sollte pflegeleicht, gut zu transportieren, aber trotzdem auffällig sein. Kleinkind oder Kleintier – das wär's.

Der einzige mir zur Verfügung stehende Enkel heißt Sören und war gerade zehn Jahre alt.

Er wurde in einen echten Renndreß gesteckt, dazu eine passende Kappe, nebst Rennbrille. Eine weiße Hose war kein Problem, auch ein paar ausgeleierte Rennstiefel trieb ich auf. Dann ging's los.

Der erste Verkauf fand im Mai 1996 in Haßloch statt. Ausgerüstet mit einem kleinen Tischchen, Schirm und Hocker gingen wir auf die Bahn. Sören zog ein Wägelchen mit Bücherkartons hinter sich her.

Plötzlich entdeckte eine junge Dame den Miniaturjockey. Sie schaute ihn erstaunt an, kam näher und klopfte ihm prüfend auf die Kappe.

Dann sagte sie streng: „Bist du verrückt, ohne Helm willst du reiten? Das geht nicht! Das ist zu gefährlich!"

Sören ließ den Bücherwagen los und war ganz verdattert. Ich kam dazu, erfaßte die kuriose Situation und tat ganz dämlich: „Wieso? Was gefällt Ihnen denn an der Mütze nicht? Die sieht doch schön aus."

Nun wurde die Dame wütend und hielt uns einen Vortrag über die Gefährlichkeit, ohne Helm zu reiten. Schließlich beruhigte ich sie und stellte klar, daß dieser Jockey nur meine Bücher anpreisen soll.

Wie sich später herausstellte, war die verantwortungsbewußte junge Dame die Amateurreiterin Rachel von der Heyden-Rynsch.

Werbeträger ohne Helm

Sicher hatte sie Haßloch mit Herxheim verwechselt, wo es zum Anfang der Veranstaltung des öfteren Ponyrennen gibt.

Wenn Sören schulfrei hatte, kam er mit auf Verkaufstour, einmal weil es ihm Spaß machte, und zum anderen wollte er mich nicht im Stich lassen.

Ansonsten mußte ich nun selbst meine Bücher feilbieten.

Die Verantwortlichen auf den Rennbahnen waren meistens großzügig und erlaubten, den kleinen Campingtisch von nicht mal einem Quadratmeter aufzustellen. Viele Rennbahnsprecher waren entgegenkommend und machten sogar eine Ansage. Dafür danke ich recht herzlich.

In Bad Harzburg, Bad Doberan, Dresden, Frankfurt, Halle, Hoppegarten, Neuss und Mülheim gefiel es mir am besten.

In der Galoppsporthochburg Baden-Baden ist es komplizierter. Noblesse oblige!

In Köln dagegen hatte ich eine Begegnung der besonderen Art. An einem belanglosen Mittwochrenntag fragte ich beim Geschäftsführer nach, ob ich meinen kleinen Büchertisch aufbauen darf. Das wurde mir konsequent verweigert. Auch das Abgeben am Infostand fand keine Zustimmung.

Ich hätte keine Klientel dafür. Das fand ich sehr verwunderlich, wo doch gerade die Kölner Trainer in dem Buch besonders vorkommen. Auch die einstigen Größen wie Hein Bollow und Ossi Langner sollten keine Anhänger mehr haben? Ich hörte mir noch einige kuriose Bemerkungen an. Das Ende vom Lied war: Ja, wenn ich ein Rennen sponsern würde, dann könne man darüber reden. Das war zuviel. Damit war Köln für mich erledigt.

Doch des Staunens kein Ende. Wieder zu Hause fand ich einen Brief meines Erstverlegers Abraham Melzer von seinem Anwalt vor, der verlangte, daß ich seine »Bücher« sofort abzunehmen und ihm den noch ausstehenden Betrag zu bezahlen habe.

Ich denke, daß er schon mit meinen 15.000 Mark auf seine Kosten gekommen war, zumal er seine Rechnungen, wie zum Beispiel den Layouter, bis heute nicht bezahlt hat.

Er zog vor Gericht und verlor. Die Gerichtskosten mußte er übernehmen, doch weil er kein Geld hatte, konnte er meinen Anwalt nicht bezahlen. Wieder mußte ich ran: 2000 Mark waren fällig.

Obwohl inzwischen alle Bücher verkauft sind, ist die finanzielle Bilanz des 'Bagge' nicht berauschend.

Wäre es ein Pferd gewesen, könnte man sagen: 'Lange sieglos, dann Ausgleich IV.'

Das Abenteuer Buch war nie mit Gewinnabsichten verbunden. Verluste geringhalten – war allerdings angesagt. Angefangen hatte alles, weil wir etwas über den Galoppsport lesen wollten und nur wenig vorfanden. Warum das so ist, weiß ich jetzt aus erster Hand.

Zudem glaubte ich, mit so einem Buch den Galoppsport etwas populärer zu machen, ihn etwas mehr ins Rampenlicht zu rücken.

Das war ein Irrtum. Ich mußte feststellen, daß sich fast nur Insider dafür interessierten. Also habe ich Eulen nach Athen getragen.

Doch die Sache hat soviel Spaß gemacht, daß ich auch für dieses Buch wieder Geschichten gesammelt habe und sie dem Leser mit Vergnügen zur Verfügung stelle.

Ich danke den vielen netten Menschen, die Beiträge zu diesem Buch geleistet haben. Letztlich danke ich meinem Mann, der mir, ohne zu murren, geholfen hat. Allein hätte ich das nie geschafft.

Der Schwarze Graf. Franz Felix Schreiner

Es gibt wohl kaum eine Person im Turf, um die sich so viele Legenden ranken, wie um Franz Felix Schreiner, den »Schwarzen Grafen«.

Als ich noch nicht so vertraut mit den Personen und Hintergründen des Rennsports war, hörte ich, wenn F. F. Schreiner mit seinen Pferden von München nach Frankfurt kam, die abenteuerlichsten Geschichten.

„Warum heißt er »Der Schwarze Graf«?" fragte ich, neugierig geworden, die alten Hasen. Der eine wollte wissen, daß er ein Zigeuner sei, vielleicht ein Graf.

Ein schwarzer Zocker! Darunter konnte ich mir nun gar nichts vorstellen.

Dem Hubertus Liebrecht hat er im Krieg das Leben gerettet. Ja, aus einem Minenfeld hat er ihn, schwer verwundet, rausgetragen, wußte man mir zu berichten.

Ich schaute ihn mir immer sehr genau an, wenn er mit seinen Besitzern im Führring stand. Besonders fiel er mir durch seine elegante Erscheinung auf. Der Anzug aus feinstem Zwirn, immer mit Hut und Krawatte – alles vornehm, aber dezent. Dazu die schlanke Gestalt, das ausgeprägte Profil. Blitzende Augen, eine kühne Nase, der markante Oberlippenbart und stets eine brennende Zigarette im Mund oder zwischen den Fingern. So einen konnte man doch nicht übersehen. Er gehörte zu den wenigen, die, je älter sie werden, desto interessanter aussehen.

Was tat dieser Mann eigentlich im Führring? Der roch doch nicht nach Stall!

Der gehörte doch zum Film. Douglas Fairbanks oder Errol Flynn – so einer war das. Ein Lebemann, ein Bohemien – so muß Dostojewskis Spieler ausgesehen haben, da war ich mir sicher. Auch auf den Bildern von Toulouse-Lautrec ist er zu finden. Das Flair einer vergangenen Epoche und die Aura des Geheimnisvollen umgaben ihn.

Am 13.10.93 las ich in der Sport-Welt: 'Felix Schreiner sagt Servus.' Unter anderem hieß es: 'Ein Kapitel Rennsportgeschichte mit Franz Felix

Schreiner ist geschrieben, ein weiteres könnten seine Memoiren sein. Ein Diktiergerät liegt schon bereit, aber bekanntlich sind die ersten Zeilen die schwersten. Dabei hat der Schwarze Graf so viel zu erzählen.'
Ich glaubte, daß die Reporter jetzt scharenweise über ihn herfallen und das Geheimnis um seine Person lüften würden. Aber es kam nichts.

Also machte ich mich 1996 selbst auf den Weg nach München und stöberte den geheimnisumwitterten Schwarzen Grafen auf. Das erste Mal, im Februar, hatte er eine schwere Bronchitis

**H.P. Ludewig auf Ti Amo
Trainer Schreiner**

und meine Tonbandaufnahmen waren total verhustet. Das zweite Mal, im November, konnte ich ihm schon die erste Version meiner Aufzeichnungen mitbringen und er strich und ergänzte sehr gewissenhaft. Felix Schreiner ist nicht nur hochgebildet, er ist auch sehr kritisch.

Bevor ich ihn jetzt die wichtigsten Stationen seines Lebens erzählen lasse, muß er zuallererst die brennendste Frage beantworten: „Herr Schreiner, warum nennt man Sie den Schwarzen Grafen?"

„Ich war immer so'n bißchen englisch angezogen. Hab immer meine englischen Jacketts angehabt, immer Krawatte, immer Hut, wie ein Engländer halt. So etwas trug man in München nicht und schon gar nicht im Stall.

Da gab es einen Tschechen, den Frantek. Der hat beim Trainer Sonntag und manchmal auch bei mir geritten. Und dann gab's den Pferdebesitzer Graf Norman.

Eines Tages sagte der Frantek mit seiner schwachen deutschen Sprachkenntnis zu seinen Kollegen: 'Habt ihr gesehen, wie von die Grafen die Pferde gut gegangen sind?'
'Wieso, der hatte doch noch gar keine draußen', meinten die anderen.
Frantek unerschütterlich: 'Hab ich doch gesehen, sind gut gegangen, die von die Grafen.'
'Aber die Pferde vom Norman stehen doch noch im Stall.'
'Nicht die blonde Graf – die schwarze Graf!' beharrte Frantek.
Von da an war ich der »Schwarze Graf«, so einfach war das."
Mit der Auflösung dieser Frage hatte er mich richtig desillusioniert. Gespannt zuhörend, ließ ich ihn nun aus seinem Leben erzählen.

„Geboren bin ich 1926 in Neuern, im West-Böhmerwald. Mein Vater war ein königstreuer Bayer, der nach Westböhmen eingeheiratet hatte. So wuchs ich als deutscher Staatsbürger in der Tschechei auf.

Wir hatten einen Bauernhof und natürlich auch immer Pferde. Mit vier Jahren kletterte ich verbotenerweise auf ein Bauernpferd. Das war ein schöner Fuchs mit weißer Mähne.

Mit einem Strick hab ich ihn aus dem Stall geholt. Als ich draufsaß, ist er mit mir auf und davon. Alles hat geschrien und mich gesucht. Doch ich bin oben geblieben und wieder zurückgekommen.

Mit sechs Jahren fing ich an zu reiten. Als ich nach Pilsen in die Schule kam, dachte ich, ich könnte schon reiten.

Der Sohn vom Apotheker hatte einen braunen Wallach, ein ganz gutes Halbblut. Mein Reitpferd war ein Kutschpferd meines Vaters. Es gab eine große Wiese bis zur Ruine Bayreck. Dort ritten wir immer um die Wette. Meistens war er vorn.

Wir sind zwei bis drei Jahre lang mindestens einmal in der Woche um die Wette geritten. Das ist bei Reitern so ein Naturtrieb: 'Meiner ist schneller.'

Da gab's bei uns den berühmten Pfingstelritt. Mein Onkel verfaßte ein großes Gedicht darüber, das die Leute heute noch erfreut. Neuern war eine Kleinstadt mit ungefähr 4000 Einwohnern. In diesem Gedicht beschrieb er die einzelnen Leute, wie sie zum Pfingstelritt auf die Wiese rauseilten. Das war ein Ereignis für die ganze Gemeinde, die überhaupt kulturell sehr hochstehend war, ein friedlicher Wettstreit der jungen

Burschen, für den ich leider noch zu jung war. Ich durfte nur zuschauen. Der Erste bekam eine Fahne, der Letzte eine Schnupftabakdose. Unterm Hitler wurde dieses Vergnügen dann eingestellt.

Um Geld gewettet wurde da nicht. Die Gegend war ja sehr katholisch. Mein Großvater sagte immer: 'Wer wettet ist dumm – wer nicht wettet ist noch dümmer.'

Das ist ein ganz schlauer Spruch, den hab ich nie vergessen. Dabei war Großvater ein guter Katholik. Später habe ich festgestellt, daß gerade die Katholiken viel mehr wetten als die Protestanten. Zum Beispiel wird in Bremen und Hamburg lange nicht so viel gewettet wie in Köln.

Nach der Hauptschule besuchte ich die Bürgerschule, so eine Art Mittelschule. Anschließend ging ich auf die Handelsakademie nach Pilsen. Mutter wollte, daß ich auf die Welthandelsschule nach Wien gehe, aber mit den Schulen war es nicht mehr so einfach. Es wurden viele zusammengelegt, und so ergab sich für mich das Gymnasium mit dem Abschluß eines Not-Abiturs.

Da ich eine Klasse übersprungen hatte, wurden meine Mitschüler, Jahrgang 1925, schon zur Wehrmacht eingezogen. Ich bin Jahrgang 1926 und blieb übrig. Wir wurden untersucht auf SS-Tauglichkeit, ob wir nordisch sind. Ich weiß noch genau, was sie bei mir feststellten: Nordisch – ostbaltisch – und dinarisch, das ist so alpenländerisch. Das waren die Leute, die aus den südlichen Alpengebieten kamen. Mein Hinterkopf war ihnen für die SS nordisch genug. Um dem zu entgehen, habe ich mich schnell freiwillig zur Infanterie gemeldet.

Nach dem Ersten Weltkrieg gab es zwischen den Deutschen und den Tschechen nur wenig Spannungen. Mit Thomas Masaryk ging eigentlich alles ganz gut, der hätte vielleicht eine zweite Schweiz aus der Tschechoslowakei machen können. Dann kam der Dr. Benesch, das war ein tschechischer Nationalist, dessen Partei war fast wie die vom Hitler. Das war ein furchtbarer Kerl. Der wollte die Schulen in Böhmen tschechisch machen. Im deutschen Gebiet in Böhmen gab es aber kaum Tschechen. Die Deutschen, die dort sehr dominant waren, wehrten sich gegen die Vertschechisierung ihrer Heimat.

Franz Felix Schreiner
ein Mann mit dem gewissen Etwas

Sie vertrugen sich gut mit der tschechischen Bevölkerung. Die tschechischen Bauern schickten ihre Söhne ins deutsche Gebiet als Lehrlinge zu Metzgern, Bäckern und anderen Handwerkern. Dafür gingen die Deutschen ins Tschechische wallfahrten, zum Beispiel zum heiligen Berg bei Príbram.

So kam ich dann als junger Bursch an die Front. Auch wenn ich kein Nazi war und nicht zur SS wollte, war ich doch national eingestellt und glaubte, meine Pflicht tun zu müssen. Ich diente als Fähnrich bei einer Skijäger Division. Am 10. März 1945 habe ich drei russische Panzer im Nahkampf abgeschossen. Dafür bekam ich das Eiserne Kreuz erster Klasse. Das war schon in Oberschlesien und der Zusammenbruch war abzusehen.

Wenige Tage später erwischte mich eine Gelbsucht. So kam es, daß ich kurz vor Kriegsende, Mitte April 1945, in Pilsen ins Lazarett kam. Dort traf mich mein Freund Rudi Schwarz und sagte zu mir, ich solle mal in den Reitstall kommen. Da es mir schon wieder ganz leidlich ging, meldete ich mich im Reitstall bei Hauptmann Linke, einem ehemaligen österreichisch-ungarischen Hauptmann, so 65 Jahre alt.

'Gott sei Dank, daß Sie da sind', empfing er mich. Er hatte drei hannoveranische Remonten gekauft, drei- bis vierjährige Pferde. Eins war beim Bombenangriff umgekommen.

'Ich habe Angst, daß die Pferde kaputtgehen, wenn die Front jetzt näher kommt', klagte er. 'Nehmen Sie doch das beste Pferd und reiten es zu sich nach Hause. Nach dem Krieg machen wir das schon irgendwie.'

Es war ein wirklich schöner schwarzer Hannoveraner, aber überhaupt nicht eingeritten. Ich hab ihn gesattelt, und draußen hat er schon so'n Pumpernackel gemacht, dauernd gebockt. Als ich mit ihm rauf in die Klattauerstraße ritt, machte er ein Riesentheater. Das Rattern der Straßenbahn war ihm scheint's fremd und machte ihn nervös. Mühsam hielt ich mich auf dem bockenden Pferd. Endlich erreichten wir den Borypark, eine Art Englischer Garten. Dort ließ ich ihn galoppieren, bis ihm das Wasser kochte. Jetzt wirst nicht mehr bocken, dacht ich. So war es dann auch.

Gleich hinter der Stadt Pilsen ritt ich durch ein Dorf und wurde von einer Streife, einem Leutnant und einem Oberleutnant, angehalten. Der Oberleutnant befahl mir, vom Pferd zu steigen und dieses sofort abzuliefern.

'Das geht ja gar nicht', entgegnete ich. 'Das Pferd gehört dem Hauptmann Linke von der Südkaserne. Weil niemand mehr da ist, soll ich das Pferd bewegen. Ich bin im Krankenhaus Lochotin. Ich werde nichts abgeben, gar nichts.'

Ich war immerhin schon Fähnrich und gab mich sehr selbstbewußt. Ich hatte auch einen Revolver und dachte: Dem werd ich's schon zeigen, dem Bubi. Da hat er Abstand genommen. Der Leutnant wollte erst nicht nachgeben, aber ich bin, ohne mich umzudrehen, weitergeritten.

Nach etwa 20 Kilometern hielt mich eine SS-Streife, mit Krad und Beiwagen, an. Ich zeigte ihnen wieder meinen Ausweis.

'Sie sind doch schon längst nicht mehr im Standortbereich von Pilsen, Sie können doch hier nicht einfach rausreiten!'

'Ich kenne mich nicht so genau aus, bin mit dem Pferd flott vorwärts gegangen. Ich hätt schon kehrtgemacht.' Wieder tischte ich ihnen die Geschichte vom Hauptmann Linke auf.

'Also, welche Kaserne?'

'Südkaserne.'

'Gut, da fahren wir mit Ihnen hin.'

Sie fuhren langsam hinter mir her. Am Straßenrand sah ich schon viele aufgehängte Fahnenflüchtige an den Bäumen. Die Österreicher und die Bayern wollten alle irgendwie raus. Sie hatten den kürzesten Heimweg.

Na, das kann ja lustig werden, dachte ich. Genieselt hat's und der Wind peitschte mir ins Gesicht.

'Kann man sich nicht mal eine Zigarette anzünden? Halts mal an!' Es waren zwei Unteroffiziere, und eigentlich konnte ich das Kommando geben, sie waren ja unter mir.

'Ja, ja', sagten sie.

'Wollts ihr auch eine?'

Das schlugen sie nicht aus. Sie hatten die großen Kradmäntel an, darauf kam es mir an. Als ich den beiden eine Zigarette gab, schlugen sie sofort den großen Kragen ihrer Kradmäntel hoch und zündeten sich die Zigaretten an. Genau auf diesen Augenblick hatte ich gewartet. Ich gab meinem Pferd die Sporen, und weg war ich. Rechts war ein junger Birkenwald, der war vielleicht fünfzehn Jahre alt, hohe junge Stecken. Da hupfte ich rein. Da finden s' mich nicht, dachte ich. Die Stecken vom Birkenwalderl haben dem Pferd natürlich auf den Arsch geschlagen, und ich hab ihn gespornt.

'Halt ihn an, halt ihn sofort an!' höre ich sie hinter mir herrufen.

'I hold ihn net, i hold ihn net!' schrie ich zurück.

Da sie mich nicht sahen, konnten sie nur ins Blinde schießen. Unter Hosenschiß galoppierte ich mit dem Pferd über Stock und Stein bis zum Horizont. Wenn die mich erwischt hätten, die hätten mich gleich aufgehängt, obwohl ich ihnen auftischen wollte, daß das Pferd mit mir durchgegangen sei.

Als wir ein Waldstück mit saftigem grünen Gras erreichten, waren der Rappe und ich mausetot. Ich sattelte ihn ab und fragte mich: Ob ich den überhaupt noch reiten kann?

Ich ließ ihn am Zügel Gras fressen. Ich war fix und fertig, lehnte mich an einen Stamm und wollte nur mal kurz die Augen zumachen. Erst nach zwanzig Minuten riß ich die Augen auf, und mir blieb fast das Herz stehen. Da schaute auf 25 Meter Entfernung eine Soldatenmütze hinter'm Baum hervor.

'Jetzt ham s' dich!' schoß es mir durch den Kopf. Dann hab ich mich gefaßt und gedacht: Der schaut ja schön ängstlich.

So richtig angeschissen hab ich ihn dann: 'Halt, kommen Sie sofort hervor! Was machen S' denn da?'

'Ich hab mich verirrt.'

Es war ein desertierter Obergefreiter, ein Oberösterreicher. Er wollte über Budweis zur österreichischen Grenze. Ab Budweis waren das noch etwa 30 Kilometer. Natürlich konnte er kein Wort tschechisch. Wenn die Tschechen ihn sahen, rannten sie eh davon. Nun erklärte ich ihm den Weg. Er solle immer am Horizont entlang gehen, immer auf demselben Weg. Wenn er einen Tschechen nach dem Weg fragen müsse, soll er sagen: 'Zesku do Budowize?'
Ich wüßte gern, ob der zu Hause angekommen ist.

Als mein Pferd sich erholt hatte, ritt ich weiter. Ich mußte durch Klattau, wollte aber nicht durch die Stadt. Ich kannte eine Furt, da konnte man an einer seichten Stelle durch das Flüßchen Angel durchwitschen. Komm ich hin, ist da alles umgebaut worden. Nichts war mehr so, wie ich es in Erinnerung hatte. Ein hoher Hang, den konnte ich nicht runter. Ich saß auf einem Waldspitz und beobachtete, wie tagsüber die Amerikaner schon die Fahrzeuge auf der Straße beschossen. Ich wartete bis es finster wurde. Ich wollte einen anderen Weg durch den Fluß suchen, aber es gab nirgends eine Möglichkeit. Klattau war eine tschechische Stadt, und drinnen waren noch deutsche Garnisonen.

Es gab nur einen Weg, nach Hause zu kommen – durch die Stadt. Es war dunkel, Sperrstunde, keine Leute auf der holprigen, gepflasterten Straße zu sehen. Das Pferd trappelte laut mit den Hufen. Ich dacht noch: Na, wenn einer mit 'nem Pferd so einen Lärm macht, ist das ja weniger auffällig, als wenn er geschlichen kommt.

Plötzlich tauchen so zehn Mann auf. Angeführt von einem Unteroffizier. An den Gewehren mit den langen belgischen Bajonetten erkannte ich, daß sie vom Landsturm waren.

Ich ging gleich in die Offensive. Hab den Unteroffizier angeschissen, ob er keine Meldung machen könne. Was ihm einfiele, und wo sie überhaupt hinwollten.

'Ans Stadtende, da sollen wir Posten beziehen', antwortete er ganz verdattert.

Du bist mir ja ein Schöner, dacht ich und sagte im Befehlston:

'Das wird geändert! Die eine Hälfte marschiert mit Ihnen und die andere Hälfte mit mir zum anderen Stadtende. In zwei Stunden treffen Sie sich wieder in der Mitte.'

Ich hatte nun fünf Hanseln, die vor mir hertrotteten und dachte: Nun kann dir ja nichts mehr passieren, mit dieser »Elitetruppe«.

Ohne weitere Vorkommnisse erreichten wir das Stadtende. 'Nach genau einer ¾ Stunde marschiert Ihr wieder zurück, denselben Weg, bis Euch der Unteroffizier entgegenkommt', war meine letzte Order. Mir war's ja Wurscht, was die gemacht haben. Jetzt hatte ich nur noch 18 Kilometer bis nach Hause, nach Neuern.

Hier begann schon die Sprachgrenze. Nach 10 Kilometern mußte ich durch das tschechische Janowitz. Aber dort kannte ich mich aus, dort war ich schon fast zu Hause.

Ich war bei der Ersten Skijäger Division, deren jetziger Standort Taus war, etwa 30 Kilometer westlich von Klattau. Unser Abzeichen war ein Ski mit 'm Blatt drauf.

Da kam so einer daher mit Skischuhen auf 'm Buckel, der trug auch das Abzeichen der Skijäger.

Du bist mir grad der Richtige, dachte ich.

'Wo kommen Sie denn her?' frag ich ihn.

'Ich komme aus Taus.'

'Und was machen Sie hier?'

Da hat er mich so angeschaut: 'Ja und Sie, Herr Fähnrich? Was machen Sie denn hier? Sie sollten doch in Taus sein.'

So ein ganzer Frecher, ein Österreicher, sicher ein Wiener.

'Ich komme aus Pilsen. Ich bin auf dem Weg nach Taus', sagte ich.

Da hat er wieder so umeinand geschaut und gemeint: 'Nein, das tät ich Ihnen nicht raten, nach Taus zu gehen, da sind schon die Amerikaner.'

'So', sagte ich, 'dann geh ich eben nach Neuern.'

'Neuern ist auch schon besetzt von den Amerikanern.'

Da war ich ganz schön erschrocken. Doch jetzt wollte er von mir wissen, wie es weitergeht. Wir beschlossen, zusammen zurückzugehen, bis zu einer größeren Straße Richtung Budweis – Österreich. Dort trennten wir uns wieder.

Sogar ein Trupp Bersaglieri, diese Berg-Italiener mit den Federn am Hut, kam daher. Sie waren in Richtung Süden unterwegs. Das war eine Truppenbewegung damals! Jeder hatte vor jedem Schiß, auch vor mir, weil ich ein Berittener war. Die Italiener wußten auch nicht so genau, wo es lang ging. Ich hab ihnen dann den Weg nach Budweis beschrieben.

Endlich erreichte ich das alte Schloß Bistritz. Am Ende des Bistritzer Parks war ein kleines Waldviertel, das nannten wir das Zigeunerviertel, weil die Zigeuner dort immer übernachteten.
Ich dachte, wenn die Amerikaner wirklich schon in Neuern sind, muß ich mich ranpirschen. Aus dem Zigeunerviertel bin ich hinten raus. Obwohl die Straßen bei uns noch nicht asphaltiert waren, hab ich dem Pferd so Wickel um die Vorderhufe gebunden, hinten hatte es eh keine Eisen, war ja ein Remontepferd. Ich bin dann über verschiedene Brückerl gekommen. Nirgends waren Amerikaner. Fast geräuschlos ritt ich über kleine Marketenderwege. Das waren ganz weiche Wege, wie wenn's schwarzer Lehm wär. Aber es war ganz weiche schwarze Erde.

Wir wohnten in der Mitte von Neuern. Links und rechts eine Brücke und hinter uns der Stadtpark. Als ich mit meinem Hannoveraner angepirscht kam, hab ich die wichtigste Brücke vom Ort schon einsehen können. Ich konnte es kaum glauben, daß dort kein Ami stand. So bin ich mit Schwung rüber und gleich in die Scheune rein.

Das Unwahrscheinliche war, daß meine Mutter wußte, der Bub kommt heute nach Haus. Sie ging nicht schlafen und hörte um halb zwölf Uhr nachts mein Pferd in den Hof galoppieren. Sie dachte, das ist er jetzt. Ich bin durchs Scheunentor rein und hab mich im Heu versteckt. Meine Mutter sah das Pferd und hat's gleich im Stall verräumt. Sattel runter, alles runter und sofort in die Boxe reingestellt. Erst dann kam sie wieder zurück in die Scheune und rief nach mir. Da wußte ich, es besteht keine Gefahr mehr, ich bin zu Hause.

Als die ersten Amerikaner kamen, war ich im Haus meiner Schwester. Da gab's so einen blöden SS-ler, der schoß auf einen Ami. Dafür haben die Amis dann Neuern beschossen. Acht Tote gab's.

Völliger Wahnsinn, das brauchte nicht zu sein.

Nun rückte eine ganze amerikanische Armee nach Neuern ein. Wir rannten in die Keller. Ich schaute aus dem Kellerfenster auf die Hauptstraße, so eine Kastanienallee, und sah einen Ami dahertänzeln. Da dacht ich, das kann doch kein Soldat sein, das ist doch ein Gummimann. Später sah ich, daß die Amis nicht solche schweren Stiefel wie wir anhatten, sondern Schuhe mit diesen gummiartigen Kreppsohlen.

Ich kam bald sehr gut mit den Amis zurecht. Als ich den ersten amerikanischen Tabak bekam, »half and half«, da dachte ich, das wär Schokolade, vielleicht so Streuschokolade. Hab ich gleich mal eine ordentliche Zunge davon genommen und darauf gekaut, doch es kam Tabak raus. Der Ami lachte und hat mir Papier zum Drehen gegeben.

Nach dem Krieg zog ich zu meinem Onkel in den Bayerischen Wald. Dort habe ich das Abitur nochmal gemacht. Bei dem Kriegsabitur dachte man immer, es wird vielleicht nicht anerkannt.

1947 ging ich nach München und mußte zuerst ein halbes Jahr Aufbauarbeit leisten. Ziegelsteine schleppen und so was. Dafür gab es extra Fleischmarken. Ich hab dann einen Studienplatz an der Universität bekommen und Jura studiert.

Zu der Zeit war große Wohnungsnot in München. Zu sechst schliefen wir auf einer Bude, bis ich bei einer Klofrau unterkam und ein Einzelzimmer hatte. In meiner Studienzeit machte ich für den Bayerischen Rundfunk Sendungen über den Böhmerwald. Das war eine Riesengeschichte. Ich bekam viel Geld dafür und hatte großen Erfolg. Dann konnte ich mir auch eine bessere Wohnung leisten. Nach sechs Semestern legte ich das Staatsexamen ab.

Wir waren so eine Studentengruppe: Die »Junge Gesellschaft«. Die Prinzessin Auersperg entdeckte mich und ich die Claire Mattossian. So kam ich in eine ganz illustre Gesellschaft hinein.

In der Zeit habe ich Dressur, Turniere und Military geritten. Das war mein schönstes Reiten. Von der Reitakademie gingen wir sonntags, wenn Rennen waren, zum Galopprennplatz zum Essen.

Ich schaute mir gern die Pferde an. Hab mir die schönsten, glänzenden ausgesucht, mal so aus Spaß DM 2.50 auf einen gesetzt – und nie getroffen.

Einmal beobachtete ich einen Trainer. Der verhandelte immer wieder und ganz wichtig mit seinem Jockey. Das war so eindrucksvoll, daß es mir direkt auffiel. Das Pferd war unauffällig: braun, nicht gut geputzt, die

Military – F.F. Schreiner auf Argos

Mähne unordentlich – normalerweise würde man so ein Pferd nie spielen. Der Jockey war schon aufgesessen und im Führring herumgegangen. Der Trainer ließ nicht locker. Immer wieder redete er beschwörend auf ihn ein. Selbst vor dem Rausgehen machte er ihm noch Handzeichen. Da dacht ich: Der hat's ja ganz wichtig, den spiel ich jetzt mal mit zehn Mark auf Sieg. Es war das erste Mal, daß ich mehr als DM 2.50 riskierte. Das Pferd gewann und zahlte 1200 DM.

Das ist ja eine Gabe Gottes, dacht ich. Da braucht man nur einen zu haben und schon bekommt man soviel Geld. Mit dieser Wette hatte mich der Galoppsport gefangen.

Der Sieg dieses Pferdes brachte dem Trainer – später erfuhr ich, daß es Trainer Keim war – eine Ohrfeige von einem sehr hoch wettenden Besitzer ein, der dafür zwei Jahre Rennbahnverbot bekam. Der Besitzer, ein ganz seriöser Herr, saß immer mit dem Bruder von Trainer Seiffert zusammen auf der Tribüne. Vor dem Rennen sagte er zu ihm: 'Heute spiel ich den nicht mehr. Wenn der heute gewinnt, kriegt der Trainer a Watschen von mir.'

Er hatte dieses Pferd immer wieder erfolglos gewettet. Nun ist das natürlich ein Fehler von einem Spieler. Wenn er immer ein Pferd spielt, dann muß er es auch nachspielen. Trainer Keim holte also sein Pferd ab, kam zurück, und ehe er sichs versah, war der seriöse Herr von der Tribüne herunter und gab ihm a richtige Watschen.

Ich begann mich für alles sehr zu interessieren, ging viel öfters mit meinen Freunderln auf die Rennbahn. Ich spielte mal so und mal so, nur gewinnen tat ich nichts mehr. Aber wir hatten viel Spaß zusammen.

Jetzt erzähl ich mal die Liebrecht-Geschichte, wie sie wirklich war. Haarsträubende Geschichten wurden verbreitet. Was die alles erzählt haben! Erst haben s' gesagt, der Liebrecht sei schwul. Ich hätt ein schwules Verhältnis mit ihm. So ein Unsinn! Ich hätt ihm im Krieg das Leben gerettet. Lauter Schmarrn! Der war ja nie im Krieg, er war doch viel jünger als ich. Solche Blödheiten.

Kennengelernt habe ich Hubertus Liebrecht auf einem Cocktail-Empfang bei meiner reichen französischen Freundin Claire Mattossian, mit der ich sieben Jahre zusammen war, und die ich leider nicht geheiratet habe.

lks. Prinzessin von Auersperg verdeckt,
Hubertus Liebrecht, Claire Mattossian, Franz Felix Schreiner

Ein Düsseldorfer Bekannter hatte uns geraten, diesen Mann einzuladen, er wär so wichtig. Es war ein großer Empfang zu dem die Crème de la Crème kam, der Erbprinz von Bayern, Prinzessinnen und solche Leute. Da ich praktisch Mitgastgeber war, kümmerte ich mich um das Wohl der Gäste. Schon über eine Stunde sah ich Hubertus Liebrecht stocksteif in einer Ecke stehen und überlegte, wie ich ihn auftauen könnte. Ich hatte erfahren, daß er ein gutes Reitpferd besaß, mit dem er durch den Englischen Garten ritt. Jetzt wußte ich's. Da war doch die Bonnie Deckel auf der Party, ein recht hübsches, temperamentvolles Mädchen. Die Tochter von der Familie Deckel in München, die eine große Firma hatten und sehr betucht waren. Sie ritt ebenfalls im Englischen Garten. Mit ein wenig Geschick brachte ich die beiden zusammen. Ich sagte zu Liebrecht, daß ich eine geeignete Partnerin zur Unterhaltung wüßte und führte ihn zu ihr.

'Bonnie, der Herr ist ein exzellenter Reiter. Er reitet wie du im Englischen Garten. Er hat ein gutes Pferd, vielleicht könnt ihr mal gemeinsam ausreiten. Sei halt a bissel nett zu ihm.'

Die beiden haben sich gut verstanden und bald wurde eine Liaison daraus.

Wir haben uns dann oft getroffen, sind viel nachmittags zusammen ausgeritten, bis nach Riem. Dort stellten wir unsere Pferde in einem Stall unter und machten gemeinsam Brotzeit. So kam der Liebrecht in unsere Gruppe. Bonnie kannte ich schon länger, und ihn lernte ich nun auch ganz gut kennen.

Wir waren lange per 'Sie', aber das war Wurscht. Ich laß auch niemand so schnell an mich ran.

Hubertus-Jagd auf Herren-Chiemsee

Hubertus war sehr verliebt in die Bonnie. Als sie sich später in einen spanischen Arzt verliebte und diesen auch heiratete, war er stocksauer.

Er hat mich gesucht, weil ich immer so beweglich war. Fünf Freundinnen hat er durch mich kennengelernt, mit denen er dann abzog. Er hatte schon als Student eine tolle Wohnung in der Wiedenmeierstraße. Wenn der so eine Wohnung hat, muß er auch Geld haben, dacht ich. Als ich erfuhr, daß er für sein Reitpferd 20.000 Mark ausgegeben hatte, dacht ich, dafür könnte er auch ein Rennpferd kaufen. Das war in den Fünfziger Jahren, da hatte das Geld noch viel mehr Wert.

Da hab ich ihn immer gedrängelt: 'Komm, wir fahren nach Ungarn und kaufen dort ein Pferd.' Er immer wieder: 'Nein, nein, nein.'

Zu der Zeit hatte Liebrechts Vater noch das Sagen. Er besaß Reitpferde, die teilweise erheblich teurer waren als Rennpferde. Obwohl er die Turfszene nur vom Hörensagen kannte, meinte er, daß da nur Betrüger und Lumpen seien. Er riet seinem Sohn schwer davon ab, sich ein Rennpferd zu kaufen. So wurde Hubertus von Haus aus sehr beeinflußt, und ich hatte es schwer, ihm diese Vorurteile wieder auszureden.

Ich wußte damals gar nicht, daß die Liebrechts so viel Geld hatten. Hubertus wurde später der Chef von Boehringer, Ingelheim. Er hat diese Firma groß gemacht. Sechsmal so groß wie sie vorher war. Er hatte sie gut ausgebaut. In Japan, China, USA, England, Österreich und Spanien waren sie vertreten. In den USA machten sie mit einem Artikel mehr Gewinn, als in Deutschland mit allen Produkten.

Ich war ja immer so'n Arschloch. Hätte meine Freundin Claire Mattossian heiraten sollen. Das war eine unwahrscheinlich tolle Frau. Ich mochte sie wirklich sehr gern. Das war in den Fünfziger Jahren. Claires Mutter war da, der Vater war da. Wir waren zusammen in der Schweiz. Die Mutter kam von Kanada angereist und fragte: 'Wann heiratet ihr denn nun?'

Ich immer: 'Ja, ja, ja.' Aber ich hab gedacht, es sei zu früh, und ich wollt noch nicht heiraten. Bin immer ausgewichen. Ich wollte mich noch nicht fest binden. Ich hab nicht das gemacht, wo man an's Geld gekommen wär. Bis es dann zu spät war und Claire nach sieben Jahren einen ungarischen Grafen kennenlernte und mit ihm in den Tod fuhr.

Meine spätere Frau lernte ich bei einer Fuchsjagd am Herren-Chiemsee kennen. Wir waren 15 Jahre glücklich verheiratet. Nur einmal bin ich noch ausgebüxt, sonst war ich ihr immer treu. Hatte gar kein Bedürfnis mehr nach anderen Frauen. Ich hatte mich vorher schon genug ausgetobt.

1967 wurde unsere Tochter Anna Theresia geboren.

Leider bekam meine Frau plötzlich so Ideen. Sie war in einem Reiterverein mit so miesen Weibern zusammen, die einen schlechten Einfluß auf sie hatten. Es gab da einen Kerl, der nicht zum Reiterverein gehörte, sondern nur ab und zu mal zum Ausreiten kam. Ich nahm an, daß er ein Gspusi mit meiner Frau hatte und sagte ihm mal ganz nett: 'Wenn Sie mit meiner Frau was anfangen, dann kriegen Sie solche Ohrfeigen, daß es sich gewaschen hat.' Er leugnete alles, doch ich glaubte ihm nicht.

Hubertus Liebrecht mit dem Ehepaar Schreiner auf der Insel Hydra

1976 reichte meine Frau die Scheidung ein, was mich sehr bekümmerte.

Zu den Münchner Rennen kamen jetzt häufig ungarische Trainer und Jockeys. Mit denen habe ich mich ganz gut verstanden. Die brachten für ein Zweijährigen-Rennen ein Pferd mit, das hieß Czilagon. Das war vor dem Badener Meeting. Ich setzte auf dieses Pferd, und es gewann.

Noch besser lief der ungarische Hengst Iletlen, der gehörte dem Fürsten Oettingen. Trainiert wurde er von Eduard Sechser. Dieses Pferd hatte in München alles gewonnen. War Sieger im Treffen der Münchner

Dreijährigen, dem heutigen Fürst Oettingen-Memorial. Der war schon prädestiniert für die Triple Crown. Jedem war klar, in Baden-Baden gibt es für den kein Verlieren.

Ich hatte eine Stammkneipe, die »Motte«, die gehörte dem Ehepaar Langohr, tüchtige und ganz lustige Leute. Dort verkehrte eine recht illustre Gesellschaft. Nach der Sperrstunde, so gegen zwei Uhr, kam oft die Polizei vorbei, doch uns trafen sie nicht mehr an. Während der Wirt oben mit ihnen verhandelte, saßen wir im gemütlich hergerichteten Keller. Dort tranken wir weiter und kamen erst wieder herauf, wenn die Polizei weg war. Prinzessinnen, der Herr von Thurn und Taxis, Hubertus Liebrecht und solche Leute verkehrten dort.

Eines Tages sagte der Wirt: 'Also, Herr Schreiner, Sie fahren doch wieder nach Baden-Baden. Würde es Ihnen etwas ausmachen, uns mal mitzunehmen? Meine Frau würde so gern mal dorthin fahren. Vielleicht kann man auch mal was wetten?'

'Ja, das geht klar', hab ich gesagt. 'Ich hab auch zwei gute Tips.'

Zu der Zeit hatte ich selber erst richtig angefangen zu wetten. Ein Münchner Besitzer wies mich so richtig ein. Der hat alles ventiliert. Jetzt haben wir wirklich sehr hoch gewettet. Die ungarische Stute Czilagon lief, und wir dachten, die würde 40:10 zahlen. Wir haben sie um 2000 Mark auf Sieg gespielt. Leider war die Quote nur 17:10. Beim Buchmacher spielten wir sie noch im Einlauf. Czilagon gewann das Rennen, aber wir haben nicht viel rausbekommen.

Nun glaubten wir, noch einen großen Puffer vor uns zu haben – unser As: Iletlen. Also haben dieser Pferdebesitzer und Erfinder der Wette 1000 DM, der Wirt 2000 DM und ich 2000 DM für Dreierwette und Einlauf gespielt.

Iletlen lief das Rennen völlig unbeeindruckt und wurde Letzter. Unser Kneipenwirt hat sich überhaupt nicht mehr rühren können.

'Herr Schreiner', rief er, 'was haben Sie denn mit uns gemacht?'

'Wieso, haben S' kein Geld mehr?' fragte ich ihn.

'Doch, Geld hab ich noch.'

'Na, dann ist's ja gut, dann haben Sie wahrscheinlich mehr als ich. Warten Sie doch, wir werden schon noch einen finden.'

'Ich spiel nicht mehr, ich wette nie mehr auf ein Pferd', jammerte er.

Ich hatte vielleicht noch 1000 Mark und rechnete aus, was ich noch zu zahlen hatte für Wohnung und Benzin nach Haus. Na ja, da blieben mir noch so 350 Mark übrig, die wollt ich noch riskieren.

Da sah ich ein Pferd am Eingang an der Bahn vorbeigehen. Das gefiel mir. Es hatte die Nummer 6. Ich dachte, den spiel ich jetzt. 100 DM Sieg und den Einlauf mit der 6 auf drei Pferde. Ich hatte schon kein Programm mehr und mußte beim Buchmacher schauen, welches die drei in Frage kommenden Pferde sein könnten. Ich wollte unseren Wirt an der Wette beteiligen, aber da war nichts zu machen.

'Nein, nein, ich spiel nicht mehr', war seine stereotype Antwort.

Nachher hat er sich schon a bissel geärgert. Die Nummer 6 gewann und zahlte 175:10, der Einlauf war auch ganz gut, und ich war wieder ein gemachts Manderl.

Später ist das Pferd nochmal gelaufen, mit 5 Kilo Mehrgewicht. Es gewann wieder, hat aber dann nur noch 70:10 gezahlt. Ich spielte es nochmal, denn ich dachte, so blöd kann keiner sein. Wenn der 5 Kilo aufnimmt, muß er ja eine Chance haben. So war es dann auch.

Da war ich schon sehr am Wetten interessiert. Man darf sich auf andere nicht verlassen. Man muß selber schaun. Das ist die ganze Geschichte. Nie jemanden fragen. Das ist das Dümmste, was man machen kann. Erstens sind die Leute meistens blöd, dann sind sie auch noch krumm. Alle Schattierungen hat der, den man fragt, alle!
Nie fragen, lieber nicht spielen, bevor man einen anderen fragt.

Der Liebrecht spielte eigentlich fast nie. In einem Rennen in Baden-Baden, in einem Ausgleich III, liefen drei Münchner Pferde. Wir saßen zusammen, und ich schlug vor: 'Spielen wir die drei Pferde.'
'Du bist ja verrückt, die drei Münchner! Meinst du, die anderen können nichts?' bekam ich zur Antwort.
'Ich glaub schon, die drei werden vorn sein', beharrte ich.
Und wie kam's? Zielfoto auf den drei ersten Plätzen. Es waren genau die drei Pferde. Das vierte folgte erst mit zehn Längen. Es hat ein Riesengeld gegeben – und wir hatten nicht gespielt.
Grad furchtbar war's!

In Baden-Baden hätt' ich beinah mal eine »nette« Wette getroffen. Ich wollte meinen, den Sonex 1/2/3 stellen – auf alle. Die Wette war sehr schwierig, aber meiner, der war todsicher. Das hätt 1800 DM gekostet und soviel hatte ich nicht mehr, war schon ein wenig abgebröselt. Keiner wollte mitspielen. Der Einlauf war: Tutti Frutti – Sonex – Blonde Fee. Die Dreierwette zahlte 450.000 DM. Getroffen hat sie einer aus Karlsruhe.

Später war ich mit Münchner Freunden in Frankfurt zum Rennen. Wieder wollte ich mit ihnen zusammen eine größere Wette plazieren. Obwohl schon jeder ein Pferd genannt hatte, wollten sie letztendlich nicht mitmachen. Da dacht ich: Dann spiele ich eben allein. Ich setzte meinen auf 1/2/3, dazu die Pferde, die meine Clique genannt hatte.
Meiner wurde Dritter, und von den anderen waren zwei dabei. Mich hatte die Wette 350 Mark gekostet, und ich hab sie getroffen. Es gab 140.000 Mark.
Ich bin die Tribüne hinuntergegangen und habe gebetet: 'Gegrüßest seist du, Jungfrau Maria ...'
Was meinen S' wie ich das Geld damals dringend gebraucht hab.

Mittlerweile schickte mich der Münchner Rennverein immer zu den Ungarn, wenn sie zu den Rennen kamen. Ich sprach zwar nicht gut ungarisch, aber englisch und französisch, war sehr agil und kannte mich überall aus. Ich sollte mich ein bissel um sie kümmern, ihnen zeigen, wo man Essen gehen kann und sollte bezahlen. Ich hab's in ihrem Auftrag gemacht und lernte dadurch den Jockey Gelics kennen. Ein guter Jockey, der später Trainer wurde.

Ich gab ihm den Auftrag, nach einem guten Zweijährigen zu schauen und mir dann Bescheid zu geben. Eines Tages kam er und meinte: 'Hab ich serr gutes Pferd, heißt Inspektor. Niemand weiß, daß gut, verstecke ich immer in Arbeit.'

Hocherfreut erzähl ich dem Liebrecht: 'Du, der Gelicz hat ein Pferd, das heißt Inspektor, kannst gleich inspizieren, ob es was wert ist oder nicht.' Aber er wollte gar nichts davon hören.

Ich war richtig ein bissel verärgert und hab mich ein paar Tage zurückgezogen. Ich wollte aber unser gemeinsames Reiten nicht abbrechen. Fuhr also eines Tages wieder bei ihm vorbei und fragte, ob er mit zum Reiten kommen wolle.

Da kam er runter, ging zu seinem Auto und sagte:

'Komm, steig ein. Wir fahren nach Budapest.'

'Aber ich wollte reiten gehen', stotterte ich.

'Nein, jetzt fahren wir nach Budapest.'

'Das ist ja meschugge, da muß ich mich doch erst umziehen.'

Er hatte es sich also anders überlegt, und ehe ich mich versah, saß ich in meinen Reitklamotten in seinem Wagen, und wir fuhren nach Ungarn.

Auf der Budapester Rennbahn trafen wir den Gelicz und schauten uns den Inspektor an. Das Pferd gefiel uns sehr gut, doch mit dem Kauf war es dann nicht so einfach. Gelicz meinte aber: 'Das kriegen wir schon hin.'

Der Jockey erzählte uns, daß in einem ungarischen Gestüt gerade Pferdeauktion sei. Da habe ich das erste Pferd für Liebrecht ausgesucht und gekauft. Eine Stute mit Namen Titania. Vier Rennen gewann sie, und alle Nachkommen waren Ausgleich II-Pferde. Vier Jährlinge wollte Liebrecht noch kaufen, die waren ja nicht so teuer, nur 2.500 DM. Als ihm dann noch ein fünftes gefiel, wollte er es nur nehmen, wenn er auch den Inspektor bekäme.

Mittlerweile wollten sie den nicht mehr so leicht hergeben. Er hatte im Austria-Preis gewonnen, ein halbklassisches Rennen für Zweijährige und Ältere. Nun sollte er für Ungarn in einem großen Rennen laufen. Wir waren einverstanden und sagten: 'Gut, nach dem Rennen nehmen wir ihn mit.' Wir schauten uns das Rennen mit der ungarischen Equipe in der Kaiserloge an.

Inspektor gewann das Rennen, und danach haben wir keinen von den Ungarn mehr gesehen. Alle waren sie weg – wie's Würschtel vom Kraut. Ich schaute im Stall nach, da war nur noch ein Stallbursche.

'Was ist mit dem Inspektor?' fragte ich. 'Den nehmen wir mit.'

'Nix wissen, nix wissen', war seine ängstliche Antwort.

Da hatten ihn die Ungarn, Trainer oder Besitzer, schnell verschwinden lassen. Aber sie hatten kein Glück mehr mit dem Pferd. Beim nächsten Start in München ging er im Rennen kaputt und mußte getötet werden.

Das hab ich immer festgestellt: Wenn einer im Galoppsport etwas nicht gerecht macht, dann bekommt er es irgendwie zurück.

Wir haben dann nur vier Jährlinge mitgenommen, den fünften nicht. Liebrecht gab die Jährlinge nach München ins Training und mir den Auftrag, mich um sie zu kümmern und aufzupassen, wenn sie rausgehen. Ich hab das gern und mit Vergnügen gemacht.

Hubertus Liebrecht mit Freundin und F.F. Schreiner

Drei von den ungarischen Jährlingen wurden gute Ausgleich III-Pferde, das war in München schon eine ganze Menge. Und die Titania wurde noch besser.

Als sich Hubertus Liebrecht mal über Trainer Block ärgerte, sagte er zu mir: 'Also du mußt jetzt Trainer werden und meine Pferde trainieren.'

In der damaligen Rennordnung gab es einen Passus: Trainer kann werden, wer gelernt hat oder wer beim Militär im Offiziersrang bei der Kavallerie oder Infanterie bei Pferden gedient hat.

Da ich Fähnrich in einer berittenen Abteilung war, wurde ich zur Trainerprüfung zugelassen.

1973 machte ich die Trainerprüfung mit »Sehr gut« und bestand auch die pädagogische Prüfung zur Lehrlingsausbildung. Da ich nicht nur Abitur, sondern auch Staatsexamen in Jura hatte, war ich den meisten Lehrkörpern an Bildung überlegen.

Der damalige Generalsekretär, Herr von Loeper, befand dann, daß ich noch zwei Jahre bei einem Trainer assistieren müsse, damit die Form gewahrt bliebe und es nicht so aussähe, als wäre ich protegiert worden. Man suchte sich Trainer Hessler für mich aus. Bei ihm habe ich dann zwei Jahre schon richtig trainiert, bis ich offiziell als Trainer zugelassen wurde.

Ich wurde also Trainer, weil Hubertus Liebrecht es so wollte. Es war nie meine Ambition. Ich hatte inzwischen selbst eine Firma in der Tabakbranche, die ich zusammen mit meiner Frau führte. Die Firma lief anfangs noch eine Weile mit. Hatte so Überlegungen angestellt, ins Immobiliengeschäft zu wechseln. Doch da Pferde immer schon meine Passion waren, habe ich das auch gern gemacht und es kam alles ganz anders.

Liebrecht kaufte noch einmal vier Pferde in Ungarn und dann wieder vier. Er suchte jetzt nach einem Crack. Die deutschen Züchter waren schon sauer, weil er keine deutschen Pferde kaufte.

Nun gingen wir nach Baden-Baden zur Auktion, da waren's gleich immer 250.000 bis 300.000 Mark. So wurde Liebrecht ein großer Besitzer. Er war auch ein guter Besitzer. Er hat nie rumgemeckert.

Wenn ich vorschlug: 'Den müssen wir aus dem Derby streichen', antwortete er: 'Das mußt doch du wissen.' Er hat mir nie, nie dreingeredet.

Ein einziges Mal hat er sich aufgeregt, bei einem Pferd, das hieß Tropenprinz, ein Bruder von Ti Amo. In dem Rennen, in dem er laufen sollte, hatte Prinzinger einen Lehrling mit 5 Kilo Erlaubnis auf sein Pferd gesetzt.

Ich rief Liebrecht an und erklärte ihm: 'Du, da werden wir nur Zweiter. Prinzinger hat einen 5-Kilo-Mann auf seinen gesetzt.'

'Komm, komm, du immer mit deinen Kilos', regte er sich auf. 'So was Blödes, schau, daß du gewinnst.'

Ich studierte das ganze Rennen noch mal, rief ihn wieder an und machte ihn erneut darauf aufmerksam, daß wir nur Zweiter werden können. Da hat er mich richtig angeschissen.

'Du bist doch blöde und bla bla bla.' So etwas hatte er noch nie zu mir gesagt.

Da gab ich dem Jockey die Order: 'Schau zu, daß du gewinnst! Wenn's sein muß, schlag ihm den Arsch weg.'

Er hat ihm den Arsch weggeschlagen, aber Zielfoto – nur Zweiter.

Das Pferd hatte ja direkt Lebensangst bekommen. Beim Absatteln ist es rückwärts auf den Jockey los und hat nach ihm getreten. Tropenprinz wollte später nie mehr in die Startbox rein. Gott sei Dank war er nicht kaputtgegangen.

'Kannst ihn verkaufen', war Liebrechts Auftrag.

Ich hab nur noch Mädchen draufgesetzt und meldete ihn zum Verkaufsrennen in Baden-Baden an. Ein Münchner Besitzer kaufte ihn. Fünf Rennen gewann er noch hintereinander.

In Baden-Baden gewann er mit einer Quote von 180 auf Sieg. Meine Clique hat ihn gespielt, viel Geld gewonnen und dem Jockey 500 Mark geschenkt.

Ich hab ihn nicht gespielt, weil ich dem Reiter nicht mehr traute. In Frankfurt hatte ich dem gleichen Reiter, da war er noch Lehrling, die Order gegeben: 'Gehst an dritter oder vierter Stelle bis in die Gerade rein, da kannst dann gehen.' Der ging genau an dritter Stelle, aber 20 Längen hinter dem Zweiten, der Trottel.

Ich hätte dem Lehrling klarer sagen müssen, daß er höchstens drei Längen hinter den ersten Pferden bleiben soll. Mir ist's ja im Traum nicht eingefallen, daß der Abstand vom zweiten zum dritten Pferd 20 Längen ausmachen könnte.

Ein Nachkomme von meinem ersten Pferd, der Titania, hieß Tela. Komischerweise wollte Liebrecht diese T-Linie nie haben und verkaufte sie immer – die Tela auch.

Helmut von Finck nannten wir wegen seiner Haarfarbe den »Roten Finck«, seinen Bruder Gerhard aus dem gleichen Grund den »Schwarzen Finck«. Sie gehörten auch zu unserem Freundeskreis. Zu der Zeit lebte der Vater noch und hatte ein bissel die Hand auf dem Geld.

Also, die hatten schon Geld, aber halt nicht so viel. So hatten wir uns die Tela zu viert geteilt. Der »Schwarze Finck«, ein Freund von ihm, eine Freundin von mir. Ich war nie offiziell dabeigestanden, war aber auch beteiligt.

Als von Finck nach Baden-Baden kam, sagte ich zu ihm: 'Haben S' a Geld dabei? Die Tela gewinnt todsicher.' Hocherfreut zog er seine Brieftasche raus: 'Ich habe genug Geld.' In dem Moment langte seine damalige Freundin, eine ganz Bösartige, zu und nahm ihm das ganze Geld raus, damit er nicht wetten konnte. Da sah er schön angeschmiert aus. Als die Freundin verschwunden war, holte er aus der Hosentasche noch ein Geldtascherl heraus.

Ich sagte ihm: 'Wennst wetten willst, gehst zum Buchmacher Albers, sag einen schönen Gruß von mir, dann kannst wetten wie du willst. Ich geh vorbei und sag ihm schon mal Bescheid.'

Der Buchmacher kannte ihn ja noch nicht. Von Finck rannte los, denn er war sehr knäpplich dran, und füllte beim Buchmacher bestimmt 30 Dreierwetten aus. Der Angestellte schaute die Tipzettel einen nach dem anderen an und meint: 'Sie haben ja nur Dreierwetten ausgefüllt.'

'Ja, ja, nur Dreierwetten.'

'In diesem Rennen gibt's aber keine Dreierwetten.'

Jetzt waren die meisten Pferde schon in der Startbox, und die Zeit reichte kaum aus für neue Wetten. Da gab er schnell noch einen Einlauf ab. Die Tela auf alle mit 500 Mark. Tela gewann mit der Siegquote von 136:10. Ich hatte sie auch »gekocht«, mit 2000 Mark auf Sieg gespielt.

Ich habe nie wahllos gezockt.

Das nächste Mal setzte ich 5000 Mark drauf und sie gewann wieder.

Wenn ich mir vornahm: Dieses bestimmte Rennen will ich gewinnen, bereitete ich das Pferd so vor, daß es ohne Stock vielleicht Dritter wurde.

Der Trainer bei der Morgenarbeit in Riem

Der Jockey durfte die Peitsche nur einmal leicht einsetzen. Wenn das Rennen komplizierter wurde, durfte er mal eine brennen, aber nicht mehr als einmal. In einem Altersgewichtsrennen wurde es dann Zweiter. Ich wollte das Pferd auf den Punkt fertig machen. Beim nächsten Mal setzte ich einen Lehrling drauf und im gemeinten großen Rennen gewann es mit einem richtigen Jockey.

So war es auch mit der Tela. Sie wurde in München mit Zielfoto Dritte. Dann lief sie in München im Ausgleich IV. Der Boden war nicht passend, es hatte geregnet, und sie liebte trockenen Boden.
  Als von Finck mich fragte: 'Na, was meinen Sie?' antwortete ich: 'Das Pferd ist in Hochform, aber den Boden mag's nicht. Ich spiel's nicht.'
  Ich hatte ein Lehrmädchen drauf gesetzt und rechnete mit dem vierten oder fünften Platz, damit sie in Baden-Baden niemand mehr anschaut. Das hab ich schon gemacht. Aber das war doch meine Sache. Jeder, der ein bissel helle ist, weiß doch Bescheid. Da bescheiß ich doch keinen.

Aber der Finck hat sie gespielt, 1/2 auf alle. Das Lehrmädchen wird tatsächlich Zweite und die Dreierwette gab 38.000 DM. In Baden-Baden ritt sie der Manfred Hofer, und sie zahlte wieder 136:10.

Den Manfred Hofer sah ich in Wien als Amateur reiten und dacht: Das ist ja ein ganzer Guter. Ich hatte sein großes Talent erkannt und auf ihn eingeredet, seinen Beruf, er war Goldschmied, aufzugeben und nur noch zu reiten. Ich holte ihn nach München. Er ist bei mir sechsmal geritten und hat sechsmal gewonnen, und zwar in Frankfurt, München und Baden-Baden. Er gewann aber nicht nur weil er so gut war, die Pferde waren auch hergerichtet.

Ich wollte ihn unbedingt als Lehrbub haben. Da hätt ich einen talentierten Reiter und dazu noch die 5 Kilo Erlaubnis gehabt. Doch der Manfred lernte lieber in Wien. Er ritt als Amateur weiter, machte die Prüfung und kam dann erst nach Deutschland. Zu der Zeit hatte ich gerade den Kurt Berber als Stalljockey. Ich wollte unbedingt, daß der Hofer zu mir kommt. Doch andere Leute, diese Klugscheißer, haben ihm eingeredet, er solle zum Hessler gehen. Dabei hätte er bei mir jede Chance gehabt. Ich hatte ja manchmal auf mehreren Rennplätzen gleichzeitig gewonnen, in Hannover, Frankfurt, Köln und München.

Ich hatte zeitweise vier Ausgleich I-Pferde und zwei Gruppe-Pferde im Stall.

Vier deutsche Deckhengste hab ich gemacht: Ti Amo, Falkenhain, Final Retreat und Nityo.

Das hat in München keiner geschafft. Charlie Seiffert hatte einen gemacht und mußte ihn nach Ungarn geben, weil er hier nicht zugelassen wurde.

Als Heini von Thyssen Erlenhof verkaufen wollte, kam sein Privatsekretär Metternich zu mir nach Baden-Baden und bat mich, mit Liebrecht zu reden, daß er Erlenhof kauft. Ich würde ihn doch besser kennen als er. Ich hab's Hubertus Liebrecht immer wieder eingeredet.

Aber er sagte: 'Nein, dann will die Stadt Bad Homburg Grundstücke haben und dann nehmen sie das weg.'

'Na, dann kriegst einen Haufen Geld dafür.'

'Nein, ich will keine Immobiliengeschäfte machen.'

Er wollt's immer nicht kaufen. Er hätt's kaufen sollen. Das wär ein gutes Geschäft gewesen. Zum Schluß hat er dann das Gestüt Erlenhof mit der Gräfin Batthyani zusammen gepachtet.

Als Ferdi Leisten dort die Regie übernahm, wollte er, daß Liebrecht seine Pferde, fünf Jährlinge, zu Bollow nach Köln gibt.

'Geh nach Köln', schlug Hubertus mir vor.

Aber ich hab Köln nicht ausstehen können und antwortete:

'Ich geh nicht nach Köln.'

'Ich muß Pferde nach Köln geben', meinte Liebrecht.

'Dann gib sie halt hin. Aber wenn du dem Bollow fünf gibst, mußt du dem Mitzlaff auch fünf geben.' Sven von Mitzlaff war der Trainer, den ich am meisten schätzte.

Die Pferde, die übrigblieben, habe ich bekommen.

Für mich war es der größte Genuß, im Winter mit meinen Pferden in Cagnes-sur-Mer, auf der schönen Rennbahn am Mittelmeer, zu arbeiten. Vergleichbare Möglichkeiten gibt es in Deutschland nicht. Zwanzig Jahre bin ich dorthin gefahren und habe viele Rennen gewonnen. Davon kann man heute nur träumen. In dieser Zeit waren außer mir nur noch Wilfried Schütz, Adolf Wöhler und Kurt Becker vom Stall Sybille dort und ließen ebenfalls ihre Pferde laufen.

Vom Direktorium und den Rennvereinen halt ich nicht viel. Ich werfe ihnen vor, keine attraktive Werbung für den Galoppsport zu machen. Jeder Pamperlverein schaltet Werbung im Fernsehen ein oder gibt Anzeigen in Zeitungen oder Illustrierten auf, bloß das Direktorium nicht.

Die Rennvereine müßten sich mehr darum kümmern, daß die Besitzer am Ort ihre Pferde trainieren lassen. Fürst Oettingen hatte früher alle seine Pferde in München gehabt. Scherping ließ dann zumindest ein oder zwei Pferde in München. Auch Waldfried hatte immer Pferde in München. Wenn heute die Besitzer nicht mehr zu ihrem Verein stehen, zu ihrer Stadt, was sollen dann die Trainer machen, wenn ihnen nur das Popelzeug hingeschickt wird?

Und die anderen, die Großen im Westen, die wissen nicht mehr, welches Pferd sie zuerst laufen lassen sollen. Dabei gehen von den Zweijährigen schon mal drei kaputt. Von den verbleibenden zehn Dreijährigen gehen wieder drei kaputt. Davon spricht kein Mensch, nur von den großen Erfolgen. Wenn bei unsereinem einer kaputtgeht, da schreien sie und machen sich gleich in die Hosen. 'Der Blöde, der hat den kaputtgemacht.'

Ich hab mich über so vieles geärgert, daß es mir nicht schwerfiel, nach mehr als zwanzig Jahren auszusteigen.

Heute würde es mir viel besser gehen, wenn ich das Erbe, welches mir Hubertus Liebrecht versprach, wirklich bekommen hätte. Da ich mein ganzes Leben für ihn verwendet habe, sagte er immer, daß er mich und meine Tochter auf jeden Fall absichern würde.

Das wurde vom Nachlaßverwalter verhindert."

Franz Felix Schreiner starb am 23.1.1998. Der gläubige Katholik sah dem Tod gelassen entgegen. Er starb friedlich, fast heiter. Obwohl er noch voller Pläne war und sich auf ein paar Tage in Cagnes-sur-Mar freute, fühlte er, daß ihm die Gesundheit im Stich ließ. Seiner Tochter Anna Theresia gab er genaue Anweisungen, wie die Trauerfeier zu halten sei. Eine Totenfeier, wie sie in seiner böhmischen Heimat üblich war, wünschte er sich. Feierliche Musik sollte die Trauergemeinde zum Begräbnis begleiten, dann sollte es mit heiteren Klängen ins Wirtshaus gehen, wo man sich fröhlich seiner erinnern sollte.

Sein sehnlichster Wunsch, in der alten Heimat Neuern bestattet zu werden, blieb ihm verwehrt.

Franz Felix Schreiner wurde in München beerdigt.

Alles stinknormal. Jutta Mayer

Ein echtes Münchner Kindl ist die sehr attraktive Trainerin Jutta Mayer.

Nach dem »Halali« am 10. November 1996 in München stand fest, daß Jutta Mayer zum ersten Mal Champion der Münchener Trainer geworden war. Nach den Rennen fand im Stall eine ausgelassene Feier statt. Noch am nächsten Morgen spürte man die große Freude. »We are the Champions« dröhnte es pausenlos durch die Stallgasse. Die Lautstärke war so beachtlich, daß es auch dem schwerhörigsten Pferd im Stall klar war: 'Heute ist ein besonderer Tag.'

Nachdem Jutta Mayer alle Tassen und Töpfe vom Vortag abgewaschen hatte, konnte ich sie bewegen, sich mit mir an ein ruhiges Plätzchen zu verziehen. Wir gingen in eine kleine Küche. Die fröhlich lärmende Menge des Stallpersonals vermißte uns nicht, nur ab und zu schaute ein bellender Hund nach uns.

Ich möchte von Jutta Mayer wissen, wie sie auf die Idee kam, bei Franz Felix Schreiner eine Lehre zu absolvieren.

„Ich bin schon als junges Mädchen gern geritten. Später lernte ich einen Mann kennen, der früher mal Rennreiter war. Ich unterhielt mich oft mit ihm über meine Pferdepassion. Er meinte:

Jutta Mayer auf dem legendären Founder

'Du mußt eine Bereiterlehre machen, noch besser wäre es, du wirst Jockey.' Damals war ich noch klein und leicht.

Irgendwie hat sich das dann ergeben: Mein Vater erzählte es dem Wirt in unserer Straße. Der wiederum kannte den Wirt von der Rennbahn und schlug vor: 'Da gehen wir mal hin und nehmen deine Tochter mit.'

So fuhren wir eines Tages alle zur Galopprennbahn nach Riem. Unser Wirt stellte mich dem Alois Hilger vor. Der hatte bei Felix Schreiner Rennpferde im Training. Es dauerte nicht lange, und ich landete dort im Stall als Lehrling.

Beim Schreiner war's lustig. Wir haben ihn eigentlich nicht so oft gesehen. Wenn wir ihn gesucht haben, war er immer im »Turf«. Das war die Rennbahngaststätte. Da hat er sozusagen gelebt. Da bekam er sein Essen, da hat er Karten gespielt. Und wenn's mal ganz dringend war, dann konnte man halt in den »Turf« kommen.

Morgens erschien er immer erst, wenn alle schon da waren. Er erzählte dann jedesmal eine andere Geschichte, weshalb er so spät kam, was alles passiert wäre. Meistens konnten wir nicht vor neun Uhr mit ihm rechnen.

Es war nicht schlecht beim Schreiner. Er hatte eine gute Mannschaft. Sein Stalljockey war Heinz-Peter Ludewig. Wir waren drei Mädchen: Elfie, Birgit und ich. Zu der Zeit waren wir die ersten Mädchen auf der Bahn. Die beiden anderen Mädchen haben später aufgehört. Birgit ging ins Büro und Elfie nach Beendigung der Lehre ins Kloster.

Außer uns drei Lehrmädchen hatte er noch einen Jungen, den Manfred Holzschuh. Den gibt's noch. Der ist jetzt Futtermeister bei Helmut von Fink, der außer Galopper, die größtenteils beim Schütz in Köln stehen, auch Traber hat."

Ich fragte Jutta Mayer, ob sie es als Frau besonders schwer gehabt hätte.

Das verneinte sie entschieden; sie sei ja mit allem groß geworden. Der Beruf wär

42

schon schwer, doch die Probleme seien für Männer wie für Frauen die gleichen. Daß Frauen beruflich benachteiligt würden, konnte sie nicht feststellen.

Nach der Lehre war sie zehn Jahre bei Trainer Herbert Block. Obwohl sie behauptet, daß es mit ihren Reitkünsten nicht weit her gewesen sei, gewann sie bei wenigen Starts fünf Rennen. Ihr größtes mit Tempeltanz, der sich später zu einem echten Crack entwickeln sollte.

Sie erkannte früh, daß eigentlich das Trainieren mehr ihr Metier war. So wurde sie Assistentin bei dem gesundheitlich angeschlagenen Herbert Block.

Im März 1991 legte sie die Trainerprüfung ab und übernahm schon im Mai den Stall.

Der heute 85jährige Trainer Block kommt, sofern es seine Gesundheit erlaubt, immer noch gern auf die Bahn und in den Stall. Dann füttert er Hund und Katz, schaut sich schnell mal die Lot-Tafel an und verschwindet wieder.

Im Moment stehen 42 Pferde bei Jutta Mayer im Training. Etwa 150 Sieger hat sie bis heute gesattelt. Sie hat nicht genau nachgezählt, aber einen Sieg hat sie nicht vergessen. Ihren bisher größten Erfolg, als Ridwan mit Jockey Jean-Pierre Carvalho 1996 in Baden-Baden den Preis der Jährlingsauktion gewann.

1985 heiratete Jutta, damals noch Fräulein Reinhardt, den Rennstallbesitzer Peter Mayer. Ein Jahr später kam Töchterchen Andrea zur Welt. Das Eheglück währte nur vier Jahre, dann starb ihr Mann an einer unheilbaren Krankheit. Seitdem ist sie alleinerziehende Mutter. Mit ihrer Tochter versteht sie sich bestens.

„Können Sie noch irgendwas Besonderes erzählen?" fragte ich sie.

„In dem Sport kann man viel erzählen, aber eigentlich ist alles fürchterlich normal. Manchmal war der Schreiner schon etwas rigoros. Wenn wir mit den Pferden wegfuhren, zum Beispiel nach Düsseldorf oder Neuss, dann war das alles immer ein bissel unorganisiert. Ich fuhr meistens mit den Pferden im Transporter.

Einmal fragte ich den Trainer: 'Wo wohne ich eigentlich, wenn ich da oben bin?'

'Hotel Juliane – auf Empfehlung von Molli', bekam ich zur Antwort. Dann wollte ich wissen, wie der Molli mit ganzem Namen heißt.

'Ich kann doch nicht ins Hotel gehen und sagen, wir kommen auf Empfehlung vom Molli', meinte ich ungläubig.

'Doch, doch, das geht schon, die kennen den unter Molli.'

Es hat fürchterlich geregnet, als wir in Neuss ankamen. Es war noch ein Mädchen dabei. Nachdem wir alle Pferde einquartiert hatten, versuchten wir eine halbe Stunde lang, ein Taxi zu bekommen. Endlich hatten wir eins erwischt.

'Zum Hotel Juliane', sagte ich.

'Das kenn ich nicht', meinte der Fahrer. Er rief über Funk in der Zentrale an und erfuhr, daß es ein Hotel dieses Namens im Düsseldorfer Rotlichtviertel gab. Düsseldorf und Neuss liegen ja ganz dicht beieinand. Der Taxifahrer schaute schön dumm, als er uns vor diesem »Hotel« mit viel Neonleuchtreklame absetzte. Wir mußten in so einen Seiteneingang rein. Da gab's einen Türsteher, der uns genau musterte. Was wir wollten, fragte er, indem er die Sperrkette langsam von der Tür abmachte.

'Wir kommen auf Empfehlung vom Molli. Wir schlafen hier.'

Da wußte er tatsächlich Bescheid: 'Ja, alles in Ordnung.'

Meine Kollegin ließ er schon rein. Ich bin zurück und hab das Taxi bezahlt. Als ich zum Hotel wollte, da kam einer von der Heilsarmee, riß mich zurück und lamentierte: 'Mädchen, gehn Sie da nicht rein. Das ist kein Beruf für Sie. Sie sind so ein nettes Mädchen. Gehn Sie lieber nach Hause.'

'Ich schlaf hier nur, ich bin hier einquartiert', hab ich ihm erklärt. Da war er ganz enttäuscht, daß er mich nicht hat retten können.

Das war eine richtige Absteige. Sicher besonders billig. Der Molli war ein Besitzer vom Schreiner.

Es lief eigentlich nur so. Der Schreiner hatte selten Zimmer für uns besorgt, so etwas hat er gern vergessen. Man schlief halt immer irgendwo. Da hab ich oft im Transporter geschlafen oder im Stall.

In der Ära Schreiner war so etwas einfach normal. Wenn wir nach Baden-Baden fuhren, nahm er immer seine ganze Wäsche zum Bügeln mit und seine Socken zum Stopfen. Da hatte ich immer meine Beschäftigung und er jemand, der ihm alles richtete.

Einmal, so im Januar oder Februar, suchte er verzweifelt seinen Frack. Ich gab ihm den Tip, doch mal in den Koffer von Hamburg zu schauen.

'Da hast recht gehabt', sagte er später. Denn der Frack war wirklich drin gewesen, er hatte den Koffer nach der Derbywoche im Juli einfach nicht ausgepackt.

Als er eine neue Putzfrau bekam, sagte er zu uns drei Mädchen: 'Ihr müßt schnell kommen und meine Wohnung putzen. Wenn die sieht wie's bei mir ausschaut, dann läuft sie gleich wieder weg. Es ist heutzutage so schwer eine Putzfrau zu finden.'
Also mußten wir saubermachen, weil die Putzfrau kam.

Die Elfie hatte den Spitznamen »Catcherlilli«. Das war so ganz eine Burschikose. Ich hab mit ihr in einem Zimmer gewohnt. Es war irgendwie ein komisches Mädchen. Die war so schmutzig, das kann man sich nicht vorstellen. Aber mit der hätte man Pferde stehlen können.

Obwohl sie eigentlich Schreiners Liebling war, glaube ich schon, daß hauptsächlich er es war, der die Catcherlilli geschafft hat. Deshalb ist sie wahrscheinlich ins Kloster gegangen. Nach der Lehre war sie noch ein paarmal auf der Bahn, dann packte sie ihre Sachen und ging ins Kloster. Als sie wegging, war es dem Schreiner auch Wurscht. Bei ihm war alles so kurzlebig. So sehr hing er nicht an den Leuten.

Die Birgit war der Liebling vom Futtermeister. Nur ich hatte nie einen, der mich vorzog. Ich hab immer wühlen müssen. Ich fand das geradezu ungerecht. Der Heinzi (Ludewig) tröstete mich dann: 'Du bist mein Liebling.'

'Das nützet mir nicht, wenn ich nicht einen hab, bei dem ich auch weniger arbeiten muß und wo ich Vorteile hab.'

Der Schreiner hat viel gezockt. Mir erzählte er immer, was er so gewonnen hätte. Nur was er verlor, das erzählte er nicht. Er spielte auch mit Freunden zusammen. Die haben nie was getroffen.

Da waren mal 1.7 Millionen im Jackpot. Den versuchten sie zu knacken. Aber das ging immer daneben. Da ist bei 18 Pferden immer wieder einer reingelaufen.

Sein größter Besitzer und Sponsor war der Liebrecht. Das war ein toller Mann. Obwohl er öfters kam, hat er dem Trainer nicht dreingeredet. Das war wirklich super.

Der Schreiner hatte nie viele Besitzer.

In Bogenhausen hatte er eine traumhaft angelegte Wohnung. Da war ein blauer Salon, in dem stand ein Schrank mit bestimmt 400 Krawatten drin. Ich hab noch nie einen Menschen gesehen, der so viele Krawatten besaß. Schreiner trug immer eine. Ganz selten, nur wenn es mal ganz heiß war, ging er ohne.

Er wohnte allein in der Superwohnung. Ein Zimmer war völlig verwaist, darin gab es so große Spinnweben wie in alten Gruselfilmen. Und

Siegerehrung in Baden-Baden

an den Ehrenpreisen konnte man pappen bleiben. Sie sahen aus, als wäre schon Patina drauf. Die standen nicht im Schrank, sondern am Fenster.

Damals hatte Schreiner einen ganz a lustigen Hund. So'n englischen Terrier, der hieß Wutz. Der war immer dabei. Manchmal hat er ihn irgendwo vergessen, zum Beispiel in einer Gaststätte. Aber der Hund hat ihn immer wieder gefunden.

Eigentlich war es eine ganz a lustige Zeit beim Felix Schreiner.

1996 hatte ich 31 Sieger, davon 24 in München. 2 Punkte mehr als der Erich Pils. Ich hatte nie geglaubt, daß man den Pils überhaupt einmal vom Thron stoßen kann. Aber so bringt das mal ein bissel Leben hier rein. An dritter Stelle in München ist der Wolfgang Figge."

„Aber sonst ist hier alles stinknormal."

dazugehörte. Fast sieben Jahre habe ich das ganze Gelände mit dem Pony unsicher gemacht, bis ich zu schwer wurde.

Ich sollte nicht lange ohne Pferd bleiben, denn es passierte Folgendes: Der Inhaber einer Gärtnerei kaufte für seine Tochter einen Haflinger. Er wollte ihr auf einer Koppel nebenan selbst Reitunterricht geben. Eines Tages schaute ich von unserem Grundstück aus zu und bemerkte, wie das Mädchen immer so Probleme mit den Zügeln hatte. Sie konnte das Pferd nicht regulieren, die Zügel rutschten immer durch. Da rief sie ihrem Vater zu: 'Papa, ich kann den nicht halten, was soll ich denn machen?'

Ich war inzwischen 13 Jahre alt und hatte schon ein bißchen Ahnung von Pferden. Da beobachte ich, wie der Vater ihr die Zügel um Arme und Handgelenke wickelte und festknotete. Ich glaubte, meinen Augen nicht zu trauen. So etwas hatte ich noch nie gesehen. Der Mann schien ja von Pferden überhaupt keine Ahnung zu haben, wie konnte er nur auf so eine Idee kommen? Schon machte das Pferd einen Buckler, zog das Mädchen über den Kopf drüberweg und galoppierte los. Das Mädchen hing, Zeter und Mordio schreiend, zwischen den Vorderbeinen des Pferdes. Sie schleifte am Boden entlang und das Pferd trabte immer wieder auf sie drauf. Der Vater hatte vor Schreck einen Schock bekommen. Er stand in der Mitte der Koppel und konnte sich überhaupt nicht bewegen.

Ich sprang mit einem Satz über den Zaun und versuchte den Haflinger, der selbst in Panik geraten war, irgendwie zu stoppen. Als er an mir vorbei galoppierte, trieb ich ihn in eine Ecke, sprang ihn an und versuchte, die Zügel zu schnappen. Mit letzter Kraft gelang es mir, ihn festzuhalten. Das schwerverletzte Mädchen schrie entsetzlich. Die Fesseln an den Armen und am Handgelenk konnte ich nur mit Gewalt lösen. Mit schweren inneren Verletzungen wurde das Mädchen ins Krankenhaus gebracht. Für ihren Vater war damit das Thema »Pferd« erledigt.

So hatte ich wieder ein Pferd, das in der Größe zu mir paßte, was mich freute, und was ich jeden Tag geritten habe. Der Haflinger stand nun jahrelang bei meinem Nachbarn. Der Gärtner bezahlte die Unterkunft, fragte aber nie mehr nach dem Pferd. Auch nicht nach seiner nagelneuen vierrädrigen Kutsche für sechs Personen, dem nagelneuen Sattel und der Trense. Das hatte ich alles zur vollen Verfügung.

Schon damals wollte ich unbedingt Jockey werden, Pferdewirt lernen mit der Absicht, Rennen zu reiten und vielleicht später zu trainieren.

Doch mein Großvater war strikt dagegen. Er hatte eine absolute Abneigung gegen die Rennbahn, und das hatte seinen Grund. Sein Bruder hatte alles Geld dorthin getragen und ein ziemliches Vermögen verloren. Großvater mußte die Gastwirtschaft aus dem Konkurs zurückkaufen. Von dem Moment an hatte er mit Spielern und Rennbahnen nichts mehr am Hut.

Besitzer Josef Pils mit Siegerin Wunschfee im Sattel Erich Pils – Riem 1972

Ich machte die Mittlere Reife mit dem kaufmännischen Abschluß auf einer Handelsschule. Nebenbei fing ich mit Rennreiten an. In erster Linie Hindernisreiten beim Trainer Keim. Später wechselte ich zu Trainer Charlie Seiffert.

Beruflich fing ich eine Schreinerlehre an. Mein Lehrmeister war Deutscher Innungsmeister. Er war sehr großzügig zu mir. Da ich die ganze Rennreiterei so nebenbei machte, brauchte ich oft freie Tage, die er mir immer gewährte. Ich ritt jetzt täglich in der Morgenarbeit bei Trainer Seiffert und gewann schon einige Rennen. Nach zwei Lehrjahren wollte ich mit der Schreinerei aufhören, aber der Meister ließ mich nicht weg. Immer wieder sagte er, daß ich bleiben solle. So war ich noch einmal fünf Jahre Schreiner. Der Beruf machte mir inzwischen genausoviel Spaß wie die Reiterei, und ich wollte eigentlich das Fachabitur machen, um Architekt oder Innenarchitekt werden zu können.

Der Schreinermeister hatte mich ohne mein Wissen zur Meisterprüfung angemeldet. Wie ich später erfuhr, war sein Grundgedanke, daß ich mal sein Geschäft übernehmen sollte. Der Chef hatte zwei Töchter, die beide berufsfremd geheiratet hatten. So war kein Nachfolger in Aussicht.

In dieser Zeit hatte ich viele schwere Stürze mit Knochenbrüchen und sogar einer schlimmen Wirbelverletzung. 14 Tage war ich querschnittsgelähmt und hatte großes Glück, daß durch die Kallusbildung der Nerv wieder frei wurde, und ich meine Beine wieder spüren konnte. Der Schreinermeister hatte für alles Verständnis. Er sagte nichts, wenn ich durch die Unfälle zu Hause blieb oder für die Meetings in Baden-Baden und Hamburg Urlaub brauchte.

Trotzdem entschied ich mich letztendlich für die Reiterei und mußte mich mit Gewalt von der Schreinerei lösen.

Dann gab es bei Trainer Seiffert einen dummen Zwischenfall, der zur Trennung führte. In einem besseren Jagdrennen hatte Seiffert zwei Pferde drin. Das eine war der Favorit Cesan. Seiffert glaubte fest an dessen Sieg und versprach dem Besitzer, Herrn Becker vom Gestüt Sybille, der an diesem Tag in seiner Villa am Tegernsee Geburtstag feierte, daß er ihm den Ehrenpreis als Geburtstagsgeschenk mitbringen würde.

Das andere Pferd gehörte meinem Vater und war die Wunschfee. Ich hatte unser Pferd schon in vielen Rennen geritten, immer ohne Stock. In diesem Rennen munterte ich sie nur einmal leicht mit dem Stock auf, sie zog los und gewann überlegen mit sieben Längen.

Das ging dem Seiffert so gegen den Strich, daß wir uns dadurch total zerstritten. Ich sagte zu ihm: 'Wenn es so ist, daß ich nicht mehr gewinnen darf, dann gehe ich.'

Ich wechselte zu Trainer Eduard Sechser, der damals schon 70 Jahre alt war. Ich kam gut mit ihm aus, aber bei ihm trat schon so a bissel der Altersstarrsinn ein, deshalb verhandelten die Besitzer lieber mit mir. Ich wurde des öfteren darauf angesprochen, die Trainerprüfung zu machen und selbst zu trainieren. Ich hab mich wirklich um alles im Stall gekümmert, ob Futter oder Pflege. Zum Rennen hab ich die Pferde gesattelt. Hab eben alle Traineraufgaben übernommen.

Erich Pils auf Flashing – Trainer Jentzsch
Letzter Sieg im Sattel – Düsseldorf 1976

Um den Trainerlehrgang machen zu können, brauchte man als Amateur 50 Siege, die ich noch nicht ganz erreicht hatte. Aber aufgrund meiner Verletzungen, und weil die Besitzer das unbedingt wollten und sich für mich einsetzten, hatte man mir die letzten paar Siege mehr oder weniger erlassen. Ich konnte 1977 die Prüfung ablegen und erhielt die Lizenz als Publiktrainer.

Mitte des Jahres 1977 rief mich abends Herr Renner, Immobilienmakler und einer unserer größten Besitzer, der bei Trainer Sechser 14 Pferde im Training hatte, an. Ich möchte sofort zu ihm nach Sonthofen kommen. Dort teilte er mir mit, daß er sich mit dem Trainer Sechser überworfen hätte. Ich solle ab morgen seine Pferde eigenständig trainieren; er würde sie aus dem Stall herausnehmen. Die Kündigung sei bereits bei Herrn Sechser.

Es war 22 Uhr, ich war völlig überrascht und sagte, daß ich das nicht so ohne weiteres entscheiden wolle. Ich müßte erst darüber schlafen und auch mit Herrn Sechser darüber sprechen. Ich gäbe ihm am nächsten Tag Bescheid.

Es war sehr schwierig am nächsten Vormittag mit Herrn Sechser über diese Sache zu sprechen. Er sagte wörtlich zu mir: 'Davon ist mir bis jetzt nichts bekannt.'

Ich gab ihm zu verstehen, daß ich die Möglichkeit hätte, diese 14 Pferde zu trainieren. Aber er wollte nichts davon wissen und meinte: 'Das machst du nicht!'

Am Nachmittag gab er zu, daß er doch Bescheid wisse, aber er wollte nicht, daß ich mit den Pferden aus dem Stall gehe.

'Bleib hier, bleib hier', sagte er zu mir. 'Du kannst dich darauf verlassen, daß ich am Jahresende aufhöre und dann kannst du den Stall übernehmen.

Also gut, ich habe dem Besitzer abgesagt. Vergeblich versuchte ich, ihn zu überreden, die Pferde noch bis Jahresende im Stall zu lassen, da ich diesen dann übernehmen würde. Aber er war ganz böse und ließ sich auf nichts ein. Die Pferde sind wirklich am nächsten Tag abgeholt worden. Sie gingen zum größten Teil zu den Trainern Brümmer und Stoltefuß.

Nun hatten wir noch 17 Pferde im Stall, das war relativ wenig. Trotzdem gewannen wir noch gute Rennen. Die Besitzer waren einverstanden, daß Herr Sechser am Jahresende aufhören und mir den Stall übergeben würde.

Nachdem es an einem Renntag gut lief, verkündete er: 'Wenn es so gut bei mir läuft, daß ich noch drei bis vier Rennen pro Renntag gewinnen kann, dann hör ich nicht auf.' Das war für mich eine auf'n Deckel. Am 31. Dezember 1977 wußte ich wirklich nicht, wie es am nächsten Tag weitergehen sollte. Trainer Sechser äußerte sich nicht, und ich wollte ihn nicht danach fragen.

Am nächsten Tag komme ich in den Stall, und Herr Sechser legt mir einen Koffer voll Unterlagen auf den Tisch. Dann hat er sich völlig korrekt von mir verabschiedet mit den Worten: 'Hier ist alles, was du zur Führung des Stalles benötigst. Du weißt ja wo ich wohne. Wenn du noch Fragen hast, kannst du jederzeit vorbeikommen. Ich wünsche dir alles Gute für die Zukunft.'

Auch wenn ich im Stall alles kannte, fühlte ich mich im Moment, so von heut auf morgen, schon ein bißchen allein gelassen. Andererseits hatte ich Bedenken, daß er jeden Tag in den Stall kommen und mir Ratschläge geben würde. Aber das war nicht so – er ließ mich vollkommen allein. Das war gut so, denn jetzt konnte ich meine eigenen Vorstellungen verwirklichen.

Nach drei Monaten kam Eduard Sechser zum ersten Mal wieder in den Stall und gab seinen ehemaligen Pferden Zucker und Streicheleinheiten.

Er war einfach ein Gentleman-Trainer."

Nun zu Erich Pils' Erlebnissen mit dem Besitzer Beutenmüller:

„Meinen größten Trainererfolg hatte ich mit Hohritt in Baden-Baden. Hohritts Besitzer war der Stuttgarter Türen- und Fensterfabrikant Oskar Beutenmüller.

Der Trainer – jung und fesch

Als ich 1978 drei Monate Trainer war, kam er mit seinen Pferden zu mir. Es eilte ihm der Ruf voraus, daß er es nie länger als ein halbes Jahr bei einem Trainer aushielte, maximal ein Jahr.

Obwohl der Mann sehr schwierig war, hatten wir Riesenerfolge. Wir gewannen wirklich viele Rennen.

Das Problem war, er wollte immer die Galopps sehen. Das wurde zur fixen Idee. In seinem schwäbischen Dialekt sagte er dann immer: 'Ich will einen richtigen Galopp sehen, kein »Schweinsgalöpple«, wenn ich schon extra aus Rottach-Egern komme.'

Das war vor allem ein Problem für Hohritt. Das Pferd war bis dahin ein gutes Ausgleich II-Pferd. Es hatte mit 62 Kilo einen Ausgleich II gewonnen und bekam dann die Nennung im Preis der Badischen Wirtschaft.

Es war halt einfach ein Versuch, da es so ein leichtes, frühes Pferd war.

Ich wollte das Pferd gar nicht so belasten. Jede Woche einen Galopp über 2400 Meter, das tat dem Pferd nicht gut. Ich wußte, daß weniger arbeiten mehr bringt.

Wenn ich nur einmal so trainieren könnte wie ich wollte, dann wäre das ein ganz anderes Pferd, dachte ich. Nur ewig der Besitzer, jeden Montag war er hier, jeden Montag die strengen Galopps. Das war einfach Gift für das Pferd. Doch Herr Beutenmüller ließ es sich nicht nehmen, er ließ sich nie etwas ausreden. Alle seine Pferde wollte er jede Woche über 2400 Meter galoppieren sehen. Der Galopptag war früher am Montag, heute ist er am Dienstag.

Wenn Beutenmüller anreisen wollte, hab ich ihm einen recht frühen Zeitpunkt genannt, so sechs Uhr. Hab gehofft, daß er nicht kommt, daß er's zeitlich nicht schaffen würde. Aber die Rechnung ging nie auf. Fünf Minuten vor sechs Uhr blinkten die Scheinwerfer seines Wagens in die Stallgasse rein.

Und wehe, wenn wir nicht pünktlich um sechs Uhr rausgingen. Wenn es nur fünf Minuten später war, machte er einen Aufstand.

'Trainer, das geht net. Sie könnet mi net um sechs Uhr herbestelle und erst fünf Minute nach sechs rausreite.'

Alles im schwäbischen Dialekt. Grad furchtbar war's. Wie ich mich da zusammenreißen mußte, damit mir nicht der Kragen platzte.

Hohritt – Sieger im Preis der Badischen Wirtschaft 11.05.1980
im Sattel Werner Kraffczyk – Ehepaar Beutenmüller – Erich Pils

Die ganze Sache übte einen unheimlichen Druck auf mich aus. Um fünf Uhr in der Früh mußte ich in den Stall fahren und meine Leute wecken, damit sie pünktlich zur Stelle waren. Und das am Montag, wo doch oft am Sonntag Rennen waren. Da geht doch jeder anschließend noch was trinken. Am Montag früh kam es dann nicht so auf die Minute an.

Die Geschichte mit Hohritt ging dennoch glücklich aus, weil Herr Beutenmüller ziemliche Zahnschmerzen bekam und zu einer Kieferoperation ins Krankenhaus mußte. Das hab ich natürlich ausgenutzt, indem ich Hohritt mit meiner Methode vorbereitete.

Ich hab das Pferd ganz pomade auf das Rennen vorbereitet, ohne Galopp. Nur mal so einen kleinen Spritzer, so 400 bis 500 Meter.

Jeden Tag, ob zu Hause oder im Krankenhaus, mußte ich den Besitzer anrufen und genauen Bericht geben, wie die Galopps waren. Da kamen von mir absolute Notlügen. Ich hoffe, daß die mir nicht irgendwann einmal angekreidet werden.

Hohritt siegte im Preis der Badischen Wirtschaft gegen absolute Spitzenpferde.

Zweiter war der Röttgener Strong Gale, Dritter Esclavo und erst Vierter der Favorit Königstuhl mit Peter Alafi im Sattel.

Dank Beutenmüllers weiterer Zahnprobleme, verbunden mit etlichen Krankenhausaufenthalten, konnte ich immer wieder mankeln und das Training nach meiner Methode durchziehen. Das ganze Jahr lief sehr positiv. Hohritt siegte in München im Spreti Memorial und gewann im Herbst in Baden-Baden noch das Spreti-Rennen, ein Gruppe II-Rennen. Er war noch ein paarmal plaziert und kam auf eine Gewinnsumme von über 180.000 Mark.

Beutenmüller hatte inzwischen 15 Pferde bei mir im Training, aber ich war nicht glücklich damit. Es gab noch einige Vorfälle, mit denen ich überhaupt nicht zurechtkam. Nachts bin ich schweißgebadet aus dem Bett geschossen und dachte, der steht neben mir.

Wir haben uns manchmal am Telefon so stark angelegt, daß ich Bedenken hatte mich mit ihm zu kloppen, wenn er den nächsten Tag zur Tür reinkäme.

Dann hätte ich bestimmt den Kürzeren gezogen. Beutenmüller war zwar erheblich älter als ich, er war damals so um die 65 Jahre, aber zwei

Meter groß und drei Zentner schwer. Früher soll er Hobby-Schwergewichtsboxer gewesen sein.

Seine Frau war das ganze Gegenteil. Sie war 1,55 Meter groß und wog vielleicht 45 Kilo. Mit ihr allein kam ich gut zurecht. Kamen die beiden zusammen, dann stachelte der eine den anderen auf, bis es zum Streit kam. Das war alles so penetrant.

Wenn seine Pferde gewannen, war es ihm zu verdanken, waren sie unplaziert, war es meine Schuld. Saß der Reiter noch auf dem Pferd, mußte er immer aufpassen, wenn Beutenmüller draufzukam. Er tatschte sein Pferd nie von der Seite, sondern von oben rüber auf die andere Seite. Da mußte der Jockey ganz nach hinten rutschen. Beutenmüller war so groß, daß er dem Reiter auf dem Pferd in die Augen gucken konnte.

Kurz vor dem letzten großen Sieg, dem Spreti-Rennen, wollte er mir wieder dreinreden und versuchte, mein Training umzustellen. Da hab ich mich so zerstritten mit ihm, daß ich ihm kündigte.

Das Pferd lief dann wieder ein Bombenrennen und gewann. Ich war auf der Tribüne und dachte: Na, mußt ja runter, das Pferd vom Geläuf abholen. Ich wollt mir nichts nachsagen lassen.

Da stürzte Beutenmüller auf mich zu, umarmte mich und meinte in seinem Dialekt: 'Das renkt sich doch alles wieder ein. Ich kann doch wieder bei Ihnen bleiben.'

'Das wird sich nicht mehr einrenken. Egal, ob wir den Preis von Europa oder den Arc de Triomphe gewinnen könnten. Ich will von Ihnen nichts mehr wissen', antwortete ich.

Den Pferden zuliebe hatte ihm noch angeboten, sie bis zum Jahresende zu machen, damit sie keinen Stallwechsel hinnehmen müßten. Doch wenn er jetzt Pferde auf der Auktion in Baden-Baden kaufe, solle er sie gleich zu einem anderen Trainer bringen. Aber er ging auf nichts ein, holte seine Pferde sofort ab und verteilte sie auf die Trainer Steckert und Staudte.

Während der ganzen Auktion verfolgte er mich auf Schritt und Tritt. Aus den Augenwinkeln konnte ich das so beobachten. Wie zum Trotz kaufte er gleich sieben Jährlinge. Nach der Auktion stand er mit seiner Frau bei mir vorm Stall. Sie heulte, und er versuchte, mich umzustimmen. 'Nehmen S' doch, machen S' doch, … ', bettelte er.

Aber er konnte an meinem Entschluß nichts ändern. Ich gab ihm zur Antwort: 'Sie waren jetzt vier Jahre bei mir. Meine Nerven sind am Ende. Ich habe die Absicht, noch länger zu trainieren. Ich möchte nette Besitzer haben, keine, mit denen ich mich dauernd rumärgern muß und die mir schlaflose Nächte bereiten.'

Er hat mir alles versprochen, aber ich kannte ihn ja. Vor meiner Zeit hatte er einen Trainer in Iffezheim, der durfte seinen eigenen Stall nicht mehr betreten. Er mußte draußen auf einer Sitzbank warten, bis die Pferde rauskamen. Lauter so Dinger hat er gemacht.

Ich kann mich erinnern, daß ich bis Ende Mai 1982 mit seinen 15 Pferden bereits 18 Rennen gewinnen konnte. Das hatte er noch nie gehabt und auch später nie geschafft. Da sagte er wörtlich zu mir, so was hätt' er noch nicht erlebt, daß er im Mai »erst« 18 Rennen gewonnen hätte.

Das war eine Unverschämtheit. Ich hab mich so mit dem angelegt, daß ich Worte gebrauchte, die normal nicht über meine Lippen kommen.

Er hat mich immer wieder ausgeholt. Darum war ich einfach fertig, einfach am Ende. Ich konnt nimmer. Natürlich war es für den Stall ein Riesenverlust, eine große finanzielle Umstellung im Moment.

Er war immer ein pünktlicher Zahler, da gibt es überhaupt nichts. Doch wenn er in den Stall kam, ignorierte er die anderen Besitzer, nie grüßte er einen. Ich mußte mit ihm von Boxe zu Boxe gehen und seine Pferde vorführen. Daß auch noch andere Besitzer auf mich warteten war ihm egal, das übersah er.

Ich hab damals kein Personal entlassen. Ich war entschlossen, das durchzuziehen. Es kamen Besitzer aufgrund dessen, daß er weg war, zu mir zurück, oder neue hinzu.

Er wollt mich ganz einfach kaufen. Ich sollt am besten jeden Tag mit ihm zum Essen gehen. Ich mußte dann Vorspeise, Hauptgericht und Nachspeise essen. Wenn ich nicht mehr konnte und mir bald übel wurde, nötigte er mich mit dem Argument: 'Wir wollen eine richtige Zeche machen.' Zu seiner Frau sagte er dann: 'Gell Mutti, wir haben soviel Geld, wir können's nit verbrauche, wir wisset nit wohin damit.'

Irgendwann hatte er auf einen Schlag seine riesengroße Firma in Stuttgart, mit sehr vielen Angestellten, verkauft. Von dem Geld erwarb er ein Haus am Tegernsee und lebte dort wie ein Fürst.

Als er ein Jahr weg war, und ich wieder ruhig schlafen konnte, hörte ich von Franz Köllner, dem Wirt unserer Wirtschaft »Zur alten Post« in Daglfing, daß Beutenmüller laufend zum Essen käme.

Er würde auf ihn einreden, was er machen könne, um wieder an meinen Stall zu kommen. Er lud meinen Futtermeister Ronge zum Essen ein, den hat er dann so quasi gelöchert: 'Könnet mer nit, oder könnten Sie nit mit dem Erich mal reden. Es war doch so eine erfolgreiche Zeit.'

Ronge meinte: 'Rufen wir doch einfach an, daß er herkommt.'

Da klingelte bei mir tatsächlich das Telefon, und mein Futtermeister bat mich, rüber in die Wirtschaft zu kommen. Zwei Stunden saßen wir uns gegenüber. In dieser Zeit schimpfte Beutenmüller pausenlos über seine Trainer. Über Steckert, über Staudte, niemand konnte ihm was recht machen.

Nachdem ich mir das so angehört habe sagte ich: 'Jetzt san mer zwei Stunden beieinand gesessen, und Sie schimpfen nur über ihre Trainer. Wenn ich nun wieder Ihr Trainer wär, dann schimpfen S' wieder über mich. Lassen wir's doch, wie es ist, dann vertragen wir uns besser.'

Ich hab's irgendwann mal zusammengezählt. Er hatte in 15 Jahren 24 Trainer verschlissen. Bei Steckert und Staudte war er auch nicht lange, danach wechselte er zum Trainer Koll.

Immer wieder tauchte er bei dem Wirt unseres Lokals auf und schwärmte von alten Zeiten. Als der Wirt ein Bürgerhaus von der Gemeinde in Dachau übernommen hatte, erschien er wieder zum Essen bei ihm und quälte ihn, daß er mich umstimmen solle. Er wolle wieder zu mir zurück.

Aus der Ferne vertrug ich mich jetzt gut mit ihm. Irgendwie tat er mir sogar leid, weil halt gar nichts mehr bei ihm lief. Ich sagte dem Wirt dann: 'Wenn er wieder nach Dachau kommt, ruf mich halt an, dann komme ich raus. Vielleicht können wir uns doch noch mal einigen.'

Dazu kam es nicht mehr, weil er am Herzen operiert werden mußte. In Deutschland wollten sie die Operation nicht durchführen, da er zu schwer war und erst über 40 Kilo hätte abnehmen müssen. In der Schweiz fand er einen Arzt, der ihn operierte. Doch er überlebte die Operation nicht.

Seine Frau hat dann alle Pferde verkauft oder verschenkt."

★★★

Erich Pils hat noch viel Außergewöhnliches und Kurioses im Rennsport erlebt. Besonders erzählenswert finde ich seine Reiseerlebnisse mit den Pferdeleuten. Wie das eigentlich zustande kam, über die Reiseziele und was unterwegs passierte, darüber soll er nun selbst berichten:

„Die Idee kam eigentlich von Hans-Heinrich Burkatzky, Hein Bollows Schwiegersohn, Mitbesitzer und Leiter des Gestüts Pliesmühle. Näher kennengelernt hatten wir uns bei meiner Trainerprüfung in Köln. Ein paar Jahre später lud er mich nach Florida ein. Er hatte sich dort eine Wohnung gekauft und mir vorgeschwärmt, wie super es sei. Seit dieser Zeit verbringe ich dort jedes Jahr meinen Urlaub. Burkatzky hat inzwischen zwei Wohnungen und vermietet mir dann eine.

In Florida kamen wir drauf, daß wir doch mal Reisen planen könnten.

Wir wollten versuchen, eine Truppe von nicht mehr als 20 netten Leuten aus dem Rennsport zusammenzustellen. Es sollten keine Erholungsreisen sein, sondern Studienreisen mit dem Schwerpunkt Rennbahnen, Gestüte und natürlich auch Rennen.

Burkatzky war damals noch im Direktorium tätig und hatte alle Möglichkeiten, die Reisen galoppsportmäßig zu organisieren. Das war natürlich super, und wir wurden überall dementsprechend empfangen, egal ob es in Australien, Neuseeland, Singapur, USA oder in Kanada war. Die großen Rennbahnen der Welt habe ich dadurch alle gesehen.

Aus dieser Idee wurden in den nächsten Jahren fünf Reisen realisiert. Den etwas älteren Teilnehmern war der Streß zu groß, sie blieben dann weg. Auch die langen Flugreisen bekamen nicht jedem. Ich hatte damit überhaupt keine Probleme. Da es meistens Nachtflüge waren, schlief ich den ganzen Flug über und kam ausgeruht am Ziel an. Die anderen waren immer recht müde. Dann war auch gleich immer volles Programm. Es war schon sehr anstrengend.

Nicht selten sah unser Plan so aus: Aus dem Flugzeug raus, rein in den Bus und ins Hotel, 10 Minuten Zeit zum Kofferauspacken, Duschen, Frischmachen und Umziehen, runter in den Bus zur Stadtrundfahrt, Sehenswürdigkeiten anschauen und abends zurück ins Hotel. So ging das am laufenden Band.

Burkatzky hatte immer alles auf den Punkt durchorganisiert und wehe, einer trödelte und kam zu spät zum Bus oder so! Das konnte er als Organisator auf den Tod nicht ausstehen, dann gab es Krach. Die Pläne mußten immer »auf den Punkt«, wie er sich ausdrückte, eingehalten werden.

Mit der Zeit kristallisierte sich ein Stamm von 16 bis 18 Leuten heraus, zu ihnen gehörten Buchmacher Bernd Albers mit Frau Christa, Otto Lins mit Frau Barbara, Werner und Edda Schmeer, oft mit Rennsportfreunden aus Saarbrücken, der inzwischen leider verstorbene Rolf Herzberger, der immer so lustig war, Doris Wöhler, die Mutter des Trainers Andreas Wöhler, mit Freundin Gisela Gutkäß. Also überwiegend Personen vom Rennsport. Es war eine ziemlich teure Angelegenheit, 10.000 Mark haben da nicht gereicht. Aber mich hat's nicht gereut.

Die Reisen waren schon sehr beeindruckend. Das sind halt Dinge, die man im Kopf behält, die einem niemand mehr nehmen kann. Wir waren zweimal in Australien und erlebten das größte Rennen, den Melbourne Cup.

Wenn man sieht, wie wenig in Deutschland vom Galoppsport rüberkommt, kann man sich das gar nicht vorstellen. Die ganze Stadt, ja das ganze Land ist im Rennfieber. Jedes Kaufhaus, jeder Laden, alles ist dekoriert mit Bezug auf den »Melbourne Cup«.

Am Renntag fährt ein geschmückter Zug durch die Stadt, auf dem stehen winkend die Gewinner der letzten Rennen. Reisebusse, Straßenbahnen, Stadtbusse – alles fährt zur Rennbahn.

Auf dem Fluß in der Nähe der Rennbahn fahren Motorboote in einer Dichte, wie bei uns Autos auf der Autobahn. Kleine Sportflugzeuge, eines nach dem anderen landen im Innenfeld der Bahn. Einfach unvorstellbar!

Unsere Reisen waren immer so gelegt, daß wir mindestens ein großes Rennen sahen. In Australien den Melbourne Cup, den Breeders Cup sahen wir zweimal, in Florida und in Kentucky. Dann Rennen in Belmont Park bei New York, in Kalifornien waren wir in Santa Anita und im Hollywood Park.

Natürlich haben wir in Neuseeland, USA und Kanada auch große Gestüte besucht.

Und dann die große Chinareise: Erst Rotchina, dann Hongkong mit Rennen in Sha Tin und Happy Valley! Diese Reise wird mir in ewiger

Erinnerung bleiben. Man hatte uns vorher schon darauf aufmerksam gemacht, daß dort nicht alles so sauber sei, wie wir es gewohnt sind.

Um so überraschter waren wir, als wir in Peking ankamen. Wir wohnten im Kunlun Hotel, einem absoluten Spitzenhotel. Da dacht ich: 'Na, so schlimm ist es ja nun wirklich nicht.'

Das erste gemeinsame Abendessen im Hotel-Restaurant fand mit dem extra per Flugzeug angereisten Herrn Wu Ri Tu aus Huehot statt. Das war der Direktor des Reit- und Rennsportverbandes. Jetzt konnten wir unsere Fähigkeiten, mit Stäbchen zu essen, unter Beweis stellen.

Wie wir erfuhren, wurde dieses Hotel von Amerikanern gebaut. Es war auch unter amerikanischer Führung. Da gibt es zum Beispiel Zehnjahresverträge. In dieser Zeit können die Amerikaner das Hotel selbst betreiben, dann geben sie es an die Chinesen ab.

Wenn diese Luxushotels nach 10 Jahren abgegeben werden, ist es bald aus mit dem Luxus. Von dem Moment an sieht man sich nicht mehr im Spiegel. Da wird nicht mehr regelmäßig geputzt, da funktionieren Toiletten und Wasserhähne kaum noch, und in der Dusche muß man aufpassen, daß man in der Schmiere nicht ausrutscht.

Peking – In der Verbotenen Stadt

In den nächsten Hotels haben wir es langsam selbst erfahren. Vorn die Empfangshalle ging noch, aber die Zimmer waren oft schon eine Katastrophe. Selbst in dem neu erbauten renommierten Hotel auf der Pferde-Insel Muping, wo die besseren Chinesen, also die »Oberen Zehntausend« Urlaub machen, gab es Überraschungen, die ich nicht so schnell vergesse. Auf den ersten Blick sah das Zimmer ganz ordentlich aus. Auch das Bett schien ganz annehmbar. Aber in dem Moment, in dem ich's aufmachte, war ich entsetzt. Im Bett waren jede Menge schwarzer Haare, als hätten schon 15 Chinesen drin geschlafen. Das war so schlimm, daß ich jede Nacht ein Hemd um den Kopf gebunden und die Ärmel vorn am Kopf fest verknotet hab. Dann mit Lederjacke und Jeans oben aufs Bett gelegt. Wenn's ging, versuchte ich vorher zu duschen. Doch geschlafen habe ich nur im total angezogenen Zustand. Nachts versuchte ich mich nicht umzudrehen, damit ich nicht etwa mit dem Gesicht aufs Kopfkissen käme.

Also, das war schon eine absolute Abenteuer-Reise. Auch vom Essen her. Das war alles so gut gewürzt, das schmeckte alles gut, nur wußte man eigentlich nie, was man zu essen bekam. Es war alles so klein geschnetzelt.

Wir hatten eine sehr nette Reiseführerin mit Namen Ma Li, die zwar noch nie in Deutschland war, aber unsere Sprache fast perfekt beherrschte. Wir fragten sie beim Essen, was dies und das sei. Aber sie zuckte nur mit den Achseln und antwortete: 'Das weiß ich nicht.'

Da gibts in den Chinarestaurants diese Tische mit den Dreheinsätzen, in denen das Essen serviert wird. Aha, da drüben, auf der anderen Seite sind Nudeln, dacht ich. Habe mir das dann rübergedreht, auf den Teller getan und zu essen angefangen. Dann bröckelte etwas so ein bissel von außen ab.

'Ja, was ist denn das?' fragte ich mich.

Dann bin ich draufgekommen, daß das so a Panier war. Ich hab das Panier runtergemacht und zum Vorschein kam ein Regenwurm. Die gelten in China als Delikatesse.

Obwohl mein Hobby Fischen und Angeln ist, kann ich keinen Wurm auf den Haken stecken. Ich fische lieber mit Kunstködern. Wenn ich wirklich mal mit 'nem Wurm fischen muß, dann ekelt mich das so, daß ich ihn mit 'ner Zange anfasse.

Mir graust's noch heute, wenn ich daran denke, daß ich schon von den Regenwürmern gegessen hatte. Es war widerlich. Von da an aß ich nur noch vegetarisch.

Hab enorm abgenommen – acht bis neun Kilo. In jedem Reiseführer steht, daß man in China abnimmt, allerdings nicht wegen Regenwürmern, sondern aufgrund der eigenartigen Gewürze.

Während so einer Reise wird auch jeder zwei bis drei Tage krank mit Durchfall und verliert schon dabei Gewicht. Im Winter sollte jeder Jockey mal dorthin fahren. Wenn er ein bissel überlegt, was er ißt, nimmt er garantiert ab.

Geht man in ein Restaurant, muß man meistens an der Küche vorbei. Da gibt es oftmals gar kein fließendes Wasser. Der Geruch aus der Küche ist dann alles andere als appetitanregend.

Von Peking flogen wir eine Stunde nach Dalian. Diese Stadt liegt am Gelben Meer und hat mit Umgebung 5 Millionen Einwohner. Bei einem Spaziergang durch den Tigerpark trafen wir auf einen praktizierenden chinesischen Straßendoktor. Er untersuchte einige von uns und brachte zur Heilung Stahlkügelchen in den Ohren an. Während wir das ganz lustig fanden, stand unser eigener Doktor dem allerdings sehr zweifelnd gegenüber.

Nach dem Abendessen brachte uns ein Omnibus zum Hafen und wir traten die Schiffsreise über das Gelbe Meer nach Yantai an. Unsere Gruppe wurde bevorzugt behandelt, an riesigen Menschenschlangen vorbei, durften wir als erste Reisende das Schiff betreten.

Es war eine Nachtfahrt, ein unvergeßliches Erlebnis. Das Schiff war schon total überladen mit unglaublichen Mengen von Fracht und Menschen. In den Gängen lag einer neben dem anderen. Uns schickte man in Kajüten mit 3-Stock-Betten. Darin stank es so widerlich, daß wir uns nicht hinlegten, sondern die ganze Nacht stehenblieben. Keine Toilette, kein fließendes Wasser – nix. Nur Dreck! Wir hatten Bier und Wein mitgenommen und spülten unseren Frust damit runter. Irgendwann mußte natürlich jeder mal auf die Toilette.

Gerade für die Damen war das ein Problem. Ich bin dann zur Erkundung losgezogen. Immer außen an der Reling entlang. Hinter viel

Die Reisegruppe

Gelump fand ich dann einen toilettenähnlichen Verhau. Aber bis ich das erstmal gefunden hatte, bis ich da mal rauskam. Die meisten Türen waren verschlossen.

Schnell ging ich zurück und rief: 'Alles mir nach!' Die Frauen hatten vor lauter Verzweiflung schon Tränen in den Augen. Ich bin dann voranmarschiert durch eine Luke zu dem Verhau und sie waren erlöst.

Eine Nacht verbrachten wir auf diesem Kahn. Unsere Frauen beschäftigten sich die meiste Zeit mit Versprühen von Sagrotan. Sie versprühten so viel, daß man sich nirgends mehr festhalten konnte. Überall blieb man pappen. An allen Ecken und Enden des Schiffes lagen Chinesen herum, die Karten spielten und ordentlich soffen. Trotz allem hatten wir viel Spaß bei der etwa achtstündigen Überfahrt und erreichten ziemlich verkatert am frühen Morgen die Hafenstadt Yantei.

Ein Omnibus fuhr uns im Halbdunkel weiter über die Halbinsel zu unserem nächsten Zielort: Muping, ins Hotel Norinco. Nach dem Frühstück ging es dann mit dem Omnibus zur Rennbahn Muping.

Pferde gab es in Rotchina relativ wenige zu sehen. Wir sahen sie nur auf dieser Pferde-Insel. Das waren mehr Araberpferde, so'n Misch-Masch. Sie hatten eine Sandbahn mit einer Tribüne und vielleicht dreimal im Jahr

Rennen. Es gab auch einen Trainer, der uns ganz stolz zwei Pferde vorführte, die er für die zuschauenden Reiseteilnehmer schon ein Dutzendmal um die Bahn galoppieren ließ. Werner Schmeer und ich waren die beiden Jüngsten und uns haben s' überredet, die Pferde auch mal zu reiten.

Obwohl uns die Pferde schon leid taten, machten wir mit, und galoppierten sie einmal ganz ruhig um die Bahn. Bernd Albers war ein bissel leichtsinnig: Als wir zurück waren, streichelte er dem einen Pferd über den Hintern. In dem Moment schlägt es aus und trifft ihn voll am Knie. Bernd hatte den ganzen Abend Riesenschmerzen.

Für diesen Abend stand auf unserem Reisezettel ein Besuch in Kommunen an. Da hatten wir allergrößte Bedenken. Tagsüber sind wir an den sogenannten Kommunen vorbeigefahren. Das waren Bauern, die in einem furchtbaren Verhau wohnten. Wir dachten mit Schrecken an das Essen und an das mühsame Sprechen, das uns bevorstand. Jeder von uns wollte Bernds Unfall ausnützen und zur Pflege bei ihm bleiben. Nacheinander sagte jeder: 'Ich bleib heut Abend beim Bernd.'

Da gab's einen Riesenärger mit Burkatzky. 'Nein, das steht auf dem Plan, das müssen wir durchziehen', entgegnete er auf all unsere edlen Pflegeabsichten.

Wir wurden dann auf fünf Kommunen aufgeteilt. Ich hatte schon wieder ans Essen gedacht und bin nur schweren Herzens losgezogen.

Doch es kam alles anders als erwartet. Wir waren ganz erstaunt, als wir zu den Leuten reinkamen. Alles war absolut sauber, die Leute unglaublich freundlich und das Essen besser als in jedem Lokal. Wir konnten wirklich mit Appetit essen und waren hinterher richtig begeistert.

Nur getrunken haben wir zuviel. In China ist es üblich, daß die Gläser immer gefüllt werden. Erst wenn man das Glas voll stehen läßt, heißt das: Ich will nichts mehr. Dann gibt es »gambe«, das heißt die Hälfte trinken, und »bambe«, ex – austrinken in einem Zug. Man hat immer drei Gläser vor sich stehen. Das eine ist mit Bier gefüllt, das andere mit Wein und das dritte mit Reisschnaps. Der nette chinesische Gastgeber rief immer fröhlich »gambe« und »bambe« und wir hatten anschließend einen Rausch.

Ganz lustig war die Zugfahrt mit einem Dampfzug nach Tsingtao. Der Lokführer und der Heizer ließen uns sogar auf den Führerstand und zeigten uns die Feuerung.

Dann flogen wir nach Shanghai, wo wir sofort zu einer Artistenshow gebracht wurden. Die Tiernummern mit Pandabären und Raubkatzen sowie die Clowns fanden viel Beifall. Nachdem wir im altehrwürdigen Chaff Tang Hotel zu Abend gegessen hatten, nahmen wir Quartier im Jinsha Hotel.

Ein Schuppen modernster Bauart an der Peripherie von Shanghai – in dem klappte nichts. Die Klimaanlage lief mit Volldampf und ließ sich nicht regulieren. Die Toiletten waren verstopft und mußten erst benutzbar gemacht werden.

Das Anmelden eines Ferngespräches erinnerte an Karl Valentins Buchbinder Wanninger. Man wurde von einer Stelle zur anderen verbunden – als wir bereits alle Hoffnung aufgegeben hatten, kam doch noch eine Verbindung mit der Heimat zustande.

Beruhigt gingen alle zu Bett.

Um Mitternacht wurden wir aus dem Schlaf getrommelt: ein Angestellter präsentierte uns die Telefonrechnung.

Eine Stunde später, als wir schon längst wieder eingeschlafen waren, kam er freundlich lächelnd zurück und brachte das Wechselgeld von einigen Pfennigen. Der pflichteifrige Mann verstand kein Deutsch, das war gut.

In allen Städten gab es viele Straßenmärkte. In der einen Straße gibt es nur Fleisch, in der anderen nur Fisch und in vielen anderen Straßen nur Gemüse. Täglich ist Markt. Geht man über den Fisch- oder Fleischmarkt, erlebt man einen richtigen Morast auf dem Boden. Es stinkt bestialisch. Man kann nur in der Mitte der Straße gehen und muß aufpassen, daß man auf dem fettigen Boden nicht ausrutscht. Da vergeht einem schon der Appetit.

Tausende von Fliegen sitzen auf den Kadavern, sei's Hund, Katze oder Igel. Den Chinesen grausts vor nichts. Jedes Tier, jeder Körperteil – alles wird ohne Skrupel verzehrt.

Manche Leute waren von dem Essen begeistert. Es war ja auch immer toll gewürzt und schmeckte dadurch gut. Aber was sie in Wirklichkeit gegessen haben, darüber haben s' gar nicht nachgedacht.

Ich hab nur Bananen, Äpfel oder Orangen gekauft. Die Sprache verstehst ja sowieso nicht. Da hab ich immer eine Handvoll Yen hingehalten, und der Verkäufer hat sich etwas runtergeklaubt.

Dann hab ich noch ein bissel mehr gegeben, und da waren s' alle immer ganz happy.

Von Shanghai ging es mit der Eisenbahn nach Suzhou, genannt das »Venedig des Ostens«. Die Stadt liegt am 1700 km langen Kaiserkanal und ist mit Kanälen durchzogen, auf denen viele Bewohner mit ihren Booten unterwegs sind. Hier boten sich malerische Ausblicke!

In den alten Stadtvierteln standen vor jedem Haus etwa eimergroße geschnitzte oder bemalte Holzbehälter. Später stellte es sich heraus, daß sich darin die Nachttöpfe der Hausbewohner befanden, und daß sie zum Ausleeren vor der Tür standen.

Nach dem Besuch der Pagode der Dankbarkeit, auf dem Weg ins Restaurant, überraschte uns ein heftiger Regenschauer und trieb uns in Geschäfte, wo man Schirme kaufen konnte. Aber das war kein Trick, um Regenschirme loszuwerden, der Regen war echt.

Nach dem Mittagessen besichtigten wir eine Seidenraupenspinnerei. Das war sehr interessant. 1800, überwiegend weibliche, Arbeitskräfte sind damit beschäftigt, die von den Bauern gelieferten Kokons der Seidenraupe zu bearbeiten und daraus die Fäden zu spinnen.

Suzhou – Im Garten des Ehrfürchtigen Verweilens

Dann erlebten wir an diesem regnerischen Nachmittag im Garten des »Ehrfürchtigen Verweilens« den Zauber chinesischer Gärten. Das sind Orte der meditativen Ruhe. Die Grundelemente sind Felsen und Wasser. Dazu kommen viele symbolträchtige Blumen und Bäume wie – Lotos, Kiefer, Bambus und Chrysantheme. Diese seit Jahrhunderten bestehenden parkähnlichen Anlagen waren einer der Höhepunkte unserer Chinareise – so stand es im Reiseführer.

Den Zauber der Beschaulichkeit haben diese von Touristen überschwemmten Gärten schon lange verloren. In den künstlichen Seen trieb eine Schicht von Zigarettenstummeln und Bierdosen. Der penetrante Geruch der öffentlichen Bedürfnisanstalten drang bis in die entlegensten Ecken und Winkel.

Von Suzhou flogen wir dann nach Guilin. Am nächsten Morgen machten wir eine Schiffahrt auf dem Fluß Li. Vom Schiff aus hatte man einen Blick auf die Berge, die sich auf allen Bildern chinesischer Landschaftsmaler wiederfinden. So kommt es auch, daß Tausende von Touristen – aber alles Chinesen – diese Gegend heimsuchen. Dicht gedrängt fahren die Ausflugsdampfer – und ununterbrochen dröhnen die Lautsprecher der Reiseleiter, damit keinem was von der lieblichen Landschaft verborgen bleibt.

Wir kamen auch in Gebiete, in denen kaum mal ein Europäer war. Wenn wir auftauchten, gab es jedesmal einen Auflauf. Kinder liefen hinter uns her und konnten es wohl gar nicht fassen, daß es Menschen mit so anderen Augen und anderer Haarfarbe gibt.

Wir hatten ein Pärchen dabei, das war nicht nur besonders groß, sondern die Frau hatte dazu noch hellblonde Haare. Die Chinesen dagegen waren alle klein und hatten schwarze Haare. Die Kinder glaubten sicher, wir kämen vom Mond oder von einem anderen Stern.

Grundsätzlich ist das Land schon sehr beeindruckend. Allein die tolle Landschaft, und schon am Anfang die Fahrt zu den Sehenswürdigkeiten in der Umgebung von Peking: Zu den 13 Ming-Gräbern, von denen erst zwei geöffnet und zur Besichtigung frei gegeben sind. Zur Verbotenen Stadt mit ihren Palästen und dann zu der gewaltigen Mauer. Man glaubt es kaum, daß man so etwas damals schon erbauen konnte.

Die letzte Station in Rotchina war Kanton.
Von dort fuhren wir mit der Bahn nach Hongkong, unserem letzten Reiseziel. Hier war alles ganz anders. Wir wurden wieder empfangen, besuchten die zwei außergewöhnlichen Rennbahnen: Happy Valley mitten in der Stadt und Sha Tin außerhalb, etwa 25 S-Bahn-Minuten vom Zentrum entfernt.

Danach gab es nur noch einen Höhepunkt: Den Rückflug nach Deutschland.

Das mußte alles erstmal verdaut werden, und jeder hat sich bestimmt die nächsten paar Tage ausruhen müssen. Aber schön wars.

So eine Reise macht man ja nicht alle Tage."

Klein ist normal. Mario Hofer

„Herr Hofer, Sie schauen so vergnügt. Können Sie nicht eine schöne Geschichte vom Rennsport erzählen?"
„Da fällt mir nicht eine einzige ein!"
„So, Ihnen fällt nichts ein? Dann erzählen Sie wenigstens, wie Sie zum Rennsport gekommen sind."

„Da bin ich ganz blöd zu gekommen mit 15 Jahren. Die Eltern wollten, daß ich was Anständiges lerne. Unser Vater war Bundesbahnbeamter. Ich war das vierte von sieben Kindern. Wir waren nicht ärmlich, das wäre falsch ausgedrückt. Aber es war schon alles genau abgemessen.
Ich wollte weg von zu Hause, wollte unabhängig sein. Das ist doch ganz normal. Eines Tages, im Jahre 1971, las ich in unserer Zeitung eine Annonce, aufgegeben vom Wiener Galopprennverein: Jockeylehrlinge gesucht.

Mario Hofer – Manfred Hofer

Klein, leicht und sportlich sollten sie sein. Das paßte alles bei mir, nur reiten hab ich nicht können. Bei uns in Kärnten, ganz in der Nähe meines Elternhauses war eine Reitschule, da haben s' uns nicht aufs Pferd gelassen. Das war nur für Versnobte, so Schickimicki. Das Geld für eine Reitstunde hatten wir uns mühsam zusammengespart. Ich glaub es waren damals 40 Schillinge. Aber ohne passendes Outfit hatten wir keine Chance. Wir hatten weder Reithose noch Kappe, noch Stiefel.

Ich hab mich dann für eine Jockeylehre beworben und bekam auch eine positive Antwort.

Ich hatte Glück. Mein Vater mußte zu einem Fortbildungslehrgang nach Wien, und auf mein Drängen hin nahm er mich mit. Ich konnte 14 Tage auf Probe in einem Rennstall arbeiten.

Vater dachte wohl, wenn er seinen Lehrgang beendet hat, wäre ich schon ein paarmal vom Pferd gefallen und so sauer, daß ich gern wieder mit nach Hause fahren würde.

Als Vater mich abholen kam, wurde er von allen Seiten bombardiert. Ich sei begabt und solle hierbleiben – hieß es. Eine richtige Lehre solle ich machen. Vater fuhr dann allein nach Haus.

Wien 1983 – auf Rodomonte – Aufgalopp St. Leger

Ich blieb beim alten Trainer Holler. Das war so ein Österreichisch-Ungarischer und die ganze Ausbildung damals, auch diese Stallhierarchie, das war alles sehr streng, so ein bissel militärisch gings zu. Hast jeden mit »Sie« ansprechen müssen. Vor Trainer und Besitzer hast richtig »Habt acht!« gestanden. Eine ziemlich strenge Lehrzeit war das. Aber sie ging recht schnell vorbei.

Zum Lernen angefangen hatte ich im August, und Ende November hab ich schon mein erstes Rennen geritten. Das ging alles unheimlich schnell. In meiner Lehrzeit in Wien gewann ich ungefähr 50 Rennen. Ich war Lehrlingschampion, also ziemlich erfolgreich. Im dritten Lehrjahr verbrachte ich im Winter drei Monate in Italien und hab dort, in Neapel, ein paar Rennen gewonnen.

Schon 1974 ging ich nach München. Zuerst als Jockey zum Ziese, der damals einen großen Stall mit etwa 50 Pferden hatte. Das war eine ganz lustige Zeit.

Später bin ich nach Bremen zum Trainer Adolf Wöhler als zweiter Jockey. Aber das ist dann gar nicht gut gelaufen.

Danach war ich bei kleinen Besitzertrainern ausgeritten, erst bei Brunner, dann bei Schiemann in Frankfurt. Dort hab ich mich um alles gekümmert, ums Pferd, um den Transport zu den Rennen und so.

Da haben s' schon zu mir gesagt: 'Du wirst mal Trainer werden.'

Zuletzt bin ich wieder zurück nach München zum Charlie Seiffert, der den größten Stall hatte. Dort war ich drei Jahre. Der war auch sehr streng, und man hat viel arbeiten müssen. Eines aber war positiv: Er hat immer zu seinen Leuten gehalten, zu seinen Jockeys. Sportlich war es eine gute Zeit. Charlie Seiffert sagte zu uns, daß er bald aufhören würde. Aber dann wollte er doch wieder weitermachen.

Leider war er sehr krank. Er hatte einen Gehirntumor und starb dann ziemlich schnell.

Ich bin für ein Jahr zu Trainer Ziese, dann ging das auch wieder auseinander.

Nun stand ich vor der Entscheidung: Entweder gehe ich als Jockey in den Westen, oder ich bleibe in München und fang an zu trainieren.

Da ich schon einige Zeit Probleme mit den Kniegelenken hatte, ziemlich schmerzhafte Gelenkentzündungen, entschied ich mich fürs Trainieren.

1981 hatte ich in Köln die Trainerprüfung gemacht und war mit 28 Jahren das jüngste Mitglied der Münchener Trainergilde.

Ich habe keinen eingeführten Stall übernommen, sondern ganz neu angefangen. Viele Besitzer hatten mir Pferde zugesagt, doch als ich dann anfing, waren es nur fünf, mit denen ich rumwurschtelte.

Die nächsten zwei, drei Pferde kamen bald hinzu, und im Winter hatte ich zehn ziemlich erfolglose Pferde im Stall. Ich war ganz fanatisch, habe sie richtig gut trainiert. Als sie im Frühjahr rauskamen, haben fast alle gleich gewonnen, richtig Form gezeigt.

So ging es dann ständig bergauf. In meinem ersten Jahr gewann ich gleich 22 Rennen. Im nächsten Jahr 30, dann 40 Rennen, und es ging ständig aufwärts. Drei Gruppe-Rennen gewann ich in München und zweimal das Wiener Derby. Mein größter Crack war Fire King, der 1993 den Preis des Winterfavoriten gewann. Fire King galt als sehr schwierig. Mit viel Einsatz und Geduld haben wir ihn hingekriegt.

Doch ich war mit meinem mal fünfzehnten, mal achtzehnten, mal zwölften Platz in der Trainerstatistik nicht zufrieden. Ich stellte mir die Frage, wie ich weiterkommen könnte. Ich war jetzt 36 Jahre alt, also im besten Alter, und dachte, es gibt nur zwei Möglichkeiten: Entweder du bleibst hier und bist zufrieden mit dem was d' hast, oder du probierst, in den Westen zu wechseln.

Als ich hörte, daß Trainer Herbert Cohn in Krefeld aufhört, bewarb ich mich erfolgreich um den Stall. Ich hatte in München zuletzt 40 Pferde trainiert. Davon gingen am Jahresende immer so fünf bis sechs ins Gestüt, dann waren's also noch 35. Von denen gingen 33 Pferde mit nach Krefeld, nur zwei sind in München geblieben. Das ist schon kolossal, wissen S'.

Hier heroben sind etwas später nur zwei Pferde von Trainer Cohn dazugekommen. Ich kannte die Besitzer nicht und wußte nicht, ob sie morgen wieder weg sein würden. Der größte Rückhalt waren meine Münchener Besitzer, das freute mich schon recht. Ich hatt' alleweil ein gutes Verhältnis zu ihnen und hab immer eine klare Sprache gesprochen.

Im ersten Jahr gewann ich 50 Rennen, im zweiten Jahr 60 und im dritten gleich 70 Rennen. 1996 kam ich auf 101 Siege. Es war immer eine Steigerung da.

Als der Cohn-Stall zu klein wurde, tauschte ich mit Trainer Kappel. Sein Stall war halb leer, und er mußte alle Boxen bezahlen. Es dauerte

Urlaub auf Gran Canaria – Im Botanischen Garten

nicht lange, da war mein neuer Stall auch zu klein, und wir haben noch Boxen dazugebaut.

Meine Frau Lydia kümmert sich um die Buchhaltung. Obwohl sie eine waschechte Münchnerin ist, fühlt sie sich hier in Krefeld ganz wohl. Meine Tochter Steffi war zur Zeit des Ortswechsels gerade sieben Jahre alt und kam in Krefeld zur Schule. Es war genau der richtige Zeitpunkt, damit kein Schulwechsel stattfinden mußte. Steffi ist sehr klein. Sie hat sich mir angepaßt und wird immer für jünger gehalten.

Als sie auf die Welt kam, bin ich ins Krankenhaus reingefahren. Sie war so winzig, daß die Ärzte verrückt spielten.

'Herr Hofer, die ist so klein. Da müssen wir was machen.' Sie schlugen dies und das und jenes vor.

'Ja, ist sie denn gesund?'

'Ja, gesund ist sie, aber so klein. Da müssen wir doch irgendwas machen.'

'Nein, das ist alles gut so, da wird gar nichts gemacht. Das ist doch kein Problem. Schauen S' mich an. Schauen S' meine Frau an. Nur groß und Neger, das wär verdächtig. Klein ist normal. Was wollen S' von mir?'

Wissen S', ich weiß das von mir her. Bei mir haben s' die Eltern mal überredet. Ich war auch so ein Winzling. Auf dem Land können s' den Eltern alles erzählen.

'Der ist zu klein, der muß untersucht werden. Der kann wachsen, das kann man behandeln und machen.'

14 Tage haben sie mich in eine Klinik gesteckt. Mehr als 100 Spritzen bekam ich und bin tausendmal punktiert worden. Zum Schluß haben s' meinen Eltern erzählt: 'Ihr Sohn wird 1,66 Meter groß.'

So ein Schmarrn! Ich bin immer noch 1,52 Meter groß. Wenn mir der Arzt heute über den Weg laufen würde, dem würd' ich eins in die Fresse

Klein ist normal

hauen. Die haben mich doch massakriert, 14 Tage lang. Die Eltern waren noch ganz froh und dachten, sie haben alles wunderbar gemacht.

Meine Tochter ist zwar ein bißchen kleiner als die anderen. Doch ist sie kerngesund und zu meiner Freude reitet sie mittlerweile ebenfalls."

Zweimal um die Erde. Erwin Schindler

Wie das zustande kam – ganz einfach! Bei mehr als 15.000 Ritten in 36 Jahren – zuzüglich einiger Runden im Führring, dem Aufgalopp und 36 Jahre Training in der Morgenarbeit – erreichte er auf seinen Pferden bestimmt mehr als 80.000 Kilometer. Das entspricht etwa zweimal der Kilometerzahl des Erdumfangs.

Erwin Schindler, der 48 Kilo-Mann, war jahrzehntelang der gefragteste Leichtgewichtsjockey in der Bundesrepublik. Über Mangel an Ritten braucht er auch heute noch nicht zu klagen. Noch immer ist die »Briefmarke« sehr gefragt. Obwohl er das Wort gar nicht so gerne hört.

Seine Meinung: „Wer mit 48 Kilo gut reitet, der kann das auch mit 58 Kilo. Bei sehr hohem Gewicht kann das Blei von Nachteil sein, aber nicht bei 3 bis 4 Kilo. Bei einem Großteil der Trainer und Besitzer ist das Vorurteil vorhanden. Das hat mich schon einige gute Ritte gekostet – vor allem Siege. Leider kann man diese Meinung schlecht widerlegen."

Ist Erwin etwas ruhiger geworden? Ich kann mich noch an Zeiten erinnern, als er hoch zu Roß im Führring zum Publikum schaute und vor allem der Weiblichkeit vergnügt zulächelte. Er fiel besonders deshalb auf, weil

Erwin Schindler 1997

die meisten seiner Kollegen den Blickkontakt mit dem Publikum vermeiden und nur auf ihr Pferd oder geradeaus blicken.

Mit so einem vergnügten Lächeln hatte Erwin in Dortmund auch seine Frau Mechthild aus Essen kennengelernt. Auf seinem Pferd sitzend sah er sie mit einem kleinen Hund an der Leine am Führring stehen. Er schaute sie an – sie schaute ihn an, und Erwin sagte sehnsuchtsvoll: „Jetzt wär ich gern der Hund."

„Irgendwann traf ich sie wieder auf der Rennbahn. Da hab ich sie einfach angequatscht", erzählt Erwin. „Dann haben wir uns mal getroffen, und es hat schon noch eine Weile gedauert, bis wir uns näher befreundet haben."

Im Führring

Seit 5 Jahren ist Erwin mit Mechthild, kurz Nina genannt, verheiratet. Drei lebhafte und aufgeweckte Söhne vervollständigen inzwischen die Familie. Nicki (Nicolas), Benni (Benjamin) und Jonny (Jonathan), der Kleinste. Daß Erwin seine Jungs abgöttisch liebt, sieht man auf den Rennbahnen. Vor allem im Südwesten oder in Frankfurt, wenn die komplette Familie erscheint und die Kinder zwischen Erwins Ritten ihren Vater belagern.

„Erwin, der Jonny stinkt. Mach ihn mal sauber!" irritierte ihn seine Frau in der Jockeystube von Haßloch. Die Jockeystube war leer, alle waren auf der Bahn, und Erwin verduftete schnell in die Dusche. Da mußte Mechthild dem kleinen Stinker selbst eine saubere Pampers verpassen. Die freundliche Frau in der Jockeystube half ihr dabei und verwendete viel

Familie Schindler – Januar 97

Raumspray, damit die Reiter nicht in Ohnmacht fielen, wenn sie zurückkehrten. So geschehen am 30. August 1997 in Haßloch. Ich hatte mich sehr darüber amüsiert.

Erwins Ältester wollte mir seinen Namen nicht verraten. Als ich seine Mutter fragte, meinte er trotzig: „Den sagst du ihr nicht. Sie soll nicht wissen wie ich heiße." Der Mittlere hatte da keine Probleme und gab bereitwillig Auskunft.

Bei der Rasselbande wundert es mich, daß Erwin überhaupt noch Zeit zum Reiten hat. Aber schließlich ist das ja sein Geschäft, und eine fünfköpfige Familie kann ja nicht vom Däumchendrehen leben.

Als ich ihn fragte, ob er seinen Buben die Zustimmung geben würde Jockey zu werden, antwortete er mit einem entschiedenen „Ja!". Und das trotz all seiner Stürze und Blessuren, wie zum Beispiel Becken- und Schulterbruch.

„Es gibt doch keinen schöneren Beruf, als mit Pferden zusammenzusein und zu reiten", ergänzte Erwin. „Wir haben viel Freiraum, und ich mag nun mal die Pferde."

Nach einem Rennen in Haßloch saßen wir in einem gemütlichen Pfälzer Restaurant in der Nähe von Neustadt mit Erwin zusammen. Bei einem Gläschen Pfälzer Wein versuchte ich, ihm möglichst viele Episoden aus seinem ereignisreichen Leben zu entlocken.

1946 wurde Erwin Schindler in Mörbisch am Neusiedlersee im Burgenland/Österreich geboren. Seine Eltern betrieben Landwirtschaft und hatten mit Rennpferden nichts zu tun. Ein Wagenpferd besaßen sie, auf dem der kleine Erwin mit 5 Jahren herumturnte und auch schon mal geritten ist. Ich fragte Erwin, ob er oft wegen seiner Größe, er ist heute 1,48 Meter groß, gehänselt wurde.

„Beim Rennsport hänselt einen deswegen keiner."

„Und früher als Kind? Sie waren doch wahrscheinlich immer der Kleinste in der Klasse?"

„Wieso in der Klasse? Ich bin auch so meistens der Kleinste!

In der Schule saß ich immer in der ersten Reihe. Die Kinder haben mich geärgert, und ich habe sie geärgert. Wenn wir uns mal zankten, haben sie mich schon mal aus Rache »Zwerg« gerufen. Meistens waren alle stärker als ich. Ich hatte mir dann einen großen, starken Freund gesucht, der mich beschützte. Auch als Jugendlicher hat man Feinde. Aber daß ich richtige Komplexe wegen meiner Größe hatte, kann ich nicht sagen. Darunter habe ich nicht gelitten, nur unter Zahnschmerzen."

Was mich immer wieder interessiert: Wie kommt ein Jugendlicher auf die Idee Jockey zu werden? Auch wenn es bei Erwins Statur nicht gerade verwunderlich ist, aber der Beruf ist doch gar nicht so bekannt, vor allem nicht auf dem Lande. Oder doch?

Dazu Erwin: „Mein Cousin Johann, er war etwas älter aber nicht größer als ich, fuhr einmal in den Schulferien mit meinem Onkel zur Rennbahn. Als er die vielen Pferde und Reiter sah, war er so begeistert, daß er sagte: 'Das will ich auch machen.' Mit seiner Begeisterung hatte er mich angesteckt und in mir den Wunsch geweckt, das gleiche zu werden. Johann hat dann in Wien gelernt, zog anschließend nach Ägypten und ritt dort Rennen. Heute ist er mit Frau und zwei Söhnen in Griechenland. Auch dort ist er wieder in den Rennsattel gestiegen. Er reitet heute noch Rennen. Von seinen zwei Söhnen ist einer in der Hotelbranche und der andere Jockey.

Durch diesen Cousin kam ich zum Rennsport. Bei Trainer Stefan Heiling in Wien/Freudenau begann ich 1960 meine vierjährige Lehre. Danach wechselte ich zu Hozang, dann zu Cincerak. Alle drei Trainer waren Ungarn, die in Wien trainierten.

Ich bin schon in Wien gern Hindernisrennen geritten. Einmal fuhr ich mit einem Besitzer in die Tschechei. Er wollte sich im Gestüt Samorin Pferde angucken. An dem Tag war auf einer Rennbahn in der Nähe, an der österreichischen Grenze, ein Hindernisrenntag.
 'Hindernisrennen würde ich auch gern reiten', sagte ich im Gestüt.
 'Kein Problem, wir haben Pferde genug hier, da kann er mitreiten', sagte einer zu dem Besitzer, mit dem ich dorthin gefahren war.
 Jetzt habe ich ein Pferd geritten, das ist ganz gut gesprungen. Aber ich war unplaziert.
 'Das Pferd hatte keine Luft mehr', erklärte ich nach dem Rennen.
 'Na ja', sagte der Gestütsleiter, 'kein Wunder, das Pferd kommt ja auch von der Koppel.'
 Sie hatten mir in der Tat ein Pferd ohne Training zum Reiten gegeben, frisch von der Koppel. Es muß schon ein eingesprungenes Pferd gewesen sein. Wahrscheinlich war es ein Naturtalent, denn dafür, daß es nicht trainiert war, sprang es ganz gut, sonst wär ich ja nicht über den Kurs gekommen. Leider hatte es durch das fehlende Training Luftprobleme.
 Früher konnte man die Pferde noch am Renntag zur Starterangabe streichen oder zusetzen. Reiterwechsel – kein Problem. Alles nach Lust und Laune, alles ging noch.

In Österreich kam ich nicht über 150 Ritte. Im ersten Lehrjahr hatte ich nur vier Ritte, im zweiten Jahr dann acht. Es steigerte sich sehr langsam. So wechselte ich 1969 nach München zu Trainer Göbel, bei dem ich ein Jahr ritt. Eduard Kaltenecker, hatte den Stall Champione. Seine Pferde liefen über den Trainer Göbel, da Besitzertrainer zu der Zeit nicht selbst auf der Rennbahn trainieren durften. Stall Champione hatte gute Hindernispferde. Kaltenecker war der Meinung, daß die deutschen Jockeys für seine Pferde zu schlecht seien und holte sich Hindernis-Jockeys aus Italien.

An einem Münchner Renntag hatte er wieder einen Italiener auf seine zwei Starter gesetzt. Ein Pferd ist ausgebrochen, das andere gestürzt. Als ich den Besitzer später traf, flachste ich so aus Spaß:

'Was war denn das für ein Reiter, den Sie da an Land gezogen haben? Was der Italiener da geboten hat, das hätte ich auch gekonnt.'

Ein guter Reiter wärs, meinte Kaltenecker, aber er würde mich beim Wort nehmen. Das nächste Mal habe ich sein Pferd Nostro geritten und mit Weile gewonnen. Nun durfte ich all seine Hindernispferde reiten. Ich gewann gleich noch einmal mit Nostro, dann zweimal mit Nancy Green und dreimal mit Frou Frou. Das reichte, um 1971 Bayerischer Hindernis-Champion zu werden.

1971 erzielte ich meinen ersten Jahressieg in einem Ausgleich IV mit Märzbecher, obwohl es schon später als März war. Da zahlte die Dreierwette über 100.000 Mark. Vier Jahre ritt ich dann für Trainer Willi Hessler in München, ehe ich in den Westen übersiedelte.

Zuerst ging ich nach Gelsenkirchen zu Trainer Karl-Heinz Schulze; der war ein sehr guter Trainer. Er hatte mit Meinberg die Union gewonnen. Bei ihm

12.10.74 – Sieger im Behr Memorial

wurde ich 1976 Champion der Flachjockeys. Ich gewann auch Ausgleich I-Rennen für ihn. Mit Noilly Prat haben wir in Baden-Baden den Nephrit weggeputzt. Der Reiter war Klaus Neuhaus, ein ganz Gemütlicher.

Mit Peter Remmert habe ich einige Endkämpfe geritten und auch bestanden. Wenn wir zusammen im Rheinland ritten, fing er manchmal an zu pfeifen; dann wußte ich, jetzt habe ich keine Chance mehr. Oft haben wir uns auch festgebissen, das heißt einer hat versucht, den anderen wegzuputzen. Das machte mit Peter Remmert besonders Spaß, weil er der Eisenarm war. Das war schon ein guter Reiter.

Es gab noch einen Jockey, der im Rennen pfiff. Das war der Terence Kelleher. Der hatte damals vorn eine Zahnlücke, durch die hat er immer gepfiffen. Dachte er, seine Pferde gingen dann besser? Oder war es unabsichtlich, und er hatte es gar nicht bemerkt? In Krefeld hatte ich ein Pferd geritten, das ging so gut. Im Schlußbogen pfiff Kelleher neben mir, und mein Pferd hielt vor Schreck gleich an. Daraufhin habe ich immer »Pfeiffer« zu ihm gesagt. Heute hat er keine Zahnlücke mehr. Er ist ein netter Kerl. Ich treffe ihn oft in Baden-Baden bei den Meetings.

Ich habe an allen großen Ställen geritten. 1981 bis 1982 war ich zweiter Mann hinter Alafi bei Herrn von Mitzlaff, mit dem ich sehr gut zurecht kam. Von Mitzlaff war eine Persönlichkeit. Der konnte mit Menschen und mit Pferden gut umgehen. Bei Harro Remmert in Neuss war ich ein Jahr und ging nur weg, weil ich die Stelle bei Bruno Schütz angeboten bekam. Eigentlich sollte Lutz Mäder die Stelle bekommen. Doch dann wurde Peter Remmert gesperrt, und Mäder blieb noch ein Jahr länger bei Hein Bollow. Dadurch wurde ich für ein Jahr Stalljockey bei Schütz bis Mäder kam. Schütz war für mich ein guter Trainer gewesen. Er war früher ziemlich spontan. Heute ist er viel ruhiger geworden.

Angestellt war ich auch bei Grieper, Kappel und Sauer. Norbert Sauer hatte viele gute Hindernispferde. Bei ihm ritt ich sehr gern. Auch für Heinz Jentzsch habe ich oft geritten, war aber bei ihm nicht fest angestellt.

Zigtausendmal habe ich im Führring eine Order fürs Rennen vorgepredigt bekommen. Die blödsinnigste Order ist: Geh an dritter oder vierter

Stelle! Die bekommen die meisten Jockeys. Manchmal habe ich auch anders geritten als es mir gesagt wurde, so aus dem Gefühl heraus. Wenn es schief ging, habe ich natürlich Lampen gekriegt, das war klar. Wenn es gut ging, war es die Order des Trainers: 'Habe ich dir doch gesagt, so mußt du reiten!'

Im Derby 1982, als ich den Außenseiter Ako von dem Pfälzer Trainer Heibertshausen ritt, bekam ich die wohl urigste Order. Ich nenne sie heute noch die »Bahnhofsorder«. 'Spring ab und gewinn – so weit, bis zum Bahnhof! Du brauchst dich nicht umzugucken, du gewinnst bis zum Bahnhof mit Vorsprung.' So etwas hatte ich noch nie gehört. Ich wußte, daß Ako ein ganz gutes Pferd war, aber darüber, daß ich mit einem Riesenvorsprung gewinnen würde, mußte ich innerlich schmunzeln.

Je näher so ein Rennen kommt, desto nervöser wird man. Das Derby ist ja nicht irgendein Rennen. Wir hatten in einem Hamburger Hotel gewohnt, sind am Tag vorher ganz normal essen gegangen im Blockhaus. Und soweit ich mich erinnern kann, habe ich auch gut geschlafen. Ich bin schon die ganze Derbywoche geritten. Am Derbytag selbst habe ich nur noch die Pferde mit vorbereitet. Ich habe ganz normal gefrühstückt, und dann fährt man zum Rennen, mit der Absicht zu gewinnen – wie immer.

Wie oft fährt man zur Rennbahn mit der Absicht zu gewinnen, und dann kommt man nach Hause und war Letzter. Da ist man natürlich enttäuscht. Peter Alafi saß in diesem Derby auf Eiswind, ein Pferd aus dem Mitzlaffstall, das ich noch im Schlußgalopp geritten bin. Im Derby war dieses Pferd mein Gegner.

Ich lag mit Ako zuerst am Schluß des Feldes. Mitte Gegenüber habe ich dann meine Position verbessert, und als wir in die Zielgerade reinkamen, lagen wir schon in Front. »Die Bahnhofsorder!« Wir gewannen das Deutsche Derby mit einem Vorsprung von $5^{1}/_{2}$ Längen und mit einer Siegquote von 608:10.

Peter Alafi wurde Zweiter. Er war nicht sauer, sondern hatte mir schon beim Ausgaloppieren als erster gratuliert."

„Konnten Sie es denn selbst fassen, daß Sie das Derby mit dem Außenseiter Ako gewonnen haben?" fragte ich Erwin Schindler.

„Natürlich, ich sah ja keinen vor mir", antwortete er verschmitzt.

Saarbrücken
Oskar Lafontaine gratuliert dem Sieger

„Das war eine ganz schöne Gaudi auf der Hamburger Rennbahn. Ich hatte mich natürlich riesig gefreut. Das Publikum hat mich auch sehr gefeiert. Eine Chance hatte ich mir schon ausgerechnet. So war das nicht. In der Union war ich mit dem Pferd immerhin Fünfter. Abends gab es im Hotel Atlantic das obligatorische Derby-Essen. Die Sieger waren alle dabei – nur das Pferd nicht!

Mit einem weiteren Riesenaußenseiter hätte ich beinahe mal den Preis von Europa gewonnen. Ich kam mit dem Pferd Arszlan in die Gerade rein. Das Pferd ging super. Ich wollte gerade loslegen – in dem Moment griff auch der englische Jockey Greyville Starkey an. Er nahm die Peitsche, da brach sein Pferd über die ganze Bahnbreite weg. Ich war ein bißchen außen hinter ihm. Da hat er mich ganz nach außen hin mitgenommen. Wir kamen ziemlich nahe an die Rails ran. Dort stand ein Zuschauer mit einem Regenschirm. Der sprang vor Schreck zurück und ließ seinen Schirm aufs Geläuf fallen. Jetzt mußte Arszlan noch über den Schirm springen. Mein Vorstoß war zum Scheitern verurteilt. Mein Pferd war irritiert, und wir wurden dadurch nur Vierter. Greyville Starkey war Dritter, wurde dann aber disqualifiziert.

Mein Besitzer war sehr aufgebracht. Das nützte ihm alles nichts. Starkey hatte seine Strafe bekommen und erklärte seinen Kollegen nach dem Rennen in der Jockeystube, das wäre ihm in England nicht passiert. Dafür wäre er nicht bestraft worden.

Starkey behinderte mich praktisch so, daß mich das wahrscheinlich den Sieg gekostet hat. Ich glaube heute noch, daß ich das Rennen hätte gewinnen können."

Erwin Schindler erreichte mit Bebe Armand 1989 seinen 1000. Sieg. Welchen Platz er in der Jockeystatistik belegt oder im Club der 1000, das weiß er nicht. „Vielleicht bin ich unter den ersten vierzig", sagt er. Ich glaube, daß er bei einer Gesamtzahl von fast 1300 Siegen wohl weiter vorn angesiedelt ist.

„Ich habe in Ungarn geritten und in der Schweiz, in Frankreich auf den Bahnen Chantilly, Deauville und in Straßburg. Mit Toscarino gewann ich für den Trainer Friedrich Müller, der aus der DDR abgehauen und in Mülheim stationiert war, das Schweizer Derby und das St. Leger. Toscarino war in Deutschland ein gutes Ausgleich II-Pferd.

Ich kann verstehen, daß Leute wie Friedrich Müller, Klaus Neuhaus oder die Mäders aus der DDR abgehauen sind. Sie waren ja nicht nur eingesperrt, sondern hatten auch noch einen Maulkorb umgekriegt. Mir ist in Budapest folgendes passiert: In der Jockeystube traf ich zwei deutsche Jockeys aus der damaligen DDR. Ich wußte, daß es Deutsche sind und grüßte freundlich. Glauben Sie, die hätten ein Wort mit mir gesprochen? Die haben stur geradeaus geguckt. Die haben mich schon gehört.

'Hallo', sagte ich noch mal. 'Ihr seid doch auch aus Deutschland. In welchem Rennen reitet ihr denn?'

Sie gaben mir keine Antwort, sie behandelten mich, als sei ich Luft. Sie standen neben mir an der Waage wie zwei Säulen. Ich dachte, so eingebildet kann doch gar kein

Kollegen

Kollege sein. Da wußte ich, daß sie einen Maulkorb umhatten, den konnte man nur nicht sehen. Das waren schon kuriose Verhältnisse damals."

Erwin war immer ein couragierter, ehrgeiziger Reiter, freundlich und außerdem sympathisch. Er gewann nicht nur viele kleine Rennen, sondern außer dem Derby auch den Aral Pokal mit Renate von Mitzlaffs Kandia.

Fragt man Erwin, wie er sich sein weiteres Leben vorstellt, dann gibt er zur Antwort: „Reiten bis an mein Lebensende!"

Guten Morgen, ihr lieben Pferde. Peter Lautner

Als der kleine Peter im September 1936 das Licht der Welt erblickte, hatte man ihm zwar kein Pferd in die Wiege gelegt, aber um ihn herum gab es viele Pferde, denn seine Wiege stand über dem Dolomit-Stall im Gestüt Schlenderhan. Vater Vitus Lautner war dort Gestütswärter, er betreute in seinem Stall vor allem die Jährlingshengste.

Peter, von klein auf an den Umgang mit den Vierbeinern gewöhnt, entwickelte bald ein ungewöhnliches Gespür für die sensiblen Vollblüter.

Sein Vater, der ihn gern um sich hatte, ließ ihm extra einen kleinen Besen, eine kleine Gabel und einen Korb anfertigen. Wenn er die Boxen saubermachte, war Peter mit seinem kleinen Zeug fröhlich dabei.

Mehrmals im Jahr kam der Gestütsbesitzer, Baron von Oppenheim, mit Gästen zu Besuch, mal angemeldet, mal unangemeldet. Sein erster Weg führte zum Dolomit-Stall und immer fragte er: „Herr Lautner, ist Peter da? Dann kann er mit uns auf die Koppel gehen."

Schon als Peter drei oder vier Jahre alt war, nahm er ihn mit und ließ sich von ihm die Pferde zeigen. Die Gäste staunten nicht schlecht, wenn Klein-Peter fachmännisch erklärte: „Das ist Wolgalied, das ist ..."

Jedes Pferd kannte er mit Namen. Und zur Freude des Barons konnte er auch alle Eigenarten aufzählen. Der Baron Oppenheim ließ sich nicht lumpen und gab gern ein Trinkgeld von einigen Mark.

Wenn Gewitterluft war, ließen sich die Pferde oft nicht von der Koppel holen. Nun wollten die Besucher sie aber lieber aus der Nähe begutachten, möglichst in der Boxe oder auf dem Vorhof. Ging einer vom Stall hin, um sie zu holen, rannten sie von einer Ecke in die andere und ließen sich partout nicht einfangen. Deshalb hatte sich Peters Vater einen Trick ausgedacht: Er zog sich auffallend an, schwarzer Anzug, Melone, Krawatte; so stand er an der Koppel. Schwupp, schwupp kamen die Pferde angerannt. 'Ah, da ist Besuch, andere Leute', dachten sie wohl.

Und wenn dieser Trick auch nicht half, sprang der kleine Peter ein. Er ging auf die Koppel, riß sich hinten das Hemd aus der Hose, damit es im Wind herumflatterte und schlenderte langsam Richtung Stall. Manchmal zog er auch einen Sack hinter sich her oder kroch auf allen Vieren. Immer waren die Pferde neugierig und liefen ihm nach.

Frau Lautner zitterte oft genug um ihren Sohn. Einmal fand sie ihn nach langem Suchen vergnügt im Gras sitzend. Die Jährlingshengste gingen im Kreis um ihn herum, und er ließ es sich ohne Angst gefallen, daß sie ihn beschnupperten. Ihm selbst hatte das alles nichts ausgemacht.

Peter Lautners Kindheit war eine einzige großartige Lehre. Die untrügliche Beobachtungsgabe, die sensible Antenne für die Psyche der Pferde, all das war das Rüstzeug, das er mit auf den Weg bekam.

Jockey wollte er nun werden. Als Lehrling landete er, wie konnte es anders sein, im Rennstall des Gestüts Schlenderhan. Trainer war der Engländer George Arnull, der vor dem Krieg in Hoppegarten und später in Köln die Schlenderhaner Pferde betreute.

Jockey ist Peter Lautner nicht geworden, aber über den Weg des Futtermeisters einer der besten deutschen Galoppsport-Trainer, dem es 1988 sogar gelang, dem bis dahin 27fachen Champion Heinz Jentzsch das Trainerchampionat abzuringen. Peter Lautner ist bei allem Erfolg immer auf dem Boden geblieben. Ein angenehmer, amüsanter Gesprächspartner, der mit schalkhaftem Humor viele Anekdoten aus seinem Leben erzählen kann.

Als Peter am 14. April 1951 in Köln seine Lehre begann, mußte er, wie alle anderen, von der Pike auf alles lernen. Ihm wurde nichts geschenkt.

Doch lassen wir ihn selbst erzählen:

„Mit 14 Jahren fing ich meine Lehre im Kölner Rennstall Schlenderhan an. Trainer Arnull bewohnte mit seiner Frau neben dem Stall, dem heutigen Asterblütestall, ein Häuschen. Am zweiten oder dritten Tag sagte der Trainer zu mir: 'Wenn Feierabend ist, kommste mal in die Wohnung.'

'Wir hätten ganz gerne, wenn du immer mittags und abends nach der Stallzeit zu uns in die Wohnung kommst', meinte er dort.

'Du könntest für Herrn Arnull die Schuhe pflegen', ergänzte seine Frau.

Na ja, jeden Mittag, wenn alles fertig war – der Stall mußte schon abgeschlossen sein – bin ich dann rein in die Wohnung. Unten im Keller, da

Der Lehrling – Köln 1951

gab et die Küche und einen Abstellraum mit 'nem kleinen Tisch, auf dem ich dann die Schuhe »pflegte«.

Die Schuhe hatten unten so sauber zu sein wie oben. Das waren alles Schnürschuhe und zwiegenäht, also immer mit den Rillen an den Seiten. Wenn der Trainer morgens über die Rennbahn ging, mußten seine Schuhe blitzen. Bevor er ins Haus ging, kam er zu mir an die Box, und ließ sich von seinen Schuhen schon den gröbsten Dreck mit Stroh abreiben.

Kam ich dann in die Wohnung, saß der Trainer am Schreibtisch, wo ich ihm die Schuhe aus- und die Pantoffeln angezogen habe.

Anschließend bin ich runter in den Keller und hab mit der Pflege seiner Schuhe begonnen. Am Anfang, so wie ich das kannte, oben blank, aber in den Rillen, da war schon noch Dreck. Frau Arnull hat mich dann sofort darauf aufmerksam gemacht und gesagt: 'Hör mal, da darf nichts Graues, oder irgend ein Stäubchen zu sehen sein. Die Schuhe müssen oben wie unten sauber sein.'

Ich hab mit dem Messer nachher alles fein bearbeitet. Oft genug, wenn ich die Schuhe auf dem Arm hatte und an ihr vorbei bin, hat sie einen genommen und gemeint: 'Peter, so zieht Herr Arnull die Schuhe aber nicht an. Die mußt du noch mal und besser pflegen.'

Na ja, ich wieder rein und wieder gemacht. Dann war es schon besser. Als ich dann ein bißchen cleverer war, vielleicht auch ein bißchen abgebrühter, wie man das nennen kann, und sie dat wieder sagte, bin ich rein, hab zehn Minuten gewartet und die Schuhe von oben nach unten umsortiert.

'Siehst du Peter, so sehen die Schuhe aber schon ganz anders aus', erfreute sie mich dann. Nun war das aber nicht so, daß ich nur die Schuhe pflegen mußte. Wenn Besuch kam, mußte ich auch bei den Vorbereitungen und beim Abwasch helfen. Daß Besuch kam, merkte ich auch, weil ich dann oft viermal zum Einkaufen geschickt wurde. Viermal!

'Ach Peter, jetzt mußte aber da mal schnell noch hin', bekam ich immer wieder zu hören. Für'ne Flasche Milch, für'n Viertel Leberwurst, für Brötchen und so wat.

Wir hatten eine extra Köchin im Stall, die nichts anderes zu tun hatte, als für die Leute, die dort wohnten oder arbeiteten, zu kochen. Essenszeit war so halb eins oder eins. Oft genug war ich um halb zwei, zwei noch am Helfen und Frau Arnull hat zwischendrin immer gefragt: 'Peter, wann eßt ihr denn?'

'Um halb eins!'

'Ach dann mußte noch schnell …. putz noch schnell da oder mach noch schnell dort … oder hol noch schnell Kartoffeln, hol noch schnell die Leberwurst und dann mußte aber schnell …'

Dann bin ich manchmal erst um 3 Uhr zum Essen gekommen und bekam nichts mehr ab. Das gleiche wiederholte sich abends. Wenn Feierabend war, mußte ich da rein. Was mittags nicht geschafft war, durfte ich abends machen. Am Schlimmsten war es für mich abends, wenn alle Lehrlinge, die in Köln waren, das waren mit Sicherheit über zwanzig zu der Zeit, sich irgendwo zum Fußballspielen, Eis essen oder sonst wat trafen. Ich war immer der Letzte.

Oft genug wußte ich gar nicht, wo die abgeblieben waren und rannte durch die Gegend, um sie zu finden. Wenn ich noch die Polstermöbel am Ausbürsten oder draußen am Teppichkloppen war, hatten die andern längst Feierabend.

Wat mir das gestunken hat. Ich hab zwar 10 Mark im Monat dafür gekriegt, aber ich hätte ihnen gerne von mir 10 Mark gegeben, wenn ich da nicht hätte rein brauchen.

Ich glaube nicht, daß Herr Arnull alles wußte. Ich glaube, der dachte, ich putz die Schuhe und bin dann fertig.

Den größten Schreck bekam ich immer, wenn Frau Arnull zu mir sagte: 'Peter, wir müssen 10 Flaschen Apollinaris haben.' Die mußte ich im

Einkaufsnetz holen. Es gab noch keinen Kasten zu der Zeit. In jeder Hand trug ich 5 Flaschen und mußte die Arme so anwinkeln, damit die Flaschen nicht auf den Boden stießen. Ich war ja nur 1,45 Meter groß.

Mir fiel immer das Herz in die Hose, wenn es hieß: '10 Flaschen Apollinaris holen.'

Im zweiten Lehrjahr hatte ich schon ein Fahrrad. Wenn ich fertig war, bin ich schnell rauf aufs Rad und nichts wie ab.

'Peter, Peter!' rief sie manchmal hinter mir her.

Ich aber ab. Wenn ich dann abends kam, fragte sie: 'Peter haste nicht gehört, wie ich gerufen habe?'

'Nein, Frau Arnull, ich hab nix gehört.'

Anfangs wohnten wir direkt im Schlenderhaner Stall, später hieß er Asterblütestall. Auf einmal konnten wir nichts mehr gewinnen. Da kamen so Wünschelrutengänger, die haben geforscht und Wasseradern unter dem Stall festgestellt. Aus diesem Grund wurde ganz schnell der Oleanderstall gebaut, und wir zogen um. Über dem Oleanderstall gab es Zimmer und Wohnungen für das Personal.

In unseren alten Stall zog anschließend Charly Keller ein. Der wurde dann Champion in dem Stall mit den Wasseradern, sie schienen seinen Pferden nicht zu schaden.

Im alten Stall haben wir in den ersten beiden Boxen gewohnt. In der ersten Boxe der Futtermeister, Herbert Werner, und in der zweiten Boxe wir vier Lehrlinge. Zwei Betten übereinander und ein Schrank für alle. Da gab et keine Toilette.

Wenn wir nachts auf Toilette mußten, haben wir einen Korb genommen, Stroh reingetan und morgens biste dann früh aufgestanden und hast das schnell auf'n Mist gebracht.

Pinkeln in der Stallgasse, wo Sand war, das hat ja auch keiner gemerkt. Zähne, wenn überhaupt, unterm Wasserhahn geputzt.

Unter der Wasserleitung haben wir uns morgens gewaschen. Da gab's keine Dusche, nix.

Quer überm Hof war der Misthaufen, daneben so'n Donnerbalken. Da mußten wir normalerweise hin.

An den großen Stalltüren gab es oben so Klappen mit Gitter dazwischen. Wenn der Stall um 21 Uhr abgeschlossen war, mußten wir

Lehrlinge natürlich im Stall sein. Abends, wenn Ruhe war, wenn es hieß, der Futtermeister ist im Kino oder sonstwo mit seiner Freundin unterwegs, dann mußte ich mich durch die Gitterstäbe zwängen, den Schlüssel unter der Mülltonne hervorholen und den Stall aufschließen, damit die anderen rauskonnten. Wenn sie wiederkamen, haben sie mich geweckt. Wenn sie dann drin waren, ich wieder den Schlüssel unter die Mülltonne gelegt und durch die Gitter zurück.

Oft genug hat der Futtermeister sie noch erwischt. Der war sehr streng und hat draufgehauen. Wohin er getroffen hat, war ihm egal. An jeder Stalltüre hatte er so'n Knüppel stehen. Das ging nur Trab durch den Stall. Wenn de nicht getrabt bist, dann kam auf einmal schwupp – was angeflogen. Da haste den Stock im Kreuz gehabt, oder er flog an dir vorbei oder so wat.

Einmal hatte ich einen Korb mit Heu auf dem Rücken und einen Eimer Wasser in der Hand. Das waren noch diese schweren Eimer. Da sagte er zu mir: 'Trab an!'

Ich war froh, daß ich das überhaupt weggekriegt hab, und der sagt: 'Trab an.' Da war mir schon manchmal zum Heulen zumute.

Einen Tag im Sommer, es waren über 25 Grad, das vergeß ich auch nicht, ging Trainer Arnull draußen spazieren. In unserer Wohnboxe, in der wir zu viert hausten, war es heiß und stickig, es gab ja nur ein ganz kleines Fenster – und das war zu.

'Peter! Peter!' rief er zuerst. Ich zog schnell die Decke übern Kopf.

'Willi! Willi!' rief er anschließend.

Von uns Vieren hat sich keiner gemeldet. Doch als er zu lange und hartnäckig rief, meldete sich der Willi Pütz: 'Jawoll, Herr Arnull.'

'Bring mal Hammer und Nägel raus.'

Alle vier suchten wir Hammer und Nägel. Als Willi draußen war, sagte der Trainer: 'Nagelt mal euer Fenster zu, damit keine Luft reinkommt.' (Englischer Humor!)

Trainer Arnull war ein Gentleman, das muß ich sagen. Wenn er aus dem Haus kam, pfiff er immer so vor sich hin. Keine Melodie, nur so einen Ton, bis er wieder ins Haus ging. Das hat er bewußt gemacht, damit er keinen überraschte, wenn einer mal geraucht hat oder sonst wat. Er wollte nicht schimpfen. Wenn man ihn nicht pfeifen hörte, war er im Haus.

Kam er in den Stall, stand am Eingang der Futtermeister, der ihm sofort Rapport gab, also alles erzählte was war.

Der hat schlecht gefressen, der hat Fieber, der'n dicket Bein und so. Und jeder stand dann stramm vor seinem Pflegepferd und wurde vom Trainer begrüßt: 'Morgen!'

Ich hab nie gehört, daß er mal geschimpft hat, weder mit dem Futtermeister noch mit'm Jockey. Solange ich da war, hatte er nie ein Fernglas dabei, um die Rennen zu beobachten. Er stand immer da und hat sich das angehört oder angeguckt. Ich glaube, da wurden die Rennen noch nicht mal übertragen. Die konnte man nur so sehen. Er trug immer einen kompletten Reitanzug, Reithose und passendes Jackett dazu.

Wenn alles fertig war, kam er raus, guckte sich die Pferde beim Traben und Galoppieren an und kehrte zurück ins Haus. Bis heute hat er die meisten Derbysieger gesattelt.

1951 – Das waren noch Zeiten.
Ein Ponygespann macht Reklame für das Galopprennen am Sonntag.
In den Farben von: Schlenderhan (Lautner), Charlottenhof (Sturmhöfer), Waldfried (Mulak) und Zoppenbroich (Schulz).

Der Unterschied von früher zu heute ist schon gewaltig. Fünf Jahre Lehrzeit! – und die ersten drei Monate mußte ich nur im Stall bleiben – Krippen saubermachen, mit den Decken rausgehen, und so wat alles machen. Nach drei Monaten durfte ich endlich mal ein Pferd Schritt nach Hause reiten.

Ich hab geheult im Stall. Ich hatte Heimweh. Wenn da ein Zug vorbeigekommen wär, ich wär draufgesprungen und abgehauen nach Hause. Wenn alle raus waren, blieb ich als einziger im Stall, um die Krippen zu reinigen und Heu zu geben.

Am Galopptag durfte ich vielleicht mal raus und einem Pferd die Decke auflegen. Heute muß ein Lehrling, der nur noch drei Jahre lernt, sofort alles mitmachen. Der kann bei mir nach drei Monaten schon die Hälfte der Pferde aus dem Stall reiten.

Die Pferde waren früher viel länger draußen an der frischen Luft, weil wir genügend Personal hatten. Da gab es zwei Lots, und jedes Lot war mindestens 1½ Stunden draußen. Das ist heute bei fünf Lots und dem Personalmangel nicht mehr möglich.

Die Pferde gingen bei uns immer versammelt. Immer zwei Hände am Zügel und im Schritt reiten. Wollten sie eine Fliege wegjagen, sich mal an der Nase oder am Bein schubbern, so ging das nicht. Reiter und Pferde wollen sich mal entspannen, aber das war überhaupt nicht möglich. Heute wird mal eine geraucht oder gequatscht, dabei werden die Zügel ein wenig lockergelassen. Ich glaube, heute sind die Pferde zufriedener. Sie erleben auch viel mehr.

Wenn früher einer mit 'nem Fahrrad kam, hieß es schon von weitem: 'Anhalten! Absteigen!'

Heute fahren sie mit 'nem Traktor an den Pferden vorbei. Oder an der Führanlage geht eine Straße vorbei, da fahren Lkws oder knatternde Mopeds. Daran sind die Pferde schon gewöhnt. Die erschrecken viel mehr vor kleinen Dingen.

Auch aus den Gestüten kommen die Pferde heute besser vorbereitet in den Rennstall. Da werden sie schon geputzt, angebunden und schon die Hufe gemacht. Früher hatten viele Gestüte Laufställe, deren Türen aufgemacht wurden, und erst abends kamen sie wieder rein. Die hat ja gar keiner angefaßt. Manche hatten noch nicht mal einen Halfter.

Um die Leute zu beschäftigen, wurden früher Karos in den Sand geharkt, die Ställe laufend ausgefegt. Das war eine Hygiene!

Die Pferdekrippen waren so sauber, da konnte man seine Suppe draus löffeln. Ich glaube, früher wurden die Kinder nicht so gepflegt wie die Pferde.

Ich meine, daß das Putzen der Pferde übertrieben wurde. Da hieß es 14, 16 oder 18 Striche. Die Pferde haben sich manchmal gebogen vor Schmerzen, wenn du sie putzen wolltest.

Da war ja schon kein Dreck mehr dran, aber sie mußten geputzt werden. Um die Pferde zu schonen, habe ich mir als Stift mal was einfallen lassen. Der Futtermeister tat immer drei oder vier Löffel Dextropur (Traubenzucker) in die Krippe. Da war ich so töricht und habe Dextropur auf die Kardätsche gemacht, dann auf'n Striegel und das hingekloppt, damit der Futtermeister sieht, wie ordentlich ich den Staub aus den Pferden gestriegelt habe. Das dicke Ende kam am nächsten Morgen. Der Staub und Dreck von den anderen Pferden war längst verblaßt, nur mein Dextropur leuchtete noch herrlich.

'Sag mal, was ist denn das?' war das erste, was der Futtermeister zu mir sagte, als er in den Stall kam.

'Dreck', sagte ich kühn.

'Was ist das? Nimm mal die Finger und leck da dran!'

'Schmeckt wie Dextropur', gab ich zu.

Klatsch, klatsch, bekam ich 'ne Abreibung.

Wenn die Baronin Oppenheim, die Mutter der Baronin Ullmann, in den Stall kam, war das immer ein richtiger Akt. Schon wenn sie sich ansagte, war helle Aufregung beim Futtermeister, beim Trainer und dadurch natürlich im ganzen Stall. Dann ging es los. Jeder stand bei seinem Pferd. Da durfte das Mähnenhaar nur auf einer Seite ordentlich gebürstet herunterhängen. Bevor sie an die Boxe kam, stand der Pfleger vorn am Kopf. Wenn das Pferd seinen Kopf schüttelte, dann haste aber schnell gemacht, daß die Mähne wieder in der richtigen Lage war. Es mußte doch alles picobello aussehen.

Einmal habe ich in meiner Boxe mit meinem sauber gestriegelten, gut präparierten Pferd auf den Besuch gewartet. Weil es so lange dauerte, habe ich die Tür aufgemacht, mich dahinter auf einen Eimer gesetzt und

Zeitung gelesen. Ich war so vertieft in den Sportteil, daß ich gar nicht mitbekam, daß schon alle bei meinem Pferd in der Boxe waren.

Jetzt gehen die wieder raus, machen die Tür zu, und ich sitz da auf'm Eimer und bin am Lesen. Es hat ein bißchen Schelte gegeben, aber die meisten, selbst die Baronin, haben darüber geschmunzelt.

Einmal stand die Baronin bei unserem Arbeitsjockey Richard Rando, der es auf seinem Pferd sitzend fertigbrachte, zwischen Peitsche und Zügel seine Zigarette so zu halten, daß es keiner merkte. Hätte es einer gesehen, wäre er bestimmt entlassen worden.

Ich hab mir mal mit einer brennenden Zigarette die Hose versengt. Unser Stalljockey Hein Bollow brachte immer seinen kleinen Dackel mit auf die Rennbahn, und einer mußte auf ihn aufpassen. Da hab ich mal vor Schreck die glühende Zigarette in die Hosentasche gesteckt – als Stifte durften wir ja nicht rauchen.

Auf einmal fing das an zu sengen und ich dachte: Hoffentlich haut der Bollow bald ab.

Bollow war einer, der jeden Abend in den Stall kam und sich um die Stifte kümmerte. Er hat sie korrigiert. Das war sehr lehrreich. Wenn irgendeiner was verkehrt gemacht hatte: 'Junge, mach langsam, da haste nicht richtig aufgepaßt, das mußte so oder so machen.'

Als George Arnull in den Ruhestand ging, zitierte er mich noch einmal ins Haus. 'Peter', sagte er, 'wir müssen mal zusammen sprechen.' Ich hatte ihm gerade wieder die Schuhe mit Stroh saubergemacht. Als ich ins Haus kam, sagte er: 'So, Peter, ich bin jetzt arbeitslos, das heißt, ich arbeite nicht mehr. Herr Lochow wird die Sache jetzt für mich weitermachen. Ab morgen brauchst du nicht mehr zu uns ins Haus zu kommen.'

Ich hätt ihn küssen können, abends und morgens nicht mehr rein zu müssen, dat war wie ein Geschenk.

Trainer Lochow war einer, der kaum gesprochen hat. Er gab nur selten, aber dann ganz präzise Kommandos. Da mußte alles sehr genau stimmen. 1953 gewannen wir mit Allasch das Derby. Es war Lochows und Bollows erster Derbysieg. Nach Lochow übernahm Rudi Linke den Stall. Bei dem beendete ich meine Lehre.

Auf der Kölner Rennbahn gab es jedes Jahr einen Lehrlingswettbewerb. Von jeder Rennbahn kamen die Lehrlinge, wurden geprüft, und der Beste wurde ermittelt. Um neun Uhr ging das los. Aber Trainer Linke sagte: 'Wenn de fertig bist mit der Arbeit, kannste hingehen, was haben wir damit zu tun.'

Als ich im Direktorium ankam, waren die anderen schon halb fertig. Ich glaub, ich war von Achten dann auch der Letzte.

Nach ein paar Jahren übernahm Rudi Linke den Stall von Valentin Seibert in Düsseldorf. Dieser wurde Trainer bei Waldfried.

Ich arbeitete noch ein paar Monate bei seinem sehr erfolgreichen Nachfolger Charly Keller. Da meldete sich Rudi Linke bei mir und bot mir die Stelle als Futtermeister an seinem Düsseldorfer Stall an. Finanziell konnte ich mich dadurch verbessern. Ich überlegte hin und her, die Entscheidung fiel mir nicht leicht. Futtermeister sind meistens gestandene Leute. Ich dagegen war doch erst Anfang zwanzig. Trainer Keller kam gerade aus dem Urlaub. Ich begrüßte ihn mit der Nachricht: 'Herr Keller, ich möchte kündigen.'

'Wenn ich das gewußt hätte, wäre ich noch im Urlaub geblieben', sagte er und schmiß seinen Hut auf die Erde.

Er wollte nicht, daß ich wegging.

So wurde ich im März 1959 Futtermeister bei Linke, verdiente 52,50 Mark in der Woche und fühlte mich sehr wohl dort. In der Morgenarbeit ritt ich immer mit aus. Ich wohnte im Haus. Essen, Wäsche, alles wurde gemacht. Ich war da wie Kind im Haus. Linke war ein sehr strenger, sehr genauer Mann. Aber ich konnte mit ihm umgehen und hatte keine Probleme. Vier Jahre war ich dort Futtermeister.

Inzwischen hatte ich mich mit Asta, der Tochter vom Trainer Schäfer, jetzt meine Frau, angefreundet. Vorn an der Straße hatten wir einen Trabring, wo die Pferde abgetrabt wurden. Dort fuhren Asta und ihre Freundin morgens auf dem Weg zur Arbeit vorbei. Wenn die Freundin mal im Vorbeifahren hupte, wurden die Pferde unruhig. Das konnte Linke überhaupt nicht vertragen.

'Hör mal', sagte er zu mir, 'sag denen mal, daß se nicht hupen sollen, wenn se hier vorbeifahren.'

'Trainer', antwortete ich, 'ich kann denen doch das Hupen nicht verbieten.'

Da sagte Linke zu mir: 'Du dusselige Sau.'

Das war zuviel für mich. Ich sprang vom Pferd, ließ es los und sagte: 'Entweder Sie entschuldigen sich bei mir, oder ich bin weg.'

Das war im März 1963. Er entschuldigte sich nicht; daraufhin packte ich die wichtigsten Klamotten zusammen und fuhr zu meinen Eltern ins Gestüt Schlenderhan. Vater kam gerade von der Mittagspause, als er mich mit meinem Köfferchen ankommen sah.

'Ach', sagte er, 'na wat is? Haste in'n Sack gehaun?'

'Ja', antwortete ich.

'Jut', sagte er.

Da fiel mir ein Stein vom Herzen. Ich dachte, jetzt macht er mir wer weiß was für Vorhaltungen und Vorwürfe. Irgendwie hat er mir meinen Kummer angesehen.

Ich wollte noch ein bißchen Urlaub bei meinen Eltern machen, da rief meine Freundin Asta an und erzählte mir, daß sich der Düsseldorfer Besitzertrainer Johann von Blottnitz sehr für mich interessiere. Ich solle mich bei ihm melden.

Ich traf mich mit ihm in Düsseldorf. Von Blottnitz war kriegsbeschädigt. Später erzählte er mir, daß er irgendwo in Gefangenschaft in eine Gletscherspalte gefallen sei. Normalerweise wär er ein paar Tage später gestorben.

Er kam jedoch in ein Lazarett zu Ärzten, die sagten: 'Laß uns den doch operieren, mal sehen, was dabei rauskommt.'

So war er mehr oder weniger Versuchskaninchen, bekam eine Silberplatte in den Schädel und überlebte die Operation.

Als er mir das erzählte sagte er: 'Peter, das war der erste Tod meines Lebens.'

Er war manchmal etwas kurios, wie sein Training auch. Ich war zwei Jahre bei ihm und muß sagen, das waren die schönsten Jahre, die ich bis dahin im Rennsport erlebt hatte.

Von Blottnitz hatte sechs Pferde, die er überwiegend im Wald trainierte. Auf den extra präparierten Reitwegen ging er nicht. Wir sind kreuz und quer durch den Wald geritten. Am ersten Tag dachte ich: Um Himmelswillen, da sind ja Wurzeln.

Ich war es gewohnt, daß alles schön glatt sein mußte für die Pferde. Als er dann mit seinem Pferd auch noch anfing zu sprechen, dachte ich: Na, wo biste denn hier gelandet?

'Mardena', sagte er zu seiner Stute, 'du paßt schön unten auf die Wurzeln auf und ich oben auf die Wölfe.'

Ich wollte meinen Pferden immer helfen, um die Wurzeln rumzukommen. Doch die sind über jede Wurzel rübergestiegen – das war wunderbar. Die kannten das alles. Wir galoppierten einen Weg bergauf, wo genau im Knick ein Baum stand. Ich dachte: Da kommste ja nie rum, und stand wieder tausend Ängste und Nöte aus. Aber die Pferde wechselten vor dem Knick die Beine und kamen mühelos rum. Man brauchte nicht versuchen ihnen zu helfen, die konnten das alleine viel besser. Als ich den ersten Tag hinter mir hatte, dachte ich: Das überlebst du nicht.

Aber nach und nach gefiel es mir immer besser. Es gab zwei Wege. Eine lange Strecke, auf der wir knapp zwei Stunden unterwegs waren und eine kürzere Route, von einer Stunde und fünfzehn Minuten.

Immer wenn wir an der Gabelung waren, fragte mich von Blottnitz: 'Peter, welchen Weg gehen wir?'

Anfangs hab ich immer den kurzen Weg genannt, dann sind wir den weiten gegangen. Das hat er zwei- oder dreimal mit mir gemacht. Dann hatte ich das spitz und sagte: 'Den weiten Weg', dann sind wir den kurzen gegangen.

Am Ende des Waldes war eine Wiese, dort sind wir abgesessen und haben die Pferde grasen lassen. Da kamen die Hasen, Fasane und alles. Das war wunderschön. Wenn es den Pferden langweilig wurde, fraßen die auch am Sand rum. Manchmal waren wir 2 Stunden mit den Pferden unterwegs, und von Blottnitz vergaß, daß wir uns langsam auf den Heimweg machen mußten. So schön es auch war, dachte ich doch manchmal: Mensch wann biste fertig? Heute gibt es ja überhaupt keinen Feierabend.

Da bin ich immer so ein bißchen weiter weggegangen und hab zum Pferd gesagt: 'Willste wohl aufhören Sand zu fressen.' Dann wußte er, daß die Pferde sich langweilten und meinte: 'Nun müssen wir aber zurückreiten.'

Ich wußte bald, wie ich ihn zu nehmen hatte. Mit seinen Pferden sprach er, als wären es seine Kinder. 'Peter', sagte er einmal zu mir, 'die Mardena dürfen wir nicht anbinden. Die hat schon mal einen Selbstmordversuch unternommen.'

'Ja, wie hat se dat denn gemacht?' fragte ich.

'An der Kette. Die wollte nicht angebunden sein. Sie wollte zurück. Wir dürfen sie nicht anbinden, die unternimmt einen Selbstmordversuch', gab er zur Antwort.

Sehr häufig kam er morgens an und sagte: 'Peter, wir müssen uns mal setzen. Ich hatte diese Nacht einen fürchterlichen Traum.' Dann saßen wir manchmal eine Stunde, bevor wir losreiten konnten, und er erzählte mir seine Träume.

Wenn wir aus der Rennbahn in den Wald ritten, mußten wir durch ein Tor. Eines Tages stand die Tochter eines Rennbahnarbeiters dort, und die Pferde haben sich im gleichen Moment erschrocken.

Von Blottnitz glaubte, das Mädchen sei der Anlaß. Das war aber nicht der Fall. Die erschraken vor etwas ganz anderem.

'Rosi, bleib mal ganz ruhig stehen', sagte er. 'Wenn wir so auf deiner Höhe sind, dann sagst du ganz laut: 'Guten Morgen, ihr lieben Pferde!'

Wir wieder zurückgeritten, vorbei am Tor. Als das Mädchen: 'Guten Morgen, ihr lieben Pferde', sagte, gingen alle wunderbar an ihr vorbei.

'Siehst du', sagte er dann zu ihr, 'wenn wir morgen wiederkommen, dann sagst du von ganz alleine: Guten Morgen, ihr lieben Pferde!'

Als wir in den Wald ritten, flog ein Eichelhäher mit riesigem Krach weg. Sagt er: 'Pfui Teufel, hat der eine gräßliche Stimme, aber zum Glück sind unsere Pferde ja sehr musikalisch.'

Meine zukünftigen Schwiegereltern konnten es immer gar nicht erwarten, bis ich zum Frühstück kam und die lustigen Episoden erzählte, die von Blottnitz so losgelassen hat.

Mit unseren Pferden waren wir sehr erfolgreich. Die gingen auch jeden Nachmittag raus. Mindestens 10 Minuten sollten sie geführt werden. Manchmal vier, manchmal sechs Pferde. Die anfallende Arbeit mußte ich machen. Manchmal kam er auch zum Führen, aber meistens nicht. Dann sagte er: 'Also Peter, heute kann ich nicht kommen, mach alles wie besprochen.'

Dann bin ich auch immer, wie besprochen, nachmittags raus mit den Pferden. Häufig sah ich ihn in weiter Entfernung stehen. Er hat zwar nichts gesagt, doch er beobachtete, ob ich auch wirklich mit den Pferden draußen war.

Ich habe dort alles gemacht, war Futtermeister, hab die Pferde geritten und auch eingesprungen. Mit 65 Jahren wollte von Blottnitz noch ein

Pferd springen, wozu er sich dann selber Mut einredete. Wir hatten einen kleinen Zirkel auf der Bahn, nach 200 Meter war der erste Sprung.

Um diesen Zirkel ist er immer rumgaloppiert und fragte: 'Peter, soll ich springen? Peter, soll ich springen?'

Ich stand mit meinem Pferd in der Mitte: 'Herr von Blottnitz, wenn Sie wollen, springen Sie.'

Und immer wieder rum und immer wieder rum. 'Peter, soll ich springen?'

'Nun machen Sie doch', ermunterte ich ihn.

Auf einmal schwupp ist er abgehauen. Drüber war er und kam ganz stolz wieder: 'Na, wie hab ich das gemacht?'

Ich habe ihn dann sehr gelobt.

'Man wird nur reich, wenn man's Geld behält, nicht wenn man's ausgibt', war seine Devise.

Das merkte ich besonders, wenn wir auf Reisen waren. Der Pferdeführer bekam ja immer Geld. Zu der Zeit gab es 10 Mark. Die jetzige Frau Düker kam dann manchmal und hat uns geholfen. Sagt er zu mir: 'Du Peter, heute ist ja so schönes Wetter, die müßte doch eigentlich froh sein, daß sie unser Pferd führen darf. Wat soll sie denn zu Hause machen? Weißt du, wir geben ihr heute keine 10 Mark, wir geben ihr sieben Mark.'

'Aber Herr von Blottnitz', meinte ich, 'wenn wir ihr heute sagen, bei dem schönen Wetter bekommt sie nur sieben Mark, dann wird sie das nächste Mal nicht mehr für uns, sondern für einen anderen führen und 10 Mark bekommen.'

'Peter, wir probieren es!'

Jetzt hab ich ihr gesagt, daß Herr von Blottnitz ihr heute nur sieben Mark geben will – da war die auch noch mit zufrieden.

'Siehste Peter!' freute er sich. Für die drei Mark hat er sich ein Loch in'n Hintern gefreut. Das war schon ein sonderbarer Kauz.

Johann von Blottnitz hatte eine Frau und sieben Kinder. Seine Frau und eine Tochter habe ich mal kennengelernt, als sie ihn besuchten. Die lebten alle in Afrika, hatten dort eine Plantage und schickten ihm immer Geld. Ich glaube, sie waren froh, daß er hier lebte und nicht zu ihnen kam. Er muß mal dort gewesen sein und alles durcheinander gebracht haben.

Asta und ich hatten nun Heiratsabsichten, und da spielte Geld auch eine Rolle. Als mir Robert Backes, Privattrainer von Frau Angela Spaulding, der in Düsseldorf stationiert war, im April 1965 eine Stelle als Futtermeister mit mehr Geld anbot, konnte ich das nicht ausschlagen.

Frau Spaulding war eine geborene Maggi und bekam aus Amerika Geld. Durch genügend Geld war auch gutes Pferdematerial vorhanden.

Bevor ich dort am Stall anfing, hatten sie erst ein Rennen gewonnen. Dann gewannen wir im ersten Jahr 12 und im zweiten Jahr 18 Rennen. Das steigerte sich immer mehr. Vier Jahre blieb ich dort.

Meine zukünftige Schwiegermutter war die treibende Kraft, daß ich die Trainerprüfung machte.

'Du traust dich wohl nicht?' stichelte sie.

Damit hatte sie mich ein bißchen gekitzelt, und ich dachte, na gut, dann mach ich es halt. Am 4.11.1965 bestand ich die Trainerprüfung, doch bis zum selbständigen Trainer verging noch eine lange Zeit.

Im August 1966 heirateten wir, und ich arbeitete noch bis zum Dezember 1970 bei Robert Backes.

Im November 1967 starb meine Schwiegermutter. Sie hat zwar meine Prüfung, aber nicht mehr mein Training erlebt.

Viele Besitzer meines Schwiegervaters Gustav Schäfer, der ja auch einen Rennstall in Düsseldorf hatte, fragten ihn, weshalb ich eigentlich nicht bei ihm als Futtermeister arbeiten würde. Da Asta und ich nun verheiratet waren, war das ja naheliegend. Wir wollten ihn auch nicht so allein lassen. Und so arbeitete ich vom Januar 1971 bis zum Oktober 1975 bei ihm. Offiziell als Futtermeister, aber ich machte die Nennungen und kümmerte mich im Stall um alles.

Dann gab es wieder Leute die meinten: 'Na sag mal, du hast doch die Trainerprüfung gemacht, warum trainierst du denn nicht selber?'

Aber ich fand, das mußte sich ja auch rentieren. Warum sollte ich mit vier oder fünf Pferden anfangen? Davon kann man ja nicht leben und nicht sterben.

Am 1. November 1975 war es dann soweit. Ich begann selbst als Trainer mit einem Lot von acht Pferden, die waren gezogen von »Lauf nicht schnell« aus der »Langsam«. Zum Teil konnte ich schneller laufen, als die Pferde. Karl Heinz Hoffmann war einer der ersten, der mit mir

1980 – Face – Sieger im Alec Moravez Rennen – Jockey K.H. Hoffmann

angefangen hat. Wir haben dann mit dem ziemlich schlechten Material gearbeitet, Rennen gewonnen und 'ne Menge Geld verdient.

Des öfteren wurde ich von einem Besitzer angerufen und gelöchert, ich solle mir doch mal ein Rennpferd, namens Syndikat, einen Russen von Anilin, anschauen. Er war zehn Jahre alt, stand bei Zuber und war zwei Jahre aus dem Rennbetrieb. Ich hab mich immer wieder herausgeredet. Ich wollte ihn nicht trainieren. Auf einmal hieß es: 'Wissen Se wat, Se haben ja doch nie Zeit, wir schicken ihn einfach mal.'

Und so stand er bei mir im Stall. Als ich zu unserem Schmied sagte: 'Mach mal dem Syndikat vorne Eisen drauf!'

'Wemm?' fragte er und guckte mich entsetzt an.

'Demm Syndikat.'

'Der aale Syndikat? Dat ist doch en Verbrecher.' Er beschimpfte mich aufs Übelste, daß ich mir so ein Pferd hab andrehen lassen.

'Ja Hannes, beißen tut der wie'n Hund, schlechte Hufe hat er, aber wir versuchen's mal', gab ich ihm recht.

Als Syndikat elf Jahre alt war, hat er bei uns vier Rennen gewonnen. Er war wirklich ein bösartiges Pferd.

Auch Kalmara kam als vierjähriges siegloses Pferd zu uns und gewann vier Rennen, unter anderem einen Ausgleich II."

Dadurch wurde der Name Lautner häufiger in der Sportwelt erwähnt und bekannt. Schon als Lehrling bewies Peter Lautner, daß er mit schwierigen Pferden gut umgehen konnte.

„Du kannst hundert Jahre dabei sein, du lernst et nie", waren die ersten ermunternden Sprüche, die der Lehrling zu hören bekam.

Doch die Arbeitskollegen staunten nicht schlecht, als der immer um sich schlagende Hengst Bernadotte bei Peter wie eine Puppe ging.

Im dritten Lehrjahr sagte der Trainer, er solle Arak, einen Bruder von Allasch, reiten. Der war gerade mit Starosta beim Aufcantern dreimal um die Bahn gegangen. Da wollte er schon passen und dachte: Wat soll dat denn geben, wenn der Starosta mit dem schon nicht klarkommt?

Die Kollegen flachsten: „Wir bringen dir dein Mittagessen raus und schmeißen es dir zu. Dort stehen wir, mußt mal gucken."

Sie hatten mit Arak schon alles mögliche versucht. Bügel kurz, Zügel kurz, immer so nachgefaßt und das Pferd erst richtig aufmerksam gemacht. Der verdrehte die Augen und dachte wohl, daß jetzt was ganz besonderes passiert.

Peter machte es nicht wie die anderen. Er redete sich ein, daß es ein ganz normales Pferd sei. Nach dem Galoppieren setzte er die Hände runter, da hielt das Pferd von ganz allein an.

„So wat muß man rausfinden", sagte Peter Lautner. „Man muß den Mut haben, ein Pferd ganz normal zu behandeln."

Er hat es herausgefunden. Das bewiesen nicht nur seine Erfolge mit Syndikat. Es sprach sich bald herum, daß Trainer Lautner auch mit schwierigen und weniger guten Pferden Rennen gewinnen kann, und so kamen immer mehr Pferde in den Stall.

Als der Züchter und Besitzer Peter Hess erst zwei Jährlinge, dann ein ganzes Lot zu ihm ins Training geben wollte, war es Peter Lautner nicht ganz geheuer.

Er ahnte, daß einige seiner alten Besitzer befürchteten, daß Peter Hess dann bestimmen würde, wo es langgehe. Andererseits erkannte er die Qualität der gut gezogenen Pferde und sagte schließlich zu. Durch Peter Hess kamen weitere Besitzer. Herr Leisten brachte Pferde von Erlenhof, und so ging es ständig aufwärts. 1980 waren es 48 Siege, und 1983 kam der erste Gruppe-Treffer mit Bebe Arlette. 1984 stand Lautner in der Trainerstatistik an dritter Stelle und hatte bereits 100 Pferde im Training. 1986 hatte er nur noch Dauerchampion Heinz Jentzsch vor sich.

Als Peter Hess auf der Jährlingsauktion in Baden-Baden zwei Jährlinge gekauft hatte, sagte er: „Lautner, kieken Sie sich mal an, wat ick da gekooft habe."

Der eine sah aus wie ein Wallach und sollte ein Hengst sein. Da war unten nichts zu sehen. Das war Tarsus. Der gewann später in München auf Gruppe-Ebene das Bayerische Zuchtrennen mit Heinz-Peter Ludewig.

In Hamburg war Tarsus zweites Ersatzpferd in einem Europa Cup mit den besten Engländern und Franzosen.

Als zweites Ersatzpferd kam er für das Rennen kaum in Frage und wurde morgens noch gearbeitet. Als das Sekretariat anrief und mitteilte, daß es zwei Nichtstarter in dem Rennen gäbe und Tarsus laufen müsse, war Lautner ganz erschrocken. Er mußte immer an den armen Tarsus denken, der morgens galoppiert war und nachmittags laufen sollte.

Yves Saint Martin war der Reiter, er gewann das Rennen.

Tarsus mit Yves Saint Martin – Sieger in Hamburg 2.7.85

Erst später gestand Peter Lautner Hess ein, daß der arme Tarsus morgens schon gearbeitet wurde.

„Hab ich Ihnen doch schon immer gesagt, Sie arbeiten zu weich. Sehn Se, so ist das richtig", kommentierte Herr Hess.

Für Peter Hess sprangen weitere große Siege heraus mit New Moon und mit Night Line, der Zweiten im Derby 1986.

1988 wurde Peter Lautner Trainer-Champion. Nach sage und schreibe 21 Erfolgen hintereinander mußte Heinz Jentzsch mit dem Ehrenplatz vorlieb nehmen.

1989 hatte Peter Lautner die höchste Gewinnsumme.

Viele talentierte Pferde füllten den Stall, und mancher Besitzer mußte sich mit einem Platz auf der Warteliste begnügen.

1990 errang Peter Lautner das zweite Championat.

Eines der besten Pferde, das Peter Lautner trainiert hat, war Alkalde, der 1988 mit dem Mehl-Mülhens-Rennen, dem Zanders-Union-Rennen und dem Elite-Preis eine großartige Siegesserie auf Gruppe-Ebene hinlegte.

Twist King und Fabulous Eden waren ebenfalls herausragende Pferde mit Guppe-Format.

Stalljockey war damals Dragan Ilic, der zur vollsten Zufriedenheit seines Trainers große Siege herausritt.

Leider fanden nicht alle Besitzer Gefallen an ihm und bedrängten den Trainer, einen anderen Jockey zu engagieren.

Peter Lautner mit New Moon – 1988

„Es war mir überhaupt nicht recht, was sich da zusammenbraute", erzählt Peter Lautner. „Ilic war zu jedem nett und freundlich, aber einige Leute fanden, daß er kein Image hätte. Ich hielt noch ein Jahr lang die Hand über ihn, sagte immer, es gibt keinen besseren auf dem Markt, der frei ist.
'Du mit deinem Sch... Ilic', mußte ich mir anhören.
Es war so wat von ungerecht. Der Ilic war ein wirklicher Pferdemann. Als er sich in Baden-Baden die Hand gebrochen hat, lag er in der Jockeystatistik vorn und wäre bestimmt Champion geworden. Twist King sollte im Winterfavoriten laufen. Drei Tage vor der Starterangabe war Ilic wieder arbeitsfähig. Für mich stand fest, daß er ihn reitet.
'Der war so lange krank, der hat doch keine Kondition', hieß es.
Aber ich widersprach: 'Er ist unser Jockey, er ist wieder gesund, und er wird reiten!'
Ilic gewann den Winterfavoriten. Anschließend stehen wir in Köln am Tresen, um einen auf diesen Erfolg zu trinken. Da zieht Ilic seine goldene Armbanduhr ab und schenkt sie mir. Ich habe mich mit Händen und Füßen dagegen gewehrt. Doch er ließ nicht locker und sagte: 'Wenn du die Uhr nicht annimmst, gucke ich dich nicht mehr an.' Er war so ein spontaner Typ. Er hat es mir hoch angerechnet, daß ich ihn das Rennen habe reiten lassen, gegen alle Bedenken der Besitzer.
Ich hätte gern mit Ilic weitergearbeitet. Kein anderer Jockey kam am Sonntag, wenn samstags Rennen waren, zum Training auf die Bahn, um den Galopp der Zweijährigen mitzureiten.
'Wann soll ich kommen? Kannst mich einteilen', sagte er schon am Renntag zu mir. Wenn er Schwierigkeiten an der Startbox befürchtete, nahm er jemanden mit, der sich extra um das Pferd kümmern sollte und zeigte sich immer erkenntlich.
Trotzdem bestanden die Besitzer, sogar Albert Steigenberger mit seinen 20 Pferden, auf einen Wechsel. Schweren Herzens suchte ich einen anderen Jockey und gab dann Manfred Hofer die Zusage.
Kurz vor dem Wechsel, am 29. September 1990, gewann Ilic in Dortmund mit Toyah das Auktionsrennen für uns. Da kommt Albert Steigenberger und sagt: 'Mensch Peter, können wir das nicht rückgängig machen?'
Da gab ich ihm zu verstehen: 'So leid es mir tut, jetzt hab ich Manfred Hofer zugesagt, und ich stehe zu meinem Wort.'

Nun hatten wir Manfred Hofer, und es dauerte nicht lange, da wollte der sein eigenes Süppchen kochen.

'Warum läuft der denn da und nicht dort?' – 'Wegen dem einen Scheißbock muß ich jetzt nach Köln fahren.' Solche und ähnliche Bemerkungen mußte ich mir jetzt anhören.

Andreas Boschert war zweiter Mann. Das Team Ilic – Boschert hatte sehr gut harmoniert. Jetzt ließ sich Boschert von Hofer beeinflussen. Sie wohnten beide in Köln und wechselten sich jede Woche mit dem Fahren ab. An einem Herbsttag, ich schaue auf die Lottafel, haben Hofer und Boschert noch ein Lot zu reiten. Aber wo sind sie?

'Die sind nach Hause gefahren', höre ich im Stall.

'Wie, nach Hause gefahren? Ohne was zu sagen? Die haben doch noch einen Ritt.'

Ich rufe bei Frau Hofer an und erfahre, daß sie bei Boschert sitzen. 'Die beiden brauchen überhaupt nicht mehr zu kommen', sagte ich sehr verärgert.

Jetzt ging wieder die Sucherei nach einem freien Jockey los. Ich sagte zu den Besitzern: 'Wißt ihr wat, jetzt suche ich mir einen aus, und mit dem müßt ihr alle einverstanden sein.'

Ich hab mich rumgehört. Dabei ist mir aufgefallen, daß der Name Bond nirgendwo bei Zockern erwähnt wurde. Ich befürchte, daß zockende Jockeys auch im Rennen manipulieren. So kam ich zu Allan Maurice Bond, mit dem ich vier Jahre zufrieden war, bis wieder einige Besitzer meckerten.

Bond war schwierig, aber eisenhart. Der ließ sich eine Platzwunde am Auge oder einmal an der Lippe nähen, und während ich noch nach einem Ersatzreiter Ausschau hielt, saß er schon wieder in der Jockeystube auf der Kiste. Die frischen Fäden guckten alle noch raus. Er kam nie eine Minute zu spät, hat nie einen Tag gefehlt. Von allen Jockeys, die ich hatte, war er der Härteste. Jähzornig konnte er schon sein. Einmal stürzte er mit einem Pferd. Da hat er sich so geärgert, daß er auf das noch liegende Pferd kletterte, damit er draufsitzt, wenn es aufsteht.

Mit Bond verlor ich auch seine Frau, die jeden Morgen bei uns ausritt und eine ganz tolle Reiterin war. Die hatte ein Händchen für Pferde. Es war eine Freude zu sehen, wie die Pferde unter ihr galoppierten.

Nun verlor ich zum zweiten Mal einen guten Jockey. Besitzer können manchmal sehr ungerecht sein."

1993 trennte sich Peter Hess vom Lautner-Stall. Er hatte damals eine große Stute, die hieß Nouvelle Reine, die sollte unbedingt im Auktionsrennen in Dortmund mitlaufen. Die Zeit wurde knapp, sie hatte ein bißchen Bockhuf und konnte keinen festen Boden. Acht Tage vorher lief sie in Frankfurt und wurde Zweite mit Raymond Lüdtke.

Im Auktionsrennen wurde sie Vorletzte mit Lutz Mäder. Dreijährig fing sie im April als siegloses Pferd im Kölner Stutenpreis an und wurde Fünfte. Darüber war Peter Hess so riesig enttäuscht, daß er ein paar Tage später seine Pferde aus dem Lautner-Stall abholte.

„Lautner, Sie können mir glauben, wenn der Bauch dick wird, fällt das Arbeiten schwer", waren seine Abschiedsworte.

„Na, hören Sie mal, Sie wollen die Stute doch das ganze Jahr über haben, da kann sie doch nicht beim ersten Start topfit sein. Sie war gar nicht so schlecht als Fünfte, bis 200 Meter vor dem Ziel war sie noch in guter Position, dann wurde sie müde", erwiderte der verblüffte Trainer.

„Es war eine schöne Zeit mit Peter Hess. Wir haben viele gesellige und genußvolle Stunden erlebt. Peter Hess war nicht nur ein Pferdekenner, sondern auch ein Gourmet. Auch wenn es nur symbolisch gemeint war, einen dicken Bauch hat mein Mann allerdings bis heute nicht!" (Asta Lautner)

Peter Lautner – 1996

„Nach Allan Bond kam Billy Newnes. Ende 1997 ist er zwei Jahre bei mir. Er ist ein klasse Mann, und ich bin sehr zufrieden mit ihm. Leichtgewichtsjockey ist unser fröhlicher Raymond Lüdtke, den mögen alle. Aber wie es so ist im Turf, das Karussell dreht sich immer wieder, und wir werden noch so manche Veränderungen hinnehmen müssen.

Wir haben aber auch mehrere Besitzer, die seit 1975, also von Anfang an, bei uns ihre Pferde trainieren lassen und zufrieden sind. Daß wir außerdem eine stattliche Anzahl Schlenderhaner im Stall stehen haben, das sind Dinge, über die ich mich freue und auf die ich stolz bin."

Katrin war Soldat. Uwe Ostmann

Die Senner Heide, kurz Senne genannt, ist ein sandiger Landstrich am Südrand des Teutoburger Waldes. Diese Landschaft ist die Heimat der »Sennerpferde«. Sie zählen zu den ältesten Pferderassen in Deutschland und lassen sich sehr weit zurückverfolgen. Die Römer sollen sie mitgebracht haben. Sie liefen in der Senne frei herum und kamen nur im Winter in den Stall. Im Laufe der Jahre wurden Araberhengste und englisches Vollblut eingekreuzt. So entstanden sehr schöne, edle Pferde.

Einige dieser »edlen« Vierbeiner standen auf dem Gutshof von Herrn Wilhelm Ottenhausen. Dort verbrachte der 1940 in Detmold geborene Uwe Ostmann seine Kindheit. Herr Ottenhausen war sein Onkel, der Bruder seiner Mutter.

Uwe Ostmann erinnert sich noch sehr genau, wie es früher war:

„Damals gab es auf den Gütern noch viele Pferde. Onkel Wilhelm hatte fünf große Gespanne, das waren schon mal zehn Pferde, und ein paar Einspänner. Aber nicht die Kutschpferde, sondern die Sennerpferde begeisterten mich.

Ich war schon früh an Pferde gewöhnt, und seit meinem fünften Lebensjahr ritt ich regelmäßig.

Wir hatten auch Pferde, die im Krieg waren. Von denen sagte man: 'Da mußt du vorsichtig sein, der oder die war Soldat.'

Es war Oktober, und wir waren mitten in der Kartoffelernte. Da stellte der Verwalter Schaffrath fest, daß Bretter für die Kartoffelmieten fehlten. Alle Leute waren draußen auf den Feldern. Jetzt suchte er jemand, der die Bretter aus der Sägerei in Lage abholen konnte, ungefähr fünf Kilometer entfernt.

Das einzige Pferd, das noch im Stall stand, war die Sennerstute Katrin, von der es hieß: Vorsicht, die Katrin war Soldat!

An Personal stand niemand zur Verfügung, nur meine Wenigkeit und Helmut, der Sohn vom Melker, der etwas älter war als ich. Prompt kam der Verwalter zu uns und meinte: 'Ihr nehmt den Einspänner mit der Katrin und fahrt zur Sägerei nach Lage. Alles ist bestellt, die laden euch die Bretter auch auf.'

Die Katrin war schon als Reitpferd nicht so einfach. Anfangs ging alles gut. Aber als es etwas steiler bergab ging, wurde sie nervös. Ich sprang runter und führte sie. Helmut fuhr weiter, so langsam er konnte. Als ich wieder auf dem Wagen saß, hielten wir mit vereinten Kräften jeder einen Zügel in der Hand.

Wir kamen ohne weitere Vorkommnisse in der Stadt an, gingen ruhig in der Mitte der Straße, bis wir an einer Straßenbaustelle vorbeikamen. Dort wurde mit Preßlufthämmern gearbeitet. Da kriegte Katrin die Panik und rannte mit Karacho die Straße runter. Sie fiel vom Trab in Galopp. Sicher dachte sie, es wär wieder Krieg und ist deshalb so gerannt. Wir verursachten einen großen Radau; der Wagen hatte Holzräder mit Eisen. Auf der Straße fuhren auch Autos. Die wichen uns zum Glück aus.

Auf einmal geht vor uns die Bahnschranke runter. Links und rechts der Straße standen Bäume, wie bei Alleen. Vor uns die Schranke kommt immer näher! Da wollen wir keinesfalls reinfahren, wir reißen den Wagen rum und lenken ihn in eine Baumlücke. Das Pferd paßt gerade noch durch, doch der Wagen knallt gegen die Bäume und zerbricht in tausend Stücke. Katrin rennt weiter, mit der Deichsel am Körper. Sie hängt fest an der Stange. Entsetzt sehen wir sie über die Schranke springen und stürzen. Katrin bleibt liegen, der Zug rauscht knapp zwei Meter an ihr vorbei.

Dann ging die Schranke wieder hoch, Katrin stand auf und schwankte auf uns zu. Widerstandslos ließ sie sich die fünf Kilometer nach Hause führen.

Alle drei hatten wir Schrammen und Prellungen, aber sonst waren wir heil geblieben. Ohne Wagen, ohne Bretter kamen wir zerknirscht und müde auf dem Hof an.

Onkel Willi schimpfte mit dem Verwalter, daß er uns Jungs mit der schwierigen Katrin losgeschickt hatte.

Und wir, müde und kaputt wie wir waren, bekamen einen ruhigen Schimmel, der den ganzen Tag über gearbeitet hatte, einen anderen Wagen und durften noch mal in die Stadt fahren die Bretter holen.

Dieses Erlebnis habe ich nie vergessen. Hörte ich später den Namen »Katrin«, bin ich immer zusammengezuckt und habe an unseren »Soldaten« gedacht.

Onkel Willi war im Vorstand des Reitervereins Lopshorn, der leider nur zwei Jahre auf dem Mastbruchgelände in Lage-Lippe einen Renntag abhielt.

Ich war zu der Zeit zehn Jahre alt. Da gab es nicht nur Bauernrennen, sondern auch öffentlich ausgeschriebene B-Rennen, an denen sogar Sven von Mitzlaff mit den Blohme-Pferden teilnahm. Auch Fredy Scheffer ritt dort, und Bruno Schütz, den ich erst später kennenlernte, gewann ein Ponyrennen mit einem kleinen Vollblüter seines Großvaters.

Ich war fasziniert, als ich die Rennpferde in Aktion sah. Das hat mich nicht mehr losgelassen.

Ich habe später keine Ponyrennen, sondern Jagden geritten. Als ich nun immer wieder sagte, daß ich Rennreiter

Uwe Ostmann 1960

werden wolle, erkundigte sich Onkel Willi bei Herrn Hans Albert, dem Vater von Enno Albert, was man da machen könne.

Wir besuchten Herrn Albert, der zu der Zeit Gestütsleiter auf Erlenhof bei Bad Homburg war. Ich sah zum ersten Mal ein Vollblutgestüt und fand alles sehr interessant. Ticino und Allgäu standen dort als Deckhengste. Voller Stolz präsentierte uns Herr Albert seine Jährlinge. Einer war Orloff, ein Allgäu-Sohn, der später ein guter Steher wurde. Ein anderer hieß Fallot, das wurde ein Spitzenflieger. Dann stand da noch einer, der geriet immer ins Hintertreffen. Seinen Namen hat er erst gar nicht genannt. Das war der spätere Crack Orsini, der 1957 das Derby gewann. Ich habe mir gemerkt, daß man in einem Gestüt nicht unbedingt sehen kann, welches Pferd sich auf der Rennbahn durchsetzen wird.

Onkel Willi hätte mich gern in einem Gestüt untergebracht, aber ich wollte um jeden Preis in einen Rennstall.

Herr Albert managte in Erlenhof neben den Erlenhofern auch die Röslerpferde. Die Erlenhofer wurden von Adrian von Borcke in Dortmund trainiert. Rösler hatte einen Privatrennstall in Krefeld mit dem Trainer Max Schmidt.

Zuerst schlug Herr Albert vor, daß ich nach Krefeld zu Max Schmidt gehen solle. Doch dann hieß es, bei Sven von Mitzlaff sei eine Lehrstelle frei. Herr Albert, der Herrn von Mitzlaff kannte, stellte den Kontakt für mich her.

Im Frühjahr 1956 fuhr ich mit meinem Onkel nach Köln und stellte mich Herrn von Mitzlaff vor. Ich war damals schon recht schwer, so um die 55 Kilo. Herr von Mitzlaff hatte Bedenken, daß ich bald Gewichtsprobleme bekommen könnte. Ich konnte ihn jedoch überzeugen, daß der Hindernissport mein Ziel sei. Da räumte er ein, daß mein Gewicht in Ordnung sei. So unterschrieben wir den Lehrvertrag für die Zeit von 1956 bis 1960. Damals lernten wir vier Jahre.

Ich war 15 Jahre alt, als ich die Reise nach Köln antrat. Diese Fahrt werde ich nie vergessen. Meine Tante gab mir neben drei Koffern noch eine riesige Reisetasche mit. In der Tasche war Verpflegung für mindestens eine Woche. Auf dem Bauernhof gab es ja genug Wurst und Fleisch, und so hatte sie mich bestens damit versorgt.

Jetzt stand ich allein mit vier großen, schweren Gepäckstücken auf dem Kölner Hauptbahnhof. Ich nahm die Straßenbahn. Am Chlodwigplatz mußte ich noch einmal umsteigen. Wie sollte ich die drei Koffer und die Riesentasche in zwei Hände nehmen? Das war vielleicht eine Plackerei!

Auf der Rennbahnstraße, in Höhe des Stalles Asterblüte, gab es damals noch eine Straßenbahnhaltestelle, da stieg ich aus. Ich wußte ja, daß Herr von Mitzlaff am Ende der Rennbahnstraße wohnte.

Meine Klamotten immer dabei, zog ich los. Erst hab ich zwei Koffer 15 Meter weit vorgeschleppt und abgestellt. Dann wieder zurück, den dritten Koffer und die Tasche geholt. Wieder und wieder, wie bei der Springprozession von Echternach.

Endlich war ich bei Mitzlaffs. Die Haushälterin fragte mich verwundert, was ich eigentlich hier wolle, ich müßte wieder zurück zum Stall.

Bis zum Stall war es nicht viel mehr als ein Kilometer. Es wurde der längste Kilometer meines Lebens. 15 Meter vor, 15 Meter zurück ...

Es war ein wunderschöner Aprilnachmittag mit herrlichem Sonnenschein. In der Höhe des alten Direktoriums war eine Wiese, da spielten die Jockeylehrlinge Fußball. Einige erkannten mich, wir hatten uns am Tag des Vorstellungsgesprächs gesehen. Ich muß wohl einen ziemlich derben Eindruck auf sie gemacht haben.

'Ah, der Bauernjunge kommt', riefen sie und halfen mir tragen. Mein ganzes Zeug war im Nu aufs Zimmer geschleppt.

Für die war ich ein gefundenes Fressen – im wahrsten Sinne des Wortes. Ruck, zuck war meine Tasche leer! So schnell konnte ich gar nicht gucken. Die hatten wohl einen Riesenhunger. Abends hatten wir nichts mehr zu essen – ich auch nicht.

Alfred Baltromei, der schon ausgelernt hatte, war auch dabei. Der wohnte noch mit den Lehrlingen zusammen.

Die ersten zwei Nächte waren nicht so einfach für mich. Entweder hatten sie ein Bett zuwenig oder einen Mann zuviel. Jedenfalls mußte ich im Sessel schlafen. Am dritten Tag wurde das dann geregelt, und ich bekam ein eigenes Bett.

Es war eine sehr schöne Zeit. Mit der Freizeit wurde damals allerdings sehr sparsam umgegangen. Über die Feiertage wurde genau Buch geführt. Sogar an Weihnachten durften nur zwei Lehrlinge nach Hause fahren. Das erste Jahr war ich einer der Glücklichen. Im nächsten Jahr durften zwei andere fahren.

Die Lehrlinge, die nicht nach Hause fuhren, wurden Heiligabend von Mitzlaffs eingeladen. Da bekam jeder seinen bunten Teller. Das war sehr schön. Mal waren wir beim Futtermeister, mal bei von Mitzlaffs – eine schöne Geste. So etwas vergißt man nicht.

Heute fragt ein Lehrling zuerst nach der Freizeitregelung. Wer damals etwas werden wollte, mußte was leisten. Mir machte das nichts aus, ich habe bei schönem Wetter sowieso lieber geritten als frei gemacht.

Wir Lehrlinge haben sehr viel gelernt, auch Sachen, die nicht zum Rennbetrieb gehörten.

Mitzlaffs hatten einen kleinen Hühnerstall, da lernte ich, wie man den richtig saubermacht, mit Sand streuen und so.

Die Wohnungen wurden damals mit Holz geheizt, auch der Maschkessel für das warme Pferdefutter. Das Holz wurde nicht fertig geliefert. Das wurde in rohen Stämmen aus dem Wald gebracht. Das mußten wir außerhalb unserer Arbeitszeit hacken und sägen. So was macht ein Jockeylehrling heute nicht mehr. Aber uns hat's Spaß gemacht.

Der Trainer hatte mal eine Kneipe bestimmt, in der wir mittags essen sollten. Das wurde aber schnell wieder eingestellt. Das kostete zuviel Geld. Wir versuchten, uns billiger zu ernähren. Ein Teil des Lohnes wurde von der Sekretärin, Frau Dehn, für unsere Kleidung gespart. Den anderen Teil bekamen wir zum Leben. Wenn wir eine neue Hose oder ein Hemd kaufen wollten, mußten wir Herrn von Mitzlaff das vortragen. Dann durften wir das Geld abholen und die Sachen kaufen. Jedes Jahr bekamen wir eine Reithose nach Maß.

Die Berufsschulstunden fanden früher auf der Kölner Rennbahn in einem kleinen Rondell statt. Sie waren sehr praxisbezogen. Mal unterrichtete uns der Tierarzt, mal kamen die Jockeys – wie Walter Held oder Fritz Drechsler – dann Trainer und Leute vom Direktorium, die uns renntechnische Sachen erklärten.

Im letzten Schuljahr mußten wir in die Gewerbeschule nach Köln. Da hatten wir einen Lehrer, Herrn Peterke. Der interessierte sich sehr für den Rennsport und nahm sich unser besonders an. Er organisierte Sportunterricht für uns. Wir hatten eine Turnhalle. Auch ins Schwimmbad gingen wir. Da habe ich meinen Rettungsschwimmer gemacht. Peterke war ein fähiger Mann und setzte sich sehr für den Nachwuchs ein. Auf der Rennbahn wurde unter der dritten Tribüne, die es heute nicht mehr gibt, ein großer Freizeitraum eingerichtet. Dort fanden dann die Schulstunden statt, und in unserer Freizeit konnten wir da Tischtennis spielen. Das hat uns gefallen.

1961, im zweiten Lehrjahr, war ich zum ersten Mal Hindernischampion.

Als die Karnevalszeit kam, wollte ich mir einen Traum erfüllen und den Rosenmontagszug sehen.

In den fünfziger Jahren standen wir Kinder begeistert vor den Radio/Fernsehgeschäften und sahen die ersten Bilder vom Karneval aus Köln. »Rosenmontag in Köln«, das war eine Sensation.

Ich fragte meine Kollegen, ob einer Lust hätte, mit mir zum Rosenmontagszug nach Köln zu fahren. Keiner wollte mit, sie wollten lieber Fußball spielen. Um elf Uhr waren wir mit der Arbeit fertig, und ich fuhr allein mit der Straßenbahn zum Domplatz. Ich kannte ihn vom Fernsehen, dort stand eine große Zuschauertribüne. Es war so voll, daß man kaum einen Stehplatz bekam. Die Stimmung auf den Straßen in Köln war einmalig. Ich war voller Spannung und wartete und wartete.

Es kam einfach kein Zug. Endlich hörte man die Musik und es hieß: 'D'r Zoch kütt! D'r Zoch kütt!'

Ich schaute auf die Uhr und sah mit Schrecken, daß es schon vier Uhr war. Um halb fünf fing die Nachmittags-Stallarbeit an.

Nun mußt du machen, daß du nach Hause kommst, dachte ich. Ohne auch nur einen Zipfel des Zuges gesehen zu haben, mußte ich zurück. Mit drei Minuten Verspätung kam ich im Stall an und entschuldige mich sofort beim Futtermeister.

'Du bist ne schöne Jeck, wir sind doch hier in Kölle, und es ist Karneval. Warum biste denn nit gebliwe und hast dir alles angeguckt?' sagte der nur. Er hätte es mir nicht übel genommen, wenn ich den Zug bis zu Ende angesehen hätte. Dann erklärte er mir, daß ich mich hätte woanders hinstellen sollen, dorthin, wo der Zug früher hinkommt.

Seitdem bin ich nie wieder zum Rosenmontagszug gegangen. Meine Frau und ich haben uns vorgenommen, wenn wir mal Rentner sind, dann wollen wir ihn uns mal in aller Ruhe anschauen. Also muß ich auf meinen Jugendtraum noch etwas warten.

Es war von Anfang an mein Ziel, Hindernisjockey zu werden. Ich wußte, daß Willi Schütz in Halle/Westfalen nach dem Krieg derjenige war, der mit seinen Pferden den Hindernissport aufrechterhalten hat. Er trainierte auch Galopper für die Flachrennen, aber überwiegend Springer, was mich faszinierte. Das war der Grund, weshalb ich nach der Lehre von Köln nach Halle zum Schütz wechselte.

Es war eine harte Zeit bei Willi Schütz, aber auf eine Art war es auch eine schöne Zeit. Es lief ganz hervorragend. Und wenn man Erfolg hat, ist alles irgendwie leichter. Wir waren zu dritt dort, Hänschen Hiller, der Sohn vom alten Hiller, und Klaus Eggers, der dort geblieben ist und in eine Milchhandlung eingeheiratet hat.

An einem herrlichen Augusttag beschlossen wir drei, nach der Morgenarbeit mit dem Fahrrad ins nahegelegene Schwimmbad zu fahren. Wir hatten ein paar Mädchen aus der Nachbarschaft kennengelernt und es uns auf der Wiese mit Decken und Radio so richtig gemütlich gemacht. Wir waren alle schon mal im Wasser, hatten uns eingeölt und waren lustig und zufrieden. Auf einmal kommt eine Durchsage über den Lautsprecher des Bademeisters.

'Achtung! Achtung!' Wir zuckten zusammen, diese Stimme kannten wir, es war nicht der Bademeister, sondern der alte Schütz.

'Uwe, Klaus und Hänschen, sofort nach Hause kommen, die Kuh kalbt!' dröhnte es laut und deutlich durchs ganze Schwimmbad. Der alte Schütz wollte immer alles selber machen. Der konnte kein Beifahrer sein. So hat er dem Bademeister das Mikrofon aus der Hand genommen und die Durchsage gleich selber gemacht, ehe der andere was falsch machen konnte.

Wir die Klamotten zusammengepackt, uns schnell verabschiedet und ab. Die Mädchen guckten ganz irritiert und dachten sicherlich: Was sind das denn für welche?

Wir hatten schon öfters bei der Geburt eines Kalbes mitgeholfen und wußten, Schütz hatte keinen, der heute helfen konnte. Es war eine besonders schwere Geburt. Wir mußten anständig mit anpacken, bis das Kälbchen endlich da war. Es gibt ja Rassen, die gebären ohne Hilfe. Aber leider brauchen die meisten Kühe unsere Hilfe. Wenn sie eng gebaut sind, muß man enorme Kraft aufwenden, um das Kalb herauszuziehen. Wenn man das nicht fachmännisch angeht, kann es auch ersticken. Aber nun hatten wir es gemeinsam geschafft. Alles war in Ordnung.

Willi Schütz hat wirklich bis ins hohe Alter alles selbst gemacht und keine Arbeit gescheut. Wenn keiner da war, führte er auf der Rennbahn selbst die Pferde. Wenn er sah, daß beim Abwaschen ein schwieriges Pferd zu schlagen anfing, ging er hin, nahm den Schlauch und spritze es selber ab.

Nach dem Training wurden die Pferde immer noch eine ganze Weile geführt. Dafür hatte er extra Jungs eingeteilt. Wir brauchten nur zu reiten.

An einem Sonntagmorgen fehlte wohl ein Mann zum Führen. Wir mußten nach Hannover zum Rennen und waren jetzt furchtbar im Druck. In der Nähe unseres Abtrabringes stand ein vornehm gekleideter älterer Herr im Kamelhaarmantel, schicken Hut auf, alles vom Feinsten. Er war schon öfters mal im Vorbeigehen ein Weilchen stehengeblieben und hatte den Pferden interessiert zugeschaut. Auf einmal sah ihn unser Trainer und dachte wohl: Oh, den schickt der Himmel.

'Können Sie bitte mal herkommen?' rief er ihm zu. Der vornehme Herr kam.

'Können Sie bitte mal festhalten? So, und jetzt bitte weitergehen.' Zum Schluß hatte der Mann vier Pferde am Kopf und lief in der Runde mit. Die Pferde zupften ungeniert an seinem Kamelhaarmantel herum. Der

Herr war so perplex, daß er gar nicht wußte, was er sagen sollte. Wir haben uns heimlich kaputtgelacht. Danach haben wir ihn nie wieder gesehen. Der kam nie mehr Pferde angucken.

In Halle/Westfalen wohnten wir bei der Großmutter von Bruno und Wilfried Schütz. Wilfried wohnte eine Tür weiter, während Bruno schon längere Zeit weggezogen war.

Wie in alten Bauernhäusern so üblich, war vorne der Wohnbereich und hinten eine riesige Diele. Da standen normalerweise rechts die Kühe, links die Pferde. Oben drüber war der Boden. Auf der »Deele«, wie wir sagten, spielte sich alles ab. Durch die große Deelentür fuhren die Pferdefuhrwerke rein, wenn Heu oder Getreide geerntet wurde. Da standen die großen Milchkannen und je nachdem, mit was gerade gehandelt wurde, ob Kuh, ob Pferd, ob Schwein, alles spielte sich auf der Deele ab.

Wenn mal nichts zum Trinken da war, bin ich in den Kuhstall und habe mir Milch gemolken. Das hatte ich schon als Kind auf unserem Bauernhof gelernt.

Es war eine gute Zeit bei Willi Schütz, und ich habe viele schöne Siege errungen. Trotzdem wollte ich nun wieder zurück nach Köln. Als Lehrling

Uwe Ostmann siegt für Trainer Heinz Jentzsch – November 1967

hatte ich mich in Köln sehr schwer eingelebt, mich aber nachher dort richtig wohl gefühlt. In Köln war ich zuerst bei Herrn Hochstein, dann bei Hans Blume und bei Adi Deschner.

Anschließend war ich drei Jahre bei Heinz Jentzsch am Asterblütestall. Da gab es gute Hindernispferde vom Gestüt Sybille und vom Gestüt Bona. Die Harzheims hatten gute Steepler.

Anfangs war ich als Hindernisjockey so leicht (57 kg), daß ich auch Flachrennen reiten konnte. Einmal hat mich »Bubi« Schläfke, der Onkel von Hannemann Blume aus Dortmund, auf ein sehr gutes Pferd gesetzt. Es war ein 1600 m Flachrennen in Neuss. 61,0 Kilo mußte das Pferd tragen. Ich hatte das Rennen gewonnen, ritt zurück, und die Leute klatschten alle. Da rief einer: 'Wenn ich dat gewußt hätte, dat so ein dicker Hindernisjockey Flachrennen gewinnen kann, dann hätte ich auch auf den gewettet!'

Meine Frau ist die Tochter des ehemaligen Kölner Rennbahnverwalters Otto Klitzke. Wir kannten uns schon aus meiner Lehrzeit, denn der Mitzlaffstall war direkt nebenan. Meine Frau hatte eigentlich einen ganz anderen Freundeskreis, der mit der Rennbahn gar nichts zu tun hatte."

„Ich kannte Uwe schon aus der Lehrzeit und dann als Jockey", erzählt Frau Ostmann. „Wir grüßten uns und sprachen mal ein paar Worte zusammen, wie das eben so üblich ist, wenn man sich öfters begegnet. Als Uwe durch einen schweren Sturz mit einem Beckenbruch im Krankenhaus lag, wurde mein Vater vom Rennverein beauftragt, etwas zur Genesung hinzubringen. Als er keine Zeit hatte, sagten meine Freundin und ich: 'Dann bringen wir es eben hin.'

Uwe war ganz erfreut als wir, anstelle meines Vaters, ankamen.

So ergab sich bald eine sehr schöne, dauerhafte Freundschaft. Als Uwe aus dem Krankenhaus kam, hat er mich eingeladen, und bald war er ein gern gesehener Gast in unserem Haus. 1965 haben wir geheiratet. Ein Jahr später kam unser Sohn auf die Welt."

„Damals gab es an jedem Renntag zwei Hindernis- und ein Jagdrennen", erzählt Uwe Ostmann weiter. "Gelsenkirchen hatte zweimal im Jahr mehrere Hindernisrennen an einem Tag, und in Hannover war ein richtiger Hindernisrenntag. In der Zeit bin ich auch mit vielen guten Amateuren zusammen geritten; darunter waren Klasse-Reiter.

Uwe Ostmann gewinnt das Hauptjagdrennen der Vierjährigen mit Opernball am 29.11.67 in Gelsenkirchen

1961, 1968 und 1969 war ich Champion der Hindernisjockeys. Mein Traum war in Erfüllung gegangen. Ich hatte alles erreicht, was ich wollte. So hätte es weiter gehen können. Ich hatte nicht die Absicht, so bald mit dem Reiten aufzuhören.

Aber es kam alles anders. Im Jahr 1970 war ich bei Herrn von Mitzlaff angestellt. Im Oktober hatte ich dann einen schweren Unfall. Ich war mit einem Schütz-Pferd gestürzt, und ein nachkommendes Pferd hat mir in die Rippen getreten. Die Rippen sind in die Lunge gedrungen.

Das war nicht so einfach. Die Ärzte rieten mir, im nächsten Jahr kein Rennen zu reiten, um die Lunge nicht zu belasten.

Willi Schütz stellte für mich die Verbindung zur Familie Fastenrath, Gestüt Quenhorn, her. Trainer Karl-Heinz Schulze hörte dort auf und ging nach Gelsenkirchen. So wurde die Stelle frei und mir angeboten. Das Angebot sagte mir zu, aber ich hatte große Bedenken, nach Herzebrock umzuziehen.

Meine Frau, eine echte Kölnerin und ein richtiger Stadtmensch, hatte sich schon sehr schwer in Seeberg eingelebt. Dort war unsere erste

Ehepaar Ostmann

Wohnung, als wir geheiratet hatten. Seeberg liegt im Norden von Köln am Fülinger See, Richtung Neuss. Und nun noch weiter weg in das einsame Herzebrock – da ist doch der Hund verfroren. Das kann ich meiner Familie nicht zumuten, dachte ich.

Aber meine Bedenken waren grundlos. Meine Frau und unser vierjähriger Sohn Rolf hatten sich von Anfang an in Herzebrock wohlgefühlt. Wir haben sehr klein angefangen und blieben fast 15 Jahre dort.

Anfangs hatten wir nur 14 Boxen. Dann wurden erst 10 Boxen und ein paar Jahre später noch mal zehn dazugebaut. Das waren 34 Boxen, mehr hatten wir nie.

Wir bekamen im Laufe der Jahre immer mehr Angebote und konnten die Pferde nicht mehr unterbringen. Herr Ellerbracke hatte Pferde bei uns. Er vergrößerte sein Gestüt Auenquelle und wollte mir alle Pferde ins Training geben. Aber wir hatten nicht genug Platz. Die Familie Fastenrath wollte den Betrieb im kleinen Rahmen lassen und nichts mehr anbauen.

Da hatte Herr Ellerbracke die Idee, in Mülheim auf der Rennbahn einen eigenen Rennstall zu bauen – nicht nur für seine eigenen Pferde, sondern

Baden-Baden 1990 – Großer Preis der Wirtschaft
Turfkönig – Georg Bocskai – Uwe Ostmann

auch publikmäßig: das hieß, Pensionspferde sollten dazu genommen werden.

Im Oktober 1985 fand der Umzug nach Mülheim in den Rennstall Diana von Karl-Dieter Ellerbracke statt. Unser erster Stall bestand aus 53 Boxen und der Wohnung, in der wir heute noch wohnen.

Vier Jahre später, als immer mehr Pferde angeboten wurden, haben wir den zweiten Stall dazugebaut. Jetzt kann man hundert Pferde unterbringen."

Die großen Erfolge ließen nicht lange auf sich warten. Mit dem Derbysieger Luigi, mit Mandelbaum, Turfkönig und Hondo Mondo gelang ihm der Durchbruch.

Im Jahr 1971 hat Uwe Ostmann in Herzebrock mit 11 Siegen, 7 in Flachrennen und 4 in Hindernisrennen, angefangen. Heute gehört er mit über 1000 Siegen zur Spitze der deutschen Trainer.

Respekt verschafft. Peter Rau

Ein ruhiger, zurückhaltender, sich nie in den Vordergrund drängender Mensch – das ist Peter Rau.

Abseits der großen Bahnen und der großen Städte in einem ländlichen Quartier fühlt er sich wohl, da ist er zu Hause.

Der Hang zur Natur wurde ihm durch die Großeltern vererbt. Sie stammten von der schönen Insel Rügen. In den Vorkriegsjahren hatten sie in Sassnitz ein Hotel. Von den Erzählungen der Eltern wußte Peter, daß ein Onkel früher auch Pferde (Traber) besessen hatte. Seine Mutter heiratete vor dem Krieg nach Kiel. Von den drei Söhnen war der 1948 geborene Peter der jüngste.

Kiel – seit 1871 Reichskriegshafen – war im Zweiten Weltkrieg ein besonders auserkorenes Ziel für Bombenflugzeuge und die damit verbundene Zerstörung. Nach dem Krieg wurden außerdem noch die Werften demontiert. Durch dieses alles und die Teilung Deutschlands geriet Kiel ins wirtschaftliche Abseits. Es dauerte lange, bis die Stadt wieder aufgebaut wurde. Da kaum Arbeit zu bekommen war, begab sich die Familie Rau, wie so viele andere in der Zeit, auf Wanderschaft. Sie waren weder Flüchtlinge noch Umsiedler. Sie suchten einfach einen Neuanfang mit Arbeit und Auskommen für die Familie.

Ein gewohntes Bild

Dabei landeten sie in Kirnbach im Schwarzwald. Der schöne Ort mit vielen alten Bauernhäusern liegt im Kinzigtal. Untergebracht wurden sie auf einem großen Bauernhof in einem kleinen Kötterhaus. Da zu dem Hof Land- und Forstwirtschaft gehörten, blieb es nicht aus, daß Peter mit Tieren, besonders mit Pferden, in Berührung kam. Traktoren waren zu dieser Zeit Mangelware, deshalb pflügten die Bauersleute noch mit Pferden.

Im Alter von neun Jahren durfte Peter erstmals ein Pferd beim Pflügen führen, und ein Jahr später konnte er es selber handhaben. Im Winter, wenn das Holz geschlagen war, fielen die Rückarbeiten an. Das Holz wurde aus den Wäldern zu den Abfuhrwegen gebracht und Peter durfte es mit dem Pferd den Weg hinunterbringen. Darauf war er riesig stolz. Es war eine Knochenarbeit, und er fühlte sich eins mit dem Pferd. Wenn die Arbeit abgeschlossen war, ritt er nach Hause. So bekam er eine Beziehung zum Pferd. Es wurde ihm bald ein vertrautes Wesen, und zwischen den beiden entstand eine richtige Freundschaft.

Im Schwarzwald – 4 Jahre alt

Das Leben auf dem Lande behagte Peter sehr. Leider blieb er von Schicksalsschlägen nicht verschont. Die älteren Brüder standen schon auf eigenen Füßen, als Peter durch den frühen Tod der Eltern mit 13 Jahren Vollwaise wurde. Es war entsetzlich. Jetzt stand er ganz alleine da. Was sollte er machen?

Der älteste Bruder Jürgen lebte und arbeitete in Bonn. Er gab seine sehr gute Stellung auf, zog nach Kirnbach und übernahm die elterliche Wohnung, damit sein kleiner Bruder nicht in ein Heim mußte. Jürgen mußte sich eine neue Existenz aufbauen, er gründete selbst eine Familie und lebt heute noch im Schwarzwald. Er hat sich zum Leitenden Angestellten hochgearbeitet.

Mit 14 Jahren suchte Peter eine Lehrstelle. Es gab einen Kampf mit dem Jugendamt. Sie schlugen ihm vor, einen Handwerksberuf zu erlernen. Doch Peter hatte durch seine Erfahrungen im Schwarzwald den Wunsch, mit Pferden zu arbeiten. Hartnäckig versuchte er, das Jugendamt umzustimmen und an Adressen von Lehrherrn zu kommen, die ihm eine Ausbildung in dieser Hinsicht ermöglichten.

Irgendwie gelangte er an die Adresse vom Direktorium für Vollblutzucht und Rennen in Köln. Dort wurde er über die Ausbildungsmöglichkeiten informiert. Jockey könne er werden, beschied man ihm. Mit seinem Bruder fuhr er zu den Trainern Thalheim, Seibert und nach Röttgen zum Grafen Pejacsevich. Als er sich das alles angeschaut hatte, stand sein Entschluß felsenfest. Diesen Beruf und sonst keinen! Die Trainer meinten bei den Vorstellungsgesprächen, daß er für einen Jockey wahrscheinlich zu schwer werden könne. Aber ihm war das Rennreiten nicht so wichtig, Hauptsache, er konnte mit Pferden arbeiten.

Peter war erst 14 Jahre alt und durfte noch nicht allein entscheiden, doch von seinem Bruder bekam er in jeder Hinsicht vollste Unterstützung. Von dem ehemaligen Hoppegartener Fritz Fösten, der für die Familie Fastenrath im Rennstall des Gestüts Quenhorn trainierte, bekam er zum 1. Juni 1963 einen Lehrvertrag. Sein Bruder war beruhigt, daß der Kleine, als so junger Mensch mit 14 Jahren, nicht in der

Nach getaner Arbeit – Peter und der Bauer

Großstadt, sondern in einem ländlichen Quartier untergebracht war. Auch Peter bevorzugte das Land.

Peter Rau erinnert sich: „Als ich mit meinem Köfferchen in der Hand den Zug verließ, nahm mich der Trainer in Empfang. Das war nun der Schritt ins richtige Leben! Jetzt war ich ganz auf mich allein gestellt. Mit einem anderen Lehrling bewohnte ich über dem Stall eine Bude. 25 Mark sowie Kost und Logie bekam ich im Monat. Davon mußte ich meinen Lebensunterhalt bestreiten. Das war auch für damalige Verhältnisse sehr wenig. Da blieb mir nichts anderes übrig, als in meiner Freizeit für zwei Mark Stundenlohn im Landwirtschaftsbetrieb oder bei den Bauern zu arbeiten – Kartoffeln ausmachen, Stroh einfahren oder im Gärtnerbetrieb zu helfen. Täglich so zwei bis drei Stunden.

Von fünf Uhr früh bis zwölf Uhr mittags und von halb vier bis sechs Uhr nachmittags war die reguläre Arbeitszeit am Stall. An den Berufsschultagen wurde vorher noch gemistet und geritten, und nach der Schule mußte man wieder antreten zum Arbeiten.

Nach vier Monaten fragte ich mal ganz bescheiden: 'Trainer, kann ich nicht auch mal nachmittags an einem Schultag frei haben?'

'Lern du erst mal arbeiten, dann kannste wiederkommen', fuhr er mir gleich in die Parade. Als Lehrling hatte man damals keinen besonderen Stellenwert.

Ich hatte nun alle im Stall anfallenden Arbeiten gemacht, kam aber nie auf ein Pferd drauf. Du konntest ausmisten, immer wieder ausmisten, die Boxen saubermachen, Heu und Stroh abladen und was sonst noch so anfiel. Dann wurde einem immer wieder vorgehalten, was für enorme Werte – die Rennpferde! – man vor sich hatte. Es war eine so harte Zeit für mich, daß ich nach einem halben Jahr schon daran dachte, das Handtuch zu werfen. Ich hatte keine Freunde, keine Bekannten, mein Leben bestand nur aus Arbeit, und das unter ständigem Druck, den ich von oben bekam.

Allmählich ging dann das Reiten auf einem Warmblutpferd los. Da ich noch gar keine Erfahrung hatte, machte das Pferd mit mir, was es wollte. Ich bekam die Kommandos: Gerade sitzen! Hacken raus! Ellenbogen ran!

So mußte man damals auf einem Pferd sitzen. Wenn das Pferd wollte, warf es mich ab – und es wollte sehr oft!

Nachdem ich mir das eine ganze Weile angeguckt hatte, habe ich mir das Pferd mal eines nachmittags, als es keiner merkte, aus dem Stall geholt. Nun habe ich dem Pferd erst einmal beigebracht, wer auf ihm saß. Ich habe mir eine schöne Weidenrute zurechtgeschnitten und bin mit ihm raus ins Gelände. Immer, wenn der nicht spurte, oder mich wieder abwerfen wollte, habe ich mir Respekt verschafft.

Hab' ihm immer eine rübergezogen!

Ich saß jetzt ganz anders auf dem Pferd, viel energischer. Das konnte ich ja nicht, wenn der Trainer dabei war. Wenn ich zum Beispiel auf der 400 Meter-Trainierbahn am Trainer vorbei ging, trabte das Pferd. Waren wir vorbei, ging es nur Schritt, und etwas weiter weg, blieb es stehen. Der Bock hatte die Situation immer eiskalt ausgenutzt. Der kannte seine Leute und wußte, was er mit wem machen konnte. Das Gesicht des Trainers hätte ich sehen mögen, wenn ich mir einen Stock erbeten hätte, damit ich dem Pferd mal auf die Schulter ticken kann.

Als ich ihn am anderen Tag ritt, hatte er Respekt vor mir. Ich brauchte nur meine Hand so ein bißchen hochnehmen, da wußte der schon was los war. Der Trainer schüttelte den Kopf, und er konnte gar nicht begreifen, wieso das auf einmal so gut klappte.

'Donnerwetter', sagte er zu mir, 'endlich hast du es kapiert!'

Auch bei den anderen Pferden, mit denen ich bisher nur im Stall gearbeitet hatte, bekam ich schnell spitz, wie ich mich durchzusetzen mußte, damit sie einen ein bißchen respektieren.

Trainer Fösten hatte ein äußerst schwieriges Pferd, das hieß Angelo. Mit dem kam keiner zurecht. Wenn der Jockey Pawlowitch ihn reiten sollte, konnte er ihn weder satteln noch sonstwie mit ihm umgehen. Da ich jetzt wußte, daß man bei Pferden auch »Psychologie« anwenden muß, nahm ich mir dieses Pferd ganz besonders vor. Ich ließ nicht locker, mühte mich enorm ab – und hatte Erfolg. Ich kam so gut mit diesem Pferd klar, daß nur noch ich mit ihm arbeiten sollte. Wenn er auf Reisen ging, durfte ich ihn begleiten. Dieser Angelo wurde noch ein sehr gutes Pferd. Er ging später als Beschäler in die Warmblutzucht und brachte einen berühmten Nachkommen, den Alarich, das Weltmeister- und Olympia-Dressurpferd von Dr. Reiner Klimke.

Je mehr man sich durchsetzt und profiliert, desto mehr Anerkennung bekommt man. Dann geht es auch zügig aufwärts.

Wir hatten nur 10 bis 12 Pferde im Stall. Einschließlich der drei Lehrlinge waren wir immer fünf bis sechs Leute, den Trainer nicht mitgerechnet. Die Chancen zum Rennreiten waren sehr gering. Ich hatte nur einen einzigen Auftritt auf öffentlichen Bahnen. Das war in einem 1800-Meter-Rennen in Dortmund mit Wiener Opus. Das Pferd hatte schon vorher etwas gehabt, und in dem Rennen ging es wieder platt.

Angelo – gut aber schwierig

Aber ich hatte ja nie den Schwerpunkt auf Rennreiten gelegt – mir war der Umgang mit den Pferden wichtiger. Außerdem bewahrheiteten sich die anfänglich geäußerten Bedenken der Trainer, daß ich Gewichtsprobleme bekommen würde. Ich wog inzwischen 58 Kilo, das reichte als Arbeitsreiter, aber nicht mehr als Jockey. Natürlich wäre ich gern Rennen geritten, da mache ich mir nichts vor.

Mit meinem Job war ich trotz alledem zufrieden. Alles, was mit Pferden zu tun hatte, interessierte mich sehr. Ich schaute dem Hufschmied, dem Tierarzt, dem Trainer und Futtermeister genau auf die Finger. Fragte in den Gestüten nach Zucht und Aufzucht, und wann immer ich ein Buch über dieses Metier fand, las ich es aufmerksam.

Nach fünf Jahren schied Fritz Fösten altersbedingt aus. Neuer Trainer wurde Karl-Heinz Schultze. Der fing gerade an, als ich bei der Bundeswehr war. Wenn ich es ermöglichen konnte, kam ich am Wochenende an den Stall zum Helfen und Reiten. Ich hatte mich inzwischen in Herzebrock mit

Elisabeth Korsmeier befreundet. Wir heirateten 1970, noch während meiner Militärzeit.

Der Trainer Karl-Heinz Schultze wurde dann von Uwe Ostmann abgelöst. Bei dem war ich am längsten – 14 Jahre. Als er nach Mülheim ging, kam Hartmut Steguweit und blieb 2 Jahre.

Der von Hartmut Steguweit trainierte Philippo, der 1986 mit Dave Richardson das Derby gewann, hatte zwar den Besitzer gewechselt, stand aber nach wie vor an unserem Stall. Er war inzwischen vier Jahre alt und noch ein sehr gutes Pferd. Ich ritt ihn in meiner Frühstückspause, damit er möglichst lange draußen bleiben konnte. Philippo gehörte zu meinen Lieblingspferden.

Eines morgens, bei einem normalen, ruhigen Canter, merkte ich, daß Philippo unter mir am Taumeln war, er ging so unrhythmisch. So gehen normalerweise Pferde, wenn sie sich vertreten – oder eine Fissur haben. Ich sprang sofort runter, um ihn zu entlasten. In dem Moment brach er zusammen, und fiel auf mich. Ich lag auf dem Bauch und Philippo auf meinen Rücken. Auf meinem Körper lasteten neun Zentner. Ich war zuerst wie gelähmt. Dann begann ich, mich mit bloßen Händen freizubuddeln. 10 bis 15 Minuten scharrte und grub ich unter dem leblosen Körper. Total abgekämpft kam ich endlich frei. Meine Schuhe und meine Hose waren unter dem Pferd geblieben. Halbnackt lief ich zurück zum Stall. Niemand hatte mitgekriegt, was passiert war.

Wir nahmen später an, daß er einen Aortaabriß hatte, da er so schnell tot war. Bei einem langen Todeskampf hätte er mich sicher erschlagen. Es war auch so schon schlimm genug.

Als Philippo abgeholt wurde, mußte ich mit den Tränen kämpfen. Es dauerte lange, bis ich den Schmerz um einen treuen Freund überwunden hatte.

Gerade im Rennsport liegen Freud und Leid eng beieinander."

In letzter Zeit hatte Peter Rau schon öfters Angebote für eine Trainerstelle bekommen, doch er lehnte immer ab. Seine Begründung: Wenn ich Herzebrock mal verlasse, dann muß es schon etwas sehr Solides, Beständiges sein. Peter Raus Erfolg beruhte in der Tat auf Beständigkeit. 32 Jahre arbeitete er immer am gleichen Stall und in dieser Zeit mit vier Trainern zusammen.

Herzebrock war ihm nun zur richtigen Heimat geworden. Die Familie Rau hatte längst Nachwuchs bekommen. 1974 kam Marco und 1978 Alexander auf die Welt. Beide Jungs sind heute so groß, daß sie Basketballspieler werden könnten. Ein Einfamilienhaus, mit viel Eigeninitiative gebaut, war fertig, und in seiner Freizeit spielte Peter Rau leidenschaftlich Tennis. Er wurde sogar mehrmals Vereinsmeister vom DJK Quenhorn.

Jetzt fehlte ihm eine neue Herausforderung. Schließlich war er schon jahrelang Trainervertreter und Futtermeister. Wer möchte dann nicht

Satz und Sieg

auch mal beweisen, daß er die Qualifikation zu mehr hat. Im Frühjahr 1987 bestand Peter Rau die Pferdewirtschaftsmeister-Prüfung.

Hartmut Steguweit verließ Herzebrock 1987. Hendrik Pape bot daraufhin Peter Rau während der Großen Woche in Baden-Baden die Trainerstelle an.

Nach einer schlaflosen Nacht kam er mit seiner Frau zu dem Entschluß, das Angebot zum 1.10.1987 anzunehmen und selbst zu trainieren. Sie waren sich darüber im klaren, daß das Familienleben dadurch zu kurz kommen würde; denn die neue Aufgabe war vor allem mit mehr Reisen an den Wochenenden verbunden.

Für das individuelle, tägliche Training der circa 30 Pferde standen eine Reithalle, mehrere Trabringe, eine kleine 400-Meter-Bahn und eine große Bahn von 1400 Meter Natursandboden zur Verfügung. Eine ideale Voraussetzung für einen jungen Trainer, der vor allem den Stall und die Örtlichkeiten wie kein anderer kannte.

Wer damals in Herzebrock zu Peter Rau in den Stall kam oder heute in Ravensberg in den Stall kommt, dem fällt eine Besonderheit auf: An einer Box hängt immer ein goldener Turnschuh. Doch die Geschichte vom »Goldenen Turnschuh« soll Peter Rau selbst erzählen.

„Ich hatte gerade begonnen zu trainieren, als ich Monaldi, ein in Isarland gezogenes Pferd, ins Training bekam. Die Ärzte hatten dieses Pferd schon aufgegeben, und ich sollte den letzten Versuch unternehmen, ihn wieder fit zu bekommen. Das Pferd wollte nie Schritt gehen, es zappelte und hopste immer so herum. Deshalb bekam es bald den Spitznamen »Turnschuh«.

Es war zwar ein sehr unruhiges, aber kein schlechtes Pferd. Nachdem wir ihn fit hatten, sollte er in Gelsenkirchen laufen.

Ich gehe mit ihm in die Sattelbox rein und will ihn satteln, doch ehe ich mich's versah, war der Sattel unten. Wieder versucht – bums – wieder unten. Das war ein Kampf, bis der Sattel endlich oben blieb, das kann sich keiner vorstellen. Alle Beteiligten waren klatschnaß geschwitzt. Die Jockeys gingen schon zum Aufgalopp und wir waren immer noch am Satteln. Ich, als junger Trainer, und dann mit so einem Pferd! Nun mußten wir noch verspätet eine Runde im Führring herumgehen. Da bekam ich gleich meine erste Bestrafung wegen zu spätem Erscheinen im Führring. Ich entschuldigte mich damit, daß das Pferd das erste Mal zum Rennen ginge und zu Hause alles geklappt hätte.

Beim einem Start in Köln – wieder das gleiche Theater. Dazu kam ein Riesengewitter. Es schüttete wie aus Eimern und wurde so dunkel, daß man fast nichts mehr sehen konnte. Jörg Piontek saß im Sattel und gewann trotz aller Widrigkeiten mit Monaldi das erste Rennen für uns.

Als wir mit dem siegreichen Pferd nach Hause kamen, hing an der Boxentür ein goldener Turnschuh. Dieser Schuh hängt immer dort, wo der letzte Sieger ist. Das ist heute noch aktuell, es ist ein richtiger Wander-Turnschuh geworden. Probleme gibt es für die Stalleute nur, wenn mehrere Sieger zurückkommen. Dann wird der Schuh in den nächsten Tagen immer umgehängt – Gerechtigkeit muß sein! Die Leute fragen immer: 'Wat hängt dat Dingen da?' Es kann sich ja keiner einen Reim darauf machen. Jedes Jahr wird der Turnschuh renoviert. Dann kommt er im Winter zu uns nach Hause, wird saubergemacht und mit Goldbronze wieder neu angestrichen.

Monaldi sollte in Bad Harzburg laufen. Wir mit zwei Mann in die Box zum Satteln. Das gab ein »Knalle Kadenka Bum«. Der Mann, der mir geholfen hatte, hing oben an den Brettern – ich hing oben an den Brettern – bums – das Pferd tobte herum und schlug so aus, daß die Wand rausflog. Er hat die ganze Sattelbox ruiniert. Wieder ein Kampf und mit Müh und Not den Sattel befestigt. Das hat mich sehr gewurmt. Ich dachte, es geht doch nicht, daß man jedesmal, bis der Sattel drauf ist, vorher einen Riesenkampf bestehen muß. Jetzt kam mir eine Idee. Ich machte dem Pferdchen vorher immer einen Gurt drauf, und ließ es mit Scheuklappen auf die Bahn bringen. Wenn es so ankam – Gurt runter, Sattel drauf – das klappte. Es hat das gar nicht mehr registriert. Ich weiß nicht, was das Pferd hatte, ich nehme an, es war so eine Art Machtkampf. Es wollte sich einfach mal mit einem anlegen.

Bald konnten wir die Scheuklappen weglassen und auf einmal ließ sich das Pferd ganz normal satteln. Sechs Rennen hat es noch gewonnen. Eine Leistung, wenn man das Pferd kannte. Monaldi wurde dann verkauft und stand bei Uli Thomas in der Pfalz. Dort lief er 7- bis 8jährig noch Hindernisrennen."

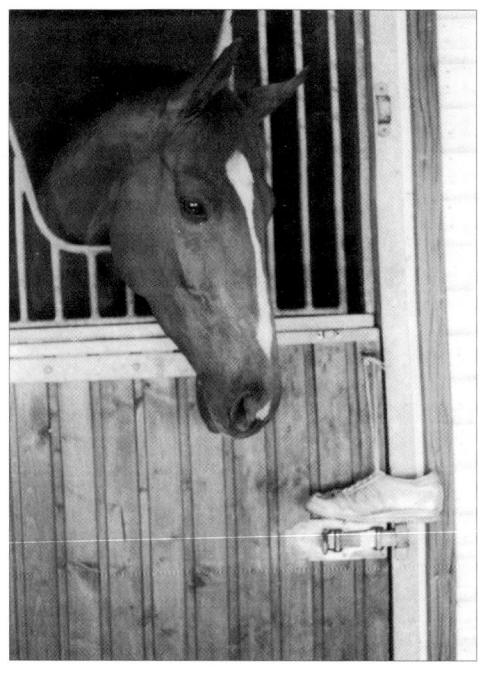

Für den Sieger: der Turnschuh

Daß Peter Rau nach 32 Jahren nun doch Herzebrock verließ, lag daran, daß keine neuen Boxen mehr gebaut wurden. Es gab zwar hin und wieder Ansätze, doch wurde alles immer wieder zurückgestellt. So gab es keine Expansionsmöglichkeiten.

1993 bekam er ein lukratives Angebot von Gregor Baum, Gestüt Brümmerhof, der das alte Gestüt Ravensberg übernahm. Unter seiner Regie wurde die Anlage 1994 ausgebaut und modernisiert. Es entstand eine der schönsten und besten Trainingsanlagen Deutschlands. In Ravensberg stehen die Pferde vom Gestüt Brümmerhof, doch es ist in erster Linie ein Betrieb, der allen Besitzern offensteht.

Der Gründer von Ravensberg war Paul Niemöller, der um die Jahrhundertwende das Gelände am Ohlen Broke erworben und zu einem herrlichen Gestüt ausgebaut hat. Niemöller besaß eine Schnapsbrennerei in Gütersloh. Passend zu seinen Pferden, die er anfangs selbst trainierte, nannte man später seinen Schnaps, einen klaren Korn, »Ravensberger Vollblut«, und einen sehr guten Kräuterschnaps, ähnlich dem Underberg, »Schrittmacher«. Das Etikett war nach einem Foto gestaltet. Es zeigte, wie Waidmann 1960 im Großen Hansapreis gegen Exilio gewann.

Die Schnapsbrennerei existiert heute noch und auch die beiden Marken sind noch im Handel.

Daniel Delius, ein Urenkel von Paul Niemöller, erzählte mir, daß sein Urgroßvater sehr abergläubisch gewesen sei. Zumindest was den Rennsport anbetraf, richtet er sich gern nach Schafen.

'Schafe zur Linken – Glück tut dir winken' oder 'Schafe zur Rechten – alles zum Schlechten', war seine Überzeugung. Und zu seiner Zeit waren auf dem Lande noch viele Schafherden unterwegs.

Eines Tages war Urgroßvater Niemöller mit seinem »Horch« unterwegs zur Rennbahn. Sein Pferd sollte bald starten und er hatte es eilig.

Da sah er rechts eine Schafherde und erschrak. Das mußte geändert werden! Er wendete seinen Wagen, denn für ein gutes Vorzeichen nahm er gern einen Umweg in Kauf.

Nun war die Schafherde zur Linken – Glück tut dir winken!

Leider fuhr er bei dem Manöver in den Straßengraben und wurde erst nach Stunden herausgezogen. Das Rennen hat er dadurch verpaßt. Pech gehabt!

Aber sein Pferd hatte gewonnen.

Das Wendemanöver hatte also doch Glück gebracht? Gute, alte Zeiten, in denen die Schafe noch so zuverlässig waren.

Doch nun zurück zu Peter Rau:

Da Peter Rau ohnehin lieber wieder als angestellter Trainer arbeiten wollte, erschien ihm dieses Angebot sehr vernünftig. Es war nicht nur finanziell, sondern auch sportlich sehr interessant. Sein Haus mußte er nicht aufgeben, denn 20 Minuten Fahrzeit sind in diesem Beruf eher die Regel. So nahm er die Stelle zum Jahresende 1994 an.

Peter Rau: „Ich setze meine Pferde gezielt ein. Nicht nur das Training, auch die Rennen fördern die Pferde. Meistens werden sie von Start zu Start besser.

Der Trainerjob beinhaltet viel Tierbeobachtung. Man muß die Stärken und Schwächen der Pferde erkennen. Ein Pferd ist ein Individuum, was für das eine gut ist, kann für das andere schlecht sein. Auch wenn man das Pferd über eine Distanz arbeitet, gibt es große Unterschiede. Ein Pferd braucht mehr, das andere nicht, das muß weniger machen. Da die Pferde nicht mit uns reden, muß man sie schon morgens im Stall oder beim Training ganz genau beobachten. Es darf nicht passieren, daß das eine unter- und das andere überfordert wird. Dazu braucht man das gewisse Fingerspitzengefühl.

Derby 1996 – Ruhe vor dem Sturm

Wenn ich bedenke, wie ich anfing. Wieviel Starter ich im ersten Jahr hatte – zigmal Zweiter. Man wartet auf den ersten Sieg, und der kommt und kommt nicht. Endlich zum Jahresende ein Sieg mit einem Azubi im Sattel in Krefeld. Und was passierte? Sie haben ihn mir wegen Behinderung weggenommen. Wie das schmerzte! Wieder abwarten bis zum nächsten Jahr. Bis der Monaldi endlich unser erster Sieger wurde. Wie freut man sich über den ersten Erfolg, das erste Handicap, den ersten Ausgleich II. Da ist immer eine Steigerung. Man denkt nicht gleich, du mußt einen Ausgleich I gewinnen. Die Ansprüche und Erwartungen steigen langsam mit jedem Erfolgserlebnis, dann möchte man immer wieder einen draufsetzen.

Das Lebensziel eines Trainers ist das Derby. Auf die Erfüllung dieses Lebenstraumes hofft man immer. An dem Tag, als Lavirco durchs Ziel ging, war ich mir voll bewußt, was da passiert war.
 Ich bekam Lavirco als Jährling vom Gestüt Fährhof. Immer, wenn ich in die Box reinging, war da so ein Gespür. Ich hatte dieses Gefühl schon öfters, wenn ich mir Pferde auf den Koppeln ansah. So ging es mir von Anfang an mit Lavirco. Ich ahnte, der ist etwas Besonderes und hatte immer ein Auge auf ihn. Man kann es nicht so einordnen, aber man ist einfach sehr aufmerksam. Ich dachte schon früh, das könnte mal ein Derbypferd werden. Lavirco lief zweijährig nur zweimal und gewann beide Rennen. Das Maidenrennen – da dachte ich schon, das ist ein Guter! Und beim Preis des Winterfavoriten sagte ich: 'Jetzt müssen wir nur noch aufpassen, daß ihm nichts passiert.'
 Dann wurde er dreijährig. Wir hatten einen sehr harten Winter und konnten wenig arbeiten. Dadurch ergab sich ein Rückstand von mindestens drei Wochen. Im Busch-Memorial zeigte er nur 80% seiner Leistung, aber er brauchte das Rennen. Ich konnte ihn ja nicht als Jahresdebütant ins Henckel-Rennen schicken. Ich sagte meinem Stalljockey Torsten Mundry:
 'Ganz egal wo du bist, plaziert oder unplaziert. Das Pferd braucht dieses Rennen, darf aber nicht zu stark gefordert werden. Natürlich würden wir gern gewinnen, doch nicht mit der Brechstange.'
 So verlief dann auch das Rennen. Eingangs der Geraden lag Lavirco noch in Front, dann machte sich die Konditionsschwäche bemerkbar,

und er wurde von Surako geschlagen. Nach diesem Rennen wurde die Kondition besser und Lavirco wurde überlegener Sieger im Henckel- und im Union-Rennen.

Dann kam das Derby. Meine Devise war und ist immer, daß es nicht förderlich ist, einen Jockey unter Druck zu setzen. Deshalb sagte ich vor dem Rennen zu Torsten: 'Hör mal, das ist ein verrücktes Rennen. Du hast tagelang auf der Bahn geritten und weißt selbst, wie du reiten mußt. Ganz egal, was du machst und wie das Ergebnis ist, ich stehe immer dazu. Mach das Beste daraus. Es sind verrückte Verhältnisse, und ich kann dich nicht festnageln. Wir haben eine schlechte Startnummer und das Geläuf ist in einem katastrophalen Zustand.'

Ich habe ihm den Druck genommen. Hätte ich gesagt: Du mußt dies und das machen, er hätte es auf Biegen und Brechen getan, und nachher wäre das wahrscheinlich falsch gewesen. Die Entwicklung war im Vorfeld nicht abzusehen. Beide Jockeys, Torsten Mundry und Peter Schiergen, der mit Surako Zweiter wurde, haben alles richtig gemacht. Ich hätte auch dahinter gestanden, wenn Lavirco nur Zweiter oder Dritter geworden wäre. Da die Pferde alle außen herum gelaufen sind, hieß es auch das Sensationsderby.

Nun ging mein Lebenstraum sowie der meines Jockeys in Erfüllung. Durch die ersten beiden Plätze war es ein Doppelerfolg für das Gestüt Fährhof.

Als ich Lavirco zum ersten Mal sah, ahnte ich, daß er ein Ausnahmepferd ist. Die Ahnung war erst nur ein Traum, und der Traum hatte sich erfüllt. Bei so einem Sieg hat man schon Tränen in den Augen. Wenn ich mir den Rennfilm anschaue, bekomme ich heute noch eine Gänsehaut. Da möchte ich am liebsten in eine Kammer gehen und mir den Film ganz allein ansehen.

Der nächste Start war das BMW Europa Championat, ein Gruppe II-Rennen, in Hoppegarten. Vielleicht war es die lange Fahrt, vielleicht die ungewohnte Übernachtung in Berlin, unser Pferd wurde hinter Bad Bertrich Again nur Zweiter. Dafür gewann Lavirco als Abschluß seiner Laufbahn den international gut besetzten Preis von Europa."

Lavirco – Sieger im Preis von Europa

Der rote Teppich. Norbert Sauer

Norbert Sauer und seine Frau Dagmar wurden beide im gleichen Krankenhaus in Frankfurt Bockenheim geboren – allerdings mit etlichen Jahren Unterschied. Norberts Eltern hatten mit Pferden nichts zu tun. Die Mutter war Hausfrau und der Vater, Schachtmeister beim Straßenbau, ein Fußballfan. Norbert hatte noch zwei Brüder, Walter und Horst, die acht und zehn Jahre älter waren als er. Sie alle lebten in Frankfurt-Rödelheim.

Auf der Forsthausstraße in Frankfurt Niederrad wohnten die beiden wohlhabenden Schwestern des Vaters, die sie des öfteren besuchten. Franziska, verheiratet mit einem Tuchfabrikanten, und im Haus gleich nebenan, Gretel, verheiratet mit einem sehr eleganten Herrn, der als Diplomat in Frankreich beschäftigt war und dort auch öfters die Rennbahnen besuchte.

Dieser Onkel ging einmal mit seinem Neffen Norbert in Niederrad spazieren. Er kam an der Rennbahn vorbei und schaute sich mit Norbert ein wenig um. Nicht im Traum hätte er gedacht, daß diese paar Stunden für die Zukunft seines Neffen ausschlaggebend sein würden.

Norbert Sauer, der Champion

„Als ich die Jockeys in ihrem bunten Dress auf den

Pferden vorbeisausen sah, war ich fasziniert. Für mich stand sofort fest, so etwas will ich auch werden", erinnert sich Norbert Sauer.

Als es Zeit wurde, sich um eine Lehrstelle zu kümmern, fuhr er mit seinen Eltern nach Niederrad und stellte sich bei dem Trainer Otto Wehe vor. Der wollte ihn nehmen – allerdings sofort. Da hätte er seine Schule abbrechen müssen, und das wollten weder er noch seine Eltern.

Etwas später bekam er den Tip, sich mal bei Trainer Hecker vorzustellen.

„Das war mein Glück", sagt Norbert Sauer. „Wir wurden uns schnell einig. Ich konnte in Ruhe meinen Schulabschluß machen und begann 1954 meine Lehre, die ich 1958 beendete. Danach blieb ich noch bis 1961 bei Andreas Hecker. Das war nicht nur ein guter Lehrmeister, er war auch wie ein Vater zu mir. Hecker war ein lebenslustiger Mann, der stand mitten im Leben. Ich habe mich an seinem Stall sehr wohl gefühlt.

Zu meiner Lehrzeit waren dort beschäftigt: Heinz Kretschmer, Hindernisjockey und Futtermeister; Manfred Wortmann, erster Hindernisjockey; Hans Georg Thalau, Flachjockey und später, als Kretschmer sich selbstständig machte, zusätzlich Futtermeister.

Der Trainer hatte eine Schwäche. Er fuhr seinen VW immer auf Reserve, und wenn das Benzin alle war, stieg er aus, ließ seinen Wagen einfach stehen und kam zu Fuß an. Wir haben uns darüber sehr amüsiert, es machte den Mann so menschlich.

Als ich mein erstes Hindernisrennen reiten sollte, fragte mich unser Stalljockey Manfred Wortmann, ob ich Angst hätte.

'Nein', antwortete ich entschieden. Aber er glaubte mir nicht.

'Vor dem letzten Sprung werde ich dich fragen, wer das Pulver erfunden hat', sagte er. Damit wollte er testen, ob ich nervös war.

Ich habe zu Hause im Lexikon nachgeschaut. Ein Mönch namens Berthold Schwarz, sei der vermutliche Erfinder des Schießpulvers, las ich, und versuchte, es mir gut zu merken. Vor dem letzten Sprung rief er mir tatsächlich die angekündigte Frage zu.

'Schwarz! Berthold! Mönch!' brüllte ich zurück.

Damit hatte ich bewiesen, daß ich keine Angst hatte und nicht nervös war. Er hätte mich ja auch was anderes fragen können, da hätte ich alt ausgesehen.

Einmal hat der Manfred bei einem Bierchen gewettet, daß er im nächsten Hürdenrennen bei mir innen durchgehen würde. Natürlich kamen die anderen, die ihr Geld nicht verlieren wollten, angerannt und beschworen mich: 'Laß den bloß nicht innen durch.'
'Bei mir kommt keiner innen durch, der schon gar nicht', war meine kesse Antwort. Ich war zwar noch Stift, kannte aber schon die Regeln. Und dem Stalljockey zu zeigen, »Wo Barthel den Most holt«, das war Ehrensache.
Mein Pferd ging nicht gerade gut, und ich war bald zehn Längen hinten. Hab aber immer aufgepaßt, wo der Manfred blieb, und tatsächlich kam er hinter mir angekrabbelt. Er versuchte jeden Trick – mit aller Gewalt wollte er innen vorbei. Ich hielt dagegen und ließ ihn nicht durch. Ich mußte ihn so rausdrücken, daß wir fast in die Sandbahn gerieten. Ums Haar hätten wir den letzten Sprung verpaßt. Es war ein heißer Zweikampf, obwohl wir so weit hinter den anderen Pferden lagen, daß wir mit dem Ausgang des Rennens nichts mehr zu tun hatten.
Manfred und ich hatten auf Pferden von Andreas Hecker gesessen. Mein Lehrmeister, der das Rennen durch sein Fernglas genau beobachtet hatte, meinte nachher kopfschüttelnd: 'Wenn ihr noch oft meine Pferde reitet, werde ich nie im Leben mehr ein Rennen gewinnen.'
Weiter hat er nichts zu uns gesagt – das fand ich unheimlich cool. Trainer Hecker wußte immer genau Bescheid, wenn wir wieder mal was angestellt hatten. Er schimpfte nicht laut, sondern hat uns das immer ganz diplomatisch untergejubelt.

Was den Hindernissport angeht, hatte ich jetzt Blut geleckt. Es waren gerade solche Episoden, die mich für diesen Sport begeisterten.
Bei Flachrennen braucht man ein gutes Pferd. Bei Hindernisrennen kommt es auf Cleverneß und gute Einteilung an. Taktisches Geschick, Kampfgeist und Mut sind da die bestimmenden Elemente. Das hat mich als Jockey und später als Trainer immer wieder fasziniert.
1959 gewann ich für Hecker mit Marc Anton, dem größten Außenseiter (274:10), das Alte Hamburger Jagdrennen.
Für seinen Besitzer von Metzsch gewann ich 1960 mit Herzberg das Alte Badener Jagdrennen und mit Veilchenwald das Große Frankfurter Jagdrennen.

So sehr es mir auch in Frankfurt gefallen hat, wollte ich doch den Sprung ins Rheinland wagen, da ich mir dort größere Chancen für meine Zukunft im Sport ausrechnete.

1961 begann ich in Köln bei Valentin Seibert, Gestüt Waldfried. In diesem Jahr gewann ich mit Marcelino das Iffezheimer Jagdrennen.

Ende 1961 wechselte ich zu Charly Keller, der die Schlenderhaner Pferde betreute. Ich wurde von der Baronin ins Schloß bestellt, wo sie mit mir einen Super-Vertrag als Hindernisjockey aushandelte.

1962 gelang mir mit dem Außenseiter Copa Cabana für Charlottenhof ein Sieg im Großen Preis von Dortmund.

Als der Privatstall Schlenderhan aufgelöst wurde, bekamen alle, außer mir, einen blauen Brief. Warum ich keinen bekam, weiß ich nicht. Vielleicht wurde er vergessen abzuschicken.

Dann kam Ferdi Leisten und machte mir fürs gleiche Geld ein Angebot zum Asterblütestall, den Heinz Jentzsch betreute. So wechselte ich dorthin. Heinz Jentzsch war erst nicht begeistert. Langner, Horwart und Drechsler habe ich in dem Quartier als Flachjockeys erlebt. Ich war der einzige Hindernisjockey.

Norbert Sauer auf Gratitude, Sieger im Dujardin-Jagdrennen – Krefeld 1963

Das war eine gute Zeit.
Mit Sonnenkönig gewann ich das Hauptjagdrennen der Vierjährigen, mit Via Veneto das Colonia Jagdrennen in Köln und zweimal das Dujardin-Jagdrennen mit Elena und Gratitude.
1963 war ich deutscher Hindernis-Champion.

Ich hatte den ersten Ruf für den Stall Astrua, die mir zusätzlich zu einem Sieg 10 Prozent zahlten. Für Astrua ritt ich im Alten Badener Jagdrennen Via Veneto. Es liefen drei Pferde aus dem gleichen Stall. Ich rechnete mit dem zweiten Platz, denn ich wußte, daß der von Walter Held trainierte Keiler besser war.
Rolf David ritt für den gleichen Besitzer. Wir sausen den Berg hoch – damals war noch ein anderer Kurs. Ich liege innen von David, bin gut im Rennen und habe noch die Hände voll. Da macht er mir die Bude zu. Ich sause durch die Barriere an der Seite den Berg wieder runter und bin raus aus dem Rennen.
In der Jockeystube habe ich den David gefragt, was ihm einfiele, ob er verrückt geworden sei. Da schreit der mich an, ich hätte ihn umreiten wollen. Das ging ja gar nicht. Wenn ich innen bin, kann ich ihn ja nicht umreiten. Wie hätte ich das denn machen sollen?
Als er noch weiter lamentierte, hab ich ihm eine geknallt und David ging in die Knie. Weil ich so in Braß war, hat er gleich noch eine abgekriegt. Er flog unters Waschbecken und rührte sich nicht mehr. Da habe ich einen Schreck bekommen, ihn hochgenommen und auf die Wangen gekloppt.
'Dem ist schlecht geworden', sagte ich, als welche dazukamen.
Das haben die mir nicht ganz abgenommen, jedenfalls ging es vor die Rennleitung. Hein Bollow war zu der Zeit Jockeyvertreter. Ich habe die Sache genau geschildert und zugegeben, daß ich Rolf David eine Ohrfeige gegeben hätte. Daß er ausgerutscht und unglücklich gegen das Waschbecken gefallen sei. Der David hat der Rennleitung gegenüber betont, daß ich der erste gewesen sei, der ihm geholfen hätte. Das fand ich sehr anständig von ihm.
In der ersten Verhandlung in Baden-Baden brummten sie mir 50 Mark auf. Dann ging der damalige Trainerpräsident Männe Hochstein in die Berufung, weil er meinte, das sei zuwenig.

Jetzt kam die nächste Verhandlung in Köln. Ich war ja bei Jentzsch am Stall. Ich mußte Herrn Meyer zu Düte, Gestütsleiter von Schlenderhan, alles noch einmal genau schildern.

Obwohl ich das gleiche erzählte bekam ich jetzt 100 Mark als Strafe.

Früher gab es schon so was wie Faustrecht bei den Hindernisjockeys. Es gab eine Auseinandersetzung, und damit war alles geregelt. Da hatte man Respekt voreinander. Da ging keiner innen vorbei oder so. Da ging man außen herum!

Trotz aller Härte wurde insgesamt fair miteinander umgegangen. Da wurde keiner umgebügelt. Früher war vieles besser als heute!

Am Asterblütestall hatten wir den Stahlfabrikanten Krüger und seine Frau Gertrud, das waren sehr engagierte, gute Besitzer. Frau Krüger kannte in ihrer Begeisterung nur noch »Gelb-Grün«, das waren ihre Rennfarben. Der Regenschirm, die Kleidung – vom Hut bis zu den Schuhen, sogar das Auto – alles war gelb und grün.

Championehrung März 1964 in Dortmund
Von rechts: Trainer Heinz Jentzsch, Flachjockey Fritz Drechsler,
Hindernisjockey Norbert Sauer und Amateur Bruno Schütz

Nach jedem Sieg – und das waren nicht wenige – luden sie uns zum Essen ins Excelsior ein. Heinz Jentzsch bestellte dann für uns das Essen, und zwar immer nur Hausmannskost. Ob es Bescheidenheit war oder ob ihm das wirklich schmeckte; ich kam nicht dahinter. Mir jedenfalls stank das. Schließlich ist mir der Kragen geplatzt, und ich hab ihn angeschissen: 'Bestell so etwas nicht nochmal, sonst passiert was!' Der Trainer hatte ein Einsehen.

Aus dem Ehrenpreis wurde dann eine Flasche Sekt getrunken. Immer rumgehend. Mit einer großen Stoff-Serviette wischte Frau Krüger jedesmal den Rand sauber. Einmal bekamen sie so eine bauchige Silbervase mit einem breiten Rand oben. Aus dem Ding konnte man ganz schlecht trinken.

'Frau Krüger, ich hab genau gesehen, der Jentzsch hat nichts getrunken', flachste ich.

'Das geht doch nicht, das bringt ja kein Glück, der muß auch trinken', sagte sie. Da mußte er allein aus der Silbervase mit dem breiten Rand trinken und goß sich alles über den Anzug.

Dann mußten wir noch singen: Hoch soll er leben und solche Lieder.

'Der Jentzsch singt nicht mit', petzte ich gnadenlos. Da muß er allein singen, bestimmte Frau Krüger.

Der hätte mich am liebsten umgebracht.

Es herrschte zwar immer ein freundschaftlicher Ton, aber sehr beliebt habe ich mich mit meinen Scherzen bei ihm nicht gemacht.

Sieg mit Ajan – Hürdenrennen der Dreijährigen – Düsseldorf 1963

Später kriegte ich mich wegen eines Rittes mit Heinz Jentzsch in die Wolle. Ich zog die Konsequenzen, verließ den Stall und ging für kurze Zeit zu Alfred Baltromei.

'Wie kann man vierter Klasse fahren, wenn man bisher immer erster Klasse fuhr?' war Horst Horwarts Kommentar.

Inzwischen hatte ich schon mal den Trainerschein gemacht.

Baltromei hatte den Besitzer Hubert Camps, mit dem Spitznamen »Speck-Camps«. Den hatte er nicht wegen seiner Leibesfülle, sondern weil er wirklich ein Speckgeschäft betrieb. Vielleicht machte er auch noch andere Geschäfte – er war auf jeden Fall ein sehr guter Besitzer. Seine Pferde liefen unter dem Namen Stall Bel Vedere.

Camps überredete mich, selbst zu trainieren, vor allem seine Pferde.

Also begann ich 1968 mit meinem eigenen Training.

Nach den kurzen Stationen Düsseldorf und Krefeld landete ich bald in Dortmund, wo der Stall von Karl-Heinz Schulze leer stand.

Fast 30 Jahre bin ich nun hier.

Hubert Camps kaufte 1970 für 6.500 Mark unbesehen die Neckar-Stute Tangerine von Hein Bollow. Als die Stute Zweite im Westfälischen Hürdenrennen wurde, entschied Camps: 'Die lassen wir jetzt in Cagnes-sur-Mer laufen.'

Cagnes ist eine Linksbahn. Der Start erfolgt ganz hinten in der Ecke, und es geht einmal rum bis ins Ziel.

Da Camps sein Fernglas nicht mit hatte, nahm er meins und beobachtete den Start. Das Rennen ging los, und er sieht Tangerine nicht.

'Unser Pferd ist nicht dabei!' ruft er mir zu.

'Gib mir das Glas', sag ich. Also, ich geguckt. 'Na, im Mittelfeld liegt sie doch!' beruhige ich ihn und gebe ihm das Glas zurück.

Das Glas neu eingestellt – beobachtet er das Rennen. Auf einmal in der vorletzten Ecke ist so eine große Weide zwischen Tribüne und Geläuf. Er guckte verzweifelt und findet das Pferd nicht mehr.

'Gib das Glas schnell her!' rufe ich. Wieder neu eingestellt. Ich denke, das kann doch gar nicht sein. Irgendwo muß unser Pferd doch sein. Das Feld war jetzt ziemlich auseinandergezogen. Unsere Stute war nicht mehr im Rennen!

Camps reißt mir das Glas aus der Hand, und schreit: 'Die zocken mit meinem Pferd, die Schweine!' Er selbst hatte es sehr hoch gewettet.

Jetzt kann man die Pferde schon gut erkennen. Ich sehe Tangerine nicht. So weit hinten kann die doch gar nicht sein, denke ich, wir haben sie doch in der Mitte noch gesehen. Unsere Stute – wo war sie?

Ich gucke einmal, ich gucke zweimal – da entdecke ich ein Pferd weit vor dem Feld.

'Was ist denn das da vorn für ein Pferd?' rufe ich Camps zu.

'Es ist Tangerine!' jubelt er, das Glas an die Augen gepreßt.

Hubert Camps mit Jockey M. Geffroy nach dem Sieg von Tangerine Cagnes 15.12.1970

Es gab schon gar nichts mehr zum Schreien – sie war längst im Ziel und hatte überlegen gewonnen. Dennoch haben wir wie die Verrückten geschrien: 'Tangerine, komm nach Hause! Tangerine, komm nach Hause!'

Das war mein erster Auslandserfolg!

Wir wollten noch am gleichen Abend nach Köln fliegen. Camps hatte am nächsten Tag Geburtstag, den er unbedingt zu Hause feiern wollte. Jetzt gab es aber keinen Direktflug mehr, und wir mußten umbuchen über Paris. Von Nizza nach Orly und von dort nach Köln.

Als wir in Paris die Maschine wechseln, so im Durchgang sitzen und uns unterhalten, bemerken wir um uns herum viel Wirbel. Wir fragen eine Angestellte der Fluggesellschaft, was denn hier los ist und ob wir überhaupt mitkämen.

'Das wissen wir noch nicht', war die Antwort.

'Na hören Sie mal, wir haben doch gebucht', ging Camps gleich an die Decke.

'Wir müssen die halbe Maschine freimachen, weil seine Königliche Hoheit, Hussein von Jordanien, mitfliegt', erklärte darauf die Angestellte.

Da war was los. Camps schrie wie ein Verrückter. 'Was, dieser Kerl fliegt hier mit? Der am meisten bedrohte Mensch dieser Welt soll bei uns im Flugzeug sitzen?'

Die haben den ohne Anmeldung in eine Linienmaschine gesetzt, weil das für ihn sicherer und unauffälliger war, als eine Privatmaschine, möglichst noch mit königlichem Wappen.

Ich schlug vor, mit dem Zug nach Hause zu fahren. Aber davon wollte Hubert Camps erst recht nichts wissen. Am liebsten wäre ihm gewesen, wenn sie den Hussein auf dem Flugfeld hätten stehenlassen. Uns wunderte, daß sie unser Gepäck gar nicht untersuchten, wir konnten ja Attentäter sein.

Der König ging unauffällig an Bord, wir kamen noch mit, und der Flug verlief ohne Zwischenfälle. Sogar mein Hubert hatte sich beruhigt. Er trank auf den Schreck einen Whisky, noch einen Whisky und ein paar Fläschchen Champagner.

Ich dachte, hoffentlich kommt er in Köln heil die Gangway runter.

Als wir landeten, schaute ich durchs Fenster und sah, wie sie auf dem Flugfeld vor der Maschine, einen roten Teppich ausrollten. Zum Spaß sagte ich zu Hubert: 'Guck mal, weil wir in Frankreich das Rennen gewonnen haben, rollen sie für uns extra einen roten Teppich aus.' Da strahlte sein Gesicht – das hätte er gern geglaubt.

Die Stewardess gab Anweisung, daß alle Passagiere den hinteren Ausgang zu benutzen hätten, doch die kannte meinen Hubert nicht. Er machte schon wieder ein Theater, daß er gar nicht daran denke, hinten rauszuschleichen. Ich folgte der Anweisung. An der Tür drehte ich mich noch einmal um, aber von Hubert Camps war nichts zu sehen. Als ich auf dem Flugfeld stand, traute ich meinen Augen nicht.

Der kleine König schritt die vordere Gangway hinunter und Hubert Camps, der Hüne, stolzierte majestätisch grüßend und winkend hinter ihm her.

Die verdutzten Flugbegleiter wollten wahrscheinlich ein Spektakel an der Tür vermeiden. Sicher waren sie auch froh, den Querulanten endlich loszuwerden. So nahmen sie es lieber in Kauf, daß er die falsche Treppe mit der königlichen Begleitung runterging, als Aufsehen zu erregen.

Je mehr die Menge dem König applaudierte, desto mehr strahlte Camps und grüßte zurück. Angesäuselt stand er neben dem König Hussein und nickte ihm herzlich zu. Vielleicht dachte Hussein, das wäre einer vom deutschen Begleitschutz oder vielleicht ein Minister inkognito. Jedenfalls nickte auch er gnädig zurück.

Damit war das Thema Rückflug mit viel Geschrei und rotem Teppich gut überstanden.

Der Speck-Camps war schon eine schillernde Figur. Einmal war er Kölner Karnevalsprinz. Auf seinem geschmückten Prinzenwagen stand er mit seinen Untertanen: Jungfrau, Bauer und was sonst noch dazu gehört.

Für den Umzug ließ er sich extra eine Kanone bauen, um einen halben Zentner Bonbons auf einmal in die Menge schießen zu können.

So ein Prinz muß ja alles löhnen. Er muß auch die Hotelzimmer für sich und seine Garde bezahlen. Er wohnte im Domhotel, und für seine Leute hatte er Zimmer im Nachbarhotel bestellt.

'Bist du denn verrückt? Wir müssen doch alle in einem Hotel wohnen', protestierten die.

'Ich bin der Prinz, ich kann doch nicht mit meinen Untertanen zusammen in einem Hotel wohnen', überzeugte sie Camps.

Er war schon ein bißchen extrem.

Wenn Hubert Camps Durst hatte, brauchte er sofort etwas zu trinken, hatte er Hunger, mußte sofort Essen her. Er konnte nie warten.

Wir fuhren einmal zusammen auf der Autobahn, als sein Auto verreckte. Der Abschleppwagen brachte uns in die nächste Ortschaft. Dort stürzte er sofort ins Wirtshaus.

'Was soll ich Ihnen bringen?' fragte die Bedienung.

Darauf Camps: 'Alles!'

'Wie alles?'

'Na, Sie haben doch sowieso nur vier Gerichte. Bringen Sie mir erst mal einen Liter Bier und dann alles, was auf der Karte steht.'

Der Trainer heute

Die Serviererin nahm ungläubig die Bestellung entgegen und brachte ihm wunschgemäß ein Essen nach dem anderen.

Camps hat nicht nur viel, sondern auch gut gegessen. Er war ein richtiger Feinschmecker. Bevor ich ihn kennenlernte, trank ich immer süße Weine, das hat er mir abgewöhnt. Er gab mir Unterricht, welcher Wein zu welchem Essen paßte. Seitdem habe ich alles umgestellt und trinke nur noch trockene Weine."

Norbert Sauer hat bis heute über 1250 Trainererfolge und ist stolzes Mitglied im Club der Tausender.

Er war 13mal Champion der Hindernistrainer. Dem Hindernissport hatte er sich mit Leib und Seele verschrieben. Um so trauriger ist er heute über den Niedergang dieses Sports. Seine Meinung dazu ist, daß die Geschäftsführer die Totengräber des Hindernissports waren.

„Der Enno Albert aus Düsseldorf, der hat den Hindernissport immer gepflegt. Die anderen wollten nur ihre Bahnen pflegen.

Wir haben es nicht verstanden, den Hindernissport auf eigene Füße zu stellen. Es hätte eine eigene Gesellschaft mit eigener Verwaltung, eigener Finanzierung gegründet werden müssen, unabhängig von den Rennvereinen. Auch im Direktorium gibt es kaum jemand, der für den Hindernissport ist", meint er.

Norbert Sauer freut sich, daß seine zwei Kinder, Oliver und Melanie auch Spaß an der Materie haben. Sie reiten beide Amateurrennen, haben aber auf den guten Rat ihres Vaters gehört, den Rennsport nur als Hobby und nicht als Beruf zu betrachten.

Der verhinderte Elektriker. Uwe Stoltefuß

Uwe Stoltefuß wurde 1955 in Unna/Westfalen geboren. Aufgewachsen ist er ganz in der Nähe, in Billmerich, einem Dorf mit 2000 Einwohnern.

„In dem Dorf habe ich alle Pferde geritten. Ich wurde immer gefragt, ob ich die kleinen Viecher nicht einreiten könne. Anscheinend bewies ich ein gewisses Talent dafür", erzählte er uns.

Obwohl sein Vater mit Pferden überhaupt nichts zu tun hatte, war er es, der ihm vorschlug, Berufsreiter zu werden. Uwe hatte die Schule abgeschlossen, war wirklich sehr klein und wog nur 37 Kilo. Sein Vater wollte sich mit ihm nach einer Lehrstelle im Reitermetier umsehen.

„Dabei wollte ich immer Elektriker werden. Jockey? So was kannte ich nicht. Das interessierte mich eigentlich gar nicht. Ich wollte Elektriker werden!"

„Komm, wir fahren ins Reitsportzentrum nach Warendorf", schlug der Vater vor. Sie fuhren los und landeten im Warendorfer Landgestüt. Ohne Ahnung vom Rennsport und der ganzen Reiterei wußten sie auch nicht, daß es dort ausschließlich Dressur- und Turnierreiten gab.

„Nein, der ist viel zu klein, den können wir hier nicht gebrauchen", bekamen sie bei einem Vorstellungsgespräch zu hören. „Der kann höchstens Jockey werden." Eigentlich suchten sie ja auch so eine Lehrstelle. Zum ersten Mal hörten sie, daß sie zum Direktorium nach Köln müßten.

„Ich wollte da gar nicht hin. Ich wollte Elektriker werden!" erzählte Uwe weiter. „Aber mein Vater gab nicht auf. Er schrieb einen Brief ans Direktorium und bekam zur Antwort, daß ich mich bei Hugo Danner in Dortmund vorstellen solle. Da ich noch keine Lehrstelle als Elektriker gefunden hatte, fuhr ich also hin und wurde prompt als Lehrling angenommen. Ich hab das nicht bereut. Es war eine Superlehre, muß ich sagen.

Hein Burfeindt war zu der Zeit Futtermeister bei Hugo Danner.
'Wenn ich mal Trainer werde, wirst du mein Futtermeister. Ich mach das nur, wenn du bei mir anfängst', hab ich schon damals zu ihm gesagt.

Und wie kam es? Im September 1982 wurde ich Trainer – im Oktober wurde Hein Burfeindt mein Futtermeister.

Der Beste, den ich bekommen konnte. Ein prima Mann.

Als ich noch Stift war, gab es während der Badener Woche ein Lehrlingsrennen in Dortmund. Ich ritt Mennetta, und Dieter Ehlen saß auf Gunnar.

Start! – Wir hauten ab und waren gleich am »Reiten«. Den armen Pferden vorn Arsch gehauen und voll die Gerade runter. Auch im Bogen ließen wir nicht locker. Nach hartem Finish hatte meine Stute die Nase vorn.

Mein erster Sieg!

Daß der Starter die Flagge gezogen hatte, weil es ein Fehlstart war, hatten wir nicht mitbekommen. Nur Dieter und ich kamen ins Ziel. Es war uns in der Aufregung auch nicht aufgefallen, daß keiner hinter uns war.

Das Rennen wurde natürlich annulliert.

Die Zuschauer haben gejubelt. Für die war das eine Gaudi – allerdings nicht für uns. Für Dieter und mich gab es dann ziemlichen Ärger. Wir bekamen einen kräftigen Anschiß und durften vier Wochen nicht mehr reiten.

Beide Pferde gehörten Hans Hugo Miebach, dem Präsidenten des Dortmunder Rennvereins. Der hatte das Rennen – Gott sei Dank – nicht gesehen, weil er in Baden-Baden war.

Als ich bei Danner ausgelernt hatte, wechselte ich zu Immanuel (Hermann) Weller. Obwohl ich dort ein Superleben hatte – ich besaß sogar ein eigenes Pferd, das aber leider nur schlecht lief – wollte ich immer aufhören. Ich war Erlaubnisreiter, aber da kam nicht viel. Hab bei Weller gerade mal drei Rennen gewonnen. Ich dachte, das hat doch alles keinen Zweck. Entweder du machst was Richtiges oder du hörst auf. Ich dachte schon an Umschulung – wollte Elektriker werden!

Ich ging weg von ihm, aber nicht zurück zu Hugo Danner, sondern zu Norbert Sauer.

'Willst du nicht mal Hindernis reiten?' fragte der mich eines Tages.

'Nein danke', sagte ich, 'da habe ich Angst vor.' In der Arbeit ließ er mich mal die Stute White Lady springen, und ich kam ganz gut mit ihr zurecht. Deshalb ritt ich sie nun öfter im Training über die Sprünge. Der nächste Renntag war in Bremen. Hugo Danner fragte mich, ob ich dort eins seiner Pferde reiten könne. Norbert Sauer hatte nichts dagegen. Ich nahm den Ritt für Danner an und hatte noch drei Flachrennen für Sauer zu reiten. Als ich in die Sport-Welt guckte, sah ich, daß ich von Sauer mit White Lady im Jagdrennen angegeben war. Ich war völlig verblüfft.

Als ich meckerte, drohte Sauer: 'Wenn du diesen Ritt nicht ausführst, schmeiß ich dich raus.'

Weil ich mir nicht sicher war, ob er es ernst meinte – ritt ich White Lady. Wir wurden Zweite.

Jetzt bekam ich Spaß am Hindernisrennen und hatte eine Superzeit bei Sauer. Mit Geta gewann ich das Dujardin-Jagdrennen. Stalljockey bei Sauer war zu der Zeit Reiner Ulrich. Er war ein sehr guter Hindernisreiter und ist jetzt bei mir Assistenztrainer. Als Reiner Ulrich bei Sauer kündigte, sagte der Trainer zu mir:

'Uwe, wenn der Reiner geht, wirst du mein erster Jockey.' Darüber hab ich mich sehr gefreut. Doch irgendwie wurde es nichts, Reiner Ulrich kam wieder zurück, und ich war der Gelackmeierte.

'Wenn das so ist, dann gehe ich zu Adolf Wöhler nach Bremen', sagte ich."

Uwe hatte schon lange zum Wöhlerstall geschielt, er hätte gern bei Wöhler anfangen, aber der hatte nie reagiert. Wöhlers bester Freund, Werner Hase, war Hufschmied in Dortmund.

„Mensch Werner, ich würde gern bei Wöhler anfangen. Guck doch mal, ob du was für mich tun kannst", bat ihn Uwe.

Werner Hase hat ihn auch tatsächlich Adolf Wöhler empfohlen.

„Adolf, der Uwe würde gern bei dir anfangen", sagte er zu seinem Freund. „Schau dir doch den Jungen mal an, ich kenne ihn, das ist ein guter Mann."

„Uwe? Wer ist denn das? Den kenne ich überhaupt nicht. Na gut, ich passe mal ein bißchen auf, wie der reitet", räumte Adolf Wöhler ein.

Dann ritt Uwe in Neuss ein Pferd für Hochstein, das hieß Wolfgang. Mit dem hat er ein Wöhlerpferd weggeputzt. Daraufhin rief Adolf Wöhler bei Werner Hase an: „Geht in Ordnung, diesen Uwe kannst du vormerken."

„Was heißt hier vormerken, den kannste nicht vormerken, den mußte nehmen, sonst ist der weg."

„Als ich ein paar Tage später bei meinen Eltern zu Hause bin, geht das Telefon und Ossi Langner bietet mir das Gruppe I-Pferd Harris für ein Rennen in Düsseldorf an. Natürlich nehme ich den Ritt an. Zwei Minuten später ruft Adolf Wöhler an und sagt, ich könne seinen Hiramann in Düsseldorf reiten. Er lief im gleichen Rennen wie Langners Pferd. Nun war ich ganz schön in der Klemme. Aber da der Wöhlerstall mein Traum war, habe ich nicht lange überlegt. Ich nahm den Wöhler-Ritt an und sagte Ossi Langner gleich wieder ab.

Uwe Stoltefuß 1978

Ich gewann das Rennen mit Hiramann und wurde daraufhin von Adolf Wöhler engagiert. Meine Freunde sagten, ich sei bestußt, nach Bremen zu gehen. Ich müßte im Westen bleiben. Aber für mich stand fest: Ich will zu Wöhler, und da gehe ich hin.

Ich habe mich vom ersten Tag an in Bremen wohl gefühlt. Superfreunde hatte ich, wie den Futtermeister Dieter David, oder am Stall die Flachjockeys Jose Orihuel und George Cadwaladr, der 1977 mit Surumu für Wöhler das Derby gewonnen hatte. Rolf Moser und Tom Maher kamen mit mir nach Bremen, Tom Maher nach Absprache mit Adolf Wöhler als zweiter Hindernis-Jockey. Wir waren eine Superclique.

Adolf Wöhler war zweifacher Hindernischampion und ein Top-Trainer. Wie ein Vater war er zu mir. Bei ihm war die absolut schönste Zeit, die ich im Rennsport erlebt habe. Ich bekam wirklich alles zu reiten. Nicht nur zu Adolf, auch zu seiner Frau Doris hatte ich ein gutes Verhältnis. Sie behandelten mich fast wie einen Sohn. Ich konnte machen was ich wollte. Habe zwar manchmal auch Lack abgekriegt, aber das war schnell wieder vergessen. Wenn ich mal ein bißchen länger geschlafen habe, hat mich der Trainer geweckt. 'Komm arbeiten, Junge', sagte er, ohne böse zu werden.

Hatte ich mal eine ganze Stunde verschlafen und mich ganz erschrocken entschuldigt, meinte er: 'Junge, wenn du deine Boxen nicht so gut in Schuß hättest, würdest du jetzt Theater mit mir kriegen.'

Er hat sich immer gefreut, wenn er zu mir in die beiden Ställe kam. Bei mir war alles picobello in Ordnung. Ich hatte zehn Boxen zu machen, in zwei so kleinen Ställen. Da war alles vom Feinsten, alles pieksauber – wie gemalt.

Ich fuhr Adolf Wöhler in seinem Auto von Rennbahn zu Rennbahn, wohin er auch wollte. Dann konnte er nachmittags im Auto schlafen. Der Mann war einfach super. Ich habe ihn sehr verehrt. Sieben Jahre war ich an seinem Stall.

Wöhlers Sohn Andreas kam in den Ferien oder nach der Schule, wenn er Zeit hatte, an den Stall zum Reiten. Mit 16 Jahren machte er die Amateur-Prüfung und fing an, Rennen zu reiten. Ich habe ihm das Springen beigebracht. Bei mir hat er das Hindernisreiten richtig gelernt. Ich ritt die Pferde immer bis 72 Kilo. Der Trainer setzte dann seinen Sohn auch in den Rennen auf die Pferde. Andreas hatte anfangs drei Kilo Gewichtserlaubnis; dadurch konnte er schöne Siege erzielen. Kurzum, er war eine Riesenkonkurrenz für mich.

Als er auch in den großen Rennen auf die Pferde gesetzt wurde, dachte ich: Nichts ist dicker als Blut – jetzt mußte weg!

Obwohl ich gar nicht viele Stürze hatte, litt ich damals häufig unter Rückenschmerzen. Der Arzt stellte bei einer Untersuchung fest, daß ich eine Verkrümmung der Wirbelsäule hätte. Ich sollte mit dem Reiten mal langsam tun oder überhaupt aufhören.

'Trainer', sagte ich zu Adolf Wöhler, 'das wird nichts mehr, es hat keinen Zweck mehr. Ich hatte 'ne Untersuchung, und der Arzt hat gesagt, ich soll nicht mehr reiten.'

'Du kannst aufhören, wenn du mir einen Nachfolger bringst', war seine Antwort. Ich habe ihm Andy Trybuhl besorgt, doch der fühlte sich in

Bremen nicht wohl. Am 1.8.1982 hatte ich im großen Jagdrennen von Hannover für Adolf Wöhler meinen letzten Ritt. Ich wurde Dritter mit Angreifer, einem guten Steepler.

Am 1. September 1982 begann ich mit zehn Boxen und fünf Pferden als Trainer in Dortmund. Drei Pferde – Ledru-Rollin, Nadremo und Petri – gehörten meinem Vater und die anderen beiden – Boje und Legato – einer Besitzergemeinschaft.

Doch nach und nach ging es aufwärts. Hugo Einschütz, ein guter Freund von mir, brachte viele Pferde. Bald hatte ich zwei Gestüte im Rücken, Sybille und Harzburg. Gustav Klotz vom Gestüt Harzburg hatte 12 Jahre lang immer 8 bis 10 Pferde bei mir im Training. Als er Ende 1996 aufhörte, war ich total traurig.

Dem neuen Gestütsleiter war ich auf einmal nicht mehr gut genug. Er holte die Harzburger Pferde bei mir ab, einfach so – ohne Absprache – und brachte sie zu anderen großen Ställen, unter anderem nach Röttgen zu Hans-Albert Blume. Ein paar Pferde sollte Hans Jürgen Gröschel in Hannover bekommen. Doch da hat er sich vertan. Scheinbar verwechselte er die Namen, so kamen sie zu dessen Bruder, Eckhart Gröschel, nach Hoppegarten. Der soll sich sehr gewundert haben über den unerwarteten Zuwachs. Das war zwar lustig – aber nicht so sehr für mich, denn ich war die Pferde los.

Ja, manchmal gibt es in dem Beruf auch Enttäuschungen. Dann denke ich: Wär ich doch Elektriker geworden! Da wäre ich jetzt verheiratet, hätte vielleicht zwei Kinder und könnte Urlaub machen, wann ich will. Das wär ein gemütliches Leben.

Zu Gustav Klotz und den Harzburger Leuten hatte ich immer ein Superverhältnis. Wenn ich in der Harzburger Rennwoche nicht so viele Pferde nennen würde, müßten bestimmt einige Rennen wegen Unterbesetzung ausfallen.

Das beste Harzburger Pferd war Bündheimer, der 1989 mit Terry Hellier im Sattel das Österreichische Derby gewann. Das war vielleicht eine Freude in Bad Harzburg! Als Bündheimer zurückkam, wurde er mit allen Ehren begrüßt, und sie veranstalteten ein großes Fest.

Bündheimer war von Anfang an ein nützliches Pferd. Ich hatte ihn schon als Jährling. Er war immer ein bißchen phlegmatisch, lief aber ganz gut. Dreijährig hat er einige Rennen gewonnen und war auch im Handicap plaziert.

Als ich zu Gustav Klotz sagte: 'Soll ich mal 'ne Nennung fürs Wiener Derby abgeben?', war seine Antwort: 'Ja, mach das mal.'

Für den gleichen Renntag nannte ich noch Justinia für die Österreichische Meile. Das war ebenfalls ein gutes Pferd, das schon in Baden-Baden ein Rennen gewonnen hatte.

Drei Tage vor der Abfahrt nach Wien rief ich Gustav Klotz abends an:
'Mensch Gustav, ich habe gar keine Lust zu fahren. Laß uns doch hierbleiben. Was sollen wir die weite Reise machen? Wir haben sowieso keine Chance zu gewinnen.'

'Nein', sagte Gustav, 'wir fahren jetzt nach Österreich.'

'Ich fahre nicht mit, ich muß nach Hannover. Hab ein Pferd im Großen Jagdrennen laufen', war meine Antwort.

Eine Chance hatte Bündheimer schon, aber es gab nur wenig Geld, nur 30.000 Mark für den Sieger. Nicht zu vergleichen mit den Summen bei

Der Derbysieger kehrt zurück nach Bad Harzburg
Gustav Klotz – Bündheimer – Evelyn Lenz – Uwe Stoltefuß

uns oder in anderen europäischen Ländern wie Frankreich oder England. Gustav Klotz, Engelhard Spiegel und der Jockey Terry Hellier fuhren nach Wien. Justinia belegte den dritten Platz, und Bündheimer gewann mit kurzem Kopf das Derby.

Da hab ich mich sehr geärgert, daß ich nicht mitgefahren war, auch wenn ich in Hannover an dem Tag das Große Jagdrennen gewonnen hatte. 14 Tage später lief Bündheimer im Deutschen Derby. Dort wurde er Sechster.

Es war das Derby, welches Mondrian, wenn auch am grünen Tisch, gewonnen hat. Die Disqualifikation von Taishan war für mein Verständnis völlig in Ordnung. Das bewies auch der Rennfilm.

Heute habe ich 120 Pferde im Training mit 70 Besitzern. Am schlimmsten ist es, wenn die Besitzer nicht beim Rennen waren, und ich ihnen alles am Telefon erzählen muß. Wenn ihr Pferd gewonnen hat, ist das einfach. Nur wenn es immer hinten bleibt, ist es mitunter nicht leicht, eine plausible Erklärung zu finden.

Gott sei Dank habe ich viele gute Leute, die die Höhen und Tiefen des Galoppsports kennen und wegstecken. Der Operndirektor von Zürich, Herr Pereira, ist so ein prima Kerl. Durch ihn habe ich seinen früheren Studienfreund, Herrn Carl Dieter Ostermann, kennengelernt. Der wohnt nur 20 Kilometer von Dortmund weg. Ein toller Kerl ist das. Der hat immer gute Pferde gekauft. Wäre der nicht gewesen, hätte ich schon mal mit Trainieren aufgehört. Aber der sagte immer: 'Uwe, mach weiter!'

Herr Becker vom Gestüt Sybille ist von Anfang an bei mir. Also, über meine Besitzer kann ich mich nicht beklagen. Sie lassen mir ziemlich freie Hand, was das Training und die Nennungen angeht.

Ich habe 20 Leute fest angestellt. Ohne die Mädels würde heute nichts mehr klappen. Die kümmern sich wie verrückt um die Pferde. Leider werden sie im Rennsport viel zuwenig anerkannt. Ich habe immer zwei bis drei Lehrlinge. Sindy Groß war bei mir Lehrling und ist jetzt Reisefuttermeisterin. Ihre Schwester Yvonne hat diesen Sommer – 1997 – an unserem Stall mit der Lehre begonnen. Der talentierte Mirek Rulec hat gerade ausgelernt.

Viele gute Pferde habe ich trainiert und viele große Rennen gewonnen. Doch ein Pferd ist mir unvergessen: Mondrian. Der war mein

**Mondrian unter Kevin Woodburn
gewinnt 1989 den Großen Preis von Baden-Baden**

Lieblingspferd. Als er 2jährig war, hatte noch niemand erkannt, was in ihm steckte.

Er erinnerte mich sehr an seinen Vater Surumu, den ich damals bei Adolf Wöhler in der Arbeit geritten habe.

'Das wird ein Riesenrennpferd!' sagte ich schon damals. Keiner glaubte mir.

Ich hab ihn jeden Tag geritten. Auch in der Arbeit vor dem Hoffnungspreis hab ich ihn selber geritten. Liberty Choice – ein Ausgleich IV-Pferd – ging vorneweg, und Mondrian wollte nicht vorbei. Zum Schluß kamen beide Kopf-Kopf an. Jetzt war auch ich verunsichert und verstand die Welt nicht mehr.

Mondrian lief im Hoffnungspreis und gewann überlegen.

Die Arbeit mochte er nicht. Mit zwei Führpferden sollte er nur mal die Gerade runter und ging keinen Meter. Ich dachte, Mensch ist der denn so tot? Am nächsten Tag habe ich ihn wieder geritten, da hat er gequiekt, gebockt und getan – da wußte ich, der ist einfach kein Arbeitspferd.

Da hab ich ihn in der Arbeit immer in Ruhe gelassen. Manchmal ging er auf Gras volles Rohr und bockte beim Auscantern.

Ich dachte immer, was ist das bloß für ein Pferd? Geht keinen Meter allein. Im Rennen war er dann ein ganz anderer, da gewann er, wie er wollte.

Mondrian gewann insgesamt sieben Gruppe I-Rennen. Das hatte in Deutschland noch kein Pferd geschafft. Fast zwei Millionen galoppierte er ein. Zweimal wurde er Galopper des Jahres, 1989 und 1990.
Mondrian war ein Traumpferd!

Die Besitzer von Stall Hanse, Johann Pavenstedt und Michael Becher, wollten Mondrian nun öfters im Ausland laufen lassen. Johann Pavenstedt arbeitete eine richtige Route aus. Zum Schluß sollte Mondrian den Arc de Triomphe gewinnen.

Als erstes wurde der Prix Jean de Chaudenay in Saint-Cloud, ein Gruppe II-Rennen, auserkoren. Mondrian mußte mit 62 Kilo Höchstgewicht tragen. Kevin Woodburn war der Reiter. Es war ein verbummeltes Rennen, und Mondrians Speed reichte am Schluß nicht zu einer Plazierung. Beim nächsten Auslandsauftritt in Epsom, im Coronation Cup, saß Steve Cauthen im Sattel. Vor Erreichen der Geraden wurde Mondrian von The Wings unter Cash Asmussen so stark gerempelt, daß er mit einer Muskelprellung an der linken Hüfte nach Hause kam und eine Weile pausieren mußte.

Nun sollte er in Toronto, Kanada, laufen. Manfred Hofer war der Reiter. Ich begleitete ihn als Trainer. Mondrian

Unverkennbar
Manfred Hofer, Uwe Stoltefuß und Evelyn Lenz im Supermarkt – Toronto

war frisch und munter, er fraß wie ein Scheunendrescher. Am Tag des Rennens kam er in den Führring, und ich bemerkte, daß etwas nicht mit ihm stimmte.
   'Manfred, mit dem ist was nicht in Ordnung', sagte ich zu Hofer.
   'Wieso? Der ist doch immer so', beruhigte der mich. Beim Aufgalopp bemerkte er allerdings, daß Mondrian völlig ohne Biß war. Da mußte er ihn schon scheuchen, daß er überhaupt vorwärts ging, so mausetot war er.
Nach dem Rennen wurde festgestellt, daß er sich auf der Hinreise mit dem »Shipping Fieber«, einer Virusinfektion, infiziert haben mußte. Er ist gespiegelt worden. Dabei zeigte sich, daß der ganze Hals zu war, alles Bläschen, alles vereitert. Eine Katastrophe!'

Es war Ende November 1990. Mondrian wurde zum zweiten Mal Galopper des Jahres. Addi Furler moderierte die Sendung im Fernsehen. Wir waren alle eingeladen und auch alle gekommen.
   Fünf Minuten vor der Sendung, also vor unserem Auftritt, kam der Besitzer Johann Pavenstedt zu mir und teilte mir mit, daß Mondrian im Januar nach England ins Training ginge. Ich solle aber nichts davon sagen.
   Mir blieb die Spucke weg, ich war völlig fassungslos. Ich hätte dem eine reinknallen können – hab ich natürlich nicht gemacht. Dann bekam ich noch gesagt, wenn davon die Rede wäre, sollte ich sagen, das wäre alles so mit mir abgesprochen. Ich wurde genötigt, etwas zu sagen, was überhaupt nicht stimmte.
   Hätte Pavenstedt mir das einen Tag vorher gesagt, hätte ich ihm mal richtig die Meinung gegeigt.
   Nach der Sendung gingen alle ins Hippodrom, auf der Kölner Rennbahn, essen. Mit denen in einer Runde am Tisch zu sitzen, konnte ich nicht lange aushalten. So habe ich Herrn Pavenstedts Feier frühzeitig verlassen und bin mit Manfred Hofer in eine Kneipe gegangen. Dort haben wir uns aus Ärger so richtig einen hinter die Binde gegossen.
   Für diesen Besitzer würde ich nie wieder ein Pferd trainieren. Ich habe ihn in einem schönen Kündigungsschreiben aufgefordert, seine anderen Pferde gleich abzuholen. Hat er auch gemacht.
   Pavenstedt hatte von Rennpferden nicht viel Ahnung. Er lebte immer so'n bißchen auf großem Fuß. Wahrscheinlich hat er gedacht, nun könne

er erst richtig ans große Geld kommen. Der englische Trainer Paul Cole, zu dem Mondrian gehen sollte, hatte den guten Ibn Bey, der – mit Steve Cauthen im Sattel – Mondrian zweimal geschlagen hat. Mindestens ein Grupperennen sollte Mondrian in England gewinnen, dann wollten sie ihn als Deckhengst teuer vermarkten.

Als Manfred Hofer in England war, sah er zufällig ein Video über Training und Arbeit, wie es dort an großen Ställen so üblich ist. Er traute seinen Augen nicht, als er Mondrian als Führpferd für Generous, dem Spitzenpferd eines Scheichs, arbeiten sah.

Solch eine Arbeit konnte Mondrian nicht vertragen. Den durfte man nicht viel arbeiten. Keine harte Arbeit! Überhaupt nicht! Der hatte nur seine normalen Canterchen gemacht.

Als ihn Kevin Woodburn 1990 in der Schlußarbeit ritt, kam er zu mir und sagte: 'Menschenskind, das gibt es doch nicht. Der geht ja keinen Meter, der Esel. Der gewinnt nie im Leben den Gerlingpreis.'

Und wie er ihn gewonnen hat – überlegen!

Und was ist aus ihm geworden?

Als Mondrian am 1. September 1991 fünfjährig im Großen Preis von Baden-Baden noch einmal lief, sah er aus wie ein Droschkenpferd. Ich war völlig schockiert. Er sah aus, als hätte er mindestens 100 Kilo abgenommen. Evelyn Lenz, die ihn immer gehegt und gepflegt hatte, war am Heulen. Für sie war der ganze Tag gelaufen.

Die Zuschauer sahen ein kaputtes Pferd, das Letzter wurde. Neunter von neun. Es war einfach unfaßbar. Den haben sie richtig hingerichtet. Der Besitzer selber hat den hingerichtet. Sie wollten hoch hinaus und haben nichts, gar nichts erreicht. So hätte das Ende der Karriere unseres Ausnahmegaloppers nicht aussehen müssen. Der hätte noch viele große und schöne Rennen gewinnen können. Ein fünfjähriges Pferd noch verbessern? Das geht sowieso nicht, auch nicht in England.

Von Baden-Baden wurde dieses Wrack, das einmal Deutschlands bestes Pferd war, verladen und kam über Dortmund, wo er noch einen Tag im Stall stand, nach Röttgen als Deckhengst.

Heute sieht Mondrian wieder super aus. Er ist wieder in der Heimat. Seine ganzen Auslandsauftritte sind ihm nicht bekommen und das harte Training schon mal gar nicht.

Mondrian dreijährig

Ich war so fertig und dachte, der Rennsport ist für mich erledigt, wenn das alles so läuft! Aber es läuft ja Gott sei Dank nicht immer so, und nach einem Tief kommt auch wieder ein Hoch. Das Trainieren hatte ich mir anfangs so leicht vorgestellt. Damals, bei Adolf Wöhler, dachte ich immer: Was hat der das gut. Der braucht nicht zu reiten, der kommt nur in den Stall und guckt nach dem Rechten. Was hat der für ein schönes Leben.

Wenn man nach einem Durchhänger wieder Erfolg hat, dann macht's wieder Spaß, und man denkt nicht mehr an's Aufhören.

In Baden-Baden blieb 1993 bei der Auktion ein Pferd namens Galtee übrig. Es wurde von Römerhof, Michael Andre, in den Ring geschickt. Mein Besitzer Pereira, der Züricher Operndirektor, sagte zu mir: 'Mensch, Uwe, wollen wir den nicht gemeinsam nehmen?'

Mit Michael Andre zusammen kauften wir das Pferd. Ich brauchte nichts zu zahlen, mußte ihn ein Jahr umsonst trainieren. Das Pferd hat uns nicht enttäuscht. Galtee fing im Ausgleich IV an und gewann schöne Rennen für uns. Ein Riesenerfolg war der Große Preis von Magdeburg, ein Ausgleich I. Dann wurde Galtee 1996 in Hoppegarten hinter Oxalagu im Prix Zino Davidoff unter Cash Asmussen kurzer Kopf Zweiter. Leider hatte Galtee Pech, er kam mit einer Fissur aus dem Rennen. Danach stand er lange Zeit als Rekonvaleszent bei Frau Bodenhagen auf einem Bauernhof. Es geht ihm wieder gut, und er wird demnächst wieder Rennen laufen können.

Nun habe ich wieder ein Ausnahmepferd in meinem Stall. Registano! Herr Becker, Gestüt Sybille, kaufte kurz nach der Wende für 10.000 DM drei Pferde von Gestüt Görlsdorf, einer war Registano. In Bad Harzburg gewann Registano für die Trainerin Eva-Maria Leistner ein Hürdenrennen. Dann lief er wieder für Frau Leistner in Hannover, Ronny Lüdtke war im Sattel. Er mußte das Pferd anhalten, weil es müde war.

Dann ritt ihn Christian Zschache und meinte, er reite ihn nicht mehr. Das sei ein Wahnsinniger, der könne zwar rennen und springen, sei aber nicht zu dirigieren.

Jetzt rief Frau Leistner Herrn Becker an und riet ihm, Registano als Reitpferd zu verkaufen. Doch Herr Becker meinte: 'Den stellen wir erst mal zu Uwe, dann sehen wir weiter.'

Wir haben ihn eine Weile gearbeitet. Dann kam sein erster Start, das Seejagdrennen in Hamburg 1992, das hat er gleich gewonnen. Ein paar Wochen später gewann er beide Seejagdrennen in Bad Harzburg. Registano wurde immer besser.

In Hannover haben wir mal einen Fehler gemacht. Dirk Austmeyer sollte ihn nicht gleich galoppieren lassen. Er hat ihn festgehalten, festgehalten und festgehalten. Das ging nicht. Da habe ich gesagt, ab jetzt kann er galoppieren und springen wie er will, und das ist bis heute immer gutgegangen. Bis jetzt hat Registano über zwanzig Rennen gewonnen. Er ist das beste und gewinnreichste Hindernispferd, das ich je hatte.

Wenn ich morgens in den Stall komme, bin ich ganz zufrieden mit meinem Leben. Vielleicht ist es doch gut, daß ich nicht Elektriker geworden bin."

Das glaube ich auch. Denn schließlich ist Uwe Stoltefuß nicht nur 3facher Jockey-Champion und 8facher Trainer-Champion im Hindernissport gewesen, auch auf der Flachbahn ließ ihn der Erfolg nicht im Stich.

1996 gelang es ihm als ersten Trainer, das Championat auf der Flachen und über die Sprünge zu gewinnen.

1997 holte er sich wieder das Championat auf der Flachen. Das wird langsam unheimlich.

Wie hätte er als Elektriker zu solchen Erfolgen kommen können?

Magie oder Schicksal? Georg Bocskai

Das Schicksal hatte seine Hand im Spiel!

Es war genau fünf Minuten nach sechs, als die Amateurreiterin Carmen Schneider aus Frankfurt im Reitdreß, den Sattel unterm Arm, während des Baden-Badener Frühjahrsmeetings 1993 zum Ausreiten bei Trainer Werner Hefter erschien.
„Leider bist du zu spät", meinte der Trainer bedauernd. „Das erste Lot ist vor ein paar Minuten raus. Macht aber nichts, trink erst einmal eine Tasse Kaffee."

Die junge Frau ahnte noch nicht, daß diese Verspätung von wenigen Minuten ihr Leben total verändern würde. Nicht nur ihr Leben, auch das Leben eines Mannes, der einen Karriereknick zu bewältigen hatte.

Es war ein kühler, frischer Morgen. Reste des Frühnebels zogen noch über die Iffezheimer Rennbahn, und schon schickte die Sonne ihre ersten Strahlen herunter. Es wird ein schöner Tag werden, dachte Carmen. Mit ihrer Kaffeetasse in der Hand, lehnte sie sich an die Stalltür und betrachtete die ihr vertraute Umgebung. Hier, wo es nach Pferden roch, nach

**1996 – Carmen Bocskai
Gewinnerin der Perlenkette**

Heu und Wiesen, fühlte sie sich wohl. Deshalb nahm sie auch, wenn es sich nur irgendwie einrichten ließ, zu den Badener Rennwochen ihren Urlaub. Sie bezog ein kleines Privatzimmer in Rennbahnnähe und ritt bei der Morgenarbeit mit aus, wo immer man sie brauchte.

Werner Hefter hatte Peter Remmert einige seiner freien Boxen während des Meetings zur Verfügung gestellt. »Dream for Future«, ein besonders gutes Pferd, sollte heute früh für einen kleinen Canter auf die Bahn. Trainer Remmert war noch nicht da, aber sein Reiter, kein geringerer als Georg Bocskai, kam gerade per Fahrrad um die Ecke.

Carmen erkannte ihn sofort. Es war zu Acatenangos Zeiten, als sie bei Trainer Heinz Jentzsch gearbeitet hatte. Sie war damals gerade 18 Jahre alt, und hatte die Amateurreiterprüfung gemacht. Georg Bocskai war der »Champion-Jockey« am Stall Asterblüte. Er hatte vor zwei Jahren mit Lagunas das Derby gewonnen. Dazu kamen große Erfolge mit Pferden wie Acatenango, El Salto und Lirung.

Sie kannte nur seine sportliche Seite. Daß er verheiratet war, wußte sie – mehr nicht. Während der Arbeitszeit war er zurückhaltend und reserviert. Auch an Renntagen war das nicht anders. Nachdem er seine Ritte absolviert hatte, verließ er die Jockeystube und die Rennbahn ohne Umschweife.

Georg schwang sich vom Rad, lehnte es an den Stall und bemerkte in einigen Metern Abstand ein hübsches, etwas pummeliges Mädchen mit einer Kaffeetasse. Wie beneidenswert, dachte er, die braucht sich um ihr Gewicht keine Sorgen zu machen. Da fast alle Jockeys durch das ständige Abschwitzen in der Sauna immer Durst haben, ging er, von der Kaffeetasse magisch angezogen, auf sie zu und fragte: „Kann ich einen Schluck Kaffee haben?"

Carmen hatte wie er Reithosen an. Zum Schutz gegen die morgendliche Kälte trug sie eine wattierte Steppjacke, und ein Sturzhelm verdeckte ihre schönen langen Haare. In seinem Gesicht spiegelte sich kein Erkennen wider. Ihn hatten damals die Pferde im Stall mehr interessiert, als das Personal.

Carmen reichte ihm die Kaffeetasse, sie erwähnte, daß sie gemeinsame »Bekannte«, wie Acatenango und einige andere mehr, hätten. So ergab sich bald ein lebhaftes Gespräch.

Magie oder Schicksal? – Weder das Hefter-Lot noch Trainer Remmert ließen sich am Stall sehen.

War es zuerst nur der Kaffee, fühlte sich Georg immer mehr von diesem reizenden Mädchen angezogen.

„Wie wär's, wenn Sie heute Abend mit mir Essen gehen würden?" fragte er sie spontan, als Peter Remmert erschien. „Ich würde unser Gespäch gern fortsetzen", fügte er hinzu.

Carmen war ein wenig skeptisch. Sie glaubte, daß die Jockeys meist denken: 'Wir haben die weiße Hose an, und alle Frauen fliegen auf uns', oder die Einstellung haben: 'Also die mal für eine Nacht.'

Um so überraschter war sie, daß er ihr die Telefonnummer seiner Eltern in Iffezheim gab, wo er während des Meetings wohnte. Sie verabredeten sich zu einem Lokalbesuch in Rastatt. Möglichst weit weg von der Rennbahn, um nicht gleich ins Gerede zu kommen.

Georg erkannte die attraktive junge Frau, die ihm am verabredeten Treffpunkt entgegenkam, fast nicht wieder. Carmen war elegant gekleidet und ihre langen, braunen Haare waren nun nicht mehr von einem Helm verdeckt.

Es wurde ein schöner Abend mit angeregter Unterhaltung. Carmen war erfreut, als er sie für den nächsten Tag zu seinen Eltern einlud. Damit waren ihre Bedenken zerstreut, und sie dachte: Wenn ich nicht wichtig für ihn wäre, würde er mich ja nicht zu seiner Familie mitnehmen.

So entstand während des Meetings eine feste Freundschaft. War es nun ein Besuch im Casino, in den Caracalla Thermen oder ein Ausflug in Baden-Badens schöne Umgebung – sie unternahmen alles gemeinsam.

Am Ende der Rennwoche stand für beide fest: Wir gehen nicht mehr auseinander, wir gehören zusammen.

Carmen fuhr nun an den Wochenenden von Frankfurt nach Ratingen.

Ihr Bekanntenkreis reagierte sehr negativ auf die neue Freundschaft: „Was willste denn mit dem? Der ist doch völlig fertig."

„Das hat noch keine Frau geschafft, länger mit dem zusammenzubleiben", und dergleichen mehr bekam sie zu hören. Oft mit dem Unterton: „Nimm doch lieber mich."

Es wurde ihr nicht leicht gemacht. Auch Vater Schneider, Inhaber der Gaststätte »Altänchen« im Frankfurter Stadtteil Sachsenhausen, war sehr skeptisch.

„Der kippt sowieso wieder um. Der macht sich doch körperlich fix und fertig mit seinen ganzen Schwitzereien in der Sauna. Irgendwann ist er ein Wrack."

Georg Bocskais ständige Gewichts- und die dadurch entstandenen Alkoholprobleme wurden ja in allen einschlägigen Sportzeitungen genug ausgebreitet.

Anfangs nahm Georg Bocskai seine Gewichtsprobleme noch auf die leichte Schulter. Es lief ja alles bestens. Er gewann bei Heinz Jentzsch die größten Rennen und war viermal Champion. Solange alles gut läuft, macht man

1984 – Georg Bocskai gewinnt mit Lagunas das Derby für Fährhof

sich nicht so viele Gedanken. In der Sauna, um schneller abzuschwitzen, trinkt man ein Piccolo. Aus dem einen Piccolo werden zwei, dann drei, dann vier, und zum Schluß merkt man gar nicht mehr, wenn man den Bogen überspannt und den Alkohol, auch ohne abzuschwitzen, braucht. So kam eines zum anderen. Das Privatleben ließ auch zu wünschen übrig. Kein fester Halt. Wäre eine Familie mit Kindern dagewesen, wäre vielleicht vieles anders, besser gelaufen. Aber ständig wechselnde Bekanntschaften brachten nur immer neue Probleme, und die versuchte er mit Alkohol zu lösen. Die Kündigung vom Stall Asterblüte durch Trainer Jentzsch war die bitterste Pille.

Dann Arbeit bei Jungtrainer John Warren und an anderen kleinen Ställen.

Ehrgeizig kniete sich Georg Bocskai in eine Therapie. Prof. Dr. Lasch stellte einen Plan auf, nach dem er konsequent zu leben versuchte. Das gab ihm neuen Antrieb, und er kam wieder ganz nach oben.

Gestüt Auenquelle holte ihn nach Mülheim an den Stall Diana zu Trainer Uwe Ostmann. Es wurden drei sehr erfolgreiche Jahre! Wieder gewann er mit Pferden wie Mandelbaum, Treecracker und Turfkönig viele große Rennen.

Dann kam ein neuer Durchhänger, verursacht durch private Probleme. Nicht nur seine Scheidung, sondern noch viele andere Faktoren spielten da eine Rolle. Er ließ sich gehen, war nicht mehr diszipliniert, war nicht mehr engagiert. Seine Leistung ließ nach, und er schaffte das vertraglich vereinbarte Gewicht nicht mehr.

Fazit: Kündigung vom Diana-Stall.

„So, jetzt ist der Bocskai zum zweitenmal abgestürzt, jetzt ist ihm nicht mehr zu helfen", hieß es.

Was blieb, waren verschiedene kleine Ställe, deren Pferde selten über einen Ausgleich IV hinauskamen. Dann die Demütigung und Verbitterung, wenn man als ehemals erfolgreichster Jockey am Zaun steht und zuschauen muß, wie die anderen die großen Rennen gewinnen. Da verliert man die Selbstachtung, und noch schlimmer – es entsteht Selbstmitleid.

Georg Bocskai fiel in ein Loch. Da wieder rauszukommen, war verdammt schwer. Er versuchte jedoch immer wieder, sich neu zu motivieren. Im Winter entfloh er dem Rennsport, um in einer anderen Umgebung den Neubeginn zu schaffen.

Ein guter Bekannter riet ihm, auf die Philippinen – und zwar auf die wunderschöne Insel Boracay – zu fahren, um dort ohne Alkohol den Winter zu verbringen.

Es klappte. Nach drei Monaten Selbsttherapie mit völliger Abstinenz hatte er sich quasi selbst entzogen und kam als »frischer« Mann zurück. Leider hatte er nicht die Kraft, das ganze Jahr durchzuhalten. Nach ein paar Monaten kippte er wieder um und fiel in den alten Trott. Außer seiner Mutter war keiner da, der zu ihm hielt. Auch wechselnde Damenbekanntschaften waren nicht gerade geeignet, ein neues Leben zu beginnen und durchzuhalten. Rennsportlich gesehen blieb er Freelancer, ritt mal für diesen und mal für jenen.

In dieser Situation traf Georg Bocskai in Iffezheim die zehn Jahre jüngere Carmen Schneider.

„Ihr zu begegnen, war für mich das größte Glück meines Lebens. Ich war zu dem Zeitpunkt ziemlich fertig, physisch wie psychisch. Der Name Bocskai war schon gar nicht mehr populär, mehr ein Schimpfwort. Schon am Anfang dachte ich: Hier ist jemand, der in dir nicht nur den Jockey sieht, sondern auch den Menschen. Dieses Glück wollte ich nicht wieder aufs Spiel setzen."

Trotz der Unkenrufe im heimatlichen Umfeld schlug Carmen alle Bedenken in den Wind und zog nach einigen Monaten konsequent mit Sack und Pack nach Ratingen.

„Als wir uns kennenlernten, habe ich noch 65 bis 70 Kilo gewogen. Da dachte ich, na gut, Georg muß auf seine Ernährung achten – machen wir es gemeinsam. Wenn er jetzt hungern muß, und ich setze mich hin und esse 'ne dicke Bratwurst, das wäre schlecht. Das sähe aus wie: Ich darf – du nicht.

Kochen konnte ich schon von zu Hause, habe ja oft in der Gastwirtschaft mitgearbeitet. So habe ich unsere Ernährung erst auf Vollwertkost, dann auf Trennkost umgestellt. Das kam mir auch zugute. In kurzer Zeit wurde ich alle überflüssigen Pfunde los und hatte mit 56 Kilo mein Idealgewicht erreicht. Georg konnte bald wieder, ohne unnötige Strapazen, 55 Kilo reiten.

Georg ist der Typ, der schlecht hungern, sich aber sonst unheimlich kasteien kann. Abends hat er lieber noch mal ordentlich reingehauen und dafür am nächsten Tag mehr geschwitzt. Anfangs hatte er noch Schwitztorturen hingelegt, um innerhalb eines Tages bis zu vier Kilo abzunehmen.

Für einen normalen Menschen ist das doch unfaßbar. Das kann kein Mensch aushalten, würde man denken. Aber ein Jockey ist trainiert, der schwitzt schneller ein Kilo weg.

Georg ist jetzt vom Grundgewicht leichter als früher, Größe 1,63 Meter, Gewicht 55 Kilo. Er braucht nicht mehr – zum Entsetzen seiner Nachbarn – im Sommer bei 25 Grad mit dicker Daunenjacke, Mütze und Handschuhen radzufahren. Heute reicht es, ganz normal in die Sauna zu gehen (ohne Piccolos) und mit dem Fahrrad, wenn immer es geht, zur Arbeit zu fahren. Er ist viel sportlicher geworden. Alkohol ist bei uns seit mindestens drei Jahren tabu. Anfangs hatte ich schon meinen Kampf

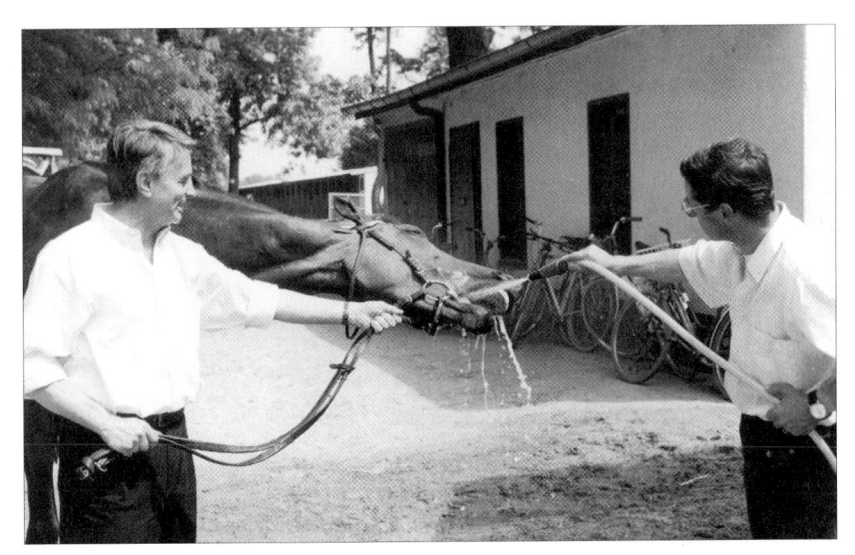

Erfrischung für Dream for Future – lks. Walter Folger – re. Peter Remmert

gehabt. Es mußte ja immer von seiner Seite der erste Schritt kommen. Aber ich habe nicht aufgegeben."

„Ich habe es Carmen in der ersten Zeit, wenn sie aus Frankfurt an den Wochenenden zu Besuch kam, nicht leicht gemacht, da ich mein Leben mehr oder weniger weitergeführt habe. Bevor sie kam, habe ich schnell die Wohnung aufgeräumt, es ein bißchen nett gemacht, war aber noch ziemlich ramponiert. Ich konnte nicht auf Knopfdruck mitten in der Saison aufhören. Das ist halt eine Sucht. Für mich war es unwahrscheinlich, daß sie das ganze Jahr über durchhalten würde. Aber sie hat mich immer verteidigt und zu mir gehalten. Da kam mir irgendwie die Erleuchtung: Wenn ich wieder fit und gesund wäre, was wir dann für eine Freude haben könnten.

Ich konnte doch das Mädchen nicht zum Co-Alkoholiker machen, dafür war sie mir zu schade. So habe ich mich dann wieder einmal selber therapiert. Den ersten Winter haben wir gemeinsam auf meiner »Glücklichen Insel« Boracay verbracht. Da wußte ich: du hast dein Glück gefunden, das ist die Frau fürs Leben!

Jetzt bin ich richtig fest und stabil – in jeder Lage."

Nach der Rückkehr von der Insel fing Georg Bocskai bei Peter Remmert als Stalljockey an, ritt nebenbei noch für Andreas Löwe, der momentan keinen eigenen Jockey hatte. Remmerts Stallcrack war »Dream for Future« – Zukunftstraum – also doch Magie!

Es war das Pferd, das Georg damals in Iffezheim reiten sollte. Das Pferd hatte in dem Jahr eine schlechte Saison. Nun sollte es verkauft werden. Carmen flehte Herrn Folger, einen Frankfurter Besitzer, den sie gut kannte, an, das Pferd zu kaufen und bei Peter Remmert im Training zu lassen.

Walter Folger und Carmen Schneider hatten 1993 gemeinsam das Pferd Wendesi.

„Bitte, kauf ihn, er ist unser Liebling", sagte Carmen. Walter Folger ließ sich gern überreden, und zum Dank galoppierte ihm Dream for Future hunderttausend Mark ein. Daran hatte Georg Bocskai als Siegreiter in Köln (Ausgleich I), Dortmund (Gruppe II) und Baden-Baden (Listenrennen) großen Anteil.

Als die Hochzeitsglocken für Carmen und Georg am 9.12. 1995 läuteten, waren Werner Hefter und Walter Folger die Trauzeugen.

Dream for Future blieb ihr Lieblingspferd.

Georg bekam zu der Zeit wenig Fremddritte. Die Leute waren alle noch sehr skeptisch. Sie konnten die schlechten Erinnerungen nicht so einfach verdrängen.

Zum 1. Februar 1995 bekam er einen festen Vertrag für den Rennstall Diana, wo er große Siege errungen hatte. Leider wurde er im gleichen Jahr mehrmals vom Verletzungspech heimgesucht.

**Gelsenkirchen 1996 – Sieger Last Dream – Besitzerin Carmen Bocskai
Reiter Georg Bocskai – Trainer Uwe Ostmann**

Wenn Georg Bocskai am 1. Januar 1998 zum Trainingsquartier Erika Mäder nach Krefeld wechselt, ist sein Karriereknick kein Thema mehr. Er sitzt fester im Sattel denn je, und sein großes Talent kommt wieder voll zur Geltung. Immerhin kommt er in der Statistik auf über 1400 Siege.

„Ich bin ganz stolz auf meinen Mann, daß er sich so gut im Griff hat. Es gibt keine Probleme mehr. Wir haben es gemeinsam geschafft."

Das Glück, das Carmen im Privatleben gefunden hat, setzte sich auch in ihrer kurzen Amateurreiter-Laufbahn fort. Nach gerade mal vier öffentlichen Ritten errang sie mit der besten Punktzahl im November 1996 die begehrte Perlenkette, die ihr auf der Neusser Rennbahn von Winfried Engelbrecht Bresges umgelegt wurde. 1997 konnte sie diesen Erfolg wiederholen.

Hoffen wir, daß Fortuna ihnen noch lange hold ist.

Die jüngste Legende. Peter Schiergen

Es ist das Schicksal der Jockeys, daß es keinen absoluten Maßstab für ihre Leistung gibt. Das ist nach Siegen bedauerlich, kann aber nach Niederlagen sehr tröstlich sein.

Gern wird dem Sieger ein klasse Ritt bescheinigt. Ein zweiter Platz kann dagegen schon eine Katastrophe sein.

Von einem Besitzer oder gar einem Wetter eine objektive Beurteilung eines Rennens zu erwarten, ist eine glatte Überforderung.

Und ob nun ein Ausgleich IV leichter oder schwerer zu gewinnen ist als ein Gruppe Rennen, darüber kann man durchaus geteilter Meinung sein. Soll das Championat durch die Gewinnsumme oder die Anzahl der Siege entschieden werden? Was ist gerecht?

Die Leistungen der Jockeys, die bei uns reiten, mit denen in England oder Frankreich gerecht zu vergleichen, ist ebenfalls kein leichtes Unterfangen.

Zum Schluß soll auch nicht unerwähnt bleiben, daß die Pferde ihren Anteil zum Erfolg eines Reiters beisteuern. In jedem Rennen gibt es chancenlose Pferde, und ein Jockey, der nur solche Ritte bekommt, hat schnell einen schlechten Ruf.

Trotz dieser Schwierigkeiten hinsichtlich einer objektiven Einschätzung gibt es natürlich Jockeys, die deutlich besser sind als andere.

Das sind in der Regel diejenigen, die an den großen Ställen beschäftigt sind. Die aber auch, wenn sie für andere, kleinere Trainer antreten, gute Chancen haben. Es sind meist Jungs, die weniger Fehler machen als die anderen, die den Rennverlauf besser vorhersehen und die deshalb oft Glück haben. Daß manche von ihnen kaltschnäuzig und risikobereit – bis zur Rücksichtslosigkeit – sind, soll vorkommen.
Doch genug der Binsenweisheiten.

Wenn ich Peter Schiergen zum Ausnahmejockey der letzten Jahre erkläre, ist das ein bißchen meine subjektive Meinung. Doch es gibt genügend Fakten, die das rechtfertigen. Nicht nur seine Erfolge, sondern auch sein Verhalten gegenüber Kollegen und Publikum sprechen dafür.

Peter Schiergen war ein Jockey, der sich stark von seinen Kollegen unterschied.
Als ich ihn das erste Mal im Führring sah, dachte ich: 'Was ist denn dem über die Leber gelaufen?' Er schaute ernst, geradezu finster, vor sich hin. Blickkontakt zum Publikum mied er.
Dafür verstand er es wie kein zweiter, seine innere Ruhe auf das Pferd zu übertragen. Er war im Führring auffällig unauffällig, auch auf Pferden, die nicht vom Stall Asterblüte waren.
Für ihn war typisch, daß er fast immer eine gute Position im Rennen hatte. Die vielgeschmähte Order: 'Geh an dritter, vierter Stelle!', die fast jeder Trainer seinem Jockey gibt und die logischerweise nur wenige befolgen können, stellte für Peter Schiergen nie ein Problem dar. Eingangs der Zielgeraden lag er so gut wie immer an dieser Schlüsselposition. Dann forderte er sein Pferd kurz auf, wenn es sein mußte recht nachhaltig, und gewann. Konnte sein Pferd nicht zulegen, hatte er ein Einsehen und ließ es in Ruhe.
Daß Peter Schiergen ein Rennen verlor, weil vor ihm die »Bude zu war«, kam fast nie vor.
Einmal in guter Position oder an erster Stelle, behielt er immer noch etwas in der Hand. Vor allem auf den langen Geraden blieb er ruhig und ließ sein Pferd in Schwung kommen, bevor er es forderte.
Die Konkurrenz spektakulär auf der Ziellinie zu stellen, gehörte bei ihm zu den Ausnahmen. Seine Siege wirkten oft leicht und sicher.

Nichtsdestotrotz lieferte er sich auch knallharte Endkämpfe. Aber nur wenn es unbedingt nötig war – nicht aus Freude am Kampf. Ein Pferd »hinzurichten« war nicht seine Sache.

Wenn Peter Schiergen als erster durchs Ziel ging – auch in großen Rennen – nahm er anschließend sein Pferd auf und ritt schmunzelnd zum Absattelplatz. Gesten des Triumphs unterblieben. Natürlich winkte er dem jubelnden Publikum zu – doch die hochgereckte, geballte Faust oder artistische Einlagen bot er seinen Fans nicht.

Auch nach Niederlagen machte er kein Aufheben.

Peter Schiergen ist ein Mann des Understatements in Sprache und Geste. Wenn er mal einräumt, daß etwas nicht leicht war, dann war es mit Sicherheit ein hartes Stück Arbeit.

Peter Schiergen wurde am 23. März 1965 in Krefeld geboren. Dort wuchs er auch auf. Sein Vater erwarb in unmittelbarer Nähe der Stadt einen Bauernhof. Er betrieb aber keine Landwirtschaft, sondern richtete einen Reitstall ein.

Peter hätte sich in seiner Jugend gut vorstellen können, Turnierreiter zu werden. Er war begeistert vom Springreiten. Bei seinem Talent und Ehrgeiz wäre er bestimmt ein zweiter Hans Günter Winkler geworden. Aber es kam bekanntlich anders.

Er erinnert sich: „Ich war vier Jahre alt, als ich das erste Mal auf ein Pony kletterte – vielleicht hat mich auch einer draufgehoben – und auf unserem Hof die ersten Runden drehte. Damit war alles entschieden.

Erster Ritt

Die Frage, ob ich Fußballer oder Lokomotivführer werden sollte, stellte sich mir nie. Meine Leidenschaft waren die Ponys.

Nach der Schule gab es schon mal Ärger wegen der Hausaufgaben, denn nach dem Essen verschwand ich sofort im Stall. Bei uns standen viele Ponys, einige davon gehörten uns. Steffi war mein Lieblingspony.

Mein Vater hatte einen Reitlehrer engagiert. Der gab Unterricht für Anfänger. Wenn nicht genügend Pferde für die Schüler vorhanden waren, mußten wir unsere eigenen zur Verfügung stellen.

Peter – 10 Jahre – auf Steffi

Ich habe immer versucht, meinem Pony diese »Lehrstunde« zu ersparen. Sobald Unheil drohte, holte ich meinen Liebling aus dem Stall und bin vor Unterrichtsbeginn verschwunden. Erst nach einer halben Stunde kam ich zurück, dann waren schon alle Schüler versorgt. Natürlich habe ich habe das so gemacht, daß es nicht auffiel.

Jede freie Minute verbrachte ich bei den Pferden. Ich sah sie häufiger als meine Geschwister."

Im elterlichen Reitstall lernte Peter bereits das Einmaleins im Umgang mit Pferden. Nicht nur das Reiten, sondern auch die anfallende Stallarbeit waren sein Alltag. So war er schon früh ein richtiger Pferdepfleger. Durch die Stallarbeit und besonders das Putzen der Mietpferde gab es meistens etwas Trinkgeld. Da konnte er stets ein paar Mark zu seinem Taschengeld hinzuverdienen.

Peter war als Kind sehr sparsam. Sein Ziel war aber nicht, Millionär zu werden. Nein, er wollte sich unbedingt ein eigenes Pony kaufen. Dafür legte er jede Mark auf die hohe Kante.

In der Nachbarschaft gab es einen Ponyzüchter, der Peters Talent erkannte. Er sorgte dafür, daß der Junge eine ordentliche Ausbildung im Springreiten bekam. Bald konnte er die Ponys selber einreiten und im Springen ausbilden.

So kam es, daß Peter Schiergen bereits im Alter von knapp zehn Jahren auf Springturnieren ritt. Er startete meist in der näheren Umgebung und konnte viele Siege verbuchen.

1978 ritt er erstmals auf größeren Turnieren in Berlin und Italien.

An Ponyrennen hat Peter Schiergen nur selten teilgenommen.

Als Peter stattliche 1500 Mark zusammengespart hatte, schaute er sich nach einem schönen Reitpony um. Er entdeckte auch ein wunderschönes Pferd, das leider das Doppelte seiner Ersparnisse kostete. Seine Eltern hatten ein Einsehen und legten die andere Hälfte dazu. So wurde er im Alter von 13 Jahren stolzer Besitzer eines eigenen Pferdes mit Namen Mira.

„Meine Eltern hatten viel Verständnis für meine Pferdeleidenschaft", erzählt Peter Schiergen. „Meine Mutter begleitete mich immer, wenn ich zu Veranstaltungen unterwegs war. Ihr gefiel dieser Sport, und sie hat mich sehr unterstützt. Auch später, als ich Jockey war, kam sie zu allen Rennen. Leider ist sie viel zu früh gestorben – Ende Juli 1995."

Durch den Reitstall kam es zwangsläufig zu Kontakten mit den Krefelder Rennställen. Der pferdebegeisterte Peter begleitete stets seinen Vater, wenn dieser Pferde erwarb, denen der Rennbetrieb zu »stressig« geworden war. Auf diese Art lernten sie den Trainer Herbert Cohn kennen.

So bekam Peter Schiergen einen ersten Einblick in den Galoppsport. Als er gegen Ende seiner Schulzeit ein berufsbezogenes Praktikum absolvieren sollte, kam ihm der Gedanke, in einem Rennstall zu arbeiten. Das war doch sicher eine gute Gelegenheit, seine Kenntnisse über Pflege und Training von Pferden zu erweitern.

**Peter – 17 Jahre
mit Familienpferd Adelsruf**

Zur seiner Freude war Herbert Cohn einverstanden. Peter war mit viel Eifer dabei, denn er sah es als eine wichtige Erfahrung an. Allerdings dachte er dabei wehmütig an seine Ponys und den Springsport, wofür nun kaum noch Zeit blieb.

Die Arbeit im Rennstall machte Peter Schiergen viel Spaß, und so unterschrieb er 1980 einen Lehrvertrag. Ob er später im Renn- oder Springsport aktiv sein wollte, war für ihn zum damaligen Zeitpunkt noch offen.

„An meine Lehrzeit denke ich gern zurück. Trainer Herbert Cohn war ein ausgezeichneter Lehrmeister, von dem ich viel gelernt habe. Auch das Arbeitsklima stimmte. Man lernte dort alles gründlich und umfassend. Das gibt es heute nicht mehr."

**Lehrling führt Sieger
Erwin Schindler auf Merkur -1981**

Nicht nur was Stall und Pferde betraf, auch die Pflege des Sattelzeugs, mit allem was dazu gehört, wurde nicht ausgelassen.

Was die Arbeit mit den Pferden anging – das war optimal. Ich werde vieles, was ich von Herbert Cohn gelernt habe, bei meinem eigenen Training übernehmen.

Wir waren sechs Lehrlinge, und wenn Herr Cohn spürte, daß Interesse vorhanden war, hat er einen schon gefördert. Er konnte genau erklären, welches Pferd wie behandelt werden mußte. Sein Auge für das Verhalten der Tiere war beeindruckend. Er bemerkte jede Unregelmäßigkeit. Entsprechend wurde das Pferd gefüttert und gearbeitet. Er konnte an der Galoppade feststellen, wieweit ein Pferd in Form war.

Bei uns waren auch ältere Pferde noch sehr erfolgreich.

Herbert Cohn konnte mir nach jedem Rennen wertvolle Hinweise geben. Sein Leitspruch war: Der Reiter muß dem Pferd das Rennen so leicht wie möglich machen. Vorausschauend reiten! Nicht nur ahnen, wie sich der Rennverlauf entwickelt, auch die Kräfte des Pferdes richtig einzuteilen – das verlangte er von einem Jockey.

Ein Lob kam allerdings nur ganz selten über Herrn Cohns Lippen, aber ich merkte schon, wenn er mit mir zufrieden war.

Als ich die ersten zwei Rennen gewonnen hatte, lief er gleich zu meinen Eltern und meinte, sie sollten mich um Himmels Willen nicht loben. Er hatte furchtbare Angst, ich würde nicht auf dem Teppich bleiben.

Natürlich hatte er nicht ganz unrecht, denn ein Jockey kann nie sagen: 'Jetzt kann ich alles, jetzt brauche ich nichts mehr zu lernen.'

Lob grundsätzlich für einen pädagogischen Fehler zu halten, ist aber übertrieben. Das erklärt sich aus Herbert Cohns persönlichen Erfahrungen. Seine Generation ist durch eine harte, entbehrungsreiche Schule gegangen. Herbert Cohn war der heutige Wohlstand, und besonders die »verwöhnte« Jugend, nie ganz geheuer.

Herbert Cohn war in meiner Lehrzeit wie ein zweiter Vater zu mir.

Ein kleines Problem gab es doch. Er erzählte uns gern mal einen Witz. Weil sein Humor von einer besonderen Art war, schauten wir uns manchmal fragend an, weil keiner wußte, ob wir schon lachen sollten oder nicht.

War's schon die Pointe, oder kam sie noch? War's überhaupt ein Witz oder war's keiner?

Ich wartete in solchen Fällen vorsichtshalber, bis er selber lachte.

Anfangs dachte ich daran, nach der Lehre zurück an den Reitstall zu gehen und im Turniersport weiterzumachen.

Peter Schiergen – Sieger im Hürdenrennen für Trainer Cohn Düsseldorf 1983

Als sich die ersten Erfolge einstellten, änderte ich schnell meine Meinung. Ich bekam als Lehrling und Nachwuchsjockey manchmal mehr Ritte, als unser Stalljockey. Rennen zu reiten, ist eine derart faszinierende Sache, die nur der nachempfinden kann, der es selber gemacht hat. Wenn du als erster durchs Ziel gehst, das ist ein unglaubliches Glücksgefühl. Auch nach Jahren im Rennsattel verliert sich das nicht ganz. Doch nicht nur der Erfolg hat meine Entscheidung für den Galoppsport bestimmt. Es waren auch die Pferde: Ein Vollblüter ist einfach etwas Besonderes.

Nach Beendigung meiner Lehrzeit blieb ich noch zwei Jahre bei meinem Trainer. Wir hatten damals keinen Stalljockey, und so bekam ich viele Ritte. Herbert Cohn hatte angedeutet, daß ich bald »richtiger« Stalljockey bei ihm werden könne, doch dann kam ein größerer Besitzer und brachte Dragan Ilic mit.
Jetzt war ich nicht mehr Jockey, sondern Lehrling, obwohl ich schon ausgelernt hatte. Aussichtsreiche Ritte bekam ich nur noch selten. Da war ich natürlich enttäuscht und ein bißchen unzufrieden.

Zu der Zeit war Trainer Adolf Wöhler auf mich aufmerksam geworden. Er hatte erkannt, daß ich keine guten Chancen mehr bekam. Aus mir könne er etwas machen, war seine optimistische Meinung. Deshalb bot er mir an, nach Bremen zu kommen.
Adolf Wöhler war ein etablierter Trainer, der in Bremen einen großen Stall mit 90 Pferden managte. Ich hatte gerade mal 50 Siege und durfte mich Jockey nennen. Ob aus mir etwas werden würde, stand noch in den Sternen.
Einen Nachwuchsjockey an so einen renommierten Stall zu holen, war ein ungewöhnlicher Schritt. Adolf Wöhler ging damit ein Risiko ein. Einige seiner Besitzer waren davon gar nicht begeistert. Doch der Trainer setzte sich durch, und ich durfte alle Pferde reiten.
Ich mußte mich in Bremen schon ein bißchen anstrengen und kämpfen, um als Jockey anerkannt zu werden. Große Fehler durfte ich mir nicht leisten. Erst als sich der Erfolg einstellte, war Ruhe am Stall.
Ich habe Adolf Wöhler nicht enttäuscht.

Ich war noch kein Jahr in Bremen, da erkrankte Adolf Wöhler und kam ins Krankenhaus. Trainer Wöhler war nicht nur ein ausgezeichneter

Fachmann, er war auch als Mensch ein Vorbild. Als wir hörten, er sei gestorben, waren alle am Stall betroffen und traurig. Mir ging sein Schicksal sehr nahe.

Jetzt mußte sein Sohn Andreas von heute auf morgen den Stall übernehmen. Für ihn, den 23jährigen Amateurreiter, war es natürlich nicht einfach, aus dem Stand heraus Trainer zu sein.

Das erste Jahr war sehr erfolgreich, und wir haben uns gut verstanden. Im zweiten Jahr lief es nicht mehr ganz so gut, und wir standen unter großem Druck. Das wirkte sich leider auf unsere Zusammenarbeit aus. Also verließ ich Bremen.

Meine Absicht war es ohnehin, wieder zurück ins Rheinland zu gehen. Auf Dauer war mir Bremen einfach zu weit weg von den anderen Rennbahnen. Ich schaute mich schon mal so um und bekam mehrere Angebote.

In Baden-Baden hörte ich, daß Stall Asterblüte einen Leichtgewichtsjockey suche. Daraufhin sprach ich Herrn Jentzsch an. Einige seiner Besitzer, zum Beispiel Fährhof und Ittlingen, die sowohl Pferde bei ihm als auch bei Andreas Wöhler hatten, wollten nicht, daß ich in Bremen wegging. Sprecher der Stallgemeinschaft Asterblüte war damals Ferdy Leisten, der gleich am nächsten Tag ein Gespräch mit mir führte.

Ich sagte ihm ganz klar, daß ich keinesfalls in Bremen bleiben würde. Meine Entscheidung, wieder zurück in den Westen zu gehen, sei unabhängig davon, ob ich die Stelle am Stall Asterblüte bekommen würde oder nicht."

So kam es, daß Peter Schiergen als dritter Mann nach Köln an den Asterblütestall kam. Erster Jockey war zu der Zeit Georg Bocskai und zweiter Andrzej Tylicki. Auch Horst Horwart ritt am Stall, jedoch ohne Vertrag.

Als Georg Bocskai im nächsten Jahr den Stall verließ, wurde Peter Schiergen für die nächsten sechs Jahre zweiter Jockey hinter Andrzej Tylicki.

Auf der Kölner Rennbahn ritt eine junge Frau namens Gisela Schmidt für Trainer Bruno Schütz in der Morgenarbeit. Ihre Eltern waren mit Erika und Lutz Mäder befreundet. Es ist nicht verwunderlich, daß jemand mit solchen Kontakten über kurz oder lang mit dem Rennsport in Berührung kommt. Gisela Schmidt erwarb die Amateur-Lizenz. Sie ritt mehrere Rennen und konnte auch einige gewinnen.

Seit 1991 heißt die junge Dame nicht mehr Schmidt, sondern Schiergen. Wie es dazu kam? Das hätte ich auch gern gewußt.

Auch Gisela Schiergen war im Rennsattel noch siegreich. Zum Beispiel am 29.3.92 in Frankfurt mit Upper Heights.

Das Privatleben eines Sportlers zu respektieren, ist keine Frage. Doch aus dem sportlichen Bereich hätte ich gern eine Episode, die zeigt, daß auch Peter Schiergen nichts Menschliches fremd ist.

Etwas widerwillig erzählt er, daß er einmal vier Tage Lizenzentzug wegen Peitschenmißbrauchs bekam, an dem eigentlich kein Pferd beteiligt war.

Das kam so: Es war am 16.4.89 in Hannover. Peter Schiergen – auf Kalu – lag im Endkampf neben Allan Gorman – auf Holos. Der führte die Peitsche mit der linken Hand und wollte so richtig zufassen, doch weil sie sehr dicht beieinanderlagen bekam Peter die Hiebe ab, die eigentlich Gormans Pferd galten. Obwohl er laut und wütend aufschrie, machte Allan keine Anstalten, die Peitsche zu wechseln.

Jetzt half nur noch eins: Auge um Auge, Hieb um Hieb.

Zwei herzhafte Schläge auf den Rücken, und Allan Gorman hatte vorerst begriffen.

In der Jockeystube versuchte sich der aufgebrachte Allan als Faustkämpfer. Doch nun schritt die Rennleitung ein. Um nicht als alleiniger Bösewicht dazustehen, zog er den Renndreß hoch und präsentierte seinen Rücken.

Allan Gorman und Peter Schiergen wurden gesperrt. Die offizielle Begründung: 'Wegen grober Schädigung des Ansehens des Rennsports belegt das Renngericht den Jockey Peter Schiergen mit einem Reitverbot von 4 Tagen und den Berufsrennreiter Allan Gorman mit einem Reitverbot von 10 Tagen.'

Der Wechsel zum Stall Asterblüte trug Früchte. In den nächsten Jahren reihte sich Sieg an Sieg. Peter Schiergen wurde Liebling der Frankfurter. Er kletterte die Erfolgsleiter immer höher und war zum Schluß 5facher deutscher Champion in Folge. Die Zahl seiner Siege stieg in beängstigende Höhen.

So überbot er 1993 den seit 69 Jahren bestehenden deutschen Rekord von Otto Schmidt (143 Siege) mit 145 Siegen.

1995 gelang es ihm sogar, den von dem Engländer Gordon Richards 1947 aufgestellten Europarekord (269 Siege) zu überbieten. Unter dem Jubel der Zuschauer hatte er mit Moving Shoulder am 23. Dezember in Dortmund mit 270 Siegen den Europarekord eingestellt, den er drei Tage später noch um einen Punkt höherschraubte.

Herbert Cohn, war einer der ersten, der seinem ehemaligen Stift am Absattelring gratulierte.

Selbst Tagesschau und Tagesthemen war dieses Ereignis eine Notiz wert. In unserem Land, wo die Medien den Galoppsport nicht gerade verwöhnen, war das schon eine Sensation.

Peter vor Otto

Die Zeitungen schrieben: 'Ein Star ohne Allüren.'

Wie kam Peter Schiergen überhaupt auf die Idee, den Europarekord zu überbieten: „Den Otto Schmidt Rekord hatte ich ja noch als zweiter Mann am Asterblütestall geschafft.

Bevor ich mit Lando im September 1994 den Großen Preis von Baden gewann, sagte mir Herr Rolf Leisten: 'Sie werden jetzt erster Stalljockey. Jetzt werden Sie sicher mehr verdienen, aber so viele Rennen wie bisher werden Sie nicht mehr gewinnen.'

Start!

Klar, jetzt mußte ich mehr für unseren Stall reiten und mußte chancenreiche Ritte anderer Trainer ablehnen. Als zweiter Mann konnte ich in Frankfurt fast an jedem Renntag drei bis vier Rennen gewinnen, jetzt in Köln oder Düsseldorf war die Konkurrenz sicher größer. Trotzdem wollte ich allen zeigen, daß ich auch als erster Mann annähernd 150 Rennen gewinnen kann. An einen Rekord habe ich dabei im Traum nicht gedacht.

Außerdem machte ich gerade die Trainerprüfung. Beginn des Lehrgangs war im November 1994, das zog sich in Intervallen hin bis Ende März 1995. Unser Sohn Dennis kam in dieser turbulenten Zeit auf die Welt. Bis auf eine Woche in St. Moritz konnte ich keinen Urlaub machen.

Das Frühjahr 1995 war für meine Frau und mich wirklich nicht langweilig. Trotz der Belastungen klappte es sportlich sehr gut. Schon im Januar gewann ich 20 Rennen. Mitte des Jahres, in Hamburg, kam ich schon auf 150 Siege. Das war mir echt ein bißchen unheimlich.

Dann stand das mit dem Europarekord zum ersten Mal in der Zeitung. Wenn es weiter so gut klappt, kann Peter Schiergen den Rekord schaffen, konnte man lesen.

Ich wußte zwar, daß Lanfranco Dettori in seinem besten Jahr 221 Siege hatte und daß der Europarekord bei 269 Siegen stand, aber einen weiteren Gedanken hatte ich daran nicht verschwendet.

Erst die Presse brachte mich auf die Idee, es mal zu versuchen. Jetzt war ich motiviert und kniete mich voll rein. Das Jahr hat mich ganz schön geschlaucht. Es war eine schreckliche Hetzerei von Bahn zu Bahn. Wäre es schiefgegangen, hätte ich sicher keinen zweiten Versuch gemacht.

Zu meinen zuletzt 271 Siegen wurden nur die auf deutschen Bahnen gezählt, was mich schon ein bißchen ärgerte. Meine Italiensiege wurden nicht mitgezählt, obwohl das doch auch Europa ist."

Durch diese Rekorde war der Galoppsport viel öfter in den Schlagzeilen, und man kann wohl sagen, daß Peter Schiergen ein Werbeträger für diesen schönen Sport war und ist. Besonders in Köln war er sehr populär. 1995 gelang ihm ein bemerkenswerter Erfolg. Bei der alljährlich von der Zeitung »Expreß« veranstalteten Wahl zum Sportler des Jahres, belegte er den dritten Platz hinter dem Eishockeyspieler Sergej Beresin und dem Formel 1 Weltmeister Michael Schumacher. Die Top-Fußballer Ilgner, Polster und Völler hatten gegen ihn keine Chance.

Peter Schiergens Europarekord hatte sich bis Fernost herumgesprochen. Als erster deutscher Jockey bekam er vom Licensing Committee des Royal Hongkong Jockey Clubs eine Lizenz als Freelancer für den Monat Januar 1996. Diese international begehrte Lizenz erhält nur eine kleine Anzahl Top Jockeys aus Europa und Südafrika.

Diese Einladung war zwar eine große Ehre für unseren Championjockey, doch gleichzeitig auch neuer Streß. Noch geschlaucht von der Rekordjagd, begab er sich mit Ehefrau Gisela auf die lange Flugreise nach Fernost. Sohn

Bad Doberan – Vater und Sohn

Dennis hatte es besser. Er blieb bei den Großeltern in Köln und ließ sich verwöhnen.

Am Flughafen Kai Tak angekommen wurde Familie Schiergen nicht nur von Vertretern des Royal Hongkong Jockey Clubs, sondern auch von einem Heer Pressefotografen empfangen. Die Einladung des 30jährigen Deutschen hatte für erhebliches Aufsehen gesorgt, und man war sehr gespannt auf ihn. Der Galoppsport und seine Stars haben hier einen für uns unvorstellbaren Stellenwert.

Nun tat sich für Peter Schiergen eine total neue Welt auf. Nicht nur die trotz aller Modernidät fremdartige Stadt, auch der vertraute Sport zeigte sich von einer ganz neuen Seite.

„Jeden Morgen ging es raus nach Sha Tin zum Training. Beginn um 5 Uhr, 7 bis 9 Lots auf Sand und Gras. Das Training ist ganz anders als hier bei uns. Der Pferdepfleger stellt einem das Pferd hin, man reitet, bringt es wieder zurück, dann gleich aufs nächste Pferd. Dadurch kann man natürlich keine richtige Beziehung zum Pferd bekommen, man kann es nicht kennenlernen. Das Training wird gefilmt, die Zeiten werden gestoppt. Da gibt es Proberennen – Barrier Trials – für neue Pferde und Rekonvaleszenten. Die Wetter wissen genau Bescheid, wie die Pferde in Form sind.

Auch mit den Kollegen war das so eine Sache, hier kenne ich jeden, und dort? Leute wie Michael Kinane oder Alan Munro haben kaum gegrüßt, erst später wurden sie umgänglicher. Der Engländer Richard Quinn hingegen gab mir öfter einen guten, freundschaftlichen Rat.

Ich war der einzige Freelancer. Deshalb war es schwer, an gute Ritte ranzukommen. Die Trainer hatten ja alle einen Stalljockey. Dadurch waren die guten Ritte schon vergeben; übrig blieb eigentlich nur die zweite Wahl. Pferde, mit denen man nicht gewinnen konnte.

Ritte bekam ich schon. Am Neujahrstag saß ich neunmal im Sattel. Ich war der einzige, der in allen neun Rennen ritt. Das war allerdings eine Ausnahme.

In der Morgenarbeit bekam ich die meisten Ritte von dem Australier Hayes und von dem Chinesen Alex Wong. Trainer Wong war sehr nett und fair. Für ihn durfte ich auch ein richtig gutes Pferd mit dem schönen Namen »All The Glory« im Rennen reiten und gewann zweimal. Sonst konnte ich bei 35 Ritten nur noch einen vierten und einen fünften Platz belegen. Richard Quinn tröstete mich beim Abschied über mein – für deutsche Verhältnisse – schlechtes Abschneiden und meinte, daß die Ausbeute von zwei Siegen in einem Monat gut sei. Willie Ryan hätte in drei Monaten nur ein Rennen gewonnen.

Der Konkurrenzkampf ist hier enorm. 180 Mark gibt es für einen Ritt im Rennen, 10 % vom Sieggeld (das niedrigste Sieggeld sind 50.000 Mark) und 5 % gibt es vom Platzgeld. An den Renntagen sitzt man total abgeschirmt in der Jockeystube. Es gibt keinerlei Kontakt zur Außenwelt. Hast du deine Rennen absolviert und willst vor Ende der Veranstaltung gehen, mußt du dir extra eine Genehmigung einholen.

Hier zählt nur das Geld – das Wetten. An einem Renntag ist hier mehr Umsatz, als bei uns in einem ganzen Jahr. Das ist doch unglaublich, mehr als auf allen unseren Bahnen im ganzen Jahr. Baden-Baden, Hamburg oder Köln, da wird doch auch gewettet – und diese fünf oder sechs Millionen Chinesen hier überbieten das an einem einzigen Tag.

Es waren sehr interessante und spannende Tage in Hongkong. Doch ob man hier aber auf Dauer glücklich wird? Ich jedenfalls war froh, als ich aus dem Zug stieg, meine Familie und den Kölner Dom wiedersah", faßt Peter Schiergen seine Eindrücke zusammen.

Soweit zu seinem Aufstieg und seiner Karriere. Was gibt es sonst noch aus dem Leben dieses sympathischen jungen Mannes zu berichten?

„Mein Lieblingspferd am Stall Asterblüte war Solon", bekennt Peter Schiergen. „Für mich war er einmalig – gerade vom Charakter her. Er war unglaublich ruhig – cool und abgebrüht wie kein zweiter. Dazu ein Kämpfer par excellence. Unverständlicherweise wurde er lange unterschätzt.

Wir gewinnen ein Rennen, und die allgemeine Meinung war: 'Der muß erst zeigen, was er kann.'

Wir gewinnen wieder. Kommentar der Sport-Welt: 'Solon muß erst bestätigen, ob er wirklich so gut ist.'

Dann wurde er Zweiter zu Artan (Düsseldorf 29.4.95) und gewann das Schweizer Derby (Frauenfeld). Und wieder hieß es: 'Das muß er bestätigen.'

Nach dem Sieg im Frankfurter Ammerschläger Pokal (16.7.95) das gleiche Lied: 'Das muß er erst bestätigen.'

Solon gewann in Baden-Baden das Fürstenberg-Rennen (27.8.95) gegen gute Engländer und Franzosen. Vorher hieß es: 'Solon hat keine Chance.'

Zum Trotz, um es allen Kritikern zu zeigen, gewinnt Solon als Krönung den Preis von Europa in Köln (24.9.95).

Ich meine, irgendwann mußte man doch mal begreifen, daß Solon ein Superpferd war."

Das Thema Lando – oder – hiesige Jockeys im Ausland – ist nicht gerade Peters Lieblingsthema. Er meint, daß Besitzer mehr Vertrauen zu »ihren« Jockeys haben sollten. Wer hier ein Gruppe-Rennen gewinnt, kann das auch im Ausland.

Als Trainer will er in solchen Fällen zu seinem Jockey stehen.

Am 15. November 1997 in Köln bestritt Peter Schiergen auf dem zweijährigen Fährhofer Campo seinen letzten Ritt.

Es wurde ein Sieg, aber das nur nebenbei.

Mit 32 Jahren, also in einem Alter, in dem man sich eher am Anfang als am Ende des Berufslebens befindet, beendet ein Jockey, der Maßstäbe gesetzt hat, seine Karriere.

Preis des Ruhms

Eines ist sicher, die schnell vergehende Zeit läßt vieles in einem goldenen Licht erscheinen. Peter Schiergen kann sich freuen. Seine Leistungen als Jockey werden von Jahr zu Jahr mehr Anerkennung finden. Er ist jung genug, um noch lange Jahre als lebende Legende über die Rennbahn zu wandeln.

Viel Spaß!

Wir werden Peter Schiergen nun nicht mehr im Sattel sehen. Ab Januar 1998 wird er als Nachfolger von Heinz Jentzsch den berühmten Asterblütestall übernehmen.

In unserer Erinnerung werden nicht nur seine großen Siege mit Pferden wie Lando, Lomitas, Monsun oder Solon bleiben, sondern vor allem der korrekte und faire Sportler.

Das Glück verspielt!? Uwe Mathony

Er liebte schnelle Autos, schöne Frauen und war unbestreitbar eines der größten Talente im Rennsattel. Mit seinem neuen Reitstil begeisterte er die Zuschauer. Ein Ästhet im Sattel! Keiner konnte seinen Allerwertesten so hoch über den Kopf verlagern wie er. Er hatte alles erreicht, was ein Mensch, der von ganz unten angefangen hat, erreichen konnte.

Die Rennquintett-Affäre vor 20 Jahren brach ihm das Genick. Er war nicht der Einzige, der darin verwickelt war. Aber er war der Einzige, der Reue zeigte und für sich die Konsequenzen zog. 1976 hängte er seinen geliebten Rennsattel an den Nagel.

Wer war Uwe Mathony wirklich?
Ein Verrückter? Ein Casanova? Ein reuiger Sünder oder ein bekennender Christ?

Ende 1987 zeichnete er für sich selbst sein Leben auf. Ich durfte es lesen und war erschüttert. Hier war ein Mensch, der versuchte aus seinen Fehlern zu lernen, aus den Trümmern einen neuen, einen sinnvollen Weg zu finden. Seine Aufzeichnung nannte er: 'Ein Leben voller Probleme.'

Uwe Mathony gestattete mir, einiges daraus für meine Story zu verwenden.

Wenigstens den Anfang möchte ich hiermit wörtlich wiedergeben:
„Im Jahre 1946 geboren, wuchs ich unter sehr armen Verhältnissen im Ruhrgebiet auf. Als ältester Sohn von sechs Geschwistern – ich war der einzige Junge – gestaltete sich mein Leben sehr bewegt und unruhig.

Wegen der ständig neuen Arbeitsstellen meines Vaters, wechselten meine Eltern alle ein bis zwei Jahre den Wohnort, was mir und meinen Geschwistern während des Schulbesuchs große Schwierigkeiten bereitete. Immer wieder mußte ich mich neu anpassen. Da ich sehr klein und zierlich gebaut war, wurde ich viel gehänselt und hatte dadurch meine Probleme. Obwohl ich aufgeweckt und clever war, kamen durch den dauernden Wechsel keine guten Schulergebnisse zustande. Dumm war ich ja nicht, doch es fehlte mir die Ausgeglichenheit und Beständigkeit, die gerade in jungen Jahren so wichtig sind. An und für sich war das schon eine beschissene Jugend, ohne Ziel und Richtung.

Mit dem 14. Lebensjahr stand ich vor der Berufswahl. Was konnte ich nach soviel Hickhack schon lernen? Durch Zufall bekam ich wegen meiner kleinen Statur – ich wog 38 Kilo – den Rat, Jockey zu werden. Endlich etwas Positives, was meine Körpergröße betraf. Voller Begeisterung begann ich diesen Lebensabschnitt. Ein Beruf, in dem ich mich so richtig entfalten konnte. Während meiner Lehrzeit wurde ich sehr schlecht behandelt und auch arbeitsmäßig ausgenutzt. Da ich ja ein großer Jockey werden wollte, nahm ich all diese Schikanen auf mich.

Mein Arbeitsplatz befand sich in einer anderen Stadt, so daß ich die Geborgenheit der Familie nicht hatte. Niemandem konnte ich meine Ängste und Sorgen anvertrauen. Mit 14, 15 oder 16 Jahren ist man noch ein Kind und braucht die Liebe der Familie. Der Traum von einer Karriere fordert eben seinen Tribut. Wankelmütig, meinem Naturell entsprechend, schlug ich mich durchs Leben. Mein Streben, ein guter Jockey zu werden, brachte mir den ersten Erfolg. 1964 war ich der erfolgreichste Jockeylehrling in Deutschland, und mein Aufstieg begann. Selbst Kritiker sagten mir eine große Karriere voraus.

Doch der Erfolg forderte seinen Preis. Geld, Karriere usw. verändern den Charakter, und man neigt dazu, sich für etwas Besonderes zu halten.

Mit meinem Erfolg boten sich mir viele Möglichkeiten, das Leben in vollen Zügen zu genießen.

Ein unersättliches Verlangen nach jeglichem Vergnügen begann. Rücksichtslos – mit

Uwe Mathony 1966

allen verfügbaren Mitteln – nahm ich alles, was ich bekommen konnte. An die Folgen dachte ich nicht.
'Was ein Mensch sät, wird er auch eines Tages ernten.'"
So weit aus Uwes ersten Aufzeichnungen.

Uwe bekam einen Lehrvertrag von Trainer Heinrich Hänscheid in Mülheim, der um die 20 Pferde trainierte. Er wohnte in einer Pension und konnte seine Familie zu seinem größten Bedauern nur recht selten besuchen. Er bekam wenig frei, und wenn er seinen Trainer auf Urlaub ansprach, bekam er zur Antwort: „Die Pferde haben auch keinen Urlaub, die müssen jeden Tag fressen."
Schwiegersohn des Trainers war Horst Horwart. Zu der Zeit schon ein erfolgreicher Jockey. Bei der Einstellung sagte der Trainer zu Uwes Vater: „Wenn Ihr Sohn nur halb so gut wird wie mein Schwiegersohn, dann haben wir einen Spitzenjockey."
Neben der harten Stallarbeit mußte Uwe Schuhe putzen, Holz und Kohlen holen, einkaufen gehen und bekam dafür ausgediente Kleidung. Er fand das alles sehr demütigend. Doch aufgrund seiner Courage bekam er früh die Chance, Rennen zu reiten. Er ritt 1963 seinen ersten Sieger und wurde 1964 Lehrlings-Champion mit 21 Siegen (17 Flach, 4 Hindernis).
Zur Berufsschule wurde er nicht angemeldet, da man ihn im Stall als Arbeitsmann brauchte. Auf dem Weg zu einem Frankfurter Rennen erfuhr Fritz Drechsler zufällig davon und fand das gar nicht in Ordnung. Es war ein halbes Jahr vor Abschluß der Lehre – da flog die Sache auf.
Uwe wurde sofort angemeldet und mußte nun einmal in der Woche nach Neuss fahren, wo er noch sechs Monate die Berufsschule besuchte. So bekam er wenigstens ein Zeugnis für dieses halbe Jahr mit den Noten »sehr gut« in allen Fächern.

„Im Gegensatz zu heute, kam ein Lehrling damals nur selten auf gute Pferde. Man war froh, wenn man überhaupt engagiert wurde. Ich habe als Lehrling einen Ausgleich II gewonnen. Das war schon eine Sensation. In größeren Rennen wurden nie Lehrlinge draufgesetzt. Da ritten die etablierten Jockeys aus den großen Rennställen wie: Streit, Drechsler, Remmert, Alafi, Langner oder Pall. Nach der Lehre bekam ich ein

Entlassungszeugnis und sonst gar nichts. Wenn ich mich später irgendwo vorstellte, brachte ich immer Zeitungsausschnitte als Bewerbungen mit.

Zu der Zeit war man erst mit 21 Jahren volljährig. Wollte man als Lehrling Geld von seinem Konto beim Direktorium abholen, brauchte man die Unterschrift vom Trainer. Es war im vierten Lehrjahr. Ich hatte schon einiges Geld verdient und sagte eines Tages: 'Trainer, ich brauche Ihre Unterschrift, ich will mir ein paar hundert Mark von meinem Konto abholen.'

Dadurch, daß die Besitzer schlecht zahlten, war Hänscheid immer knapp bei Kasse. Er mußte Löhne bezahlen und Geld, das noch ausstand, kam nicht beizeiten herein. Das erklärt seine Antwort:

'Die Unterschrift gebe ich dir nur, wenn du mir etwas Geld leihst.'

Da habe ich als Lehrling meinem Trainer ein paar Hunderter geliehen. Aber ich habe sie auch wieder zurückbekommen. Ich will damit nur sagen, so waren die Zustände damals. Ich blieb noch ein Jahr bei meinem Lehrherrn als Jockey.

Siegerehrung Düsseldorf 1964
Sieg für Wiesengrund – rechts Trainer Schäfer

Dann bekam ich einen Vertrag bei Wiesengrund, Trainer Gustav Schäfer, Peter Lautners Schwiegervater. Dort standen 30 Pferde im Stall, Ausgleich IV- bis Ausgleich II-Pferde. Mit denen boxte ich mich recht erfolgreich durch. Peter Lautner war zu der Zeit Futtermeister bei Backes (Spaulding).

Mit meinem Gewicht ritt ich meistens Flachrennen. Hindernisrennen waren für mich die Ausnahme. Trainer Blume, der Vater von Hannemann Blume, setzte mich gern auf seine Pferde. Auch für die Trainer Heinz Jentzsch, von Mitzlaff und Hein Bollow war ich erfolgreich.

Ich ritt auch in der Schweiz, in Arosa und St. Moritz. Für den Schweizer Trainer Woop gewann ich in Arosa ein Hürdenrennen im Schnee, 1974 den Großen Preis von St. Moritz und ein großes Rennen in Frankreich.

1969 ritt ich für Trainer Hugo Danner. Hein Burfeindt, ein sehr erfahrener und guter Mann, war dort Futtermeister. Er war jahrelang bei der Gräfin Batthyani und Albert Klimscha in Frankreich. Heute ist er Futtermeister bei Uwe Stoltefuß. Dieser Mann hat mir unheimlich viel Hilfestellung gegeben. Ich hatte ja hier keine großen Leitfiguren, denen ich was abgucken konnte. Burfeindt brachte mir Raffinessen bei, die er vor allem bei Yves St. Martin gesehen hatte.

Einer seiner wertvollsten Tips war, wie ich Pferde, sogenannte Sauerkocher, die eingangs der Geraden überschnell in Front gehen und im Ziel geschlagen sind, reiten muß. Mit Hilfe dieser Ratschläge habe ich große Erfolge erzielt.

Ich ritt Saldo, ein Pferd des Besitzers Siebmann, für Trainer Schlaefke nach so einem atypischen System: Ich versteckte das Pferd im Mittelfeld und ritt es auf Vordermann. Habe es eingangs der Geraden nicht rausgenommen und »freie Bahn«, sondern es festgehalten und versteckt.

Dann hatte ich ein Führpferd bis 100 Meter vor dem Ziel, bin links rausgezogen und habe das Rennen souverän gewonnen. Mit dieser Methode habe ich einige Rennen gewinnen können. Aber dieses Verhalten ging auch schon mal schief.

Ich erinnere mich an Junior von Ostermann in einem Ausgleich I in Düsseldorf. Erbse (Günter) Wolter ritt Goldstern, einen guten, aber faulen und phlegmatischen Fuchs, der immer angefaßt werden mußte. Ich kam händevoll in die Gerade, lag an dritter Stelle und schob mich an die zweite Position hinter den führenden Goldstern. Erbse war am Reiten, Hauen, Tun und Machen. Ich rief ihm zu: 'Du kannst zappeln wie du willst, du hast sowieso keine Chance.'

Ich lag neben ihm, so am Hintern dran, und wartete, wollte 50 Meter vor dem Ziel elegant an ihm vorbei. Als ich mein Pferd dann forderte. Ich klatschte noch einmal hin, da ging gar nichts mehr. Zielfoto: Kurzer Kopf geschlagen.

Ostermann machte einen Aufstand, einen Zirkus.

'Regen Sie sich doch nicht auf', sagte ich ihm, 'dafür gewinnen wir das nächste Rennen.' So war es dann auch.

Ich will damit sagen, meine Selbstsicherheit, meine Gelassenheit, die so oft zum Erfolg führte, konnte auch mal nach hinten losgehen.

Wunderbare Außenseiterritte habe ich gewonnen, weil ich die Nerven behielt, abgebrüht und frech war, aber auch mutig und beherzt ritt. Ich war kein nervöser Typ, der nicht das Wasser halten konnte.

Meine drei Jahre am Stall von Hugo Danner waren ein Höhepunkt meiner Karriere. Endlich hatte ich gute Pferde unterm Hintern. Mit Gerona und Rubens gewann ich die Goldene Peitsche. Ich hätte sie auch zum

Uwe Mathony, der Stilist, siegt in Neuss – 1969

dritten Mal gewonnen, wenn ich nicht einen Tag Lizenzentzug bekommen hätte. Dadurch kam Harro Remmert in den Genuß dieses Rittes mit Pentathlon und gewann das Rennen.

Hugo Danner war ein sehr guter Trainer und charakterlich ein sehr feiner Mensch. Uwe Stoltefuß lernte bei ihm. Durch seine schwere Krankheit und den Verlust seines Gedächtnisses endete seine erfolgreiche Trainerlaufbahn zu plötzlich. Wenn ich in Dortmund war, besuchte ich oft die Familie Danner. Den Zerfall dieses großen Mannes mit ansehen zu müssen, hat mich sehr bewegt. Doch wieviel schlimmer war das für Frau Danner und Sohn Peter, die täglich mit dieser Krankheit konfrontiert wurden? Einmal mußte ich mit den Tränen kämpfen, als ich die vielen Ehrenpreise und Siegerfotos von uns beiden sah. Tolle Erinnerungen! Schade, daß dieser große Trainer so in Vergessenheit geriet. Sein Tod wurde von der Turfwelt kaum bemerkt.

Das Oben und das Unten liegen so nahe beieinander.

1970 hatte ich einen erfolgreichen Renntag in Krefeld. Nachdem ich gerade mit Gerona das Busch-Memorial gegen Alpenkönig gewonnen hatte, ritt ich für Besitzertrainer Wieskamp, einem alten Bekannten aus Mülheim, dessen Pferd Niemetz.

Dieses Pferd hatte noch nie eine nennenswerte Form gezeigt, aber aus Freundschaft zu Wieskamp hatte ich diesen Ritt angenommen.

Als ich die Order für das Rennen bekam, mußte ich schmunzeln.

'Springe gut ab und gehe an zweiter oder dritter Stelle. Eingangs der Geraden falle zurück und sei nicht unter den vorderen Pferden!'

Dieser »Esel« hatte noch nie den Zielrichter belästigt. Ich bin froh, wenn ich überhaupt mitgehen kann, waren meine Gedanken.

Nach dem Start hatte ich gleich den dritten Platz. Niemetz pullte sehr, und ich war völlig überrascht, als ich eingangs der Geraden immer noch händevoll an dritter Stelle lag. Vergebens wartete ich auf einen Angriff von hinten. Peter Kienzler lag in der halben Geraden noch vor mir, und ich rief ihm zu:

'Hau doch ab!'

'Ich hab doch nichts mehr auf der Kanne', war seine Antwort.

Ungefähr zweihundert Meter vor dem Ziel nahm ich meine Chancen wahr und gewann das Rennen sehr sicher. Die Quote war 490:10.

Jetzt kommt das dicke Ende!

Wieskamp kam mir auf dem Geläuf entgegen und drohte mir voller Wut und Zorn Schläge an. Doch meine Lizenz war mir wichtiger, als die Angst vor ihm.

Kaum war ich in der Jockeystube angelangt, bekam ich von Wieskamp so eine gedonnert, daß ich Sterne sah.

Dieser Skandal endete schließlich vor dem Direktorium, und Wieskamp wurde lebenslänglich von der Rennbahn gesperrt.

Niemetz zeigte nie mehr diese Form, und ich hatte mal wieder für Schlagzeilen gesorgt.

Reiterlich hatte ich bald neue Akzente gesetzt. Stilistische Vorbilder fand ich unter den englischen und französischen Jockeys, vor allem in Yves St. Martin. Video und Fernsehen gab es ja nicht. So mußte man die Jockeys bei den Gastspielen in Deutschland genau beobachten. Ich fing an, die Bügel ganz kurz zu schnallen. Einige Trainer, die das bemerkten, schnallten sie wieder länger. Doch am Start habe ich sie wieder gekürzt. So ging ich stetig daran, meinen Reitstil elegant zu konzipieren und umzusetzen. Erst Ende der sechziger Jahre kam dann mein extremer Wandel zu dem neuen Reitstil. Das war jetzt mein Markenzeichen.

Mit meinem Lehrherrn hatte ich noch einmal eine bemerkenswert angenehme Begegnung. Ich ritt für Trainer Danner Windmühle, eine Stute von Niederrhein. Das war so ein Suppenhuhn, eine richtige Außenseiterin. Quote 300:10. Durch einen taktisch klugen Ritt gewann ich das Rennen. Auf dem Parkplatz kam mir mein Lehrherr Hänscheid freudestrahlend entgegen. Er nahm mich in den Arm und küßte mich auf die Wangen.

'Ich hatte Bock auf dein Pferd', sagte er, 'und habe es für fünf Mark gewettet. Gratuliere, du bist der Beste, den ich hervorgebracht habe. Ich bin stolz auf dich.'

Das tat mir gut. Ich hatte eigentlich, trotz der harten Lehre, immer eine gewisse Sympathie und Liebe für den Mann gehegt, der seine Emotionen in positiver wie auch in negativer Hinsicht zeigen konnte.

Am 16.10.1966 habe ich mit relativ kurzen Bügeln das Große Dortmunder Jagdrennen – 4500 Meter – mit Amoro für Willi Schütz gewonnen. Ich wog 48 Kilo. Das Pferd war mit 58 oder 60 Kilo ausgeschrieben. Lebendgewicht ist natürlich besser, aber es ging auch mit Blei.

Ein Jahr später ritt Wilfried Schütz, der inzwischen hoch ins Gewicht gekommen war, das Große Dortmunder Jagdrennen mit Amoro. Mit meinem leichten Gewicht konnte ich 69 oder 70 Kilo nicht mehr reiten. Nun sprach mich der Kölner Trainer Adi Deschner an, ob ich in diesem Rennen sein Pferd Stamatis reiten wolle. Es war ein Schimmel der Familie Harzheim, ein sehr guter Springer. Das Pferd sei ein wenig diffizil, klärte er mich auf. Aber bei meinem guten Händchen hätte ich eine reelle Chance.

Alle guten Hindernisreiter waren in diesem Rennen, unter anderem Adolf Wöhler und Norbert Sauer. Favorit war Wilfried Schütz mit Amoro.

Ich ritt also Stamatis. Ich hatte die Order, an zweiter bis vierter Stelle zu gehen. Wie so oft, kannte ich den Kurs nicht. Das Pferd sprang so gut mit den kurzen Bügelchen. Adolf Wöhler ging vor mir, ich sprang an zweiter Stelle, und hinter mir ritt Norbert Sauer.

'Wo geht denn der Weg lang?' rief ich Wöhler zu.

'Rechts! Bleib bei mir', antwortete Wöhler.

'Adolf, du Idiot! Laß den doch geradeaus gehen!' schrie da Sauer von hinten.

Zum Schluß gewannen weder Wöhler noch Sauer, sondern der Favorit Amoro. Ich wurde mit Kurzem Kopf geschlagener Zweiter.

Die Euphorie des Trainers Deschner und Besitzers Harzheim war so groß, als hätte ich gewonnen. Auch die Presse berichtete nachher mehr über meinen Außenseitererfolg auf Platz zwei, als über den Sieger.

Sehr dankbar war ich, daß ich zwei Jahre für Fährhof reiten durfte. Da gewann ich manchmal vier Rennen an einem Tag. Mit den Pferden konnte ich zaubern und machte im richtigen Moment alles richtig.

Ein paarmal wurde ich bestraft, weil ich zum Rennen zu spät kam. Leider fuhr ich oft auf den letzten Drücker los. Da durfte es keinen Stau unterwegs geben, sonst war ich verloren. Die Trainer waren schon am Zittern, wenn ich in letzter Minute angesaust kam. Allerdings muß ich sagen, daß ich unter diesem Streß die besten Rennen geritten habe. Vielleicht brauchte ich den Nervenkitzel.

1966 verkündete meine damalige Freundin Marlies, daß sie ein Kind von mir erwarte. Also heirateten wir, obwohl ich selber noch ein halbes Kind

Ein solides Auto

war mit meinen 19 Jahren. Von ehelicher Treue hielt ich nicht viel. Ich verliebte mich bald darauf in die Tochter eines Kollegen, stürzte mich voll in diese Beziehung rein und ließ mich scheiden.
Aber das Glück war nicht von Dauer. Die Eltern setzten alles daran, diese Verbindung zum Scheitern zu bringen, was ihnen auch gelang. Sie durfte mich nicht mehr sehen.
Ich lernte viele Frauen kennen und machte die verrücktesten Dinge. Wenn ich es mir irgendwie leisten konnte, kaufte ich die extremsten Autos. Peter Remmert gab mir mal den Rat, meinen Sportwagen nicht sehen zu lassen – wegen der Besitzer. Ich sollte ihn lieber verstecken. Ich wandelte immer auf einem sehr schmalen Grad.
Als ich die Nase voll von den Abenteuern hatte, kehrte ich zu meiner geschiedenen Frau zurück, und wir heirateten zum zweiten Mal.
Das ging so lange gut, bis ich mich 1969 unsterblich in die karibische Sängerin Andrea Thompson verliebte. Es war für mich so überwältigend, wenn Andrea auf der Bühne stand, und ich diese powervolle Stimme hörte. Das war Wahnsinn. Ich glaubte, ohne sie nicht mehr leben zu

können. Andrea liebte mich auch, aber ihre christliche Erziehung verbot es ihr, mit einem verheirateten Mann zusammenzusein.

'Entweder du heiratest mich oder ich gehe. Ich kann nicht wie eine Hure leben', sagte sie.

Was sollte ich machen? Ohne sie ging nichts mehr. Ich war ihr restlos verfallen. Also ließ ich mich zum zweiten Mal scheiden und heiratete 1970 Andrea. Das hat mich ungemein verändert. Ich wollte die neue Ehe nicht gleich wieder mit einem Kind aufbauen. Bis 1973 trat Andrea noch ein paar Mal auf der Bühne und im Fernsehen auf. Dann machte sie noch einige Schallplatten. Ich habe sehr viele Frauen kennengelernt, aber nur diese eine Frau wirklich geliebt. Sie war ein Stück von mir geworden.

1970 und 1971 flogen wir im Urlaub nach Jamaika, Andreas Heimat. Ihr Vater besaß ein Transportunternehmen und hatte nebenbei zwei Rennpferde im Training. Es fing alles so traumhaft an, eine richtige »Lovestory«. Wir hatten große Pläne. Wir kauften ein größeres Anwesen in einer der besten Lagen von Kingston, oben in den Bergen. Ich ritt in Kingston auch einige Rennen mit Erfolg. Doch dann kam ein politischer Umsturz und machte all unsere Pläne zunichte. Das Land war jetzt kubanisch orientiert, und viele Jamaikaner verließen das Land. In Panik verkauften wir unser Grundstück und verloren ein Schweinegeld. Ich hatte damals für den Jamaika-Dollar DM 4.30 bezahlt. Beim Verkauf war der Jamaika-Dollar nur noch zwei Mark wert, heute bekommt man ihn für 19 Pfennige.

1974 kam unser Wunschkind Gideon auf die Welt und zwei Jahre später unsere Tochter Sarah.

1976 war ich dann in den unschönen Rennquintett-Skandal verwickelt. Es war ein schwarzes Jahr für den Rennsport. Etliche Jockeys wurden für einige Zeit gesperrt. Ich hatte gerade einen Vertrag bei Röttgen unterschrieben, als alles aufflog. Ich mußte gehen!

Als Freelancer gewann ich noch ein paar schöne Rennen. Dann beendete ich 1976, als Konsequenz der Vorwürfe gegen mich, meine so kurze, doch erfolgreiche Jockeylaufbahn.

Inzwischen gehörte meine Frau Andrea einer christlichen Glaubensgemeinschaft an und versuchte, mich nach und nach dafür zu gewinnen. Sie war bedrückt von meinem Schuldanteil an dieser Misere. Dann habe ich mich dem Skandal gestellt und bin dabei so verheizt worden. Plötzlich war ich der alleinige Buhmann.

Andrea stand mir voll zur Seite. Sie gab mir die nötige Kraft, um das alles durchzustehen. Anfänglich zögernd, doch zunehmend stärker wurde ich durch meine Frau mit der christlichen Lehre und dem Glauben an Gott konfrontiert. Meine ganze Lebenseinstellung geriet ins Wanken. Ich machte mir jetzt viele Gedanken über mein bisheriges Leben. Die neuen biblischen Erkenntnisse schärften mein abgestumpftes Gewissen. Ich versuchte, ein

Udo Jürgens, Andrea und Uwe nach einem Fernsehauftritt

anderer Mensch zu werden. Treue, Ehrlichkeit und Verantwortungsbewußtsein waren Eigenschaften, die ich unbedingt annehmen wollte. Ich beichtete Andrea so manches aus meinem bewegten Leben. Das hätte ich lieber nicht tun sollen, es tat unserer Ehe nicht gut.

Viele Jahre führten wir ein glückliches Familienleben und hatten sehr viel Spaß und Freude mit unseren inzwischen vier Kindern. Mit dem Rennsport hatte ich mittlerweile völlig abgeschlossen, es gab keine Nachwehen mehr. Doch die immer größer werdenden Belastungen des täglichen Lebens (Großfamilie) machten Andrea und mir ganz schön zu schaffen – vier Kinder erzeugen schon Spannungen. Manchmal, völlig überlastet durch Beruf und Familie, suchte ich im falschen Umfeld Entspannung.

So kam es, daß ich eines Tages noch mal meiner alten Neigung verfiel. Die weibliche Droge zeigte wieder ihre Wirkung. Meine früheren Affären waren mit Sicherheit nicht der Schlüssel zum wahren Glück. Ich mißbrauchte das in mich gesetzte Vertrauen und erhielt die Quittung dafür. Nach fast 20 Jahren Partnerschaft reichte meine Ehefrau die Scheidung ein und trennte sich von mir. Für mich brach eine Welt zusammen – von diesem Verlust habe ich mich nie so richtig erholt. Ich erntete nun, was ich gesät hatte.

Zum Glück hatte ich mir nach Beendigung meiner Jockeylaufbahn eine neue Existenz aufgebaut, so daß ich nicht auch noch finanziell einen Tiefschlag hinnehmen mußte. Soweit geht es mir gut. Doch was mache ich jetzt, nachdem ich das, was ich liebte, aus Leichtsinn verloren habe?

Meine harte Jugend und der Jockeyberuf haben mich eines gelehrt: Kämpfen, nie aufgeben. Erst im Ziel wird über Sieg oder Niederlage entschieden.

Vielleicht habe ich doch noch nicht alles verspielt!"

Das Gespräch mit Uwe Mathony fand im Frühjahr 1997 in Baden-Baden statt. Ich hatte ihn zwar schon auf der Mülheimer Rennbahn kurz gesprochen, aber seine Geschichten kannte ich nur vom Hörensagen, von anderen Leuten, die zwar alles, aber im Grunde doch nichts Richtiges wußten. Ich hörte seinen Namen immer nur in Verbindung mit der Affäre Rennquintett.

Bei genauerem Nachfragen erfuhr ich von denen, die ihn kannten, viel Positives. Ein Stilist ohnegleichen sei er gewesen, räumt jeder ein, der ihn im Sattel erlebt hat. Auch seine freche, einfallsreiche Reitweise ist in guter Erinnerung.

Daß Mathony einer war, der sich nichts gefallen ließ, nimmt ihm keiner übel. Im Gegenteil – viele bedauern, daß im Rennsport nicht mehr unangepaßte Burschen seines Schlages zu finden sind.

'Der Uwe Mathony, wie der mit einem in die Flanken gerutschten Sattel – also ohne jeden Halt auf dem Pferd – hier in Baden-Baden ein Finish geritten ist, und noch plaziert war, das werde ich nie vergessen. Das war eine zirkusreife Leistung. Der Uwe war ein wirklich guter Reiter und ein frecher Hund', schwärmt Manfred Chapman.

'Ja, schreiben Sie über Mathony. Das war ein toller Reiter, schade, daß er so früh aufgehört hat. Er gab damals seine Schuld unumwunden zu und hat die Prügel für die anderen miteingesteckt', meinte ein bekannter Funktionär.

Dave Richardson, der in seiner Jockeyzeit mit ihm geritten war, lobte seine reiterlichen Fähigkeiten und seinen eleganten Stil.
'Der konnte reiten wie kein Zweiter', ist sein Fazit.

Wirklich schade um diesen fähigen Jockey, der sein Glück so leichtsinnig verspielte. Er hätte noch große Siege erringen können. Die Rennbahn ist um eine farbige Persönlichkeit ärmer geworden.

★★★

Und das unselige Rennquintett? Anfang der siebziger Jahre konnte man im Rennquintett noch richtig Geld gewinnen. Bei 15 Pferden die Dreierwette zu treffen, ist ja auch kein Kinderspiel. Wurde die Dreierwette überhaupt nicht getroffen, wurde das Geld am nächsten Wochenende zusätzlich ausgespielt. Wie es heute beim Lotto noch üblich ist.

Da kamen riesige Beträge zusammen. Das rief natürlich besonders schlaue Zeitgenossen auf den Plan, die dem Glück nachhelfen wollten. Da man keinen Jockey zwingen kann, plaziert zu sein. Versuchte man es anders herum. Man bedachte bestimmte Reiter mit einem netten Betrag, diese zeigten sich dankbar und vermieden es, als erste im Ziel zu sein. Dabei sollen sie ganz abenteuerliche Anstrengungen auf sich genommen haben. Plötzlich gab es Pferde, die einfach nicht mehr um einen Bogen zu bewegen waren. Und wenn gar nichts mehr ging, fiel schon mal ein Jockey aus dem Sattel. Gleichgewichtsstörung! Was sonst?

Die Sache fiel natürlich auf. Aber wie konnte man sie aus der Welt schaffen, ohne dem Rennsport zu schaden? Also kehrte man unter den bekannten Teppich und hoffte alles sei ausgestanden. War es aber nicht!

Eine Tages schlug die Kripo zu. Einige Jockeys wurden verhört.

Die Medien hatten ihre helle Freude an der Affäre. Es wurde viel Staub aufgewirbelt. Mehr geschah nicht.

Doch halt, ganz so war es nicht. Ein Jockey gab seine Lizenz zurück: Uwe Mathony.

Außerdem wurden die Modalitäten des Rennquintetts geändert. Da wird heute garantiert nicht mehr manipuliert. Es lohnt nicht.

Endlich zu Hause. Terence Kelleher

Terence Kelleher. Wer erinnert sich nicht gern an ihn? An seine kürzeren oder längeren Gastspiele in Deutschland? Ob bei Fritz Drechsler in Iffezheim, später in Mülheim, Dortmund oder München, der irische Leichtgewichtsjockey Terence Kelleher war immer für eine Überraschung gut. Gerade auf formschwächeren Pferden zeigte er gute Leistungen. Ritt er die leichten Gewichte, war er eine sichere Bank. Schade, daß er nicht mehr im Rennsattel sitzt.

Aber als leidenschaftlicher Golfspieler hat er nun seinen Traumjob gefunden. Schon 1982, bei seinem ersten Deutschland-Aufenthalt in Iffezheim, wurde er Mitglied im dortigen Golf- und Curling-Club und seit 1993 ist er Greenkeeper, auf deutsch: Golfplatzverwalter.

Seine Frau Cheryl, mit der er seit 26 Jahren glücklich verheiratet ist, hat ihn nie allein gelassen. Das ganze unruhige Zigeunerleben – Terence ritt in 16 Ländern und ist insgesamt 27mal mit Hab und Gut umgezogen – hat sie freiwillig mitgemacht. Ein Rekord?!

Geboren wurde Terry im Oktober 1948 in der südirischen Hafenstadt Cork, bekannt durch den Paddy-Whisky.

Im Alter von 10 Jahren zog er mit seinen Eltern nach England. Als diese drei Jahre später wieder zurück nach Irland gingen, mußten sie auf ihren Sohn verzichten. Der hatte inzwischen eine Rennreiterlehre bei Trainer Captain J. Faweus begonnen. Bis 1971 ritt er in England, dann begann sein abenteuerliches Leben als »der Welt größter Globetrotter« im Rennsattel.

Da es außer Reiten und Golf nichts für ihn gab, lernte er seine spätere Frau Cheryl, wie konnte es anders sein, in einem Rennstall kennen.

Cheryl hatte erst auf dem College Sekretärin gelernt. Dieser Beruf sagte ihr überhaupt nicht zu. Als sie in der Zeitung las: Leute für Gestüt gesucht, wollte sie das mal probieren. Sie hatte immer schon ein Faible für Pferde und Tiere. So machte sie sich auf den Weg.

Neben dem Gestüt war ein Rennstall. Dort streikte gerade das Personal für mehr Lohn.

„Können sie reiten?" wurde sie empfangen. „Nein, reiten kann ich nicht, aber ich würde es gern mal probieren", antwortete sie. Von dem Tag an wurde sie aufs Pferd gesetzt. Am ersten Tag ging es noch im Trab, am nächsten schon Canter.

Sie war 17 Jahre alt, und das Reiten machte ihr riesigen Spaß.

Endlich nicht mehr ins Büro gehen und Akten bearbeiten müssen, freute sie sich.

Nach ein paar Monaten bekam sie einen Tip, daß sie einen besseren Job als Arbeitsreiterin in Epsom bei dem Flach- und Hindernistrainer Ron Smyth bekommen könne. Sie sollte sich dort mal vorstellen. Sie bekam den Job. Einer der Stalljockeys war Terry Kelleher.

„Von da an", sagt sie, „war er mein Schatten."

„Nein", schmunzelt er, „sie war mein Schatten."

Das war im Jahr 1969.

1970 heirateten sie in Newmarket. Ein Jahr später kam ihre Tochter Annie zur Welt.

Ab 1972 war es dann aus mit dem besinnlichen Leben auf der Insel. Jetzt begann das rennsportliche Zigeunerleben. In der ganzen Welt waren sie zu Hause.

Anfangs hatte sich Terry nach Australien beworben. Er bekam ein gutes Angebot für die ganze Familie. Zur gleichen Zeit erhielt er auch ein Angebot nach Österreich. Das ist nicht so weit weg, überlegten sie, und nahmen es an.

Wenn es ihnen aus irgendeinem Grunde nicht mehr gefiel, packten sie die Sachen und nahmen den nächsten Job an.

Terence Kelleher – Wien

So waren sie außer in Irland, England und Schottland durch ganz Europa gewandert. Ob in Italien, Jugoslawien, Ungarn, Frankreich, in der Türkei oder der Schweiz, überall war der gute Leichtgewichtsjockey gefragt.
Und die Familie wanderte immer mit.
In Deutschland blieben sie 3$^{1}/_{2}$ Jahre. Terence ritt meistens für Fritz Drechsler in Iffezheim.
1986 bekam Terry ein hervorragendes Arbeitsangebot aus Kenia. Sie überlegten nicht lange und beschlossen, dieses anzunehmen, um dort vielleicht seßhaft zu werden.
In Afrika hatte es ihnen schon einmal so gut gefallen, daß sie fast sechs Jahre, von 1974 bis 1980, dort blieben. Tara, die zweite Tochter, wurde 1979 in Kenia geboren.
Die 15jährige Annie wollte nicht mit. Sie wollte in Iffezheim ihren Schulabschluß machen. Eine kanadische Freundin von Cheryl, verheiratet mit einem Deutschen, bot Annie an, bei ihr zu bleiben. Formalitäten, daß die Familie Kelleher für ihre Tochter aufkommt, wurden erledigt. Annie sollte dem deutschen Staat nicht zur Last fallen.

In Nairobi, der Hauptstadt von Kenia, gibt es eine der schönsten Rennbahnen. Engong – benannt nach den Engong Hills. Das Oval ist 2400 Meter lang, herrlich gepflegt mit Pflanzen, viel Grün, und es hat eine Gerade von 1200 Metern. Viele Engländer – wie Lester Piggott oder Pat Eddery – ritten dort in den europäischen Wintermonaten.
„20 Kilometer weg von Nairobi bewohnten und managten wir eine Farm", erzählt Terence Kelleher. „Weit und breit gab es keine Nachbarn. Wir haben uns dort sehr wohl gefühlt. Wir brauchten nicht groß auszugehen, hatten eine Haushaltshilfe, und das Leben war sehr billig. Auf Winterkleidung konnten wir verzichten. Neben dem Reiten konnte ich Golf spielen. Cheryl ritt auch und spielte Squash.
Der Besitzer der Farm war ein Inder. Der war dort groß eingestiegen – in alles. Er besaß Häuser, Land und einen Rennstall. Ich durfte auf den Pferdeauktionen so viel Geld ausgeben, wie ich wollte. Der Besitzer konnte das Geld nicht ausführen, er mußte es im Lande verbrauchen."

Ein herrliches Leben, könnte man denken. Terence wurde Champion, und alles hätte in bester Ordnung sein können. Aber, gleich wie der Rost das Eisen frißt, begann sich Neid zu regen. Ein im Lande geborener Weißer, ebenfalls Jockey, und dank Terrys großen Erfolgen auf den zweiten Platz verbannt, wollte ihn weg haben.

Es war noch zur Zeit der Apartheid, als andere afrikanische Staaten, neben vielen Ländern, Südafrika boykottierten. Da erschienen plötzlich Artikel in den Tageszeitungen von Nairobi mit dem Tenor: Weshalb darf Kelleher in Südafrika reiten und Geld verdienen, wenn unser Tennischampion in Ägypten nicht gegen Südafrika spielen darf?

Sportler hatten Veranstaltungen zu meiden, an denen Südafrikaner teilnahmen.

In Kenia – 1976

Terence Kelleher hatte 1982 in Kapstadt Urlaub gemacht und war dort geritten. Das war damals auch der kenianischen Regierung bekannt und wurde bisher nie beanstandet. In den Zeitungen wurde die Kritik so erhoben, als wären die Ritte nicht vor vier Jahren, sondern jetzt gewesen.

Da steckte etwas anderes dahinter. Diese Artikel wurden gezielt lanciert. Der bewußte Jockey hatte nicht nur einen Stiefvater mit Beziehungen zur Regierung, sondern gab die Kampagne auch später zu.

Es dauerte nicht lange, bis eines Morgens um 10 Uhr die kenianische Polizei bei Kellehers vorfuhr. Zwei bewaffnete Polizisten stiegen aus und holten Terence ab.

Ein Polizist links, einer rechts, mit umgehängten Gewehren eskortierten sie ihn zum Flughafen.

Cheryl war nicht zu Hause und wurde von der Polizei gesucht. Man teilte ihr mit, daß sie sofort Terrys Reisepaß zur Polizei bringen solle. Sie selbst und ihre Tochter bekamen die Auflage, innerhalb von zwei Wochen das Land zu verlassen. Wo der Ehemann abgeblieben war, wurde ihr nicht mitgeteilt. Cheryl wußte nicht, ob er in einem Gefängnis, auf einer Polizeistation oder sonstwo war.

Inzwischen waren die Polizisten mit ihrem Zwangsausreisenden am Flughafen angekommen. Sie warteten auf den Paß und die Papiere, die ein Beamter zum Flughafen bringen sollte. Nach Erhalt und Überprüfung des Passes stand für sie fest, daß sie ihn in sein Geburtsland Irland ausweisen und ausfliegen würden.

„Warum nach Irland?" protestierte Kelleher. „Ich bin dort seit meinem zehnten Lebensjahr nicht mehr gewesen. Es gibt keine Verwandten oder Bekannten mehr. Alle, die ich kannte, sind schon gestorben. Was soll ich dort? Können Sie mich nicht nach Deutschland fliegen lassen?"

Die Polizisten schüttelten den Kopf und blieben bei Irland.

Einer der beiden schaute sich noch einmal sorgfältig den Reisepaß an und studierte die Eintragung der nach Kenia eingeführten Gegenstände. Besonders die Eintragung über das Mountainbike, das Kellehers für ihre Tochter mitgebracht hatten, las er immer wieder.

„Was ist das für ein Mountainbike?" fragte er endlich. Terence spürte das große Interesse des Polizisten und sagte: „Wenn Sie mich nach Deutschland, nach Frankfurt, ausreisen lassen, schenke ich Ihnen das Mountainbike."

Nach einigem Zögern ging der Polizist auf das Angebot ein und sagte: „Okay, machen wir." Sie gingen zusammen zum Lufthansa-Schalter und versuchten, noch einen Platz auf der nächsten Maschine nach Frankfurt zu bekommen.

Lufthansa war ausgebucht – keine Chance zum Mitkommen!

Der Polizist gab sich augenblicklich sehr dienstlich und erklärte der Counter-Hostess, daß dieser Passagier mitzunehmen sei. Wenn es keinen Platz mehr gäbe, müsse eben ein anderer Passagier hierbleiben.

Bis dahin durfte Terence seine Frau nicht anrufen, um sie von der Ausweisung zu informieren. Jetzt hielt ihm der Polizist Papier und Stift hin, damit er Cheryl von der Schenkung und Auslieferung des Mountainbikes Mitteilung machen konnte.

Cheryl staunte nicht schlecht, als noch am gleichen Tag ein Wagen vorfuhr, aus dem ein Polizist stieg und ihr die Nachricht übergab: 'Gib diesem Menschen das Mountainbike. Er hat mir dafür einen Flug nach Frankfurt am Main besorgt.'

Sie rückte sofort das Fahrrad heraus und entlockte dem Beamten noch die Flugnummer bzw. Abflugzeit. Sie wußte, daß Terry überhaupt nichts mitgenommen hatte, weder Geld noch andere Sachen.

Da fiel ihr ein, daß Stephen Eccles zur Zeit in Frankfurt bei Trainer Hesse ritt. Mit ihm hatten sie noch Kontakt. Er hatte mal mit seiner Freundin ein paar Wochen Urlaub in Kenia gemacht. Jetzt war er ihre Rettung.

Sie rief ihn in Frankfurt an und hatte Glück, ihn auch prompt zu erreichen.

„Steve, Terry ist auf dem Flug nach Frankfurt. Er hat kein Geld dabei, nur die Sachen, die er auf dem Leib trägt. Bitte hole ihn ab."

Ihre Bitte war nicht umsonst. Eccles erkundigte sich sofort nach der Ankunftszeit und stand pünktlich vor dem sichtlich erleichterten Terence Kelleher. Er nahm ihn mit nach Hause, beherbergte ihn für einige Wochen und gab ihm etwas Geld, damit er sich mit dem Nötigsten versorgen konnte.

In ein paar Tagen fing die Derbywoche in Hamburg an. Mit einem Frankfurter Pferdetransporter konnte Terry mitfahren. Als Freelancer mit 48 Kilo waren seine Chancen, ein paar Ritte zu bekommen, nicht schlecht. Bei einem Kistenritt hatte er sogar einen guten Erfolg und wurde daraufhin von Uwe Ostmann angesprochen, ob er demnächst für ihn in Mülheim reiten wolle.

Freudig sagte er zu. Das Problem war nur, eine erste Unterkunft zu finden. Wieder half ihm ein englischer Jockey: Er konnte eine Weile bei Kevin Woodburn wohnen.

Wie erging es inzwischen Cheryl in Afrika?

Cheryls Mutter kam gerade zu dem Zeitpunkt in Nairobi an, um bei der Familie der Tochter Urlaub zu machen. Gemeinsam versuchten sie nun, ihr Hab und Gut zu verkaufen. Kenia-Shillinge waren nichts wert und durften nicht außer Landes gebracht werden.

Sie hatten viele Dinge von Deutschland mitgebracht. Kühlschrank, Fernseher, Video und dergleichen mehr. Der Besitzer hatte ihnen damals den Transport bezahlt. Diese Gegenstände wieder auszuführen, lohnte jetzt die Transportkosten nicht mehr.

Einige »gute« Bekannte kauften ihnen ein paar bessere Sachen ab und bezahlten mit deutschen und englischen Schecks, die später beim Einlösen gesperrt waren.

Die einfachste Lösung war, die meisten Sachen zu verschenken.

20 Kilo Fluggepäck durften sie pro Person mitnehmen. Das waren insgesamt 60 Kilo für drei Personen. In diesem Fall für vier Personen, denn sie mußten ja das Zeug von Terry auch noch mitnehmen.

Wie sie später erfuhren, ging der Plan des zweiten Jockeys in Kenia auf. Er bekam Terrys Stelle als erster Stalljockey und wurde Champion. Aber das Glück währte nicht sehr lange. Heute ist er Safariführer.

In Deutschland angekommen, konnte schließlich nicht die ganze Familie bei Kevin Woodburn leben. Cheryl fuhr mit ihrer Mutter und Tochter Tara nach England. Sie wollte in Ruhe nach Möbeln suchen, weil sie dort viel billiger wären als in Deutschland.

Aber was nützten die Möbel? Terry bekam in Mülheim keine bezahlbare Wohnung. 1500 bis 2000 DM Miete – dazu Kaution und drei Monatsmieten im voraus – konnte er nicht ausgeben. Nach drei Monaten gab er entnervt auf.

„Dort ist privat alles schief gegangen. Hätte ich eine Wohnung gefunden, wäre ich vielleicht heute noch bei Uwe Ostmann. Das ist ein Supertrainer, so korrekt und professionell. Da geht alles nach Plan. So einen gibt es selten in Deutschland. Ich glaube, daß er auch mit mir zufrieden war", schwärmt Terry heute noch.

Aber die Umstände waren gegen ihn, und es begann wieder ein ständiger Wechsel. Erst zogen sie nach Dortmund. Terry ritt für Arnold Zweifel und Cheryl arbeitete bei Norbert Sauer. Dann gingen sie nach München zu Harald Ziese, Terence als Stalljockey und Cheryl als Futtermeisterin.

Letztendlich lockte wieder Iffezheim. Terry ritt für Ervin Simko und andere Trainer. Was ihn nervte, waren die langen Reisen zu den anderen Rennbahnen, meistens mit chancenlosen Pferden.

„Da bekommt man als Jockey schnell einen schlechten Ruf, wenn man mit diesen Pferden nie gewinnt."

Als in seinem Golfclub der Greenkeeper aus Altersgründen aufhörte und man ihm die Stelle anbot, gab es für Terry keine drei Minuten zum

Nachdenken. Hobby und Arbeit zugleich. Was konnte er sich Schöneres vorstellen?

Cheryl wurde Futtermeisterin bei Fredy Gang, wo sie heute ein wunderschönes Haus bewohnen.

Die Meinung der beiden, die nun so lange Freud und Leid miteinander geteilt haben, und die keine noch so mißliche Lage auseinander bringen konnte:

„Das viele Herumziehen hat uns nie etwas ausgemacht. Wenn es uns nicht paßte, haben wir »Tschüs« gesagt und sind wieder weg. Aber jetzt haben wir unser Ziel erreicht. Hier möchten wir nicht mehr weg. Hier sind wir jetzt zu Hause. Jeder hat das gefunden, was er gern macht. Unsere Töchter sind hier. Annie ist Bademeisterin und Tara macht eine Lehre beim Zahnarzt.

Wir waren immer und sind auch heute noch eine glückliche Familie."

Die Kellehers – 1983

Ein Mädchen gibt nicht auf! Cecilia Wolf

Das Mädchen heißt Cecilia und wurde 13 Minuten vor ihrer Zwillingsschwester Monica am 14. Dezember 1965 in Schweden geboren.
Von der Nationalität her sind die Mädchen Deutsche, obwohl sie, so blond und blauäugig wie sie sind, durchaus Schwedinnen sein könnten.
Aber vielleicht sind Schwedinnen etwas größer als diese beiden zierlichen Geschöpfe. Beide sprechen deutsch und schwedisch. Allerdings spricht Monica besser schwedisch als deutsch. Sie wohnt heute noch – wie ihre Eltern – in Schweden, während Cecilia ihr Glück in Deutschland, im deutschen Galoppsport, suchte.
Ob sie es dort wirklich gefunden hat?

Ihre Mutter kam in Rothenburg zur Welt und ging mit 18 Jahren nach Schweden. Der Vater stammt aus Marl in Westfalen. Als er 23 Jahre alt war, zog es auch ihn in das nördliche Land. Unabhängig voneinander fanden es beide interessanter, in Schweden ihr Geld zu verdienen, Vater als Typograph und Mutter als Sekretärin bei Siemens.
In einer deutschen Kneipe in Stockholm, mit dem typisch deutschen Namen »Santa Clara«, lernten sich die Eltern kennen. War es die alte Verbundenheit mit der Heimat? Oder warum verliebten sich ausgerechnet zwei Deutsche in Stockholm ineinander? Sie heirateten, blieben in Schweden und waren glücklich über ihre Zwillinge, die sich wie ein Ei dem anderen glichen.
Als die Mädchen fast 13 Jahre alt waren, lernten sie in den Sommerferien in einem südschwedischen Reitlager reiten. Es gefiel ihnen so gut, daß sie auch die nächsten Ferien dort verbrachten.
Mit 15 Jahren, in der neunten Klasse, mußten sie dann ein Praktikum machen, man nannte es »Arbeitslebenserfahrung«. Monica kam in einem Krankenhaus unter. Cecilia dachte auch an Krankenhaus oder Tierarzt, aber man bot ihr eine Stelle in der Altenpflege an. Das war nicht so ganz nach ihrem Geschmack und sie fragte, ob es denn nicht noch was anderes gäbe. Doch, es gab etwas in einem Stockholmer Rennstall auf der

Rennbahn Täby-Galopp. Dort wurde sie mit dem Virus »Pferd« infiziert. Sie blieb pferdebegeistert und ritt auch nach Beendigung ihres Praktikums jeden Morgen in der Arbeit mit.

1984 machte Cecilia das naturwissenschaftliche Abitur und wollte Tierärztin werden. Doch es fehlten ihr ein paar Punkte. Nach deutscher Bewertung hatte sie einen Notendurchschnitt von 1.8, brauchte aber 1.0 für das Studium an der Tierärztlichen Hochschule.

Es gab noch einen zweiten Weg, an die Uni zu kommen. Dazu mußte man »Arbeits-Lebenserfahrungs-Punkte« sammeln. Also arbeitete sie drei Monate in einem Imbiß, dann zwei Jahre in einer Kleintierpraxis als Tierarzt-Assistentin. Im Februar 1986 fuhren die beiden Schwestern nach Deutschland, um sich dort im Rennsport etwas umzusehen. Vorher hatten sie sich vom Direktorium in Köln Adressen von Trainern schicken lassen, diese angeschrieben und von Otto Werner Seiler, Erich Pils und Mecki Biermann eine positive Antwort erhalten. Bei jedem Trainer konnten sie einen Monat verbringen.

Anschließend fuhren sie wieder zurück nach Schweden, um dort weiterzuarbeiten, Cecilia wieder als Tierarzt-Assistentin, Monica als Verkäuferin in einem Modewarenhaus, bis sie zusammen eine einjährige Ausbildung als Programmierer an der Computerhochschule machten.

Zwischendurch ritt Cecilia immer noch im Rennstall von Michael Kahn in Täby. Im August 1986 konnte sie zum ersten Mal an einem richtigen Rennen teilnehmen – sie wurde Letzte.

Am Abiturtag – Juni 1984
lks. Cecilia – re. Monica

Nach Abschluß des Computerlehrgangs arbeitete sie ein Jahr in einer technischen Computerfirma als Programmiererin. Sie stand morgens um fünf Uhr auf, ritt drei Lots im Rennstall und fuhr mit dem Fahrrad zur Arbeit. Durch die Gleitzeit in ihrer Firma genügte es, wenn sie um neun Uhr anwesend war. Sie verdiente gutes Geld, konnte aber den Beruf nicht leiden. Nach einem Jahr hatte sie genug von der Bildschirm-Starrerei und gab den Job auf.

Mit einer Freundin wollte Cecilia nach Australien fahren. Die Freundin wollte im November noch ihre Reitlehrerausbildung fertig machen, und Cecilia fuhr schon mal im Sommer nach Deutschland, schaute sich Hamburg an und jobbte in der Derbywoche bei dem schwedischen Trainer Olle Stenström als Pferdepflegerin.

Der Australienplan fiel ins Wasser, als sich die Freundin bei einem Reitunfall am Rücken verletzte und die nächste Zeit ausfiel.

Cecilia traf während des Hamburger Meetings Mecki Biermann, der ihr vorschlug, eine richtige Rennreiterlehre am hannoverschen Stall von Bernhard Gerdes zu machen. Zu der Zeit war er dort noch Trainer. Gerdes hatte einen Rennstall (Stall Silbersee) mit ungefähr 20 Pferden und jedes Jahr einen neuen Trainer. Cecilia gefiel der Vorschlag, und sie sagte für Herbst 1988 zu.

Trainer waren im ersten Jahr Paul Ording (heute Futtermeister), einer der vier Ording-Brüder, und im zweiten Jahr Tom Lühnenschloß, bei dem sie auslernte. Da sie Abitur hatte, brauchte sie nur zwei Jahre zu lernen und war dann Berufsrennreiter.

Es lief am Anfang gar nicht schlecht. Am 2. Oktober 1988 errang sie mit Beizfalke schon ihren ersten Sieg und gewann im Dezember mit Mon Fennec ein weiteres Rennen. In den ersten Wochen des Jahres ritt sie fünf Rennen, von denen sie vier gewann.

Doch schon nahm das Unglück seinen Lauf: Ende März geschah der erste Unfall. Sie brach sich bei einem Sturz den rechten Arm, der dabei völlig verdreht wurde. Nach $3^{1}/_{2}$ Monaten Pause konnte sie wieder arbeiten. Vielleicht war sie doch noch etwas unsicher mit dem rechten Arm, denn sie stürzte wieder und brach sich nun den linken Arm. Kaum war der Bruch verheilt, ritt Cecilia mutig weiter.

Auch der nächste Sturz ließ nicht lange auf sich warten. Doch diesmal kam sie nicht so glimpflich davon. Anfang November 1989 brach sie sich beim Einreiten den ersten Lendenwirbel. Jetzt mußte sie fünf Monate pausieren. Aber von Aufgeben war keine Rede. Im Sommer 1990 bestand sie als Zweitbeste die Rennreiterprüfung mit der Note »gut«.

Nach der Saison hatte sie vorerst von Deutschland genug und wollte sich im Winter 1990/91 bei ihren Eltern in Schweden erholen.

Kaum in Stockholm angekommen, besuchte sie ihren alten Trainer Michael Kahn in Täby. Nur ein bißchen Stall-Luft wollte sie schnuppern, aber nach ein paar Tagen erschien sie jeden Morgen zum Ausreiten.

Das war ihr nicht genug. Sie machte einen Ausflug ins englische Pferdemekka nach Newmarket und konnte dort morgens für den Trainer Bill Stubbs ausreiten. Nach zwei Wochen, im Februar 1991, kehrte sie nach Hannover zu Bernhard Gerdes zurück. Trainer war jetzt Hans-Jürgen Gröschel.

Nachdem sie am 29. März ein Rennen gewann, setzte sie gleich ihre Unfallserie fort. Am 30. März 1991 stürzte sie, und ein Pferd trat im Galopp auf ihr Bein. Folge: Sprunggelenk kaputt, Trümmerbruch, Schienbein- und Wadenbeinbruch. Ist ja noch mal gutgegangen, dachte sie, als sie in ihrem Bett im Krankenhaus lag. Ich habe mir nicht das Genick gebrochen und bin nicht gelähmt. Da habe ich doch richtiges Glück gehabt, es wird schon wieder werden!

Aber so leicht kam sie diesmal nicht davon. Über Ostern lag sie mit einem 2,5 Kilo-Gewicht im Streckverband. Das Bein war noch geschwollen, als es am Dienstag nach Ostern operiert wurde. Mit 16 Schrauben, 2 Platten und einem Draht wurde ihr Bein verziert. In der Nacht nach der Operation bekam sie ein Compartment-Syndrom. Das Blut hatte sich im Unterschenkel gestaut. Was nun? Bei der zweiten Operation am Mittwoch erwogen die Ärzte, das Bein zu amputieren. Da war es mit ihrer Fassung vorbei.

„Da habe ich die größte Panik meines Lebens bekommen, davon hatte ich lange Alpträume", sagt Cecilia.

Um den Druck zu erleichtern, wurde der Unterschenkel von oben nach unten ganz aufgeschnitten und sollte nach einer Woche wieder zusammengenäht werden. Leider bekamen sie nur die Hälfte wieder zusammen. Im Mai war eine Hauttransplantation fällig. Eine neuerliche Infektion verlängerte ihren Krankenhausaufenthalt. Im Juli konnte sie das Krankenhaus verlassen, doch erst Mitte September wurde das Material entfernt.

Jeder andere hätte nun erst einmal die Nase voll gehabt vom Reiten. Nicht aber Cecilia.

„Das Zeug muß endlich raus", sagte sie zu den Ärzten. „Ich kann doch nicht mit den ganzen Schraubenköpfen innen am Bein reiten."

Die Ärzte schüttelten fassungslos den Kopf. Der Knochen sah nach dem Entfernen der Schrauben aus wie ein Schweizer Käse. Wie konnte man da noch an Reiten denken? Krankengymnastik wurde ihr verschrieben.

Da Cecilias Freund, der englische Hindernisjockey Simon Ford, inzwischen nach Mülheim gezogen und bei Bruce Hellier beschäftigt war, zog sie auch dorthin und konnte im November ebenfalls bei Hellier anfangen.

Sie befolgte den ärztlichen Rat und ging zur Krankengymnastik. Aber wie es bei Unglücksraben so ist: Der Krankengymnast brach ihr das Schienbein. Das Bein wurde eingegipst, und erst nach sechs Monaten konnte sie wieder arbeiten.

In dieser Zeit dachte sie oft darüber nach, ob sie nun beim Reiten wohl Angst bekommen würde. Wäre das der Fall, wollte sie sofort aufhören. Aber dieses kleine Mädchen – mit einer Größe von 1,60 Metern, einem Gewicht von 48 Kilo, mit einem Löwenherz und einer Bärennatur – hatte keine Angst!

Ende Juni 1992 wurden im Hellier-Stall 12 Mischlingswelpen von zwei Dackelmüttern geboren. Ein Junges kam immer zu ihr, es hatte sich wohl Cecilia als Mutterersatz ausgesucht. Das ist die Kelly. Sie wird dieses Jahr fünf Jahre alt und begleitet sie seitdem überall hin.

Ansonsten war 1992 ein recht erfolgloses Jahr.

Cecilia und Kelly

Im September durfte sie für Bruce Hellier in England das Pferd Bold Surprise abholen. Als der Stalljockey Rikki Morse im Dezember nach England fuhr, bekam sie die Chance, Bold Surprise am 1. Januar 1993 in einem 1700 Meter Rennen für 3jährige sieglose Pferde zu reiten. Es war der erste Start des Pferdes in Deutschland, und sie gewannen das Rennen mit einer halben Länge. Es war dieser Sieg, der ihr wieder Mut und Auftrieb gab. Sie gewann mit Bold Surprise insgesamt fünf Rennen.

„Das war mein Lieblingspferd. Ihm habe ich viel zu verdanken", sagt Cecilia. Ein besonderer Tag war für sie der 13. Februar 1993, als sie in Neuss drei Rennen ritt und alle drei gewann. Das dritte mit Lesny, einem totalen Außenseiter.

Im Januar 1994 gewann Cecilia Wolf zehn Rennen und führte bis Ende Februar mit 12 Siegen die Jockeystatistik an.

Das war schon einmalig!

Am 17. April 1994 ritt Cecilia in Bremen auf Juwel ihren 49. Sieger für die Besitzertrainerin Ira Ferentschak mit einer Quote von 242:10.

Cecilia auf Tamarillo – mit dem sie zweimal siegte

Das Kurioseste war, daß ihr alle zum 50. Sieg gratulierten, obwohl sie selbst davon überzeugt war, daß es erst der 49. Sieg war. Um nicht geizig zu erscheinen, kaufte sie Sekt und gab in der Jockeystube einen aus.

So rechte Freude wollte bei ihr nicht aufkommen, denn sie konnte nicht glauben, daß es wirklich der 50. Sieg war. Gleich am nächsten Tag rief sie im Direktorium an und bekam die Bestätigung, daß ihre Zweifel berechtigt waren.

Am 5. Juni 1994 konnte sie dann in Neuss wirklich ihren 50. Sieg auf Eastern Empire feiern. Aber die Nachteile bekam sie gleich zu spüren. Die Gewichtserlaubnis fiel weg, und dann ist es für Frauen im Rennsport besonders schwer Ritte – dazu noch aussichtsreiche Ritte – zu bekommen.

„In Mülheim blieb ich so ziemlich von Unfällen verschont", erzählt Cecilia. „Ich habe mir nur zweimal die Rippen geprellt und ein bißchen angebrochen. Im Sommer 1994 fing ich zum Ausreiten bei Besitzertrainer Jobst Overbeck in Hattingen an. Es war viel Arbeit. Morgens arbeitete ich auf der Bahn in Mülheim, und mit Fahrt nach Hattingen hin und zurück war ich täglich 15 Stunden unterwegs. Ich war fast immer müde."

Bei Bruce Hellier blieb nicht mehr viel zum Rennreiten für sie übrig, so daß sie zwischendurch mal 6 Monate zu Raimund Prinzinger ging.

Als sich ihr Liebling Bold Surprise im Januar 1995 auf der Sandbahn in Dortmund ein Bein brach und eingeschläfert werden mußte, war sie todunglücklich. Das war für sie schlimmer als ihre eigenen Unfälle.

Und als es dann noch hieß, daß jetzt ein Engländer als Jockey bei Bruce Hellier anfangen würde, nahm sie im Dezember 1995 eine Arbeit bei Mario Hofer in Krefeld an, in der Hoffnung dort mehr Ritte zu bekommen.

Allerdings hatte sie sich im Januar 1996 schnell noch die linke Beckenschaufel gebrochen. Wieder waren zwei Monate Pause fällig.

In der Zeit mußte ihre Wohnung in Mülheim geräumt werden. Ohne die Besitzer Reg und Brenda (Stall Kingsland), mit deren Pferden Rock Ballad, Lataxo und Soft Touch Cecilia insgesamt fünf Rennen gewonnen hatte, wäre wieder alles hoffnungslos gewesen. Sie hatten ihre Wohnung ausgeräumt, alles in einen Pferdetransporter verladen und in die neue Wohnung nach Krefeld gebracht.

Wer Cecilia sieht, hält es nicht für möglich, daß sie so schlimme Stürze überstanden und ausgeheilt hat. Ein sympathisches Mädchen, couragiert, fröhlich und vergnügt.

Als ich ihr viel Glück vor dem Rennen wünschte, sagte sie: „Um Gottes Willen, das dürfen Sie nicht sagen. Das heißt: »Hals und Bein!«"

Da ich gerade ihre Lebensgeschichte gehört hatte, war es mir verdammt schwergefallen, diesen Spruch so leicht dahinzusagen.

Cecilia ist inzwischen wieder bei Bruce Hellier in Mülheim gelandet. Sie wohnt zwar noch in Krefeld, meint aber, daß ihr die 30 Kilometer Entfernung zwischen Stall und Wohnung nichts ausmachen würden.

Hoffen wir, daß wir sie noch oft im Rennen – und zwar oben auf dem Pferd – sehen werden. Schließlich ist sie ein vom Pferdesport besessenes Mädchen, mutig und erfolgreich!

„Hals und Bein, Cecilia!"

Aller guten Dinge sind drei. Dave Richardson

Niemand sang Dave Richardson an der Wiege, daß sein Name einmal im Rennsport einen gewichtigen Klang haben würde; denn sein Vater, Mr. Gordon Richardson fuhr als Kapitän zur See.

Beschäftigt war er bei der großen PNO-Line. Mrs. Gladies Richardson war zwar stolz auf ihren Kapitän, hätte ihn aber gern einmal länger zu Hause gehabt.

Die Familie Richardson wohnte in Flint, einer kleinen Stadt in North Wales, an der irischen See in der Nähe von Chester. Drei Söhne kamen zur Welt. 1940 Gordon, 1944 David und 1948 Ian, der Jüngste. Die ganze Familie war begeistert von der Seefahrt, sie liebten die Schiffe und das Meer.

Bevor der zweite Sohn, Dave, zur Welt kam, verabschiedete sich der Kapitän von der See und übernahm einen Kolonialwarenladen in Flint. Der Laden war ein kleiner Supermarkt mit Postoffice, Tabak und Zeitungen.

Als die Söhne erwachsen wurden, ging der Älteste zur Royal Air Force, danach zur Marine. Ian, der Jüngste, landete gleich bei der Marine. Er arbeitete dann für 3 Jahre als Mechaniker in Dubai, wo er viel Geld verdiente.

Für Dave hatte der Vater andere Pläne. Er sollte in seinem Geschäft mitarbeiten

Dave Richardson 1997

und dieses vielleicht einmal weiterführen. Dave war davon nicht begeistert, er wollte nicht in den Laden.

Nun ist es gerade in England nicht verwunderlich, wenn Freunde und Bekannte zu einem kleinen, leichten Jungen sagen: 'Werde doch Jockey.' Schließlich war er wirklich ein richtiges Fliegengewicht.
Im Alter von 12 Jahren las er in einer Zeitung, daß etliche Galoppsport-Trainer Lehrlinge suchten.
Für eine Lehre war er zwar noch zu jung, aber in den Schulferien wollte er sich schon mal in dem Metier umschauen. 15 Trainer schrieb er an und erhielt nur eine einzige Antwort. Trainer Arthur Budgett aus Whatcombe, in der Nähe von Lambourn, lud ihn für die nächsten Schulferien ein. Budgett betreute zu dieser Zeit 70 Pferde. Er hatte schon zwei Derbys gewonnen und war ein sehr guter Trainer.

Daves Eltern hatten nichts gegen seine Pläne einzuwenden. Sie dachten, okay, schicken wir ihn hin, er wird das nicht gern machen und ist bald wieder zu Hause. Sie irrten sich. Dave wurde ein begeisterter Frühaufsteher. Jeden Tag ging er mit den älteren Stalleuten herum und lernte, was man in einem Rennstall alles machen muß. Natürlich kam er noch nicht auf ein Pferd. Aber die Arbeit machte ihm so viel Spaß, daß er sich für die nächsten Schulferien wieder anmeldete.
Jetzt durfte er schon mal auf einem Pony reiten. Außer den Ponys gab es für die Lehrlinge zwei ältere, gutmütige Rennpferde, auf denen die ersten Reitversuche unternommen wurden. Das waren der achtjährige Fuchs Jules, ein Wallach, und die sechsjährige dunkelbraune Stute Royal Fancy.
In den letzten Schulferien durfte Dave schon auf diesen beiden Pferden reiten. Als er 15 Jahre alt war, schloß er mit dem Einverständnis seiner Eltern bei Budgett einen Lehrvertrag über fünf Jahre ab. Er war der erste, der nun richtig von zu Hause wegging. Denn seine Brüder kamen von ihren Einsätzen – die ja Pflicht waren – ob bei der Air Force oder der Marine, immer wieder nach Hause.

Als Dave später Erfolg hatte, waren die Eltern stolz auf ihren Sohn. Das stand in den Tageszeitungen, und besonders die Mutter freute sich sehr darüber.

Der erste Ritt

„Ich bin zwar nicht bei der Marine, aber die Pferde schaukeln auch, da ist der Unterschied zu einem Schiff gar nicht so groß", sagte er scherzhaft zu seiner Familie.

Durch seine Ferienarbeit war Dave von den sechs Lehrlingen der Routinierteste. Er fing nicht erst mit der Stallarbeit an, sondern durfte gleich Jules und Royal Fancy reiten.

Trainer Budgett und seine Frau nahmen sich sehr viel Zeit für die Ausbildung ihrer Lehrlinge. Um ein gutes Gefühl für die Balance auf einem Pferd zu bekommen, mußten sie viele Übungen machen wie: vom Pferd runterspringen, wieder rauf aufs Pferd – mit und ohne Sattel, dann vorsichtig zwischen den Stangen gehen und dergleichen mehr.

Die Lehrlinge wurden auf die erfahrenen Stallangestellten aufgeteilt und später auf die Lots – wer mit wem rausgeht.

Als Dave einem Stallmann zugeteilt wurde, der nebenbei noch sechs Kühe zu versorgen hatte, mußte er eine Stunde früher als die anderen aufstehen. Auch das konnte ihn nicht schrecken.

So lernte er neben dem Umgang mit Pferden auch den Umgang mit Kühen. Der Kuhstall wurde morgens ausgemistet und die Kühe noch mit den Händen gemolken.

Dave erinnert sich an eine Episode, die ihm in dieser Zeit einmal passierte:

Der Stallmann mußte dringend weg und überließ ihm die zwei Milcheimer für die Frühstücksversorgung des Governor-Hauses (Haus des Chefs) und des Hostels, in dem die Lehrlinge wohnten.

Auf einmal gab eine Kuh schwarze Milch. Daves Eimer war schon 3/4 voll. Nun war die Milch versaut, und er mußte den Inhalt des ganzen Eimers wegschütten. Die Milch im zweiten Eimer kam durch einen Filter. Dann verteilte er ihn auf 2 saubere Eimer und füllte den fehlenden Rest mit Wasser auf. Jetzt hatte er wieder zwei Eimer, allerdings sehr kalorienarme Magermilch. Er verteilte die Eimer auf das große Haus und das Hostel. Eine Stunde später hörte er einen Schrei aus dem Governor-Haus.

Ein Angestellter hatte sich die Milch in seine Cornflakes geschüttet, das war fast nur Wasser.

Die Lehrlinge schrien zwar nicht, aber sie waren so entsetzt über die helle Flüssigkeit, daß sie Dave suchten, um ihn zu verprügeln. Dabei war Dave im Grunde völlig unschuldig, was hätte er machen sollen? Er hatte keine bessere Milch. Er konnte doch nichts dafür, daß eine Kuh durch eine Infektion, wie sich später herausstellte, nur schwarze Milch gab.

Vielleicht hätte er die Wassermenge etwas reduzieren sollen.

Dann hatte eine Kuh ein Kalb bekommen und war bei der Geburt gestorben. Das mutterlose Kälbchen Winnie hatte es Dave angetan, und er hatte es allein großgezogen. Mit diesem Kälbchen verband ihn eine jahrelange Freundschaft, sogar dann noch, als Winnie bereits selbst Mutter war. Winnie kam immer angerannt, wenn sie Dave erblickte. Sie konnte noch so weit oben auf der Koppel stehen. Er durfte auf ihr reiten, sogar Rodeo, und wann immer sie konnte, versuchte sie, ihm liebevoll mit der Zunge über das Gesicht zu streichen.

Die Aufgabe der Lehrlinge war es, das Tor zu öffnen, wenn die Lots zu den Galopps rausgingen und gleich wieder zu schließen, damit die Kühe nicht rauskonnten. Einer mußte immer dableiben und am Tor aufpassen. Die anderen durften auf den Ponys mit zu den Galopps gehen. Der Weg dahin war kilometerlang.

Während der Trainer von seinem Pferd aus die Galopps beobachtete, waren die Lehrlinge um ihn herum versammelt. Seine Erläuterungen waren keine Theorie, das war Praxis.

Nach Abschluß der fünfjährigen Lehrzeit verlängerte der Trainer den Lehrvertrag noch einmal um drei Jahre. Dave war damit einverstanden.

Es brachte für ihn viele Vorteile. Der Trainer rief andere Trainer an und sagte: „Sparks ist frei, er hat noch Gewichtserlaubnis." Dadurch bekam er viele Ritte.

In England hatte Dave den Spitznamen 'Sparks'. Alle Welt nannte ihn bald nur noch so. Der Name entstand durch seinen Wohnort Flint. Ein 'flint' ist ein Feuerstein. Zwei Feuersteine (flintstones) aneinandergeschlagen ergeben einen Funken – und ein Funke ist ein 'Sparks'.

Als Dave 23 Jahre alt war, vermittelte ihm sein Trainer Arthur Budgett eine Stelle als erster Jockey bei Peter Dawson in Epsom, der 35 Pferde trainierte. Budgett kannte den griechischen Besitzer Godot, der wirklich gute Pferde bei Dawson hatte. Dadurch kam die Verbindung zustande.

„Wir hatten am Anfang eine gute Saison", erzählte Dave Richardson.
„Der Besitzer Godot war sehr zufrieden mit meinen Ritten. Als mir mal ein dummer Fehler unterlief, nahm er mich sogar in Schutz.
Ich ritt Godots Pferd Majestic, da passierte mir die Sache mit dem »falschen Ziel«, wie sie auch Lester Piggott schon mal passiert ist. Ich lag vorn, kam an den ersten Zielpfosten, glaubte mich im Ziel und nahm die Hände runter. In dem Moment kamen zwei Pferde angefegt. Ein paar Meter weiter war erst das richtige Ziel. Jetzt war ich nur Zweiter. Zum Schluß wurde ich noch auf den dritten Platz gesetzt, da mein Pferd das dritte Pferd behindert hatte.
Der Trainer war sehr ärgerlich, doch Herr Godot hielt zu mir und sagte: 'Jeder kann mal einen Fehler machen.' Das war unheimlich nett.

Als ich das nächste Mal eines seiner Pferde in Frankreich, in Every, reiten sollte, brach ich mir kurz vorher den Ellenbogen, durch einen Sturz bei einem Rennen auf einer kleinen Bahn.
Obwohl ein anderer Jockey nun sein Pferd ritt, nahm er mich mit nach Frankreich zum Rennen. Sein Pferd wurde Zweiter.
Ich mußte ein ganzes Jahr pausieren. Danach war es verdammt schwer, wieder reinzukommen. Alle anderen Jockeys hatten die Pferde geritten und gewonnen."

Mit 25 Jahren heiratete Dave seine Freundin Jane Roberta, die alle Welt nur unter dem Namen »Bobbie« kennt.

Von Dawson wechselte er nach Yorkshire zu Trainer Bill Elsey. Dort war er zweiter Jockey. Als der frühere zweite Jockey Edward Hide zurückkam, wurde er auf den dritten Platz gesetzt. Das gefiel ihm gar nicht. Er ging zurück nach Epsom als Freelancer. Das lief wunderbar.

„Eines Tages", erinnert sich Sparks, „ritt ich in Sundown Park, in der Nähe von London. Vom deutschen Gestüt Eversfield sah mich jemand reiten, dem ich wohl gefallen haben mußte, denn er kam in die Jockeystube und fragte mich, ob ich Interesse hätte, in Deutschland zu reiten. Ich sollte es mir einmal überlegen.

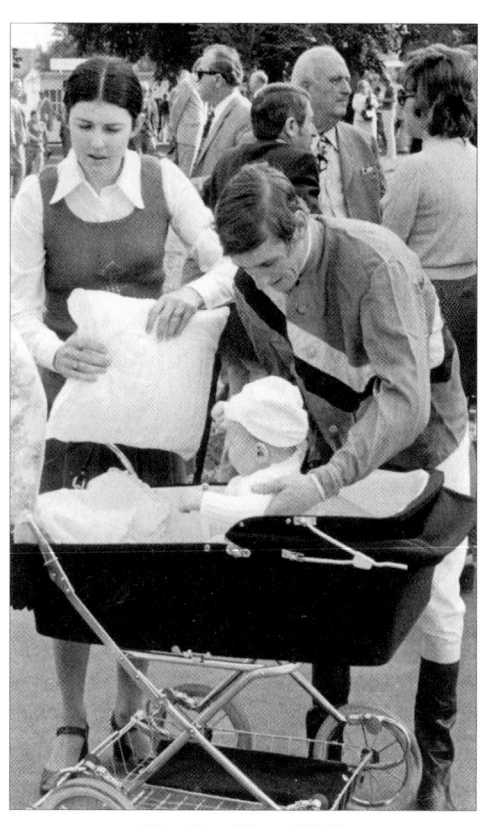

Die Familie – 1972

Ich fragte meinen Jockeykollegen Ron Hutchinson, der schon in Deutschland geritten ist, was er davon hielte. 'Sparks, geh rüber und guck dir das an', meinte er.

Also machte ich ein Wochenende zur Probe aus. Ich sollte in Gelsenkirchen für Herbert Cohn zwei Pferde in einem größeren Rennen reiten.

Als ich mit beiden Pferden Letzter wurde, dachte ich, das kannste ruhig vergessen. Ich weiß nicht, warum Herbert Cohn trotzdem zufrieden war.

In England angekommen, sagte ich zu meiner Frau: 'Bobbie, Deutschland kannste vergessen. Wir gehen weiter weg, nach Australien.'

Zwei Tage später bekam ich ein Telegramm von Eversfield.

Alle waren sehr zufrieden mit mir, ob ich noch Interesse hätte, im Stall von Herbert Cohn zu reiten. Ein Angebot war gleich beigefügt. Das gefiel mir. Wo ich zweimal Letzter war, hätte ich das nie geglaubt.

Herbert Cohn war ein wirklich guter Pferdemann, auch menschlich kam ich sehr gut mit ihm aus. Er hatte zu der Zeit 60 Pferde im Training. Viele waren Ausgleich I-Pferde, und viele gingen über die Hindernisbahn mit Peter Cohn, seinem Sohn. Der war Hindernisjockey."

Dave Richardson war gerade ein paar Monate in Deutschland, als er 1971 mit Lauscher für das Gestüt Rösler und für seinen Trainer Herbert Cohn zum ersten Mal das Deutsche Derby gewann. Lauscher war bei weitem kein Favorit. Er war zwar Zweiter im Preis des Winterfavoriten, hatte aber danach überhaupt keine Leistung mehr gezeigt. Er hatte nur den sechsten Platz im Henckel-Rennen und den zwölften in der Union belegt. Es war ein Derby, in dem die Außenseiter vorn lagen, vor allem der Dritte stand bei einer Quote von 1137:10. So sah dann auch die Quote der Dreierwette aus.

DM 368.228 konnte der glückliche Gewinner von der Kasse abholen.

Dazu Dave: „Jedesmal, wenn ich Lauscher geritten hatte, war tiefer Boden. Mein Trainer sagte immer: 'Der braucht festen, knüppelharten Boden.' Und wie war das in der Derbywoche?

Es regnete und regnete – bis zum Donnerstag. Dann kommt so eine Hitze, der Boden wird knallhart und Lauscher gewinnt das Derby.

Schicksal: 'The right time in the right moment.'

Lauscher Derbysieger 1971

1980 Derbysieg mit Navarino
Trainer A.P. Schlaefke – Besitzer H. Einschütz

Der Zweite war Madruzzo mit dem südafrikanischen Jockey Jan Gorton im Sattel, Besitzer Hugo Einschütz.

Für Einschütz gewann ich mit Navarino 1980 mein zweites Derby.

Nach dem Tod von Hugo Einschütz zählte seine Frau, als ich später Trainer war, zu meinen besten Besitzern.

Zu meiner Zeit bei Herbert Cohn ritt ich Vigo Star in Baden-Baden. Er war der hohe Favorit, und im Rennen wurde er Letzer. Ich hatte das Gefühl, daß das Pferd negativ gedopt war. Vielleicht von einem, der nicht wollte, daß wir gewinnen.

Der Trainer hat hinterher private Dopingtests machen lassen. Das einzige, was er zu mir sagte war: 'Da war was nicht in Ordnung.' Das hatte ich auch gemerkt. Ich glaube, er wollte die Sache nicht unnötig aufwirbeln, um den Ruf des Rennsports nicht zu schädigen.

Als ich vom Geläuf zurückkam, bekam ich jedenfalls die Wut der Zuschauer, die mich auf ihrem Wettschein hatten, zu spüren. Steine haben sie auf mich geworfen, es war schrecklich.

Nach drei Jahren bei Herbert Cohn, bekam ich zwei gute Angebote. Eins von Adolf Wöhler nach Bremen und das andere von Arthur Paul Schlaefke nach Köln. Letzteres nahm ich an, da es in der Nähe unserer Wohnung war. Ich hatte in dieser Beziehung richtig Glück gehabt. Wir brauchten in 18 Jahren nicht einmal umzuziehen, da die Arbeitsstellen immer in und um Köln waren.

Nach vier Jahren Schlaefke folgten zwei Jahre bei Röttgen. Mit Theo Grieper kam ich sehr gut zurecht, der hilft mir heute noch, wenn ich mal Fragen habe.

Später war ich nochmal bei Schlaefke und wieder bei Röttgen. Alles zusammengerechnet ritt ich sieben Jahre für Schlaefke. Ich hatte viele gute Jahre dort. Das war ein hervorragender Trainer.

1976 schickte Schlaefke fünf Pferde ins Derby. Ich ritt Oliver. Den hatte ich ausgesucht, weil er in meinen Augen die besten Rennen gelaufen war.

Wir springen ab, und ich war mit Ralf Suerland vorne. Ich gehe so gut neben Ralf, wir haben noch geflachst und uns unterhalten. Auf einmal sagt er 'By Dave' und ist weg.

In dem Moment kommen meine vier Stallgefährten vorbei und putzen mich weg. Da habe ich schwer geschluckt.

Wir Jockey-Kollegen hatten zur damaligen Zeit sehr gute private Kontakte. Im Rennen ist das was anderes. Das ist dein Geschäft, da geht es hart zu. Aber im Privatleben war das eine Superzeit.

In unserer Stammkneipe in Auweiler, saßen wir Jockeys oft abends gemütlich zusammen, haben schön gegessen und viel Spaß gehabt.

Einmal machten Lutz Mäder und ich einen Wettstreit im Armdrücken. Man stellt den Unterarm auf den Tisch und jeder versucht, den anderen runterzudrücken. Ich hatte nie eine Chance, weil Lutz eine unheimliche Kraft entwickelte. Da kamen riesengroße, kräftige Bauersleute herein. Sie setzen sich an den Nebentisch und schauten unseren Späßchen zu.

Lutz ließ mich ein paarmal gewinnen.

Jetzt kam so ein Riese an unseren Tisch und fragte, ob er das mal mit Lutz machen könne. Er legt einen Hundertmarkschein auf den Tisch, wir sollten dagegenhalten. Erst waren wir völlig verblüfft. Aber da wir wußten, was für eine Kraft unser kleiner Lutz in seinen Armen hat, stimmten wir zu. In ein paar Sekunden hatte Lutz ihn umgebogen. Der Fremde konnte das nicht glauben. Er hatte doch gesehen, wie er das mit mir gemacht hatte. Er rannte zu seinen Kumpels, holte den nächsten. Immer legten sie Geld auf den Tisch und immer verloren sie.

Viermal versuchten sie es und viermal gewann Lutz. Sie waren am Schluß mehr erstaunt als wütend, weil es ihnen nicht gelang, gegen so ein Leichtgewicht zu gewinnen.

Manchmal habe ich den Eindruck, daß die Rennreiter heute nicht mehr so viel Kontakt untereinander haben. Ich hoffe, ich irre mich. Denn das wäre sehr schade.

In England haben auch die Trainer ein gutes Verhältnis untereinander. Sie trainieren nicht auf der Rennbahn, sondern haben alle einen privaten Stall. Für die Pferde gibt es dort andere Trainingsmöglichkeiten. Egal wie groß der Stall ist, sie haben Zeit. Es gehen drei oder vier Lots raus. Zuerst über Straßen, das ist gut für die Knochen, dann Berge oder Hügel hoch, alles, was möglich ist. Das ist sehr gut für die Muskulatur.

Wenn sich die Trainer auf der Rennbahn treffen, trinken sie einen Whisky zusammen. Ich glaube, dort gibt es nicht so viele Neider.

1986 Derbysieg mit Philippo – Trainer Hartmut Steguweit

In Deutschland werden fast alle Pferde nur auf den Rennbahnen trainiert. Zum Beispiel in Köln, da gehen die Pferde raus wie am laufenden Band. Dort gibt es für die vielen Pferde nur die Bahn als Trainingsmöglichkeit.

Trotzdem haben wir jetzt viel bessere, wirklich gute Pferde in Deutschland. Sie sind größtenteils sehr gut gezogen.

Meinen dritten Derbysieg errang ich mit Philippo.

Ich war gerade von Löwe in Köln zum Schultheis-Stall nach Warendorf gewechselt, als mich Hartmut Steguweit, damals Trainer in Herzebrock, fragte, ob ich einen Vertrag schließen würde: Ein Jahr den Philippo in den Rennen zu reiten. Ich sagte zu.

Ich blieb neun Monate bei Schultheis und habe in der Zeit viel von Willi Schultheis gelernt. Das war ein Super-Pferdemann. Er brachte mir soviel über den Umgang mit Pferden bei – das war wirklich Spitze.

Bei mir scheute mal eine Stute. Sie ging an einer bestimmten Stelle nicht weiter. Etwas war ihr fremd und sie blieb einfach stehen. Ich bemühte mich, aber sie blieb stur.

'Wieviel Zeit gibst du mir, um sie da vorbei zu bringen?' fragte mich Willi.

'Na, so zwei Tage', meinte ich.

Willi Schultheis kam, beruhigte das Pferd, und es dauerte nur ein paar Minuten, bis es seelenruhig an der kritischen Stelle vorbeiging. Da war ich platt.

Ich ritt nun neben den Schultheis-Pferden den Philippo für Steguweit. Im Busch-Memorial wurden wir Letzter.

'Meinst du wirklich, daß ich mit dem das Derby gewinne?' fragte ich Hartmut Steguweit.

Darauf Steguweit ganz gelassen: 'Dave, wir haben so viele Komplikationen gehabt – abwarten – vergiß das letzte Rennen!'

Als nächstes kommt das Henckel-Rennen und Philippo gewinnt!

Dann das Union-Rennen. Wir haben einen sehr schlechten Rennverlauf, ich wurde trotzdem Dritter.

Nun wußte ich, daß Philippo durchaus Derby-Chancen hatte.

Im Training wurde er nur von Trainer Steguweit und Futtermeister Rau geritten. Ich konnte mir meine Meinung über das Pferd nur durch das, was sie mir über ihn erzählten und durch meine Erfahrung in den Rennen, bilden."

Dann kam der Derby-Sonntag am 6. Juli 1986. Es hatte zwar nachts geregnet, aber am Tag wurde es wieder sehr heiß, und das Geläuf war trocken. Hohe Favoriten waren der Zoppenbroicher Orfano (20:10), auf dem Peter Alafi saß, und der Fährhofer El Salto (52:10), mit Georg Bocskai im Sattel. Auch Philippos Chancen wurden immer besser eingeschätzt. Zum Schluß überholte er am Toto mit 44:10 noch El Salto.

Durch die Fernsehübertragung der Fußballweltmeisterschaft in Mexico startete das Derby erst um 18.40 Uhr. Wie erwartet, lagen Orfano und El Salto bis zur Zielgeraden an der Spitze. Dave Richardson konnte seinen Hengst an der Innenseite hinter den anderen gut verstecken.

Als er in die Gerade kam fühlte er sich von Alafi etwas behindert. Dafür heftete er sich sofort an dessen Fersen, bis sich eine Lücke auftat, durch die er kurz entschlossen stieß. Nach ein paar Galoppsprüngen lag er klar vor dem Feld und gewann das Rennen unter großem Beifall der Zuschauer.

Die Stute Night Line, von Peter Hess, wurde Zweite. Auf den nächsten Plätzen kamen El Salto und Orfano ins Ziel.

1991 erhielt Dave Richardson das Angebot, den Rennstall des verstorbenen Trainers Andreas Hecker in Frankfurt zu übernehmen.

„Hecker war für mich ein riesengroßer Pferdemann. Seitdem ich in Deutschland war, rief er mich immer an, ob ich seine Pferde reiten könne, egal, ob ich nach Frankfurt kam oder er in den Westen ging. Man wußte, wenn er mit seinen Pferden unterwegs ist, hat er die größten Chancen. Allein einen Derbysieger – wie Zank – zu satteln, das macht ihm so schnell in Frankfurt keiner nach.

Ich hatte Riesenerfolge für Hecker. Sein plötzlicher Tod ging mir sehr nahe.

Zwanzig Siege fehlten mir noch, um in den Club der 1000 aufzurücken. Die 20 Siege hätte ich gern noch gehabt, aber letztendlich bringen sie ja nichts ein.

Da ich die Trainerprüfung schon gemacht hatte, sagte ich zu.
Als Trainer einen Derbysieger vorzubereiten, das wäre mein größter Wunsch. Dann wäre ich wirklich der Nachfolger von Andreas Hecker."

Nach einem harten Anfang mit sechs Pferden, die er von seinem Vorgänger übernommen hatte, ist er inzwischen der erfolgreichste Frankfurter Galopptrainer geworden. Mit 35 Pferden betreut er das größte Lot auf dieser Bahn.

Seine in Deutschland geborenen Kinder, sind heute erwachsen. James, 1972 geboren, arbeitet in der Hotelbranche und ist zur Zeit an der Nordseeküste in einem Holiday Inn Hotel beschäftigt. Die 4 Jahre jüngere Natalie hat eine sehr gute Stelle in der Verwaltung beim Modehaus Ammerschläger.

Daß die Richardsons einmal nach England zurückkehren, können sie sich heute nicht mehr so recht vorstellen, obwohl die Familienbande nie zerschnitten wurden. Die Familie hat immer noch gute Kontakte untereinander.

Der Vater starb vor zwanzig Jahren. Den Kolonialwarenladen hatte er verkauft, da ihn keiner seiner Söhne weiterführen wollte. Er konnte es sich leisten, nur noch Golf zu spielen.

Die Mutter lebt noch immer in North Wales, in der Nähe ihres jüngsten Sohnes Ian, der eine große Firma besitzt – er verleiht Baumaschinen.

Gordon, der Älteste, bewohnt in Nordengland ein wunderschönes Hausboot (Longboat). Auch er ist selbständig und arbeitet als Chefmechaniker für viele große Firmen. Alle drei Brüder sind verheiratet.

Ist die Mutter mal krank ist – sie hat in letzter Zeit Probleme mit dem Herzen – kümmern sich nicht nur die in der Nähe lebenden Söhne um sie, dann steigt auch Dave in das nächste Flugzeug nach England.

Der Mann fürs Kleine. Ralf Suerland

„Ralf ist so klein, der muß etwas machen, wo er es mit kleinen Sachen zu tun hat", sagten sich seine Eltern, als sie über eine Lehrstelle für ihren Sohn nachdachten. Ja, was gibt es da für eine Auswahl an kleinen Dingen? „Uhrmacher wär das Richtige", meinte der Vater, „da sitzt er gemütlich den ganzen Tag in einer Werkstatt und hat mit kleinen Rädchen und Teilchen zu tun."

Gesagt, getan. Die Eltern kümmerten sich um eine Lehrstelle und waren erfreut, daß sie ihren Sohn nach Abschluß der Schule zu Meister Schulte-Hullern in Castrop-Rauxel schicken konnten.

„Das war eine klasse Logik!" meint Ralf heute. „Ich hatte wenig Lust zu dem Beruf, ließ mich aber überreden. Die ganze Lernerei machte mir keinen Spaß. Die Prüfung habe ich noch bestanden, doch dann wollte ich den Beruf nicht weiter ausüben. Ich war erst einmal ungefähr drei Monate arbeitslos. Es war gerade die Hippiezeit, und wie viele meiner Freunde, habe ich so ein bißchen rumgegammelt. Lange Haare durften wir nicht haben. Da gab es Ärger zu Hause. Wir waren nur so nachgemachte Hippies, trieben uns nicht in der Welt herum, sondern nur in Castrop-Rauxel.

Eines Samstags, als ich mal nichts zu tun hatte, saß ich abends vor dem Fernseher und schaute mir die Sportschau an.

Ein Pferd namens Luciano wurde zum Galopper des Jahres gewählt. Ossi Langner, der Erfolgsreiter dieses Pferdes, war im Studio anwesend und erzählte etwas über das Pferd, den Beruf des Rennreiters und alles solche Sachen.

Er wurde gefragt, ob es genügend Nachwuchs in dem Beruf gäbe. Ossi antwortete, daß kleine und leichte Jungen mit Reittalent immer gesucht würden. Wer Interesse hätte, solle über das Direktorium für Vollblutzucht und Rennen in Köln nähere Informationen einholen.

Obwohl ich Pferde nur vom Zirkus kannte und noch nie selbst auf einem gesessen hatte, schrieb ich mir die Adresse auf. Ich dachte, es kann ja nicht schaden, wenn ich mich mal erkundige, was das alles so ist. Ohne die geringste Ahnung zu haben, schrieb ich ans Direktorium, daß ich mich für den Beruf interessieren würde. Ich bin Jahrgang 1950, war nun 17 Jahre alt, 1,60 Meter groß und wog 46 Kilo. Und tatsächlich, nach einer Woche bekam ich Anwort: Ich solle mich auf der Kölner Rennbahn bei Herrn von Mitzlaff vorstellen.

Es war ein kalter Novembertag. Bei Schnee und Regen, die Straßen waren glatt, kam ich da an.
 'Ach du liebe Zeit', sagte Herr von Mitzlaff, als er mich durchnäßt und durchgefroren vor sich stehen sah. 'Der ist ja jetzt schon zu groß.'
 Wieso zu groß? Ich bin doch sonst immer für alles zu klein, dachte ich.
 'Zu große Hände', bekam ich zu hören. Dann stellte mir der Trainer einen ganz Kleinen vor.
 'Sehen Sie', meinte er, 'das ist ein Jockey! Der hat kleine Hände und kleine Füße.' Ich dachte: Ein Glück, daß ich nicht so aussehe wie der. Ich sah für mich keine Chance mehr und wollte schon wieder umkehren. Warum auch immer, Herr von Mitzlaff hat mich dann doch genommen, und im Januar 1968 konnte ich die 3½jährige Lehre beginnen.

Sieger für Trainer Hochstein

Die großen Derbysieger Ilix und der mir schon vom Fernsehen her bekannte Luciano standen zu der Zeit im Mitzlaff-Stall. Uwe Ostmann war der Hindernisjockey. Mit ihm und den anderen Hindernisjockeys, wie Toni Pohlkötter und Manfred Knops, der gerade ausgelernt hatte und nach vielen Stationen im Rennsport heute bei mir als Reisefuttermeister gelandet ist, habe ich zusammengearbeitet.

Als Lehrling bekam ich nicht viele Ritte, habe nur vier Rennen gewonnen. Es war schon ein besseres Stutenrennen dabei; Katja hieß mein Pferd. Da man im Rennsport sagt, man soll nach der Lehre nicht beim Lehrherrn bleiben, wechselte ich für kurze Zeit zu Pohlkötter, der inzwischen Trainer war, und dann zu Männe Hochstein. Der setzte mich gleich in den Rennen auf seine Pferde, und innerhalb eines Jahres konnte ich 30 Siege verbuchen. Bei ihm wurde ich Jockey. Jetzt bekam ich mehr Angebote. Bei Georg Zuber war ich eine Zeitlang erster Jockey, bis ich von Heinz Jentzsch für Schlenderhan die Chance bekam, am Asterblütestall, als zweiter Jockey nach Joan Pall, zu arbeiten. Nach fünf Jahren war ich dort für zwei Jahre erster Stalljockey. Ich hatte eine sehr erfolgreiche Zeit, gewann 1976 für Schlenderhan mit Stuyvesant das Derby und für Fährhof 1977 mit Ebano den Preis von Europa.

Als ich mit Stuyvesant das Derby gewann, war ich heißer Favorit. Ich sprang ab und ging vorne. Dann sah ich einen neben mir und dachte, wer ist das denn? Es war Dave Richardson. Er rief mir zu: 'Meiner geht gut!'

Sieg mit Abdul für Trainer Hochstein Preis der Stadt Baden-Baden 1975

Wir gingen nebeneinander. Irgendwann hatte ich das Gefühl, nur noch die Zügel in der Hand zu halten und rief Dave zu: 'Ich habe nichts mehr auf der Naht!'

'Paß auf, wenn ich loslege – dann bin ich weg, und du hast keine Chance mehr', war sein Kommentar.

Er lag eine halbe Länge hinter mir, doch da wir beide vor dem Feld lagen, konnten wir uns noch unterhalten – und das im Derby.

Dann kam der Schlußbogen. Ich habe meinem einen vor'n Arsch gehauen – dann war ich weg. Richardson war auf einmal verschwunden und ich wunderte mich, wo er denn blieb, denn seiner ging wirklich überlegen. Zweihundert Meter vor dem Ziel rief mir einer innen von der Bahn zu: 'Reit nach Hause, du gewinnst!'

Ich guckte mich das erste Mal um und dachte: Wo sind denn die anderen? Ich hatte immer das Gefühl, da kommt noch einer. Ich drehte mich noch mal um, aber da war keiner mehr. 8 Längen waren wir in Front und mit 6$^{1}/_{2}$ Längen haben wir dann gewonnen.

Nachher fragte ich Dave: 'Wo bist du denn geblieben, deiner ging doch so gut?'

Sieg im Schwargold-Rennen für Baronin Oppenheim – Düsseldorf 1975

In dem Derby hatte Arthur Schlaefke fünf Pferde, und als Stalljockey konnte sich Richardson seinen aussuchen.
'Stell dir vor', sagte er zu mir, 'ich hatte das beste Pferd aus dem Stall. Trotzdem sind die anderen an mir vorbeigesaust, und ich wurde nur Sechster.'
Es ging ihm, wie so vielen anderen – er saß auf dem »falschen Pferd«.

Dann kam bei mir das berühmte »gute Jahr« mit Los Santos und Aureline:
Ein völlig verkorkstes Jahr. Aureline lief im Schwarzgold-Rennen. Ich war noch in Front, da ist sie drei Meter vor dem Ziel mit mir durch die Hecke geflogen. Wir haben uns richtig überschlagen.
Dadurch gab es bei unserer Zusammenarbeit am Stall den ersten Knacks. Den zweiten Knacks gab es mit Los Santos im Herbstpreis. Los Santos war ein ganz schwieriges Pferd, das brach immer weg. Als er das erste Mal weggebrochen ist, ganz nach außen, ging es gerade noch mal gut. Das nächste Mal in der Union ist Los Santos in der letzten Ecke raus und geradeaus bis an die Rails gesaust. Damit war für mich alles geregelt. Bis Ende des Jahres könne ich noch bleiben, sagte Herr Jentzsch. Das war mir schon verständlich nach solchen Pannen.
Manfred Hofer war zu der Zeit zweiter Jockey am Asterblütestall, dritter Mann war Peter Schade. Die ganze Jockeymannschaft wurde ausgetauscht gegen Georg Bocskai und Andrzej Tylicki.
Anschließend ritt ich bei Horst Steinmetz, Peter Lautner und bei Hein Bollow als Zweiter hinter Peter Remmert. Ich war meistens nur zweiter Mann, hatte wenige Ritte, und dann ging das mit den Unfällen los. Einmal offener Schienbeinbruch – acht Monate Gips. Dann Fuß gebrochen, Knie ramponiert, und als ich bei Bollows Nachfolger Peter Remmert ein Jahr ritt, war das auch nichts. Ich hatte einen Bänderriß, das Knie kaputt und mußte drei Monate pausieren.
Durch meine verletzungsbedingte Freizeit, habe ich wie bei einem normalen Handwerkerberuf die Meisterprüfung als Pferdewirt gemacht, richtig mit Meisterbrief. Sechs Monate waren erforderlich, alle Kurse durchzugehen, dann noch vier Wochen für die Trainerprüfung. Wir waren eine lustige Truppe, so 20 Leute, unter anderem Peter Kienzler, Lutz Mäder und Jose Orihuel. Wir hatten das gar nicht so ernst genommen. Die erste Trainerprüfung hatte ich nicht geschafft. Im Steuerfach fiel ich

durch. Steuer, das war nicht mein Fall. Da mußte man einen Bericht von fast 35 Seiten schreiben.

Bei mir stand: Thema verfehlt. Mit zwei Fünfen war die Sache gegessen. Ein Jahr später habe ich die Prüfung nachgemacht und diesmal mit Steuer und allem Drum und Dran bestanden. Von der damaligen Clique sind nicht mehr viele übriggeblieben.

Als ich bei Peter Remmert drei Monate krank war, brauchte ich nicht mehr wiederzukommen. Konnte ich ja auch verstehen. Außerdem bekam ich nach so vielen Unfällen auch langsam Angst im Rennen. Wenn man alles

Arbeitsgalopp in Hamburg

kaputt hat, wird man vorsichtiger. Dann geht man nicht mehr so unbekümmert ins Rennen, wie die jungen Leute. Ich hatte um die 700 Siege zusammen und sagte mir selbst, es hat keinen Zweck mehr, ich muß etwas anderes machen. Aber was machste nun?

Da hörte ich, daß Günter Rosenbusch einen Jockey und Arbeitsreiter suche. Ich habe bei ihm angefragt und gesagt, daß ich möglichst keine Rennen mehr reiten wolle. Ich konnte bei ihm anfangen. Nach einem halben Jahr meinte Rosenbusch: 'Willste es nicht doch noch mal probieren?'

Okay, ich stieg noch dreimal in den Rennsattel, wurde Zweiter und Dritter, doch ich sah ein, daß es keinen Sinn mehr machte. Ich hatte mir schon immer gesagt, wenn ich mal Angst beim Rennen habe, höre ich auf. Das bringt für den Besitzer nichts, für den Trainer nichts und für einen selbst auch nichts mehr. Natürlich überlegte ich immer wieder, was ich in der Zukunft machen soll. Einen Stall als Trainer zu bekommen, ist schwer. Man sieht ja gerade heute bei manchen Kollegen, wie schwierig so ein Anfang ist.

Dann hatte ich ein Riesenglück: Im Rosenbusch-Quartier lief es nicht mehr so gut. Einige Besitzer gingen weg, zum Schluß hatte er noch einen Virus im Stall. Zwei Pferde starben – das gab ihm den Rest.

Eines Tages fragte ich ihn: 'Willst du nicht einfach aufhören? Du machst dich kaputt, das bringt doch nichts mehr. Ich übernehme den Stall.'

Er überlegte es sich zwei Tage und sagte dann: 'Ja, mach du mal weiter.'

Nun war ich zwar dort beschäftigt, hatte die Trainerlizenz, aber so einfach ist das nicht in Köln. Es mußte erst einmal mit dem Rennverein geklärt werden, ob die mich nehmen. Ich hatte Glück, die Entscheidung fiel zu meinen Gunsten aus. Mit 9 bis 12 Pferden (davon 9 laufende) fing ich an. Niemand glaubte, daß ich das schaffen würde. Gleich nach drei Tagen sattelte ich den ersten Sieger, aber das nahm ich nicht auf meine Kappe, den hatte ich ja noch von Rosenbusch übernommen. Bis zum Saisonende, das waren 3 bis 4 Monate, gewann ich noch 7 Rennen. Bei den wenigen Pferden konnte ich sehr zufrieden sein.

Der große Stall war zur Hälfte abgeteilt. 22 Boxen hatte ich und ebenso viele der Alfred Baltromei. Nach und nach bekam ich immer mehr Pferde ins Training. Ich mußte Gästeboxen belegen und begann, Boxen dazuzubauen. Als Baltromei starb, hatte ich den ganzen Stall. Heute habe ich 75 Boxen, davon 65 belegt. Nun habe ich wieder Platz für neue Pferde.

Mein Futtermeister ist Josef Bohmen, der hat auch schon eine reichlich bewegte Vergangenheit im Rennsport. Er war früher Hindernisjockey, Reisefuttermeister bei Heinz Jentzsch, dann Futtermeister bei Horst Steinmetz und hat auch die Trainerlizenz. Ein guter Mann!

Als ich bei Sven von Mitzlaff anfing zu lernen, war Ossi Langner Stalljockey. Ich muß sagen, ich habe alles von ihm gelernt. Das war Klasse. Heute ist er Besitzer bei mir mit seinem Pferd Adrian. Er reitet ihn jeden Morgen selber. In seinem Alter ist das beispiellos. Er ist immer noch lustig und vergnügt. Nur wenn er morgens kommt, rennen die Leute schnell weg, weil sie ihn hochheben sollen. Natürlich ist er schwerer geworden. Ich würde mir sicherlich auch den Arm brechen, wenn ich ihn stemmen müßte. Aber irgendwie schaffen wir das schon.

Anfang des Jahres 1997 hatte ich ein ganz trauriges Erlebnis. Mein bestes Pferd im Stall war Sir King, der war ein Jahr krank. Es war eigentlich nichts Schlimmes. Es war März, und wir hatten ihn gerade soweit, daß er wieder arbeiten konnte. In 2 bis 3 Wochen sollte er wieder laufen. Morgens beim Galopptraining ging er auf einmal hinten lahm. Es wurde immer schlimmer. Er lag in der Boxe, und der Tierarzt stellte fest: »Beckenbruch«. Er mußte eingeschläfert werden. Das war das Schlimmste, was mir als Trainer bis dahin passiert war. Aber da nützt alles nichts. Wir müssen weitermachen. Die anderen Pferde sind ja auch noch da.

Ich habe inzwischen viele neue Besitzer. Ich habe Mönchhof, der Besitzer heißt Münchow und ist der Mann von Margot Eskens. Als Jockey bei Heinz Jentzsch hatte ich viele große Rennen für ihn gewonnen. Jetzt bin ich ganz stolz, daß er mir zwei Pferde, davon ein ganz gutes, ins Training gestellt hat. Hönyhof hat sechs Pferde bei mir. Neffetal hat einige gute Pferde, und dann habe ich viele Besitzer mit ein bis zwei Pferden.

Ich hatte mal einen sehr abergläubischen Besitzer. Er hatte bei mir ein Pferd gekauft und es in meiner Obhut gelassen. Jeden Abend kam er und mischte seinem Liebling selber das Futter zusammen. Dann mußte ich mit ihm noch einen trinken gehen. Dabei ging er mit mir die Planung für das nächste Rennen durch. Das Pferd hieß Terrific, ein gutes Pferd, hatte auf der Sandbahn drei Rennen gewonnen.

Vor dem ersten Rennen in Dortmund trafen wir uns auf der Bahn, der Besitzer war sehr nervös und fragte mich: 'Also, was machen wir bis das Rennen beginnt? Gehen wir doch noch was trinken.'

Er bestellte einen Klaren und ein Bier. Die Bedienung brachte aber einen Cognac und ein Pils. Obwohl er sonst immer nur Klaren trank, sagte er nichts und bestellte noch einen Cognac. Sein Pferd gewann das Rennen, und er war happy.

Als sein Pferd wieder lief, sagte er: 'Kommen Sie früh genug, wir müssen vorher wieder zwei Cognac trinken.'

'Wieso denn das?' fragte ich. 'Sie trinken doch sonst immer nur Klaren.'

'Daß sich die Bedienung vertan hat, brachte Glück. Das müssen wir beibehalten.'

Jetzt ist das Pferd noch drei- bis viermal gelaufen – und jedesmal das gleiche Ritual: gleiche Stelle, gleiches Getränk. Und tatsächlich gewann das Pferd noch drei Rennen. Danach half weder Cognac noch Schnaps.

In der Weihnachtszeit, ein paar Tage vor Heiligabend, kam dieser Besitzer in den Stall mit einem kleinen Weihnachtsbaum – eine richtige Tanne, geschmückt mit Kügelchen, nur keine Kerzen dran. Den hat er außen an die Boxentür genagelt. Das sah vielleicht lustig aus. Er hatte immer solche Extras veranstaltet. Als die anderen Besitzer kamen, fragten sie verwundert: 'Was ist denn hier los?'

'Na ja, es ist doch Weihnachten, und das Pferd hat eben seinen Weihnachtsbaum bekommen', mußte ich ihnen erklären.

Aber er hatte noch andere Zeremonien: Am Abend vor den Rennen kam er immer mit der Sport-Welt unterm Arm in den Stall. Auch wenn das Pferd für den Transport zu einer anderen Bahn verladen wurde, war er jedesmal dabei. Er trug dann immer den gleichen Anzug. Keinen Mantel – nix. Egal ob es warm oder eiskalt war. So wie der Schnaps vor dem Rennen zum Ritual wurde, so gehörte der Anzug zum Ritual des Verladens.

Ja, es gibt schon außergewöhnliche, lustige und pferdebesessene Leute. Dieses Jahr hat eine ganze Familie ihrem Pferd zum Geburtstag ein Ständchen gebracht. »Happy Birthday« klang es durch den Stall – und das Pferd war richtig glücklich!"

Totes Rennen. Clemens Zeitz

Als Trainer Clemens Zeitz von München nach Frankfurt wechselte, um den Stall von Carola Ortlieb zu übernehmen, hieß es: 'Ein Münchner geht nach Frankfurt.'

Das war nicht so ganz richtig. Clemens Zeitz wäre gern Münchner gewesen, wie seine beiden Buben, die dort geboren wurden. Er selbst kommt jedoch aus Kostheim bei Mainz, ist also eher ein Mainzer Bub.

Seine Kindheit beschreibt er als sehr schön und erlebnisreich. Trotzdem konnte er sich nicht vorstellen, sein ganzes Leben dort zu verbringen. So benutzte er die Einberufung zur Bundeswehr, um von Kostheim wegzukommen. Zur Luftwaffe wollte er – möglichst nach München. Es klappte. Zur Grundausbildung kam er nach Ingolstadt, später nach Erding und Neubiberg, einem Vorort von München.

Clemens' ältester Bruder Jürgen hatte auf der Rennbahn Niederrad bei Otto Wehe gelernt. Als die Eltern merkten, daß es auch Clemens zu den Pferden hinzog, meinten sie: 'Einer bei den Pferden reicht!'

Clemens hatte seinen Bruder des öfteren im Stall besucht und nicht der Beruf des Jockeys, sondern der des Trainers, war schon damals sein Traum.

Er glaubte nicht, daß er diesen Jugendtraum einmal verwirklichen könnte. Für einen Reiter war er zwar nicht zu groß, aber er hatte nicht die federleichten Knochen, die einen Jockey ohne Gewichtsprobleme ausmachen. Clemens machte eine Lehre im kaufmännischen Bereich und arbeitete nach der Bundeswehrzeit in der Buchhaltung eines Münchner Versandhandels.

Bis zur Rennbahn in Riem war es nicht weit, und so sah er sich mal in den Rennställen um. Seine erste Anlaufstelle war der Rennstall von Jupp Thiel. Er kam dort sehr gelegen und konnte nun morgens, wann immer er Zeit hatte, die Pferde mit ausreiten. Er war begeistert, und es dauerte nicht lange, da machte er die Amateurreiterprüfung.

Clemens Zeitz – der Amateurreiter

„Für Charlie Seiffert (Jahrgang 1907) ritt ich öfters aus und lernte viel dazu", erinnert sich Clemens Zeitz. „Das war ein absoluter Pferdemann. Das, was Heinz Jentzsch in Westdeutschland war, war der Seiffert in Bayern. Nur von der Mentalität her waren die beiden sehr unterschiedlich, Heinz Jentzsch ein Ruhiger – und Charlie Seiffert ein Schreier. Seifferts Wort hatte in München großes Gewicht, was er sagte, wurde gemacht. Einmal hat er mir so richtig imponiert. Ich hatte ihn noch nie auf einem Pferd gesehen. Mir wurde immer gesagt, er wäre ein durchschnittlicher, eher miserabler Reiter gewesen. Eines morgens, wir sind alle aufgesessen und ritten im Olympiastall noch ein wenig herum, bevor wir rausgingen. Der letzte, ein etwa zwanzigjähriger junger Mann, kam nicht allein in den Sattel. Es war war keiner mehr da, der ihm draufhalf. Er stand ganz unglücklich bei seinem Pferd, als der Trainer kam und ihn niedermachte. Richtig zusammengeschissen hat er ihn:

'Du junger Spund, soll ich dir mal zeigen, wie man aufs Pferd raufspringt?'

Da ist Charlie Seiffert – knapp 70 Jahre alt – aufs Pferd gesprungen. Rauf und wieder runter. Ich hab meinen Augen nicht getraut wie das ging. Ich war platt und die anderen auch. Da wir ihn noch nie auf einem Pferd gesehen hatten, hatte ihm das keiner zugetraut.

Ähnlich beeindruckt hat mich später der Norbert Sauer, als ich einige Wochen in Dortmund bei ihm ausritt. Ich wußte, daß er ein sehr guter Hindernisreiter und auch Champion gewesen war. In meiner Jugend hatte ich ihn auf der Frankfurter Rennbahn noch reiten sehen.

Engelhard Spiegel (1973 Deutscher Hindernischampion) war bei Norbert Sauer angestellt. Eines Morgens mühte er sich vergebens mit einem Pferd ab und bekam es nicht über den Sprung. Da hat der Norbert Sauer den so niedergemacht:

'Du Stumpen, einen Haufen Rennen gewinnen und nicht mal ein Pferd über das Hindernis kriegen. Jetzt zeig ich dir mal, wie das geht.'

Sprach's – setzte sich aufs Pferd – und ritt es über den Sprung. Das fand ich irre. Wenn man als Trainer einem aktiven Reiter so etwas vormachen kann, das ist unglaublich stark.

Doch wieder zurück zu Charlie Seiffert nach München. In der Morgenarbeit konnte ich viel für ihn reiten und kam gut mit ihm zurecht. Leider hielt er nicht viel von Amateuren im Rennen. Der ließ lieber den Renk aus der Schweiz einfliegen, statt mich im Rennen aufs Pferd zu setzen.

Für mich war das ein Grund zum Wechsel, diesmal zum Besitzertrainer Kaltenecker, der die Amateure förderte. Wer bei ihm in der Arbeit ritt, den setzte er auch im Rennen auf seine Pferde. Das war nicht unbedingt üblich. Meistens ritten die Amateure in der Arbeit, und im Rennen saß dann ein Profi auf dem Pferd. Kaltenecker war ein recht guter Theoretiker. Ich konnte viel von ihm lernen. Wir hatten ein gutes Verhältnis. 1975 durfte ich mein erstes Rennen reiten. Im gleichen Jahr errang ich mit Krönungsmantel für Kaltenecker in Frankfurt meinen ersten Sieg. Das war in keinem Amateur- sondern in einem Jockeyrennen.

Einmal saß ich in einem Münchner Rennen auf Krönungsmantel, der konnte schon mal ein bißchen böse sein. Wir gingen vor der Startmaschine im Kreis herum. Jetzt wollten die Starthelfer uns in die Startbox reinführen. Horst Grotjahn, der Münchner Starter – ein ehemals guter Jockey in den fünfziger Jahren – steht mit dem Rücken zu uns. Da schlägt Krönungsmantel nach hinten aus, trifft ihn gegen die Nieren, daß er umfiel, wie ein Brett. Ich bekam einen furchtbaren Schreck. Grotjahn stand nicht mehr auf. Der Start wurde verschoben. Ein Krankenwagen fuhr ihn ins Krankenhaus, wo sich zum Glück nur Prellungen, allerdings schmerzhafte Nierenprellungen, herausstellten. Wir hatten schon Schlimmeres befürchtet."

Für Münchner Verhältnisse ritt Clemens Zeitz sehr viel und auch sehr erfolgreich. Dadurch wurden auch andere Trainer auf ihn aufmerksam und setzten ihn in den Rennen auf ihre Pferde. Er gewann 34 Amateur- und 36 Jockeyrennen und kam auf einen Schnitt von 15 Prozent.

Der Münchner Starter Horst Grotjahn

Als er nicht mehr bei Charlie Seiffert ausritt und Erfolg im Rennen hatte, setzte auch Seiffert ihn auf seine Pferde. Mit Maispecht gewann Clemens für ihn ein schönes Rennen.

Obwohl er in der Arbeit sehr viel gesprungen ist, ritt er nur zweimal in Hindernisrennen – ein Hürden- und ein Jagdrennen in München (beide für Kaltenecker). Spike, ein total verrücktes, etwas spinnertes Pferd, ging genau wie sein Reiter, das erste Mal über die Hindernisbahn.

„Ich war logischerweise vor dem ersten Hindernisrennen sehr nervös. Mit dem gleichen Pfundsattel hatte ich vorher ein Flachrennen mit relativ kurzen Bügeln geritten, und vergessen, die Bügel wieder länger zu machen. Das Pferd sprang nur so herum. Ich konnte es nicht dazu bewegen, einen Augenblick stillzustehen. Wir gingen raus aufs Geläuf. Offensichtlich bemerkte ein Zuständiger von der Rennleitung mein Dilemma, wie ich mich mit den Bügeln abmühte. Er befreite mich von dem Probesprung. Ich galoppierte normal auf, stellte mich vor die Hürde und dachte, nun wird er ja hoffentlich ein bißchen ruhiger. Aber er tänzelte hin und her. Ich hatte gerade auf der einen Seite den Bügel etwas länger gemacht, als Spike plötzlich aus dem Stand mit mir über die Hürde sprang. Ich war richtig erschrocken. Nun blieb mir nichts weiter übrig, als mit einem langen und einem kurzen Bügel zu reiten. Ich wurde noch Vierter. Der Besitzer war happy, daß wir so gut über den Kurs gekommen waren, und daß sein Pferd noch etwas Geld verdient hatte. Er meinte, daß ich nur noch Hindernisrennen reiten solle. Aber ich sagte: 'Noch ein Jagdrennen, das will ich auch noch versuchen, und dann ist Schluß!'

Zwei Monate später, im Oktober 1976, war es soweit. Ich sollte Monacase im Preis der Abendzeitung, einem Jagdrennen, reiten. Fredy Gang saß auf dem Favoriten. Ich hatte die zweite Farbe, beide Pferde waren aus dem Stall Campione, Trainer Kaltenecker. Eigentlich bin ich nur so mitgeritten. Als ich schon am ersten Sprung bemerkte, daß einige Pferde schlecht sprangen, habe ich mich aus dem Pulk rausgehalten. Ich nahm mein Pferd etwas zurück und ritt hinter dem Feld nach rechts. Es war eine gute Eingebung, denn genau an der Position, an der ich vorher lag, stürzten zwei Pferde. Ein weiteres fiel am nächsten Sprung. Ich sah es aus sicherer Entfernung und begann jetzt, meinen Platz zu verbessern. In der Zielgeraden, wir waren gerade so über den letzten Sprung gekommen, entwickelte mein Pferd einen starken Speed. Dadurch konnte ich noch vor dem Ziel unsere erste Stallfarbe wegputzen und landete auf dem dritten Platz. Ich erntete wenig Beifall. Wahrscheinlich hatte ich alle Wetten kaputtgemacht. Wer hatte mich schon auf seinem Tipschein?

Obwohl ich keine negativen Erfahrungen im Hürden- und Jagdrennen gemacht habe, war mir das Risiko einfach zu groß. Ich blieb lieber bei den Flachrennen.

Während der Derby-Woche 1979 in Hamburg ritten mein Bruder Karl Günter und ich im gleichen Rennen. Es war das Otto Traun-Rennen, mein Bruder saß auf Sempione von Trainer Bollow, ich auf Galanthus von Trainer Hochstein.

Es war ein sonniger Tag, aber wie so oft in Hamburg wehte eine angenehme Brise, so daß es nicht zu heiß war. Das Geläuf war gut – Boden 4.0

wurde gemessen. Alles passend für Galanthus, hatte mir Trainer Hochstein versichert.

Voller Zuversicht ging ich ins Rennen. Es lief nach Order, und aus einer guten Position heraus begann für Galanthus und mich der Endkampf. Direkt an den Rails fand ich eine Lücke, und wir gingen nach vorn. Es schien bequem zu reichen. Etwa 50 Meter vor dem Ziel lag nur noch einer vor mir. Es war ausgerechnet mein Bruder, der energisch zufaßte. Eine halbe Länge trennte uns noch.

'Tut mir leid mein Lieber', schoß es mir durch den Kopf, 'jetzt putz ich dich weg.'

Mit jedem Galoppsprung verkürzte Galanthus den Abstand zu Sempione. Wir kamen näher und näher – am Zielpfosten hatten wir ihn erreicht. Wer hatte gewonnen? Karl Günter schaute fragend zu mir herüber, ich ratlos zu ihm.

'Zielfoto', gab der Lautsprecher bekannt.

Doch auch nach einer Vergrößerung konnte kein Sieger festgestellt werden. Totes Rennen!

Hamburg – 24.6.1979 – Totes Rennen
C. Zeitz auf Galanthus – K.G. Zeitz auf Sempione

Als wir dann beide auf dem »Treppchen« standen, war es ein bewegender Moment. Welcher Jockey hat sich denn schon mit seinem Bruder den Sieg geteilt? Zumindest in Hamburg war das eine einmalige Angelegenheit.

'Das war Absicht', meinten sofort nach dem Rennen ein paar besonders Schlaue. Auch nach zig Jahren im Rennsport verblüfft mich die Weisheit mancher Besucher immer wieder.

Für Trainer Ervin Simko ritt ich einmal in einem Amateurrennen in Straßburg das etwas nervige, aber sehr gute Pferd Prairie Beau. Das Pferd ging immer sehr schwer in die Startbox rein. Dieses Problem gab es in Straßburg nicht, dort war noch Bänderstart. Es war auch in Frankreich bekannt, daß Prairie Beau ein gutes Pferd war, und so waren wir Favorit. Ich stand schon im Führring, da kam Frau Simko eilig auf mich zu und sagte:

'Clemens, paß auf, da läuft etwas. Ich habe gehört, daß da irgendwas im Gange ist.'

Ich dachte, na schön, ein Pferd, das nervig ist, und dann haben die hier noch was vor, das kann ja heiter werden. Aber ich war gewarnt und paßte nun besonders auf. Nach dem Aufgalopp versuchte ich mich in die zweite Reihe zu stellen. Ich blieb absichtlich hinter dem Feld, damit ich nicht zu früh absprang. Mein Pferd machte immer so Sätze nach vorne. Hinter mir stand der Hilfsstarter, der permanent mit der Peitsche schlug und knallte. Das ist es, dachte ich. Der will, daß ich vorzeitig abspringe. Vielleicht ist bekannt, daß das Pferd etwas schwierig ist. Nun wollen sie, daß ich runterfalle, oder mich in die Bänder reinjagen. Nach jedem Knall machte Prairie Beau einen Satz nach vorn. Ich konnte ihn gerade so halten, drehte ihn immer wieder um und blieb zwei bis drei Meter hinter dem Feld. Der Hilfsstarter ließ nicht locker und versuchte uns flottzumachen. Das ging bestimmt viermal so. Es war ein 2000 Meter Rennen. Endlich kam der Start. Ich sprang hinter dem Feld ab, ging um den ersten Bogen herum an letzter Stelle. Es war ein etwas breitgefächertes, geschlossenes Feld. Mich irritierte es, daß die letzten zwei Jockeys sich immer nach mir umschauten. Das gibt es ja normalerweise nicht, daß einer, der hinten geht, zurückguckt. Ich dachte, hoppla, die mußt du im Auge behalten. Es wurde Zeit, meinen Platz zu verbessern. Unterwegs hörte ich, wie sie sich etwas auf französisch zuriefen, was ich nicht verstand. Dann ging es in den letzten Bogen rein. Ich wollte gerade ansetzen und mein Tempo beschleunigen, da riefen sie sich vor mir wieder ganz laut etwas zu. Ich wartete noch mal. Wieder laute Rufe und plötzlich drückt einer das ganze Feld von innen nach außen. Die Letzten hatten immer aufgepaßt und bestimmt gedacht, daß ich jetzt außenrum gehen will. Das signalisierten sie nach vorn, und dann wurde das ganze Feld rausgezogen, damit ich nicht vorbeikam. Das Kuriose war, daß nun rechts innen alles offen war. Ich reagierte blitzschnell, ging innen durch, am Feld vorbei und gewann das Rennen.

Durch ihre Absicht, mich zu behindern, haben sie mir richtig schön Platz gemacht. Für mich war es von großem Vorteil, daß ich vorgewarnt war. Vielleicht wäre mir auch ohne Warnung aufgefallen, daß da was faul war – ganz neu war ich in dem Geschäft ja auch nicht. Sicherlich waren große Wetten gegen uns abgeschlossen worden. Anfangs glaubte ich, es ginge nur vom Hilfsstarter aus. Wahrscheinlich war er auch an der Sache beteiligt. Sie wollten unser Pferd, den Favoriten, aus der Wette raushaben.

Sieg in Straßburg auf Prairie Beau – 7.4.1984

Der normale Rennbahnbesucher auf der Bahn, der mich auf dem Zettel hatte, applaudierte, als ich vom Geläuf kam. Die Kollegen schauten nicht gerade freundlich. Einige vermieden es, mich anzusehen. Es war Gott sei Dank mein letztes Rennen an dem Tag. So konnte ich meine Sachen zusammenpacken und die Jockeystube ohne Worte verlassen. Meine Lust auf Straßburg war dadurch etwas gestört."

Clemens Zeitz begnügte sich nicht nur mit dem Reiten. Er wollte seinem Jugendtraum, Trainer zu werden, immer näher kommen. Bald besaß er selbst ein Pferd. Dieses und die seiner späteren Schwiegermutter, Frau Dr. Wachtarz und seiner damaligen Verlobten, Gabriele Wachtarz, begann er inoffiziell zu trainieren. Sie waren bei Trainer Göbel untergestellt und liefen unter dessen Namen. Um die Sache rechtmäßig zu machen, legte Clemens Zeitz 1979 die Trainerprüfung ab. Bis zum Selbständigwerden dauerte es allerdings noch ein paar Jahre. Wenn auch inoffiziell, war er Reiter und Trainer in Personalunion.

Daß es große Charakterunterschiede bei den Pferden gibt, und daß man ein sehr persönliches Verhältnis zum Pferd aufbauen kann, erfuhr er im Laufe der Zeit immer wieder.

„Die Anapenta, eine Schimmelstute meiner Schwiegermutter, habe ich eingeritten. Nach einem Vierteljahr konnte ich das Pferd, wenn ich draufsaß, immer noch nicht streicheln. Wenn ich sie mal am Hals ein bissel abklatschte, schlug sie sofort einen Haken und drehte sich weg. Ich habe sie ganz ruhig und vorsichtig behandelt.

Auch mit Scheuklappen blieb sie schwierig. Man hatte den Eindruck, sie sei menschenscheu. Dabei war sie kein schlechtes Rennpferd.

Anapenta lief erst ein paarmal in Rennen für Sieglose und später im Ausgleich IV. Ihre beste Plazierung mit 50 Kilo unter Terence Kelleher war ein vierter Platz.

Ich gab nicht auf und kümmerte mich nach wie vor sehr intensiv um sie. Dann ritt ich sie in einem Amateurrennen. Unsere Gegner waren Pferde, die sie rein vom Handicap nie hätte schlagen können. Wir gewannen überlegen!

'Der hat vorher langsam gemacht, dann hat er sich draufgesetzt und schon ging's ab!' hieß es sofort.

Anapenta – Siegerin im Bob-Preis – München 1981
Besitzerin Frau Dr. Wachtarz und Tochter Gabi

Das hat mich sehr gekränkt. Ich war mir sicher, daß diese sensible Stute keinen anderen Reiter, als mich akzeptierte. Aber wie sollte ich das jemand erklären?

Der Handicapper hat sie nach diesem ersten Sieg von 50 auf 62 Kilo gestellt. Da bin ich vor die Ausgleichsprüfungskommission gegangen. Dort wurde entschieden: '»Nur« sechs Kilo mehr!' Das war schon unverhältnismäßig viel. Dann ist sie wieder im Jockeyrennen gelaufen – keine Leistung – nix. Sie spürte, daß ein fremder Reiter auf ihr saß.

Ich ritt Anapenta in drei Rennen und habe dreimal mit ihr gewonnen. Diese unheimlich ängstliche Stute hatte nur zu mir Vertrauen. Mich hatte sie endlich akzeptiert, und mich wollte sie nicht enttäuschen. Das jedenfalls, war mein Eindruck.

Mit dieser Erkenntnis, wollte ich sie nicht mehr unter einem Jockey laufen lassen. Nach langem Überlegen, kamen wir zu dem Schluß, sie an ein Gestüt für die Zucht zu verkaufen. Auf unsere Annonce meldete sich ein Züchter in der Nähe von Aachen. Ich setzte mich ins Auto, und mit

Anapenta im Hänger fuhr ich die lange Strecke von München nach Aachen. Nach dem Ausladen, wurde ich aufgefordert, die Stute vorzureiten. Da wurde ich stutzig.

'Warum soll ich Ihnen die Stute vorreiten?' fragte ich. 'Ich denke, Sie wollen sie für die Zucht haben?'

'Ja, schon für die Zucht. Aber erst soll sie noch in den Reitbetrieb gehen.'

Ich wußte doch, wie das Pferd war und konnte es nicht übers Herz bringen, sie wieder in einen Reit- oder Rennstall zu geben. Ich packte meine Anapenta wieder ein und fuhr zurück nach München.

Zu Hause angekommen, haben wir uns mal näher mit ihrer Abstammung befaßt und gesehen, daß die Urgroßmutter, Alma Mata aus der Rösler-Zucht, anfangs der fünfziger Jahre die beste Rennstute in Deutschland war. Sie war 1953 Zweite im Derby. In allen großen Rennen, ist sie gelaufen und war immer plaziert.

'Obwohl die Anapenta ein bissel schwierig ist, werden wir jetzt selbst mit ihr züchten', beschloß meine Schwiegermutter.

Nach $2^1/_2$ Jahren besuchte ich Anapenta im Gestüt Marktbreit in der Nähe von Würzburg. Die Stute stand ziemlich weit entfernt auf der Koppel, trotzdem rief ich sie.

'Du brauchst nicht zu glauben, daß die kommt. Die kommt nie, wenn man sie ruft. Auch wenn es nach Hause geht, macht sie Sperenzchen', sagte meine Schwiegermutter.

Ich habe gerufen und gerufen. Es war noch nicht die Zeit nach Hause zu gehen, und doch ist sie von ihrem Fressen – dem guten Gras – weg und kam angerannt. Sie schaute mich mit ihren großen Augen verwundert an und begann, an mir herumzuschnuppern. Sie schleckte mir sogar die Hand ab. Nach einer ganzen Weile, als sie mich so abgetastet hatte, drehte sie sich um und trottete wieder zurück auf die Koppel.

'Das gibt es nicht, daß die Unnahbare kommt', staunte meine Schwiegermutter. Anapenta mußte meine Stimme wiedererkannt haben. Auch das war für mich ein Beweis, daß es so etwas wie ein Vertrauensverhältnis zwischen Pferd und Mensch gibt.

Ihr bester Nachkomme war Antyllos, ein gutes Ausgleich II-Pferd. Die Stute wurde später sehr friedlich und ist dann doch noch für die Zucht und als Spazierreitpferd verkauft worden."

Clemens Zeitz begann mit dem eigenen Training 1983 in München. Seine Pferde waren in einem schlechten Holzstall untergebracht. Jahrelang versuchte er das zu ändern. Vom damaligen Geschäftsführer des Rennvereins wurde ihm ein fester Stall versprochen, den dann aber der Mario Hofer bekam. Nach fast fünf Jahren in München sah er ein, daß sich seine Situation kaum verbessern würde, und so wechselte er 1989 nach Frankfurt, um den gerade freigewordenen Rennstall von Carola Ortlieb zu übernehmen.

Da die Pferde der Münchner Besitzer weiterhin in seiner Obhut blieben, war der Start in Frankfurt besser, als er erwartete. Schon im ersten Jahr wurde Clemens Zeitz Frankfurter Champion. Diesen Erfolg konnte er noch mehrfach wiederholen. Trotzdem bekam er auch hier die Härte des Trainerberufes zu spüren.

Dazu Clemens Zeitz: „Wenn man kein erstklassiges Pferdematerial hat, kann man noch so gewissenhaft, fleißig und viel arbeiten, dann nützt alles nichts. Wenn Pferde, die ins Training geschickt werden, von Haus aus nicht gesund sind, dann hilft meist das ganze Bemühen nichts. Sagt man dem Besitzer offen und ehrlich, wie es um sein Pferd steht, wird das in den meisten Fällen nicht akzeptiert. Ich habe immer ehrlich mit den Besitzern gesprochen, doch wenn man über jedes Zipperlein berichtet, heißt es: 'Bei dem sind alle Pferde krank.'

Aber lügen und schönfärben will ich nicht.

Der permanente Erfolgsdruck durch die Besitzer ist schlimm. Es wäre schön, wenn die Besitzer einem Trainer, der offen und ehrlich ist, glauben würden. Schließlich will man ja selbst nur das Beste für die Pferde, denn jeder Trainer lebt vom Erfolg.

Ich trainiere noch heute viele Pferde meiner Schwiegermutter. Da ist dieser Druck nicht vorhanden. Wir haben Geduld und dadurch auch Erfolg.

Im Rennsport wird einem so manches unterstellt, was nun wirklich nicht stimmt. Das meiste davon ist nicht einmal machbar! Viele Wetter denken nicht daran, daß das Pferd keine Maschine ist. Es ist ein sensibles Lebewesen, in das weder der Trainer noch der Jockey hineinschauen können.

Ein Pferd kann am Freitag noch eine tolle Arbeit gegangen sein und ist danach so frisch und munter, daß jeder denkt: 'Das isses – der ist jetzt auf dem Punkt!'

Dann schaut der Trainer oder der Besitzer noch in die Sport-Welt – studiert die Formen der anderen Teilnehmer – und kommt zu dem Schluß: 'Das Rennen können wir gar nicht verlieren.'

Und am Renntag? Was kann da nicht alles schiefgehen! Das Pferd kann schlecht geschlafen haben. Der Transport kann es zu sehr aufgeregt haben. Die neue Umgebung macht es nervös. Vom Führring bis zur Startmaschine kann viel passieren.

Dann der Start. Bekommt mein Pferd eine günstige Position oder nicht? Das kann mit Frontrennern sehr schwer sein. Was ist zu machen, wenn mehrere Jockeys die Order haben, vorn zu gehen? Ist die Pace passend? Oder ist das Rennen zu langsam? Kann mein Pferd ungestört galoppieren?

Das alles muß der Jockey umsetzen. In jedem Rennen muß er 10 bis 15 Entscheidungen treffen, einige davon in Bruchteilen von Sekunden. Daß sich dabei Fehler nicht vermeiden lassen, ist normal. Ganz davon abgesehen, daß ihm der Rennverlauf manchmal gar keine Wahl läßt! Da heißt es, das Beste aus der Situation machen. In einem Feld mit mehreren chancenreichen Pferden, braucht man immer ein Quentchen Glück.

Wenn alle, die im Rennsport tätig sind, den Ausgang der Rennen wüßten, dann hätten alle ein bißchen mehr Geld.

Die Jockeys, von denen die Mehrzahl auch nicht gerade zu den »Großverdienern« gehört, haben es trotzdem leichter als ein Trainer. Sie bekommen ihr Reitgeld, ihre 5 % vom Sieg- oder Platzgeld, erzählen dem Besitzer etwas, wenn sie gefragt werden, und gehen nach Hause. Der Trainer muß immer Kontakt mit dem Besitzer halten.

Gehen wir mal von einem Tagessatz von 40 Mark aus. Einige Trainer, nehmen mehr und andere weniger. Das Pferd beschäftigt einen Mann am Tag mindestens 1½ Stunden. Beim Rennpferd ist das Material: Heu, Hafer und Stroh dabei.

Man kann als Trainer seinen Betrieb nicht so führen wie zum Beispiel ein Handwerker. Welcher Angestellte arbeitet heute noch für 40 Mark in der Stunde? Wenn man ein bissel kaufmännisch rechnet, dann muß man entweder aufhören oder solche Preise verlangen, die keiner zahlen kann.

Man kann auch nicht zuviel verlangen. Der Besitzer braucht ja das Rennpferd nicht unbedingt, er betrachtet es als Hobby. Dafür ist er bereit, einen bestimmten Betrag auszugeben. Wenn es mehr kostet, läßt er es bleiben.

So einfach ist das!

Wer Pferde trainiert, ist immer auch Idealist – anders geht das gar nicht – und betreibt den Beruf aus Liebe zu den Pferden und zum Galoppsport. Die Relation zwischen Arbeitszeit und Einkommen muß man einfach ignorieren. Reich werden kann ein kleiner Trainer wirklich nicht.

Es gibt dafür auch Sternstunden in dem Beruf, wenn man zum Beispiel in Baden-Baden ein Rennen gewinnt. Gerade ein Sieg in Rennen, in denen man zwar hofft, aber wegen der guten Gegner nur Außenseiter ist, macht unheimlich viel Freude.

Und es gibt auch immer wieder Vergnügliches. Zum Beispiel hatte ich eine englische Stute mit Namen Eliza Smith.

Ein Schweizer Besitzer, gleichzeitig Züchter (Vollblutagentur Zürich) hatte in England die Mutterstute Easily. Die wurde gedeckt von dem Hengst Alias Smith. Die Produkte dieser Zucht kamen nach Deutschland. Zuerst hatte er sie in Iffezheim untergebracht, dann wechselte er zu mir nach München. Jedes Jahr bekam ich ein Pferd aus seiner Zucht. Als ich nach Frankfurt wechselte, ging der Besitzer mit. Die erste war die Exposita, die war relativ gut. Die zweite war die Easy Beam, ein gutes Ausgleich II-Pferd. Leider nicht sehr einsatzfreudig. Die hat sich nur angestrengt, wenn man sie nicht anfaßte. Wenn man von ihr was wollte, ließ sie die Flügel hängen. Easy Beams erster Start war zweijährig in Baden-Baden, und sie gewann unter Lutz Mäder den Preis von Lichtental. Der Lutz hat sie auch später noch ein paarmal geritten. Nach einem Ritt in Gelsenkirchen sagte er zu mir: 'Als ich sie anpackte, da kam nichts. Dann habe ich die Hände wieder hingesetzt und gedacht, die will sowieso nicht, also machste nichts mehr. Plötzlich zog sie von allein an, und wir hätten das Rennen fast gewonnen.'

Genau so eine eigenwillige Pferdedame war dann die nächste, die Eliza Smith. Sie war mehrmals plaziert und gewann auch ein Rennen. Das war kein schlechtes Pferd.

Eines Tages, die Morgenarbeit war gerade beendet, warf Eliza Smith auf der Frankfurter Rennbahn ihre Reiterin ab, rannte den Zaun nieder und fort war sie Richtung Kennedyallee. Ich habe sofort den Rennklub benachrichtigt.

Die Polizei startete daraufhin eine Suchaktion.

Ich glaube, an dem Vormittag war Eliza die gesuchteste »Dame« in Hessen. Dann benachrichtigte mich die Polizei über den Rennklub, daß das

Pferd im Frankfurter Forst gesehen wurde. Die Beamten hätten sie eingekreist und würden sie festhalten. Wir machten uns sofort auf den Weg, um sie abzuholen.

Später erzählte mir ein Polizist wie es dazu gekommen war:

Der Beamte saß in seinem zivilen Streifenwagen und hielt vor einer Ampel in der Kennedyallee. Da kam Eliza angetänzelt, blieb vor dem Zebrastreifen stehen. Sie schaute interessiert auf die Ampel mit dem roten Licht. Als das Signal grün wurde, lief sie brav über den Zebrastreifen auf die andere Straßenseite in den Wald hinein. Der Polizist konnte nun über Funk den genauen Standort durchgeben, und im Wald wurde sie dann gestellt. Am nächsten Tag lautete die Überschrift in einer Tageszeitung: »Pferd stand allein an der Fußgängerampel und ging bei Grün rüber!«

Hinterher, als alles so gut ausgegangen war, haben wir doch herzlich über unsere Eliza lachen müssen.

Marco und Dominik, die beiden aufgeweckten und sportbegeisterten Söhne des Trainers, werden wohl nicht im Rennsport aktiv sein, das läßt ihre Größe schon jetzt vermuten. Als Besitzer der nützlichen Stute Mimi Flame, sind sie aber mit viel Interesse bei der Sache.

Clemens Zeitz und seine Söhne – von lks. Dominik und Marco

Alleingang. Manfred Weber

Erinnerungen aus der Amateurzeit des heutigen Trainers Manfred Weber.

Es war 1986, das Jahr, in dem Philippo unter Jockey Dave Richardson das Derby gewinnen sollte.
 Ein Erlebnis der besonderen Art war für Manfred Weber die Teilnahme am Adolf Wöhler-Erinnerungsrennen, einem Seejagdrennen in der Hamburger Derbywoche.
 Es war eine heiße Woche, nicht nur vom Sport her. Die Sonne brannte erbarmungslos, und am späten Morgen, wenn noch kein Betrieb auf der Bahn war, erfrischten sich die Jockeys gern im Wasser des Sees, der dem Jagdrennen den Namen und seinen besonderen Reiz gab.

„Es war Mittwoch, der zweite Juli. Wir hatten unser Erfrischungsbad im See genommen, und ich sagte zu Tim Gibson: 'Komm, wir schauen uns die Bahn an und gehen den Kurs nochmal ab.' Wir ritten beide für Marion Rotering, aber er hatte als Stalljockey das bessere Pferd.
 Das Seejagdrennen hat ein bißchen eine andere Kursführung und so joggten wir, noch in Badehose, den Kurs ab. Ich hatte mir die Strecke gut eingeprägt und freute mich auf das Rennen.
 Hoher Favorit war Trainer Bollows Pferd Hakimi, das der Amateur Georg Ording, mit 3 kg Erlaubnis, ritt. Mein Pferd Laterna, eine sechsjährige braune Stute, wurde nicht unter den Ersten erwartet. Nomen est omen, sie stand am längsten. Tim saß auf dem siebenjährigen Chirico.
 Am späten Nachmittag wurde das Rennen gestartet. Ich befand mich gleich hinten, wir gingen an vorletzter Stelle. Vorn galoppierte Georg Ording mit Hakimi in strammer Fahrt. Mit Vorsprung ging er durch den Bogen – nun mußte er in die Diagonale rein – aber er ging geradeaus weiter. Die anderen folgten ihm. Ich war am Ende des Feldes. Ich hatte erwartet, daß sie in die Diagonale reingehen würden.
 'Wer hat recht, die oder ich?' schießt es mir durch den Kopf. 'Das kann doch nicht wahr sein, die gehen alle den falschen Weg.'

In Aktion

Es sind ja oft nur Bruchteile von Sekunden, in denen man im Rennen Entscheidungen treffen muß.

So bin ich als einziger in die Diagonale reingegangen. Nach einigen Metern stutzte mein Pferd, es sah den Pulk der anderen Pferde und wollte ihnen nach. Die Stute bog so schnell und ruckartig ab, daß ich mich überschlug und in eine Hecke, ein Gestrüpp aus Brennesseln und Brombeeren flog. Mein Pferd rannte nicht weg. Es blieb stehen und guckte schadenfroh, wie ich aus den Büschen krabbelte.

Außer ein paar Kratzern war mir nichts passiert, nur den Stock hatte ich im Gebüsch verloren. Ich bekam die Stute wieder zu fassen, sprang in den Sattel und versuchte, weiter in die richtige Richtung zu reiten.

Hans Strompen, der den elfjährigen Wallach Pendentif vom Stall Steintor ritt, bemerkte als nächster, daß da was nicht in Ordnung war. Er hielt sein Pferd an, wendete und kam zurück. Als er mich erreicht hatte, gingen die anderen noch immer in die falsche Richtung.

'Meiner springt nicht vorn', rief mir Strompen zu. 'Geh du vorn', beschwor er mich.

'Meiner geht auch nicht vorne', mußte ich bekennen.

Wir versuchten es gemeinsam. Nichts ging – nichts. Ohne einen, der es vormachte, waren unsere Pferde nicht bereit, über das Hindernis zu springen.

Es war zum Verzweifeln. Obwohl wir alle Zeit der Welt hatten, um als erste durchs Ziel zu gehen, hatten wir keine Chance. Unsere Pferde ließen uns im Stich, es waren keine »Springer«.

Fast alle Pferde können vorne gehen – auch wenn sie in Front liegen, galoppieren und springen sie. Es gibt aber auch seltene Ausnahmen, ausgerechnet auf denen saßen wir nun.

Mit Tim Gibsons Chirico, hätte ich das Rennen leicht gewonnen, der ging vorne und ist auch vorne gesprungen. Nur, der war bei der falschen Truppe.

Inzwischen waren die anderen schon an der Tribüne. Durch das Geschrei und Gepfeife der Zuschauer bemerkten sie den Irrtum und kehrten um.

Hein Bollow soll sich auf dem Waagedach furchtbar aufgeregt haben. Er sah Georg Ording verzweifelt aber chancenlos hinterherreiten.

'Der macht mein Pferd kaputt! Der macht mein Pferd kaputt!' soll er immer wieder geschrien haben.

Es war ein Zirkus ohne Ende. Gewonnen hat das Rennen letztendlich Stefan Wegner mit Grivello. Hans Strompen mit Pentenif wurde fünfter, Hakimi wurde angehalten und meine Stute war von allem so verwirrt, daß sie gar nichts mehr machte, und ich den Ritt abbrechen mußte.

Dann hieß es: 'Alle Jockeys zur Rennleitung.' Es wurde erwogen, das Rennen zu annullieren. Es blieb jedoch bei dem Ergebnis und die Jockeys, außer Hans Strompen und mir, bekamen vier Wochen Reitverbot.

Nun gab es ein Problem. Die Harzburger Woche stand an, und dort würden die Hindernisreiter fehlen. Also wurde die Entscheidung der Rennleitung abgeändert. Georg Ording und Dirk Austmeyer, die vorne geritten waren, bekamen 4 Wochen Reitverbot wegen Einschlagens der falschen Bahn. Die anderen wurden nur für zwei Renntage gesperrt und mit Geldbußen zwischen 200.- und 250.- Mark belegt. Thomas Maher, der gefallen war, wurde freigesprochen.

Ja, es gibt schon kuriose Dinge im Rennsport. Mir fällt noch ein Amateur-Jagdrennen ein, das Raab Karcher-Rennen, mit 6800 Metern das längste Jagdrennen in Deutschland. Das ist immer am Jahresende, so November oder Dezember. In diesem Rennen war es so neblig, daß man die Gegengerade nicht mehr sehen konnte. Deshalb stellte man an jeden Sprung einen Kontrolleur, der aufpassen sollte, daß alle Pferde über die Hindernisse gingen. Die Rennleitung selbst, konnte das nicht sehen. Ich wurde Dritter oder Vierter mit Pontal. Als ich im Ziel war, befragte mich die Rennleitung, ob ich auch über das letzte Hindernis gesprungen sei. Ob der Kontrolleur gerade weggeschaut hatte?

Für mich war das Hindernisreiten etwas ganz Tolles. Im Gegensatz zur Flachen läßt sich taktisch viel mehr machen: die Einteilung des Rennens – kurze Bahnen gehen, die Bögen eng nehmen, dem Pferd alles richtig einteilen und einiges mehr. Da ist eine Riesenanspannung dabei. Man erlebt alles gefühlsmäßig sehr intensiv. Wenn man ein Rennen gewinnt, ist das wie eine Explosion.

Manfred Weber auf Nageur – Jagdrennen – Mülheim – 26.12.1985

Das Risiko als Hindernisreiter geht man eine Zeitlang ein. Es macht eben unheimlich viel Spaß, und man wägt das ab. Ich bin früher auch viel Motorrad gefahren, das ist auch nicht ungefährlich.

In den letzten Jahren ist leider ein Hindernisreiter tödlich verunglückt, Hans Strompen, im Frühjahrsmeeting 1992 in Iffezheim. Das war für uns alle ein Schock. Es war einer der schwersten Unglücksfälle im deutschen Hindernissport."

Vom Amateur zum Erfolgstrainer.

Der 1956 in Saarbrücken geborene Manfred Weber ist heute der erfolgreichste Trainer im Südwesten. Auf einem 75 Hektar großen Gutshof in Hassel bei St. Ingbert, etwa 20 km von Saarbrücken entfernt, trainiert er. Der Triebscheider Hof, so heißt das Anwesen, liegt in einem großen Waldgebiet, besitzt zwei eigene Trainierbahnen, viele Koppeln und sogar einen kleinen See. Für Pferde geradezu ideal.

An einem großen Tisch in der bäuerlichen Küche, an dem sich auch das Stallpersonal und die pferdebegeisterten Reiter und Reiterinnen zum Kaffee einfinden, kann man mit Manfred Weber völlig zwanglos plaudern. Er ist so aufgeschlossen und unkonventionell wie sein Aussehen.

Manfred Weber ist jemand, der seine Zeit am liebsten im Freien – in der Natur – verbringt. So ist es nicht überraschend, daß er Sport und Biologie als Studienfächer wählte; hier erschien es ihm am besten möglich, Neigung und Beruf zu verbinden. Er trieb gern Sport. Ballspiele wie Tischtennis, Tennis und Volleyball, aber auch Schwimmen und Geräteturnen übte er regelmäßig aus. Damit schien eine Laufbahn im Lehrfach vorgezeichnet. Seine ruhige und sachliche Art, hätte ihn sicherlich zu einem beliebten und erfolgreichen Pädagogen gemacht.

Daß alles ganz anders kam, lag daran, daß ihm der Besitzertrainer Mock die Möglichkeit bot, in den Sattel zu steigen. Das war für den Indianer oder Waldläufer, der in allen Jungens ein wenig schlummert, eine Gelegenheit, die er sich nicht entgehen lassen durfte. Manfred Weber hatte gefunden, was er gesucht hatte. Bald war er ein sehr erfolgreicher, gefragter Amateur- und Hindernisreiter. Als er einige Wochen bei Sven von Mitzlaff im Training reiten konnte, war er sehr beeindruckt. Eine Weichenstellung für das weitere Leben war erfolgt.

„Schon während des Studiums habe ich mir gewünscht, irgendwie in der Pferdebranche zu arbeiten", erzählt er.

„An der Sporthochschule in Saarbrücken bei Professor Kindermann wurden Tests mit Leichtathleten gemacht. Da dachte ich, das müßte man auch mit Pferden machen. Mich interessierte die Leistungs-Physiologie bei Pferden. Ich hätte gern meine Examensarbeit in dieser Richtung geschrieben, fand aber keinen Professor, der sich da auskannte und daran interessiert war.

Erst später, als ich schon trainierte, lernte ich über die Bonner Universität jemanden kennen, der das verstand. Er vermittelte mir zwei Studenten, die hier ihre Doktorarbeit machten, Thema: Leistungstests bei Pferden.

Ich hatte erwogen, das auch noch nebenher zu bewältigen, es hätte mich schon sehr interessiert. Aber zwei Jahre Streß, nur um diesen Titel zu haben, das rentiert sich nicht. Ich hatte es schon bei der Examensarbeit gesehen. Die interessanten Versuche sind nur ein kleiner Teil der Arbeit und den Rest, etwa 90 % der Zeit, verbringt man am Computer, im Labor und beim Auswerten mit viel Schreiberei. So hatte ich nicht den Titel, aber viele Erkenntnisse gewonnen."

Als Trainer Mock aufhörte, pachtete Manfred Weber zusammen mit einem Freund den Hof und legte die Besitzertrainer-Prüfung ab. Neben sechs eigenen Rennpferden nahm er zwölf Reitpferde in Pension.

Am 13. März 1989 bestand Manfred Weber die Berufstrainer-Prüfung als Lehrgangsbester und ist seitdem Publiktrainer.

„Heute bin ich lieber Trainer als Jockey", erzählt er. „Als Trainer ist es mehr so kontinuierlich. Man muß die Pferde langsam aufbauen. Das ist mehr eine Sache vom Kopf, kein intensives Gefühlserlebnis. Gut, wenn man als Trainer ein Rennen gewinnt, ist das auch eine feine Sache. Aber man schaut ja selbst nur zu und denkt: 'Hoffentlich schafft er es.'"

Manfred Webers Pferde sind erfolgreich, die Zahl der jährlichen Siege steigert sich ständig. Das Jahr 1996 brachte ihm mehr Siege als er Pferde im Stall hat. Das ist eigentlich bemerkenswert genug. Mich beeindruckt aber viel mehr die Tatsache, daß bei ihm auch ältere Pferde noch ihren Hafer verdienen. Sonitus ist wohl der bekannteste seiner erfolgreichen alten Kämpen. Er ist nicht nur das Lieblingspferd des Trainers – auch viele Rennbahnbesucher haben ihn in ihr Herz geschlossen und werden ihn vermissen, wenn ihn das Reglement 1997 in den wohlverdienten Ruhestand schickt.

Von Manfred Webers vielen Hobbys ist ihm nur noch Zeit für die Jagd geblieben. Im nahegelegen Wald geht er, wenn es machbar ist, zweimal in der Woche auf Pirsch. In seinem Revier gibt es viele Wildschweine – die Lichtungen und die Wiesen zeigen die Spuren ihrer nächtlichen Wühlarbeit. Noch scheinen die armen Schwarzkittel nicht zu wissen, wie gern Manfred Weber Wildschweinbraten zubereitet.

Ein Besuch auf dem Triebscheider Hof ist wie eine Reise in eine »Heile Welt«. Mensch und Natur im Einklang. Ist das nun Blendwerk oder Wahrheit?
Wer kennt die Antwort? – Sonitus!

Zur rechten Zeit – die Russen. Rudi Lehmann

„Geboren und aufgewachsen bin ich in Büssow, Kreis Friedeberg. Das liegt in der Neumark. Den Ort haben wir nach dem Krieg unseren polnischen Freunden überlassen. Im ersten Weltkrieg war mein Vater Reiter, also Ulan bei den Soldaten. Nach dem Militärdienst war er eine Zeitlang im Hauptgestüt Graditz beschäftigt. Dann war er in Büssow auf einem Rittergut herrschaftlicher Kutscher.

Von den Geschwistern, wir waren drei Jungs und zwei Mädchen, war ich der Kleinste. Das spielte aber keine Rolle. Ich war ein fröhlicher, lebhafter Junge. Unser Großer – so nannten sie mich, weil ich der älteste Junge war – ist eine kesse Socke, hieß es in der Familie.

Vater war 1,80 m groß. Eines Tages sagte er zu mir: 'Scheißbengel, für dich kann man nicht mal einen passenden Stiefel kriegen.' Das war für mich eine Kränkung, die ich bis heute nicht vergessen habe. Dabei hat er das sicher nicht böse gemeint.

Wenn Vater mir auf'm Hintern eine Massage beigebracht hat, hab ich ihn aus sicherer Entfernung angebrüllt: 'Wenn ich erst groß bin, und du bist klein, dann kriegst du sie von mir auch.'

Als ich 14 Jahre alt wurde und die Schulzeit zu Ende ging, hatte ich vom Rennsport noch nie etwas gehört. Ich wußte überhaupt nicht, daß es so was gibt.

Der Wirt unserer Kneipe in Büssow und sein Schwiegervater, die sagten immer zu meinem Vater: 'Mensch Paul, der Rudi muß Jockey werden. Der ist so leicht und sitzt doch nur auf Pferden.'

Damals wog ich gerade mal 30 Kilo. Aber mein Vater lehnte kategorisch ab.

'Der wird kein Jockey, die saufen zuviel!' war seine Begründung.

Erst nachdem ich ein Jahr in der Landwirtschaft gearbeitet hatte, ließ Vater sich davon überzeugen, daß Jockey vielleicht doch das Richtige für mich wäre. Inzwischen wog ich zwar 34 Kilo, konnte damit in der Landwirtschaft aber keinen beeindrucken.

Der Schwiegervater unseres Wirts wurde nun aktiv. Er schrieb an die oberste Behörde für Vollblutzucht und Rennen und erkundigte sich für mich nach einer Ausbildungsmöglichkeit. Er bekam drei Trainer genannt: Karl Edler, Willi Dyhr und Carl Feller. Gemeinsam mit mir setzte er die Bewerbungen auf und schickte sie an diese drei Trainer.

Die erste Antwort kam nach einer Weile: eine Absage.

Die zweite Antwort: eine Absage. Da ließ ich den Kopf schon hängen.

Die dritte Antwort kam von Karl Edler und war positiv.

Also wurde Karl Edler mein Lehrherr. Ich unterschrieb einen Vertrag für fünf Jahre. Im ersten Lehrjahr, 1937, wurde die Lehrzeit dann auf vier Jahre herabgesetzt.

Nach ein paar Tagen bekam ich furchtbares Heimweh. Ich war in einem Dorf mit 500 Einwohnern groß geworden und jetzt stand ich hier in Hoppegarten in einer ganz fremden Umgebung. Auch in Karlshorst beim Rennen fühlte ich mich ganz allein.

Da war mir klar: Du mußt abhauen. Aber wie? Ich hatte doch nur sechs oder sieben Mark in der Tasche.

Bei Trainer Edler hatte ich vom ersten Tag an einen Stein im Brett. Er mußte mir was angemerkt haben.

'Na, mein Junge, wie gefällt es dir hier?' fragte er mich.

'Gar nicht.'

'Wieso? Was hast du denn?'

'Ich bin zum Reiten hierher gekommen, und jetzt reite ich bloß das Pony.'

'Du mußt doch erst mal reiten lernen.'

'Nee, nee', sagte ich, 'hier bleib ich nicht, ich will nach Hause.'

Mit dem Zug fuhr ich über Küstrin bis Stollberg und durch den Wald mit dem Fahrrad nach Hause. Mein Fahrrad stand noch von der Hintour am Bahnhof. Um zwölf Uhr war ich zu Hause. Vater kam gerade zum Mittagessen.

'Wo kommst du denn her?' staunte er.

'Ich bleibe da nicht, da muß ich neben Wanzen schlafen.'

'Was? Das glaubst du doch selber nicht.'

'Mutter, hast du das Mittagessen fertig?' rief Vater zur Küche.

Und zu mir: 'Setz dich hin und iß Mittag.'

'Erna, du auch', sagte er zu meiner Schwester. 'Und dann bringste ihn nach Friedeberg zum Bahnhof.'

'Und du, paß mal auf', sagte er zu mir, 'du wolltest unbedingt Jockey werden. Was angefangen wird, das wird auch zu Ende gebracht! Sonst will ich dich hier nicht wieder sehen.'

Da war nichts mehr zu machen. Ich hatte geglaubt, sie würden mich zu Hause mit offenen Armen empfangen, denn Vater wollte doch erst gar nicht, daß ich Jockey werde. Mit Erna fuhr ich nun zurück zum Bahnhof, und im Zug hab ich Rotzblasen geweint bis Küstrin.

Der erste Sieger – Paracelsus

Und mit einmal war mein ganzer Kummer wie weggeblasen – dann war's gut. Meine Arbeit machte mir mehr Spaß, und ich war jetzt mit viel Eifer dabei. Im zweiten Lehrjahr ritt ich mein erstes Rennen. Meinen ersten Sieg errang ich 1939 mit dem Weinberger Paracelsus für Fritz Fösten in Karlshorst.

1940 gewann ich mit 21 Siegen das Lehrlings-Championat. Wir waren 90 Lehrlinge.

Mit meinen Eltern und Geschwistern hab ich mich oft getroffen. Meine Mutter schickte mir auch manchmal ein Päckchen mit Hausgemachtem.

Ich hab ihr nur einmal ein Paket geschickt, aber das hatte es in sich.

Mein Bruder Arnold hat auch zwei Jahre in Hoppegarten gelernt, machte aber nach der Militärzeit nicht mehr weiter. Mit ihm fuhr ich einmal zu meiner Schwester nach Rangsdorf. Zu der Zeit mußten wir noch vom Ostbahnhof, damals Schlesischer Bahnhof, mit dem schwarzen Zug nach Hoppegarten fahren. Wir kommen zurück von Rangsdorf, sind am Schlesischen Bahnhof, da kommt auch gleich der schwarze Zug. Wir steigen sofort ein. Ich merkte schon eine Weile, ich muß mal auf Toilette. Aber da ist keine.

Da dacht' ich: Meine Jüte, hoffentlich hältste das aus.

Kalt war es auch noch. Kaulsdorf, Biesdorf – mein Gott, wie sich die Strecke hinzog. Schließlich sind wir an Mahlsdorf vorbei.

Bis hierher ist es gegangen, da wird es auch weitergehen, hoffe ich.

Aber es drückt immer mehr, es drückt immer mehr.

Endlich sind wir in Hoppegarten. Ich mach den ersten Schritt aus dem Zug, drei Stufen runter – nichts geht mehr. Ich im Stehen auf'm Fahrrad nach Hause. Dann hab ich das Zeug eingepackt und zur Post gebracht. Meine Mutter sollte das waschen! Der Frau vom Futtermeister, die sonst unsere Wäsche machte, konnte ich das doch nicht geben, da hätt ick mir geschämt. Und selber? Das ging auch nicht. Wo denn? Wie?

Das Paket ist auch zu Hause angekommen und der Postbote sagte zu meiner Mutter: 'Das müssen Sie gleich mal auspacken, da muß was schlecht geworden sein.'

1941 beendete ich die Lehre und wurde noch im gleichen Jahr, am 3. April, Soldat.

Ich habe ein herrliches Geburtsjahr: 1921!

Als 1939 der Krieg ausbrach, war ich genau 18 Jahre alt. Alt genug zum Krieg spielen. Da war ich doch ein richtiger Masselmolch.

Erst 1949 kam ich, der Kämpfer fürs Vaterland, wieder zurück. Bei Kriegsende sind wir durch die Tschechei. Wir wollten durch die Elbe, wußten aber nicht, daß wir schon eingekesselt waren. Ich war oben bei Schweidnitz. Striegelner Mühle hieß der kleine Ort.

Am 8. Mai kam ein Offizier und gab bekannt: 'Heute Nacht geht der Krieg zu Ende, da ist Waffenstillstand. Wenn ihr durch die Tschechei wollt, müßt ihr die Waffen wegschmeißen, sonst werdet ihr erschossen.' Dann sind sie abgehauen. Wir hatten ja keine Nachrichten gehört. Jeder war nun ganz auf sich gestellt.

Es war der 12. Mai in Königgrätz, da geriet ich in Gefangenschaft. Wir hatten noch unsere Pferde – wir waren ja beim Infanterie-Reiterzug – und ich hatte außerdem noch meine Uhr. Und weil ich ein Glückspilz war, hatte ich fast den gesamten Zweiten Weltkrieg gesund überstanden.

Ein ganzes Stück vor der Stadt hielten uns plötzlich Tschechen an. Sie waren gut bewaffnet. Es waren aber keine Soldaten, eher eine Miliz oder Partisanen, vielleicht auch nur eine Bande. Wir wurden zu einem Gehöft gebracht. Dort standen wir auf der Straße. Ich hatte mein Pferd an der Hand. Da kamen deutsche Soldaten aus dem Bauernhaus. Sie liefen auf Socken an uns vorbei und hatten nur die Hose und das Unterhemd an. Sie wurden zu einem großen, aufgeschütteten Sandhügel getrieben. Der Hügel war fast so groß wie ein Haus. Dort wurden sie erschossen – hingerichtet. Wir waren entsetzt. Seitdem weiß ich, wie man sich fühlt, wenn man das Ende, den Tod vor Augen hat. Als die Tschechen zurückkamen, nahmen sie uns erst einmal die Pferde und Uhren ab. Dann mußten wir auf den Hof gehen.

'Alles ausziehen! Schuhe aus! Hose anbehalten, Unterhemd anbehalten, alles andere hier hinlegen!' wurde uns befohlen.

Ich wußte, jetzt ist es zu Ende. Ich hab gestaunt, wie ruhig ich da war. Eine eigenartige Starre hatte sich meiner bemächtigt. Ich konnte gar nicht mehr denken. Ich war wie abgeschaltet.

Plötzlich kamen ein paar Russen. Sie schauten zu uns herüber und gingen ins Haus zu den Tschechen. Keine fünf Minuten später kamen sie mit einem Dolmetscher wieder raus.

'Alles wieder anziehen', rief uns der Dolmetscher auf deutsch zu. 'Ihr werdet jetzt von der Roten Armee übernommen. Wenn wir euch nicht übernehmen, bringen euch die Tschechen um.'

Das hat er wörtlich gesagt.

Die Russen brachten uns nach Deutschland, nach Zittau in eine Kaserne, wo vorher deutsche Soldaten untergebracht waren. Dort habe ich ein Vierteljahr gelegen, bis ich ins Gefangenenlager nach Kattowitz/Polen in die Kohlengruben kam. Bis zum 13. Dezember 1949 habe ich Kohlen geschaufelt, bin ins Bergwerk eingefahren und habe die Arbeiten eines Bergmannes studieren dürfen.

So haben mir die Russen das Leben gerettet. Sie waren mehr oder weniger meine Schutzengel. Während des Krieges taten sie mir oft leid, weil sie so hohe Verluste hatten. Ich war Meldereiter. Noch in den letzten Kriegstagen brachte ich täglich die Gefangenen zu einer Sammelstelle. Ich ganz allein mit 20 bis 30 Russen – keine Ortskenntnis, nur nach Karte brachte ich sie weg.

Später konnte ich die Russen nicht mehr so gut leiden, aber das hatte mit der herrlichen DDR und ihrer Politik zu tun.

Eigentlich war ich undankbar.

Im Dezember 1949 kam ich zurück nach Hoppegarten. Alles war verändert. Es gab gerade noch 250 Pferde. Was ist das schon, auf alle Ställe verteilt? Nicht nur die guten Pferde waren zum größten Teil weg, auch die Leute fehlten. Karl Edler hatte Hoppegarten, kurz bevor ich kam, verlassen. Ich kam nach Hause, erhielt als Heimkehrer dreißig Mark und hatte außer einem von Motten zerfressenen Anzug, den mir meine Eltern aufgehoben hatten, nichts mehr anzuziehen.

Ich besaß keine Rennhosen, keine Stiefel und kein Geld. Einen halben Meter Holz bekam ich zugeteilt. Der war so naß, daß man ihn die nächsten Wochen nicht verfeuern konnte. Ich besuchte Karl Becker, einen ehemaligen Besitzer von Trainer Edler, in Westberlin. Der hatte jetzt sechs Pferde, die standen bei Horalek.

So kam es, daß ich dort eine Stelle als Jockey bekam.

Bereits im ersten Jahr konnte ich 16 Siege auf meinem Konto verbuchen.

Einer meiner ersten Ritte war in Leipzig. Ich hatte ein Pferd von Karl Becker. Viele der Jockeys, die dort ritten, kannte ich gar nicht.

Wie ich so in der Jockeystube sitze, kommt Heinz Just und sagt: 'Rudi, der da, das ist der Bender, der läßt außen keinen vorbei.'

'So, so.'

Gleich nach dem Start liege ich außen. Und tatsächlich, dieser Bender läßt mich nicht vorbei. Ich konnte mein Pferd aber auch nicht zurücknehmen, denn es war ein großes Feld, und da ist man auf der Leipziger Bahn gleich verschüttet.

Der fährt mit mir an der 1400 Meter-Ecke raus. Da war ich dann dichter dran, aber doch nicht so, daß ich ihn wieder reindrücken konnte.

Ergebnis: Im Ziel bin ich Zweiter, aber nicht zum Bender.

Ich sage nach'm Rennen zu dem: 'Weeste wat, wenn de Angst hast, Rennen zu reiten, dann führ die Böcke.'

Weiter hab ich nichts gesagt. Dann hatte ich das nächste Pferd zu reiten. Da passierte das Gleiche.

Das kann doch nicht wahr sein, dachte ich. Jetzt verlierste das Ding auch noch.

Als wir oben am Stallbogen waren, konnte der nicht mehr. Wir sind allein. Da hab ich ihm so richtig eine über die Hose gezogen. Der hat sicher so 'ne Schwiele gekriegt.

Als ich in der Jockeystube den Sattel ablegte, wollte der was sagen.

'Du brauchst gar nichts zu sagen. Wenn du das noch mal machst, dann fege ich mit dir in 'ne Ecke, damit du klar siehst. Wenn du keinen Mut zum Reiten hast, dann laß es sein.'

Mit dem hatte ich nie wieder Schwierigkeiten."

1950 wechselte Rudolf Lehmann zum Stall Spreeau, Trainer Georg Markert. Jetzt faßte er richtig Tritt. Seine Formkurve zeigte steil nach oben. Er gewann mit Allmacht, Ceder und Lilienstein und war ständig unter den Erstplazierten in der Championatsliste.

Flach- und Hindernisrennen wechselten in bunter Folge. Große Siege errang er mit dem Steepler Lilienstein, einem der populärsten Vollblüter.

Nebenbei gewann Rudi Lehmann im Sulky auf dem Kurs in der Wuhlheide mit Salvator ein Rennen in einer äußerst geschickten Fahrt.

Insgesamt bestritt er sechs Trabrennen, von denen er drei gewann. Wahrhaftig, kein schlechter Schnitt.

1953 wurde Rudi Jockey bei Willy Frommann. Die beiden waren bald ein Erfolgsgespann. Als Stalljockey des Gestüts Bockstadt gewann Rudi alles, was es an großen Rennen zu gewinnen gab.

Besonders gern erzählt er vom Moskauer Meeting 1955. Dabei fing es gar nicht so gut an.

Rudi: „Also nach Moskau gefahren. Wir hatten ein Pferd dabei, den Satyriker, so'n kleiner Bock mit Bammelohren, konnte nicht viel. Weshalb der mitgegangen ist, wußte ich nicht. Jedenfalls, ich hatte das Glück und mußte ihn reiten. In Moskau war ja so eine Disziplin unter den Jockeys, daß sechs Fehlstarts Minimum waren. Nicht, daß wir an der Startstelle standen, wie hier in Deutschland. Wir gingen weit weg vom Start im Kreis herum. Fünfzig Meter vor dem Startblock wurde abgesprungen. Erst beim Starter sah man, ob es ein Fehlstart war, und zwar daran, welche Fahne er zog. Hatte man ein Pferd, das Schwierigkeiten beim Anhalten machte, war das natürlich schlecht. So eines war Satyriker.

Erster Start: angehalten.

Zweiter Start: abgesprungen – auch noch angehalten.

Dritter Start: alles hält an, ich auch.

Da macht der Drecksack 'n Hals, Kopf hoch, Maul auf, wie ein Baum. Zu allem Überfluß rennt er Egon Czaplewski noch um.

Ich geh einmal rum, ich geh zweimal rum, ich geh dreimal rum und viermal rum. Ich hab ihn nur deshalb anhalten können, weil ein Russe mir in die Zügel gesprungen ist. Da mußte ich sie loslassen, sonst wär ich runtergefallen. Wie das alles auf seinem Hals hing, blieb er stehen. Der Russe lag im Dreck.

Immer wenn wir an der Tribüne vorbeikamen, haben die Zuschauer applaudiert. So hat Satyriker denen das bißchen, was er konnte, gezeigt.

Damit war ich bei den nächsten Rennen bekannt. Bei jedem Ritt rief die Menge: 'Ah, Lehmann: Brrrh , brrrh!'

Angenehm bekannt wurde ich dann am letzten Renntag, als ich mit dem Graditzer Faktotum den Goldpokal, das wichtigste Rennen des Meetings,

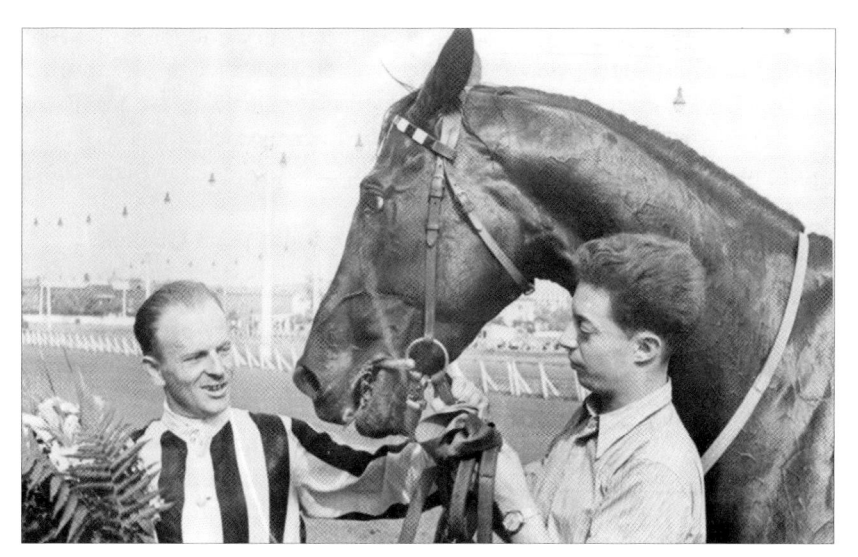

Gewinner des Goldpokals – Moskau 1955
Rudolf Lehmann und Faktotum

gewann. Favoriten waren der polnische Derbysieger De Corte und Element, der Vater des Superpferdes Anilin.

Daß wir Außenseiter waren, bewies schon die Quote von 236:10.

Der deutsche Botschafter gratulierte mir und meinte: 'Lassen Sie sich doch ein paar Fotos machen.'

'Tut mir leid', antwortete ich, 'ich hab kein Geld.'

Da gab er zu, auf mich gewettet und einiges gewonnen zu haben. Er gab mir das Geld für die Fotos.

Wenn einer in Moskau ein richtig großes Rennen gewinnt, machen sie nachher so 'ne Art Parade. Die Kappe mußt du abnehmen, bekommst einen riesigen Blumenstrauß und läufst so vor der Tribüne lang. Das Pferd führt ein Pfleger neben dir her. Das ist ein tolles Ding! Die Zuschauer jubeln dir zu, und du winkst zurück. Immer wieder mußt du winken. Das geht irgendwie ans Gemüt."

Zu diesem Sieg schrieb die westdeutsche Zeitung »Die Welt«:

'Der große Erfolg Faktotums in Moskau wird die nach dem Deutschen Derby in Hamburg Horn ausgelöste Diskussion über die mögliche

Chance des bis dahin ungeschlagenen Graditzers neu entfachen. So sehr die Gegenüberstellung der gelaufenen Zeiten (Lustige im Hamburger Derby 2:38,8 Minuten – Faktotum im Derby der DDR 2:34,4 Minuten) problematisch ist, so wenig kann es noch darüber Zweifel geben, daß Faktotum in Hamburg eine erstklassige Chance gehabt hätte, das Blaue Band über die Zonengrenze zu entführen.'

Zu dieser Zeit hatten die »Zonenpferde« durchaus noch Qualität.

Das bewies vor allem auch die Stute Arroganz, die 1957 ein Rennen im Hamburger Kriterium gewann, dann 1958 in Hoppegarten den Großen Preis der DDR (80.000 Mark) mit 1½ Längen, ohne angefaßt zu werden. Sie siegte vor Antritt, Eibsee und Lustige Witwe, die aus Westdeutschland angereist war. Ministerpräsident Otto Grotewohl drückte Rudi Lehmann seine herzlichsten Glückwünsche aus und verteilte die Ehrenpreise.

Rudi Lehmann gewann mit Arroganz im gleichen Jahr den Goldpokal in Budapest. Er blieb der einzige Jockey, der jemals den Goldpokal für die DDR errang.

Mit Hortensia – Hoppegarten 1960

1960 gewann er das DDR-Derby mit der sehr sympathischen, zuverlässigen Hortensia vom VE Gestüt Bockstadt-Massenhausen. Das war eine kleine Sensation: Trainer Willi Frommanns und Jockey Rudi Lehmanns erster Derbysieg. Rudi hatte die Nerven behalten, blieb hinten und war im richtigen Moment da.

Es war die erste Stute, die nach dem Krieg das Derby gewann.

Die BZ am Abend schrieb u.a.:

'Das schwache Geschlecht machte von sich reden. Eine Stute gewann das Derby, und bezaubernde Mannequins in schönen Kleidern der HO Stalinallee waren auf einer Modenschau am Rande der Rennbahn zu bewundern.'

„Am 13. August 1961 war Renntag in Moskau," erinnert sich Rudi Lehmann.

„Wir fuhren mit dem Bus raus zur Rennbahn. Alles war wie immer. Als Egon und ich im Jockeyzimmer sind, kommt Trainer Kortum rein und sagt:

'Habt ihr schon das Neueste gehört? Westberlin und Westdeutschland werden von der DDR getrennt. Die Unseren bauen 'ne Mauer oder so.'

Da war der Tag für uns eigentlich schon gelaufen.

Das erste Rennen war ein Zweijährigen-Rennen, da ritt ich Imme. Vorher wurde gesagt, daß heute zum ersten Mal »Zielfoto« auf der Moskauer Rennbahn eingesetzt würde.

Das Rennen entwickelte sich gut für uns. Ich komme in die Gerade, rechts ein Russe, links ein Russe, ich in der Mitte. Und dadurch, daß wir alle dicht zusammen sind, kann ich sehr gut sehen wo ich bin. Die Köppe von den beiden Russen sind bei mir am Stiefel.

Also ich war eine halbe Länge vorne. Bis ins Ziel.

Ich dachte: Schön, haste wenigstens ein Rennen gewonnen! Jetzt komme ich zurück, und höre, ich bin Dritter!

Der zweite Hammer des Tages.

Unsere Experten sitzen auf der Tribüne, aber nicht am Ziel wie in Hoppegarten, sondern ein Stück weiter vorn. Sie freuen sich, daß die Stute gut gelaufen ist.

'Ich habe das Rennen gewonnen! Ich bin nicht Dritter.'

'Doch, du bist Dritter. Wir haben das auch so gesehen.'

'Na, wo habt ihr denn gesessen? Da vorne konntet ihr das doch nicht sehen.'

Ich muß mir den Mund fusselig reden, um ihnen klar zu machen, daß ich gewonnen habe.

Ich sag zum Rudolf: 'Du Schlaumeier, du sprichst doch russisch. Geh mal hin und laß dir das Zielfoto zeigen.'

Er ist tatsächlich hingegangen und wollte das Zielfoto sehen. Da wurde ihm gesagt: 'Zielfotografie arbeitet nix gut.'

Sie hätten es gleich zusammengeknüllt und weggeschmissen. Rudolf ließ nicht locker: 'Na, dann zeigt mir doch mal, wo ihr es hingeschmissen habt.'

Das wollten sie erst nicht. Nachher haben sie es ihm doch gezeigt. Da war klar zu sehen, daß ich das Rennen gewonnen hatte, ziemlich leicht noch, und die Russen Zweiter und Dritter waren.

Dann wurde gesagt, den Fall muß der Kongreß entscheiden, das passiert am Montag. Also die Wetten auf die Russen wurden ausbezahlt. Am Montag haben sie dann entschieden, daß ein Russe gewonnen hat, ich Zweiter war und der andere Russe Dritter wurde.

Die feierliche Eröffnung des Meetings in Hoppegarten

Hoppegarten – Zuschauermagnet Galoppsport

Das hat sogar in einer DDR-Zeitung gestanden. Na, da staunte ich aber, daß sie das gebracht haben. Die Zeitung schrieb: 'Obwohl das Zielfoto klar zeigte, daß das deutsche Pferd gewonnen hat, ... '

Der Bau der Mauer brachte für den Galoppsport viele Veränderungen. West-Starts waren nun überhaupt nicht mehr möglich. Auch daß die Westberliner nach Hoppegarten kommen konnten, war vorbei.

Daher waren und blieben die Internationalen Meetings der Sozialistischen Länder für uns etwas Besonderes.

Zehn Jahre lang nahm ich als Reiter an den Meetings teil, egal wo sie waren. Das erste Mal 1955, dann bis 1964 jedes Jahr.

Später als Trainer war ich auch dabei.

Diese Meetings waren eine ganz tolle Sache. Sie umfaßten mehrere Renntage und dauerten einige Wochen. Das Hauptereignis war der am letzen Tag gelaufene »Goldpokal«, ein Rennen über 2.800 Meter.

Für die Aktiven gab es viel Programm: Ausflüge, Stadtrundfahrten, Gestütsbesuche und vieles mehr. Unvergessen bleibt mir die Gastfreundschaft, die ich erlebt habe, die fröhlichen Runden unter Pferdeleuten. Da gab es nicht nur Mineralwasser.

Anilin mit Jockey Nassibow – 1967

Aber auch für die Zuschauer war es ein großes Ereignis. Sie kamen in Scharen. In Hoppegarten waren 20 000 Besucher normal. Auch in Moskau und Budapest war das so.

Es war für uns so ein bißchen die heiß ersehnte Weltoffenheit.

Der sportliche Wert der Rennen war auch beachtlich. Die Erfolge von »Anilin«, der schon 1963 als Zweijähriger in Hoppegarten an den Start ging, sprechen für sich. Daß dieses Pferd Weltklasse besaß, hat es später hinlänglich bewiesen. Auch das Pferd »Imperial« konnte im Westen beeindrucken."

Weitere große Erfolge von Rudolf Lehmann waren:
2mal Derby – Hortensia, Sasso
2mal Großer Preis der DDR – Arroganz, Hortensia
2mal Großer Preis der Sozialistischen Länder beim Internationalen Meeting – Faktotum, Arroganz
5mal Dresdner Triumph – Balzac, Hortensia, Salto, Imme, Sasso
3mal Kincsem-Rennen – Arroganz, Hortensia, Silberrose

Fünfmal war Rudi Vize-Champion. Es gelang ihm allerdings nicht Egon Czaplewski, mit dem er sehr befreundet war, von der Spitze zu verdrängen.

Besonders in Erinnerung bleiben natürlich die problematischen und schwierigen Fälle. Zum Beispiel ein Pferd wie Balzac von Niederländer, gezogen vom Gestüt Bockstadt:

„Ein sehr gutes Pferd", erzählt Rudi Lehmann „In

Rudolf Lehmann und Egon Czaplewski

Dresden gewann es 2jährig den »Triumph«, ein Vergleichsrennen für 2jährige und ältere Pferde. Ein ganz ruhiges Pferd mit sehr gutem Charakter.

Ein Jahr später galoppieren wir an einem Dienstag auf der Innenbahn in Hoppegarten. Auf einmal bricht Balzac aus und galoppiert schnurgerade durch die Hecke. Ein Wunder, daß wir nicht gefallen sind.

'Weißt du was mit dem los ist?' fragt mich Frommann entsetzt.

'Der hat einen Drall gekriegt und ist ohne erkenntlichen Grund durch die Hecke.'

Also das nächste Mal, wenn er wieder da geht, müssen wir außen ein Pferd als Deckung nehmen. Das Pferd, eine Stute, hat der Trainer selber geritten; wir wollten ja rauskriegen, was los war. Wir kommen an die kritische Stelle, und so schnell hat Frommann noch nie mit einem Pferd quer gestanden. Balzac hat die Stute direkt umgerannt.

Es hat sich rausgestellt, daß Balzac links erblindet war. Vollkommen blind!

Das war natürlich eine Misere.

Ein sehr gutes Pferd, das wußten wir, aber dadurch sehr gefährlich zu reiten.

Ich hatte gemerkt, daß er Angst bekam und nach innen weglief, sobald von außen ein Pferd kam. Das bedeutete, ich mußte Balzac immer nach außen nehmen und, um einen Unfall zu vermeiden, spätestens beim vorletzten Bogen sehen, daß ich mindestens in der halben Bahn galoppierte, daß alle anderen innen vorbeigehen konnten.

Damit sind wir ganz gut zurechtgekommen. Auf diesem Pferd hat außer mir kein anderer mehr gesessen – im Rennen und in der Arbeit. Wir haben uns gut aufeinander eingespielt. Wenn er aus dem Stall rausging, konnte ich an der Stellung seiner Ohren genau erkennen, ob er aufgeregt war oder nicht. Die Erblindung hatte zur Folge, daß er von Zeit zu Zeit Fieber bekam. Dann stellte er die Ohren steil nach oben, die Öffnung nach hinten und hielt den Hals ganz steif.

Da ich ihn so gut kannte und meine Reitweise auf ihn einstellen konnte, gewann ich noch schöne Rennen mit ihm, unter anderem den Großen Preis von Halle.

Eines Tages hatte Frommann den Einfall, Balzac und noch ein Pferd im gleichen Rennen laufen zu lassen. Max Reiher sollte Balzac reiten und ich den anderen. Max Reiher war an sich ein roher Reiter. Frage ich Frommann: 'Haste dir das auch überlegt?'

'Ja, der muß außen starten, dann kann nichts passieren.'

'Er hat aber Startnummer 1', gebe ich zu bedenken.

Frommann zu Reiher: 'Max, du startest außen!'

Der sagt nichts. Wir kommen an den Start und er geht an die Startnummer 1.

'Max, du sollst doch außen starten!' rufe ich ihm zu.

'Ich gehe, wo ich will!'

Das Rennen geht los. Nach 50 Metern kommt die erste Hecke – da waren Pferd und Reiter verschwunden. Aus!

Balzac war danach vollkommen durcheinander. Da hab ich zu Frommann gesagt: 'Jetzt kann Reiher den weiter reiten. Ich reite Balzac nicht mehr.'

Das Pferd wurde nie wieder eingesetzt."

Rudi Lehmann vertrat die Interessen der Jockeys in verschiedenen Kommissionen. Die Zeitungen gaben ihm stets die Attribute: Sympathisch, fair, kollegial. Mit seiner Fairneß setzte er sich überall für das Ansehen des Rennsports ein. Er war bei den Kollegen ebenso beliebt wie beim Publikum. Mit Egon Czaplewski gehörte er zu den beständigsten Jockeys. Dr. Gereke sagte einmal: „Es gibt in keinem sozialistischen Land zwei Jockeys, die sich bei internationalen Rennen so gut verstehen wie Rudi und Egon. Überall wo die beiden starten, werden wir beneidet, daß wir so ein gutes Gespann haben."

456 Rennen gewann Rudi Lehmann als Jockey in nur 14 Jahren, die Lehr- und Kriegsjahre mit Gefangenschaft nicht mitgerechnet. Seine Worte: „Das kann man nicht mit heute vergleichen. Es ist ein Unterschied ob man bei hundert Rennen acht gewinnt oder bei zehn." Alle großen Rennen hat er gewonnen.

Wenn ihn einer fragte: „Hältst du dich für Spitze?", dann antwortete er: „Das müssen die beurteilen, die mich reiten sehen."

Nach 25 Jahren im Rennsattel trat Rudi Lehmann auf dem Höhepunkt seiner Laufbahn ab. Am Ende seiner erfolgreichen Rennkarriere stand der brillante Derbysieg mit Sasso.

Rudi Lehman im Endkampf

„Das letzte Jahr meiner Jockeylaufbahn (1964) war eigentlich sehr erfolgreich. Ich gewann das Derby und einige andere große Rennen. Trotzdem entschloß ich mich, Schluß zu machen. Ich merkte, daß meine Reaktion etwas nachließ. Kritische Situationen habe ich nicht mehr so schnell erfaßt, zu lange überlegt und dadurch Fehler gemacht. Da dachte ich: Bevor du dich zur Pflaume machst, mußt du sehen, daß du eine Trainerstelle bekommst. Das habe ich Dr. Gereke gesagt.

'Aber lieber Herr Lehmann', war seine Antwort, 'was wollen Sie denn eigentlich, es läuft doch ganz gut.'

'Ja, ich habe genug gewonnen, aber es klappt nicht mehr so.'

'Na, dann müssen wir mal sehen was wir tun können', meinte er.

Der Gestütsleiter vom Gestüt Lehn suchte einen neuen Trainer und zwar in Hoppegarten. Er hatte sich Alex Haremski ausgeguckt.

Dr. Gereke meinte: 'Nein, Haremski, das geht nicht, der Rudi Lehmann will trainieren, da müßten Sie ihn schon nehmen.'

Gut, ich habe den Stall dann bekommen.

Dieser Stall hatte weder seine Startzahlen noch Plansummen, die gefordert wurden, erfüllt.

Der Rennstall Lehn war bis dahin in Dresden. Er hatte mit Carolus zwar große Rennen gewonnen, u.a. das Derby und den Großen Preis der DDR, aber trotzdem das Soll nicht erfüllt. Bei ihm sind viele Pferde ausgebrochen und konnten nicht eingesetzt werden.

Als dann bekannt wurde, daß ich den Rennstall Lehn übernehme, hat man aus allen Ecken gehört: 'Meine Güte, was hat der sich denn dabei gedacht, daß er diesen Rennstall übernimmt?'

Von Anfang an, also ab Frühjahr 1965, habe ich mein Trainingsverständnis in den Rennstall eingebracht. Hab es so gemacht, wie ich dachte. Nach 14 frostfreien Tagen war der erste Renntag. Das war mir zu kurz. Ich habe keinen laufen lassen.

Da fragte Dr. Gereke: 'Aber Herr Lehmann, Sie haben jetzt einen neuen Rennstall. Es ist der erste Renntag – die ganze Rennsportgemeinde ist gespannt, und jetzt haben Sie keinen Starter. Weshalb denn nicht?'

'Herr Doktor, die Zeit von 14 Tagen ist mir zu kurz. Ich möchte von vornherein ausschließen, daß sich wiederholt, was bisher passiert ist, nämlich daß die Pferde ausbrechen, weil sie überfordert werden. Ich möchte meine Pferde soweit im Training haben, daß sie mitlaufen können, nicht unbedingt Erster werden, aber keinen Schaden nehmen.'

'Ach so!'

Acht Tage später läuft Rütli in Dresden. Alex Mirus, der auch in Dresden der erste Stalljockey von Lehn war, sagte zu mir: 'Na, den brauchen Sie doch gar nicht laufen zu lassen, der galoppiert ja nicht mal in der Arbeit.'

'Na, passen Sie mal auf', sag ich.

Er reitet ihn, es ist mein erster Starter, und er gewinnt, leicht sogar. Er zahlt eine Riesenquote, knapp an 200.

Am gleichen Tag gewinnt Klaus Neuhaus für mich in Leipzig mit Sorrent, der sonst immer ausgebrochen ist.

Es lief für mich das ganze Jahr über recht gut, und am Ende stand ich im Championat mit 53 Siegen an der Spitze.

Im November kam der erste Frost. In der Regel wurden dann die Rennen abgesagt. Doch man wartete vier Wochen bis der Frost vorbei war, und dann waren noch mal Rennen. Ich wurde Zweiter zu Ewald Schneck, der in der Statistik hinter mir war. Dadurch wurde er wieder Champion mit 56 Siegen."

Im nächsten Frühjahr schrieb der Rennkurier:
„Für Rudi Lehmann kommt das Jahr der Bewährung. Jetzt muß es sich zeigen, ob die Erfolge des vergangenen Jahres Glück oder Zufall waren."

„Dann ging es in Dresden los. Als ich durchs Publikum lief, habe ich deutlich gehört: 'Nu sag doch mal, diese Böcke, die sind doch immer Letzter geworden und ausgebrochen. Und der gewinnt heute schon wieder drei Rennen. Wie macht der das?'

Ich hab viel mehr mit den Pferden gearbeitet, nicht die Rennen am Dienstag im Galopp gewonnen, sondern am Sonntag. Ich habe angefangen mit einem DIN A4 Schulheft, da standen alle Pferde drin. Ich trug ein: Wer ist rausgegangen? Schrittarbeit, Trabarbeit, Schritt dazwischen, Trab dazwischen oder Galopp, Distanz. Welche Geschwindigkeiten oder Ausfälle gab es durch Verletzungen, Fieber und so weiter? Diese Trainigsmethode war sehr zeitaufwendig. Ich hatte 30 Pferde. Das war ein Schachzug nach dem anderen.

»Freizeit auf dem Rücken der Pferde« habe ich in der Berliner Zeitung annonciert. Wer umsonst reiten möchte, soll nach Hoppegarten kommen.

Ich hatte Schüler der Goethe-Oberschule sowie Männer und Frauen der verschiedensten Berufe. Ich hab sie ausgebildet und brachte ihnen das Einmaleins des Reitens bei. Die Voraussetzung dafür muß man erst schaffen: Nämlich, daß die Pferde Vertrauen zu den Menschen haben und ruhig sind.

Die meisten verrückten Pferde sind meines Erachtens deswegen so schwierig, weil sie überfordert werden.

Ich hab die Kinder natürlich nicht galoppieren lassen. Das geht nicht. Ich hab sie umgesetzt. Erst sind die einen galoppiert. Dann wurde umgesetzt, und sie gingen Schritt und Trab. Genügend ruhige Pferde hatte ich ja. Dann hatte ich 22 bis 24 Pferde in einem Lot. Das hieß, ich hatte noch 6 Pferde fürs zweite Lot. Wenn ich es so gemacht hätte wie die anderen, dann wäre ich in einer Stunde mit der Arbeit fertig gewesen.

Ich war $2^1/_2$ bis 3 Stunden draußen mit einem Lot. Wir sind nicht zur Bahn gegangen und gleich los. Nicht hin, so, jetzt macht der das und der das. Dann springen sie ab, wie im Rennen. Nein, es wurde immer erst getrabt. Die Pferde sind in die Bahn gegangen, als wenn sie draußen spazierengehen. Sie sind so lange getrabt ohne nervös zu werden, wie der Reiter das wollte. Es gibt Rennpferde, die wollen sich drücken, wenn sie eine Renn- oder Trainierbahn sehen. So etwas gab es bei uns nicht.

Sonntags waren die Rennen. Wenn ich Sonntagabend von der Rennbahn kam, oder von Dresden nach Leipzig ging, begann für mich die Nachtarbeit: Ich nahm mir meine Trainingsbücher vor, trug die Pferde ein, die Plazierungen, gute Leistung, Zeit und so. Dann habe ich mich hingesetzt und mir einen Trainingsplan für jedes einzelne Pferd gemacht.

Ich habe alle Pferde notiert und wie sie rausgehen sollen, erstes Lot, zweites Lot und wenn nötig, das dritte Lot. Anhand dieser Eintragungen habe ich die Trainingsarbeit festgelegt und brauchte am nächsten Morgen nicht mehr zu überlegen.

Dienstag war für die Pferde, die 14 Tage nicht intensiv gearbeitet wurden, Galopptag. Das hieß: ¾ Belastung intensiv und damit war es zu Ende. Das bewirkte, daß die Pferde zum Galopp auf die Rennbahn gegangen sind und merkten: Heute brauche ich mich nicht anzustrengen. Dazu kam die Beobachtung der Flanken. Man sieht wie sie atmen. Schwitzen sie stark? Wie schwitzen sie? Wenn ein Pferd schäumend aus dem Galopp kam, dann wußte ich genau, das war zuviel. Ich hab als erster mit dem Intervalltraining angefangen. Das war mein Merkmal. Es ließ sich aber nur ein Jahr lang richtig durchführen, da es zu personal- und zeitaufwendig war.

Als die ersten so trainierten Pferde liefen, haben alle gestaunt. Meine Pferde haben sich im Hürdenrennen, obwohl der Berg in der Geraden war, in der vorletzten Ecke in Hoppegarten verabschiedet. Das ging nicht nur ein Jahr, das ging Jahre. Und nachher, als ich Intervall nicht mehr machen konnte, hat mir das sehr leid getan. Die Pferde haben das bestens vertragen, sie waren sogar ganz ruhig.

Mit einer Ausnahme: Kontinent. Mit dem konnte ich das nicht machen. Der wär mir nervlich durchgedreht.

Kontinent, den konnte später nur der Alex Mirus reiten. Das kam so:

Ich schickte die Jährlinge zum zweiten Mal runter zum Galoppieren. Gerade Bahn über 1000 Meter. Sie sollten etwas freier galoppieren als normal. Es waren sechs oder sieben Pferde.

Da kommt Alex Mirus mit dem Kontinent ungefähr 100 oder vielleicht sogar 150 Meter vor den anderen. Der mit gespitzten Ohren, Alex hält ihn fest.

'Mensch Alex, bist du denn verrückt? Hoffentlich dreht der uns nicht durch.' Genau so war es. Wir haben keine Ruhe mehr reingekriegt in das Pferd. Kontinent hat gekocht und wurde immer weniger.

Ich habe mir den Kopf zerbrochen: Was machst du denn nun mit dem?

Aber arbeiten muß er ja, sonst kannste ihn nicht laufen lassen. Erst setzte ich ihn eine ganze Weile überhaupt nicht mehr ein.

Und dann, beim nächsten Rennen, ist er dem Alex beim Fehlstart in Hoppegarten abgehauen. Da konnte er ihn nicht anhalten, und alles war wieder kaputt.

Im nächsten Jahr hab ich zu Alex gesagt: 'Du paß mal auf, ich habe mir das sehr gut überlegt. So, wie wir ihn jetzt behandeln, kriegen wir wahrscheinlich nicht mal einen Sieg im Maidenrennen. Ich hab mir folgendes gedacht:

Du kannst ihn doch in bestimmtem Tempo, zum Beispiel halbschnelle Arbeit, einigermaßen reiten. Also werden wir es so machen:

Du galoppierst ihn zweimal die Woche, Dienstag und Freitag, gehst in die Bahn, hältst ihn nicht mit Gewalt, daß er sich die Knochen kaputt haut. Statt dessen läßt du ihn abspringen, wenn er will. Aber du hältst ihn trotzdem fest. Nur nicht so, daß er mit dem Kopf schmeißt. Läßt ihn so galoppieren, wie du ihn bequem halten kannst, und dann höchstens 1600 Meter, wenn du ihn dann anhalten kannst.'

Die ersten paarmal waren schwierig, aber das wurde immer besser, immer besser. Er wurde ruhiger, bekam Format und gewann große Rennen. Später ist er dann Hürdenrennen gelaufen."

1966 wurde Aveiro/Stall Lehn leichter Sieger im Derby der DDR. Im Sattel saß Alex Mirus. Es war eine Großveranstaltung, wie man sie selten schöner erlebt: Massenbesuch, vorzüglicher Umsatz, Sonnenschein. Das Standortmusikkorps der NVA machte während des Rennens Musik, und nach dem Rennen konnte im Kultursaal getanzt werden.

1967 gewann Lehmann mit Main (Mirus) bei 32 Grad im Schatten das Hitze Derby vor Soho (Neuhaus), beide Pferde aus dem Gestüt Lehn. Rudi Lehmann errang in diesem Jahr auch den einhundertsten Trainersieg mit Byzanz

1970 sorgte die Außenseiterin Amola vom Gestüt Lehn für eine saftige Überraschung. Sie hatte bisher nur zwei mittlere Handicap-Rennen gewonnen. Nun, von Trainer Lehmann offenbar stark verbessert, gewann sie den Großen Preis der DDR. Das Jahr 1972 brachte Lehmann ein zweites Trainer-Championat mit 62 Siegen. Außerdem qualifizierte er sich an der Agrar-Ingenieurschule in Bautzen zum Ingenieur-Ökonom.

1973 erreichte er das dritte Championat, und er heiratete zum zweiten Mal. Aus seinen beiden Ehen ging je eine Tochter hervor.

Mit Amiant gab es wieder ein Spitzenpferd im Rennstall Lehn. Es war ein empfindliches Pferd, zudem mit schlechten Hufen. 1982 gewann Amiant das Derby. Dieser Sieg war für Jockey Rölke und Trainer Lehmann der fünfte Derbysieg.

Die Mannschaft – Internationales Meeting in Warschau

Amiant konnte nach einer Sehnenverletzung im Jahr 1982 und der Rekonvaleszenz 1983 als Fünfjähriger nochmals zu großer Form gebracht werden.

Dies war dem besonderen Fingerspitzengefühl des Trainers und der Sorgfalt der gesamten Stallmannschaft, zu der neben den Jockeys Martin Rölke und Gunter Richter auch die zuverlässigen Futtermeister Peter Starzynski und Günter Flint gehörten, zu verdanken.

Martin Rölke gewann mit Amiant 1984 den Großen Preis der DDR, und Jochen Potempa siegte mit ihm im Internationalen Rennen in Hoppegarten mit acht Längen.

Im gleichen Jahr legte Jochen Potempa als Gastreiter für Stall Lehn einen Glanzritt hin und siegte mit Copacabana im Preis des Winterfavoriten. Mit Feliciano wurde er einziger Doppelsieger des Tages.

1986 vollendete Rudi Lehmann sein 65. Lebensjahr. Ein Jahr später gelang ihm noch mal ein glänzender Sieg. Sein Jockey Gunter Richter, den er jetzt verstärkt in großen Rennen reiten ließ, siegte mit Alcira in eindrucksvollem Stil.

Rudi Lehmann sattelte fünfmal den Derbysieger, dreimal den Sieger im Großen Preis der DDR und konnte sechsmal seine Pferde nach Internationalen Rennen zur Waage zurückbringen.

Obwohl Rudi 1987 mit 66 Jahren bereits Rentner war, trainierte er immer noch erfolgreich.

Was kann einen so erfolgreichen, allseits beliebten Trainer veranlaßt haben, alles aufzugeben und in den Westen zu gehen?

„Als ich 1968 Trainer wurde, zählten nur die Pferde. Die Politik hatte kaum Einfluß auf unsere Arbeit. Dr. Gereke schirmte uns von allem ab. Die Arbeit hat so einen Spaß gemacht. Wir waren wie eine große Familie.

Alles änderte sich mit dem Nachfolger unseres Dr. Gereke, dem Präsidenten der Zentralstelle für Pferdezucht, dem Genossen Dr. Alfred Franz. Als Herr Rudolf als Betriebsleiter in Hoppegarten anfing, sagte er in einer öffentlichen Versammlung: 'Ich werde als erstes die Allmacht der Trainer brechen.'

Das war doch eine Untergrabung der Autorität, wie es schlimmer nicht geht. Der erzählte so etwas vor jedem Mitarbeiter. Die Trainer waren zum Schluß nur noch das Letzte. Da machte doch jeder was er wollte.

Bei mir fing das ganze Elend damit an, daß ich in den Kompaktstall sollte. Das war Rudolfs Werk. Ich hatte so einen schönen Stall oben am Holländer. Darüber haben wir auch die ersten Jahre wunderschön gewohnt.

'Ich denke, Sie müssen in den Kompaktstall runter', sagte Rudolf eines Tages. Ich dachte, lieber Gott, laß das nicht wahr sein. Ich ahnte, was dann passiert. Zwölf Trainer nebeneinander. Ausgerechnet mein Exjockey Alex Mirus neben mir, der für mich so viele Rennen gewonnen und mit dem ich so eine gute Zeit hatte.

Jetzt bekam ich schon mal zehn Pferde weniger. Meine Frau und meine Tochter hatten keine Lust mehr. Dann kamen die »Herren ausgedienten Offiziere«, die hatten dann was zu sagen. Die Zustände verschlimmerten sich zusehends, kein Heu, kein Stroh, verschimmeltes Zeug. Daß die Pferde nicht eingegangen sind, war ein Wunder. Man konnte sich im Training anstrengen wie man wollte, das Leistungsniveau der Pferde sank immer mehr. Es reichte schon lange nicht mehr für internationale Vergleiche. Das alles geht ans Nervenkostüm. Ich konnte es nicht mehr aushalten. Ich fühlte, ich muß hier weg.

Dann gab es noch Stallknatsch, und ich mußte überall hinfahren, um zu sehen, ob meine Pferde anständig geritten und meine Order auch richtig befolgt wurden. Da war ich nervlich am Ende.

Da ich nun als Rentner in die BRD reisen durfte, haben wir zu Hause alles genau abgesprochen und geregelt. Wir verkauften unser Haus und das Grundstück, und ich fuhr in Urlaub zu meiner Schwiegermutter nach Köln."

★★★

Dagmar Lehmann: „Ich bin mit meiner Tochter in eine Wohnung umgezogen und bekam dann drei Wochen später von Rudi einen Brief, daß er drüben bleibt. Mit diesem Brief fuhr ich nach Strausberg zur Abteilung Inneres und wollte die Ausreise für mich und meine Tochter beantragen.

»Familienzusammenführung« mit meinem Mann.

Die haben mich vollkommen ignoriert. Ich fuhr wieder nach Hause und überlegte: Was mache ich jetzt? Am gleichen Tag kamen der Betriebsdirektor Heinrich und der Kaderleiter Katschke zu mir.

Da stand ich dumm da.

Nach drei Wochen erschien Herr Rudolf: Er hätte gehört ...

Warum ... ? Wieso ... ? Regte er sich furchtbar auf.

Helfen wollte er mir, ausgerechnet der!

Ich fuhr jede Woche nach Strausberg. Das war schlimm. Die haben mich behandelt wie Luft. Zwei Minuten im Zimmer und wieder raus.

Im Februar 1988 habe ich im Fernsehen gesehen, wie der Maler Kraftcyk und die Freya Klier von heute auf morgen aus der DDR entlassen wurden. Da wurde ich wütend.

Und wenn ich wütend werde, dann habe ich keine Angst mehr. Ich setzte mich in die S-Bahn, fuhr zum Nöldnerplatz und ging in die Kirche, wo damals der Stolpe war. Das war im Februar 1988. Da standen Menschen in einer Riesenschlange. Die Polizei kontrollierte vor der Kirche die Ausweise. War mir alles egal.

Als ich in der Kirche fürchterlich weinte, schickten mich andere Ausreisewillige zum Pfarrer in die Andreaskirche, gegenüber vom Ostbahnhof. Der Pfarrer sprach zwar mit mir, aber ich kam da auch nicht weiter. Dann fuhr ich zu einer kirchlichen Veranstaltung nach Ostkreuz. Da konnte man sehen, wie viele ausreisen wollten. Ich stellte mich zu einer Gruppe und bin ins Reden gekommen. Jemand meinte: 'Es ist jetzt schlecht, in unsere Gruppe reinzukommen, wir haben zum Teil schon die Ausreise. Aber komm mal trotzdem morgen nach Treptow.'

Eine Frau beschrieb mir genau, wo ich hinkommen sollte. Am Dienstag dackelte ich hin. Ich fühlte mich laufend beobachtet – war mir egal. Als ich dort ankam, saß die Frau, mit der ich mich treffen wollte, schon auf'm Koffer. Sie mußte noch am gleichen Tag ausreisen. Da hätte ich vor Wut heulen können, nun war ich ja wieder allein. Dann bin ich in die Gethsemanekirche, Prenzlauer Berg. Ich war vorher noch nie in dem Stadtbezirk gewesen. Da ich das Auto schon verkauft hatte, fuhr ich immer mit der S-Bahn.

Bis Schönhauser Allee gefahren, dann um die Kirche rumgeschlichen. Da konnte man den Stolpe sehen und wie sie alle hießen. Die Kirche war übervoll, sogar auf dem Fußboden haben sie gesessen. Das waren bestimmt 2000 Leute, die alle mehr Freiheit wollten, die genug hatten vom Eingesperrtsein. Nach den Reden war ein riesiger Applaus.

Ich lernte wieder andere Leute kennen und informierte mich über alle Ausreisemöglichkeiten. Ein neuer Treffpunkt war dann die Sophienkirche in der Friedrichstraße. Dort haben wir eine Gruppe gebildet, sogar aus Neuenhagen waren welche da.

Plötzlich bekam ich ein Telegramm, ich solle sofort nach Strausberg kommen. Oh, Ausreise!, dachte ich und fuhr ganz freudig hin. Kam da rein, saßen fünf solche Saftsäcke da. Ich dachte: Na da stimmt was nicht. Sie begannen mit mir zu reden wie bei einem Verhör: 'Wo waren Sie am Dienstag um soundso viel Uhr?'

'Wissen Sie was, wenn Sie es doch wissen, warum fragen Sie mich da?'

'Wenn Sie nicht sofort sagen, wo Sie gewesen sind, dann gibt es noch andere Mittel.'

Ich dachte an meine 16jährige Tochter und habe aus Angst um sie alles gesagt. Dann sollte ich sofort unterschreiben, daß ich nicht mehr an den kirchlichen Veranstaltungen und an den Treffen der Friedensgruppen teilnehmen werde. Habe ich nicht unterschrieben.

Zu Hause habe ich meiner Tochter eindringlich folgende Anweisung gegeben: Wenn ich mal von einer Veranstaltung abends nicht nach Hause komme:

Erstens den Papa anrufen! Das war das Wichtigste.

Zweitens an den Pfarrer wenden, zu dem ich immer ging.

Drittens Herrn Stolpe anrufen.

Alle drei Telefonnummern sollte sie immer bei sich haben.

Ich habe mich nicht geduckt sondern immer weiter gemacht. Rudi machte vom Westen aus Druck. Er lancierte einen Artikel in der Rheinischen Post:

'Mit 66 Jahren wurde DDR-Reiter zum Republikflüchtling', war die Überschrift. Ausführlich wurde über ihn und die Verhältnisse im Arbeiter-Paradies berichtet. Auch daß er sehnsüchtig auf Frau und Tochter warten würde, denen man die Ausreise verwehre.

Am 22. Juni war es endlich so weit. Ausreise innerhalb 24 Stunden. Der berühmte Rausschmiß. Vorher hatte ich Thomas, den Sohn unseres Pfarrers in Neuenhagen, der Vikar in der Samariterkirche war, auf einem Friedensfest getroffen und ihm von meinem Problem erzählt. Auch daß ich Rudi eine große Freude machen und seine Ehrenpreise in den Westen retten wolle.

Einen Teil der Preise hatte ich Gabi, Rudis Tochter aus erster Ehe geschenkt. Aber die Sachen, an denen Rudi am meisten hing, wollte ich ihm rüberbringen. Es klappte. Thomas hatte nämlich einen Freund, dessen Vater als Diplomat immer hin- und herfahren durfte. Nach einigen vergeblichen Anläufen waren die Sachen in Westberlin für uns zwischengelagert. Dann kamen wir nach zehn Stunden Fahrt in Krefeld an. Wir drei standen ganz allein auf dem Bahnhof. Meine Angst ohne Ende war nun zu Ende. Rudi war glücklich, uns endlich wiederzuhaben. Wer hätte damals gedacht, daß die Grenze so bald geöffnet würde. Niemand hatte ernsthaft daran geglaubt. Man hoffte ja auf ein paar Erleichterungen. Aber ein Ende der DDR – niemals!

Im Dezember fuhr ich mit meiner Tochter im Schneetreiben nach Westberlin und holte die für Rudi so wertvollen Erinnerungsstücke aus einer Studentenbude in der Bleibtreustraße ab. Bis auf eine kaputte Vase, die aber wieder geklebt werden konnte, fand ich alles wohlbehalten vor. Rudi hatte es nicht fertiggebracht, wieder in den Osten zu fahren. Er blieb in Helmstedt im Hotel und wartete dort auf uns. Kurz vor der Grenze, auf der Ostseite, streikte mein alter Kadett. Ich konnte glücklicherweise gerade noch in eine Tankstelle rollen. Es war alles vereist. Ich hatte Angst, daß noch was schief geht. Aber man konnte mir helfen, und wir kamen ohne weitere Zwischenfälle in Helmstedt an, wo wir uns mit Rudi im Hotel wieder trafen. Nun lag alles hinter uns. Ein neues Leben konnte beginnen, ohne Angst – in Freiheit."

Der Nachzügler. Werner Bauermeister

Ich hatte den Trainer Werner Bauermeister in Hoppegarten schon öfters mal gefragt, ob es eine lustige Anekdote aus seiner Zeit als Hindernisreiter gibt.

Er wolle mal nachdenken, sagte er. Eines Tages, es war im April 1977, konnte er mir nicht mehr entkommen. Obwohl er wenig Zeit hatte, gelang es mir, ihm ein paar kleine Episoden zu entlocken.

Werner Bauermeister wurde am 15. Dezember 1930 in Calbe an der Saale, in der Nähe von Magdeburg, geboren. Sein schon recht betagter Vater war Landwirt. Im Alter von nur 18 Jahren mußte Werner Bauermeister den väterlichen Hof übernehmen. Als die ersten LPGs (Landwirtschaftliche Produktionsgenossenschaften) gegründet wurden, wollte er nicht mitmachen. Entweder selbständig oder gar nicht. Er verkaufte seinen Anteil des Betriebs, und überließ den anderen Teil seiner Schwester.

Erster Ritt und erster Sieg auf Scharlatan

Er ging 1954 nach Berlin, wo er sich bessere berufliche Aussichten versprach. Die neue Tätigkeit sollte nach Möglichkeit eine Verbindung zum Pferdesport haben.

Werner Bauermeister bewarb sich bei der berittenen Polizei. Er kam an die Reitschule Hoppegarten und wurde Mitglied im Sportclub Dynamo Berlin. Von 1960 bis 1965 war er aktiver Military-Reiter.

„Ich war in der Military Nationalmannschaft. Dieser vielseitige Sport, der aus Dressur, schwerem Geländeritt und einer Springprüfung besteht, ist für mich das höchste, was es im Reitsport überhaupt gibt. Durch diese Grundlage war es für mich dann etwas leichter, als Hindernisreiter einzusteigen.

Von 1959 bis 1975, also auch während meiner Military Zeit, ritt ich als Amateur. Mein erstes Rennen am 12.4.59 in Leipzig mit Scharlatan (Trainer Walter Kardel) konnte ich gleich gewinnen. Weil ich noch keine Anstecknadel hatte, flog mir meine weiße Kragenbinde unterwegs fort. Das sah schon ulkig aus, mit dem nackten, langen Hals auf dem Pferd.

Schon als Amateur verlor ich meine Gewichtserlaubnis. Bei Ewald Schneck, für den ich viele Hindernisrennen geritten habe, endete meine Amateurzeit.

Weil mir die Arbeit mit Pferden so viel Freude machte, wollte ich es genau wissen und wurde 1976 Jockey am Stall von Rudi Lehmann.

Mit 46 Jahren, also in einem Alter, in dem schon viele Jockeys den Rennsattel an den berüchtigten Nagel gehängt haben, wurde ich Berufsjockey. Ein richtiger Anfänger war ich ja nicht, eher ein Umsteiger. Aber trotzdem – viel später hat bestimmt keiner begonnen. Ich konnte immer 57 bis 58 Kilo reiten.

Die gestandenen Hindernisjockeys waren damals Wolfgang Thom, der 20fache Hindernischampion, und Jürgen Szydzik. Sein Spitzname war »Igel«, weil er einen entsprechenden Haarschnitt hatte.

Am 28. August 1976 in Dresden hatten Szydzik und ich die absoluten Rausgucker an Pferden. Schon in der Zeitung wurde vorausgesagt, daß ein spannender Zweikampf zwischen unseren beiden Pferden, Ilm und

Mit Smart – 1977

Fenho, zu erwarten sei. Und so kam es dann auch. Wir kamen Kopf an Kopf die Gerade hoch und kämpften verbissen um den Sieg. Als Jürgen, der sehr ehrgeizig war, merkte, daß meiner immer besser ging, hielt er sich bei mir an der Hose fest.

'Läßt du los!' rief ich sofort.

Keine Reaktion.

'Läßt du los!' schrie ich wütend.

Er dachte nicht daran loszulassen. Er sah frech zu mir rüber, als würde er denken: Dem »Amateur« werd ich mal zeigen, was eine Harke ist. Das war zuviel, ich hab ihm mit dem Knüppel richtig eine über die Pfoten gehauen.

'Ich zeig dich an', sagte er nach dem Rennen zu mir.

'Das glaub ich nicht', erwiderte ich und zeigte nur auf meine Hose. Dort war überdeutlich der Abdruck seiner Hand zu sehen.

Mein Trainer, Rudi Lehmann, stand bei diesem Rennen oben auf der Tribüne. Er hatte natürlich was gesehen und fragte mich, ob sich der Jürgen Szydzik bei mir festgehalten hätte. Der korrekte Rudi Lehmann verstand da wenig Spaß und wollte zur Rennleitung.

'Was willste denn Rudi', beruhigte ich ihn, 'wir haben doch gewonnen.'

Da ließ er es sein, und so blieb die Sache ohne Nachspiel – schließlich waren wir ja Freunde. Diese kleine Episode hat uns nicht auseinandergebracht, sondern eher mehr zusammengeschweißt.

Leider gab es im Hindernissport oft schwierige, nervige Pferde. Zum Beispiel solche, die nicht in die Startmaschine wollten und deshalb eingesprungen wurden. Oder es wurden schlechte Pferde, die auf der Flachen nichts zeigten, eingesetzt – so als letzter Versuch im Rennsport.

Hatte einer mit solchen Pferden zu tun, dann haben wir Jockeys uns untereinander geholfen. Wenn so einer mal nicht um die Ecke gehen wollte, da haben die anderen schon aufgepaßt und versucht, den rumzudrücken.

Natürlich blieb ich als Hindernisreiter auch von Stürzen nicht verschont. Am 3.10.1976 hatte ich mir mit Wippe in Magdeburg zwei Zehen gebrochen und sollte kurz darauf mit Modist in Pardubice reiten. Ich konnte kaum laufen und kam schlecht in die Reitstiefel. Krankschreiben war nicht.

Werner Bauermeister mit Modist in Pardubice

Reiten fiel mir leichter als Laufen. Also fuhr ich nach Pardubice und humpelte auf die Bahn. Es war ein Hürdenrennen über 3200 Meter. Ein Tscheche gewann, und ich wurde Zweiter.

Bei einem Hürdenrennen am 14. Mai 1977 in Dresden ist mir bei einem schlimmen Sturz mit Föhre ein anderes Pferd auf die Brust gesprungen. Sieben Rippen waren gebrochen, vorn und hinten. Da war ich natürlich ein bißchen gehandicapt.

Schon vier Wochen später, Mitte Juli, wollte ich im Großen Magdeburger Jagdrennen unbedingt mit Modist antreten. Modist brauchte dieses Rennen, weil er fürs Gothaer Jagdrennen am 14. August und fürs Haupthürdenrennen in Hoppegarten am 20. August vorgesehen war. In beiden wichtigen Rennen sollte ich ihn reiten.

Obwohl ich noch schwer angeschlagen war, ließ ich mich von dem Rennen nicht abbringen. Meine Frau hat mich richtig mit Handtüchern eingeschnürt, und ich ließ mir meine Schmerzen nicht anmerken. Modist war ein Pferd, das furchtbar pullte. Ich ging an erster Stelle in die Diagonale und schaffte den Bogen nicht. Durch sein Pullen war es schwierig, ihn um die Ecken zu kriegen. Geschwächt wie ich war, bekam ich ihn nicht rum. Ich habe die außenstehende Flagge von dem kurzen Bogen umgeritten und war praktisch raus aus dem Rennen. Ich hatte die Bahn schon etwas verlassen.

Wolfgang Thom und Jürgen Szydzik, die hinter mir lagen und mein Malheur bemerkt hatten, brüllten:

'Du bist raus, halt an!'

'Klappe halten', rief ich zurück, 'ich brauch das Rennen. Wenn das schief geht, bringt mich Rudi um!'

'Na gut, aber vor uns darfste nicht sein!' nickten sie mir zu.

Ich hatte sowieso keine Kondition mehr. Ich versuchte, das Pferd so zu halten, daß man es nicht merkte – und wurde Vierter.

Mein Trainer, Rudi Lehmann, stand auf der Tribüne und verstand die Welt nicht mehr. Er hatte gesehen, daß ich sein Pferd mit Gewalt festhielt.

Rudi war so sauer, daß er auf dem Nachhauseweg kein Wort mit mir sprach. Erst ein paar Wochen später, als er erfuhr, was wirklich los war, sagte er:

'Das hättest du doch gleich sagen können.'

Rudi Lehmann war in Hoppegarten eine Respektsperson. Obwohl wir befreundet waren, hatten alle so'n bißchen Dampf vor ihm. Immerhin habe ich anschließend mit Modist das Große Jagdrennen in Gotha gewonnen, und beim Haupthürdenrennen in Hoppegarten wurde ich Zweiter.

Im Jahr 1978 habe ich ein paar wirklich schöne Rennen gewonnen und lag mit Jürgen Szydzik Kopf an Kopf im Championat an zweiter Stelle nach Prozentualquote der Siegritte.
 Ich möchte meine Jockeyzeit nicht missen. Wir waren eine verschworene Gemeinschaft, fast alle waren miteinander befreundet. Nur im Rennen waren wir Gegner, da war Kampf angesagt. Aber sonst waren wir eine ganz gemütliche Runde.

Rudi Lehmann und Egon Czaplewski waren – bevor sie Trainer wurden – die absoluten Meisterjockeys der DDR. Als ich bei Rudi Lehmann Hindernisjockey war, habe ich sehr viel von ihm gelernt. Er hatte eine ganz präzise Art. Was er machte, war immer korrekt und ordentlich. Seine Art und Weise hat mir imponiert. Als ich 1980 Trainer wurde, nahm ich ihn mir zum Vorbild.

1983 fuhr ich mit Jürgen Szydzik nach Dresden zum Rennen. Weil Rudi nicht mitkommen konnte, vertrat ich ihn. Ich kümmerte mich um seine Pferde, die Papiere und so weiter. Half beim Satteln und war im Führring.
 Jürgen ritt auch ein Pferd von Rudi Lehmann. Ich half ihm in den Sattel und als er rausging rief ich ihm nach: 'Jürgen, du schaffst es! Hals und Bein!'

Zwei Pferde lagen Kopf an Kopf in Front. Am letzten Hindernis schaffte Jürgen den Sprung nicht, sein Pferd überschlug sich. Er wurde sofort in eine Klinik gebracht. Es bestünde nur wenig Hoffnung, erfuhren wir in der Jockeystube. Das hat mich furchtbar erschüttert.
 Ich war mit ihm zusammen hingefahren und mußte nun allein – in seinem Auto – wieder zurück. In Hoppegarten habe ich seine Frau informiert und bin mit ihr wieder nach Dresden ins Krankenhaus gefahren. Jürgen ist nicht wieder aufgewacht."

Heute hat Trainer Werner Bauermeister die gleichen Probleme wie viele andere Trainer in Hoppegarten. Zu wenig gute Pferde und zu wenig zahlende Besitzer. Werner Bauermeister war mit Gerd Niemann einer der ersten, die in den Kompaktstall zogen. Jetzt ist er dort ausgezogen.

Er hat, zusammen mit einem Besitzer, vor drei Jahren auf der Goetheallee einen heruntergekommenen Stall erworben. Trainer Kuschnik war der letzte, der dort trainiert hat. Seitdem stand die Anlage leer. Werner Bauermeister hatte schon vorher die Koppeln und ein paar von den Ställen, mit Genehmigung der Rennbahn Hoppegarten, benutzen dürfen. Jetzt ist die Anlage unter seiner Regie ausgebaut und saniert worden. Er hat Platz für 30 Pferde, zwei Drittel der Ställe sind belegt.

Noch heute erzählt er gern von seinen Ausnahmepferden in den Jahren 1986 bis 1992. Das waren das Jagdpferd Odomant und der Sprinter Bolero.

Dreimal siegte Odomant im Jagdrennen der NVA in Hoppegarten in Folge – 1986, 87 und 88. Zu den Siegen in den Großen Jagdrennen von Leipzig und Magdeburg, kamen noch Erfolge in Pardubice und Bratislava. Ständiger Reiter von Odomant war Christian Zschache, Hindernis-Champion der DDR von 1985 bis 1989.

Der zweite Ausnahme-Galopper war Bolero, ein Görlsdorfer. 1988 das Pferd des Jahres. Bolero war ein Flieger, seine beste Distanz waren die 1200 Meter. Die Meile war seine Obergrenze.

Er gewann dreimal die Saxonia. Auch international war er sehr erfolgreich. In Prag gewann er den Großen Preis der Hauptstadt über 1600 Meter mit der damaligen Rekordzeit von 1.37:9 Minuten.

Bolero kam im Dezember 1989 als Deckhengst nach Görlsdorf. Nach der Wende wurde er nicht anerkannt, da sein GAG 94,5 Kilo betrug und nicht die in der Bundesrepublik vorgeschriebenen 95 Kilo.

Deshalb konnte ihn Werner Bauermeister im November 1990 zurückkaufen.

Kaum war Bolero wieder auf der Rennbahn, da siegte der ältere Herr, wie in seinen besten Tagen.

Als Achtjähriger gewann er mit Kevin Woodburn im Sattel am 24. Mai 1992 in Baden-Baden das St. Simon-Rennen, ein Flachrennen über 1200 Meter.

**In der Mitte die strahlenden Sieger
Kevin Woodburn und Werner Bauermeister**

Bolero war das erste Pferd aus den neuen Bundesländern, das in Baden-Baden gewann.

Er war ein hochinteressantes, ein tolles Pferd. Von solchen Pferden träumt jeder Trainer, nicht nur im Osten.

Platzgeld. Hans Pförtke

Wie der Ostberliner Hans Pförtke in Köln mit Mamertus im Gerlingpreis ritt.

Hans Pförtke gewann 1952 mit Mamertus den Großen Preis der DDR in Hoppegarten. Dann ging der Besitzer mit dem Pferd flitzen. Das hieß, er war samt Pferd in den Westen verschwunden.

Im Jahre 1953 bekam Pförtke unerwartet einen Anruf vom Besitzer, ob er Mamertus am 9. August im Gerlingpreis in Köln mit 49 Kilo reiten könne. Er kenne doch das Pferd. Er solle ein paar Tage früher kommen und Mamertus in der Morgenarbeit für das Rennen vorbereiten. Hans war darüber sehr erfreut und sagte zu.

Als er in Köln ankam und die Rennankündigungen in der Sportpresse studierte, war er enttäuscht über die schlechte Meinung von diesem Pferd. Allerdings gab dann auch der Besitzer zu, daß sein Pferd wohl nur eine Statistenrolle in dem Rennen übernehmen würde.

Mamertus ging in der Morgenarbeit so gut, daß Hans sich dieses Vorurteil nicht erklären konnte. Nun, ihm sollte es gleich sein. Er würde schon das Beste aus dem Pferd herausholen.

Am Tag vor dem Rennen erhielt er in seinem Hotel eine Nachricht in einem verschlossenen Kuvert. Er war ziemlich verdutzt, denn wer sollte ihm hier in Köln, wo ihn keiner kannte, schreiben. Vielleicht der Besitzer des Pferdes? Vielleicht der Trainer? War etwas dazwischengekommen? Wurde das Pferd wegen der schlechten Presse zurückgezogen? Vor lauter Aufregung riß er das Kuvert gleich beim Empfang auf. Völlig überrascht las er die kurze Notiz:

»Hans Pförtke! Kommen Sie heute abend pünktlich um 20 Uhr in das Hotel am Dom. Wir haben dringend mit Ihnen zu reden.« Unterschrift unleserlich.

Er konnte sich nicht vorstellen, wer mit ihm, dem DDR-Jockey, hier in Köln dringend sprechen wollte. Es beunruhigte ihn mehr, als daß es ihn neugierig machte. Die Notiz hatte etwas Bedrohliches. Es gefiel ihm gar nicht, daß er allein in das ihm unbekannte Hotel gehen sollte, um jemand zu treffen, von dem er nicht wußte, wer es sein könnte. Sollte er die Notiz ignorieren? Nein, das ging auch nicht. Wer weiß, was dann passieren würde.

Schweren Herzens machte sich Hans rechtzeitig auf den Weg. Im Hotel am Dom angekommen, schaute er sich suchend und ratlos um. Der Hotelportier winkte ihn zu sich heran und fragte ihn, ob er der Jockey Hans Pförtke sei. Als er dies bejahte, wurde er von einem Hoteldiener an einen Tisch am Ende der Empfangshalle geleitet.

Drei nicht sehr vertrauenerweckende Herren saßen dort. Zwei sahen aus wie Zuhälter und der Dritte eher wie ein ausrangierter Boxer. Groß, kräftig und mit plattgeklopfter Nase. Ihm wurde nicht besser.

„Guten Abend, mein Name ist Pförtke", stellte er sich vor. „Sie wollten mich sprechen?"

„Setzen Sie sich zu uns, wir wollen mit Ihnen reden", sagte einer von ihnen, der sich mit Rudi vorstellte.

„Wir kommen aus Berlin. Das sind meine Freunde Berni und Alex." Letzterer war der »Boxer«.

„Ich glaube, wir kennen uns aus Berlin", sagte Rudi zu Hans Pförtke, der daraufhin krampfhaft überlegte, wo ihm diese dubiose Gestalt schon mal begegnet sein könnte. Von »Kennen« konnte keine Rede sein, aber begegnet war er ihm schon irgendwo. Aber wo? Plötzlich fiel es ihm ein. Es war ein unangenehmer Bursche, der auf der Rennbahn Hoppegarten in Begleitung anderer Typen des Berliner Rotlicht-Milieus besonders auffiel. Jetzt fiel ihm ein, daß er sogar in einem Hoppegartener Stall ein Pferd im Training hatte, wo er oft in Begleitung halbseidener Damen auftauchte. Genau dieser Typ begrüßte ihn nun lautstark und tat, als würden sie sich gut kennen. Hans ließ sich seine Verärgerung über diese plumpe Vertraulichkeit nicht anmerken und setzte sich etwas steif an den Tisch.

„Willste wat trinken?" Hans schüttelte den Kopf und log, daß er noch einen Termin in seinem Hotel wegen des morgigen Rennens hätte und gleich wieder gehen müsse. Ihm war ziemlich mulmig zumute. Das Berliner Rotlicht-Milieu hier in Köln! Und die wollten was mit ihm besprechen. Das konnte doch nichts Gutes bedeuten.

„Also, machen wir's kurz", begann Rudi. „Wir sind extra aus Berlin jekommen, wollen uns det große Rennen, den Gerlingpreis, mal ankieken. Und nu ham wa inne Zeitung jelesen, det du den Mamertus reitest. Mit dem haste doch in Hoppejarten son großet Rennen jewonnen, wa? Und dann ham wa erfahren, daß de schon een paar Tage hier bist und det Pferd sehr gut vorbereitet hast. Also, nun mal janz ehrlich, wie looft denn det Pferd?"

Hans atmete erst einmal auf und dachte: Na wenn das alles ist, was die wissen wollen, dann ist es ja gut.

„Ja, wie läuft Mamertus? Ich glaube, er ist noch immer ein feines Pferd. Ich denke, wir könnten dabei sein", sagte er nicht ohne Stolz.

»Dabei sein« hieß in diesem Fall: unter den ersten Vier sein. Denn es gab vier Platzgelder – nicht nur für den Besitzer, sondern auch für den Wetter.

„Du kannst nicht dabei sein! Du bist dabei! Haste verstanden? Du wirst unter die ersten Viere sein. Wir werden viel Geld auf Platz setzen, und du wirst uns nicht enttäuschen. Is det klar?"

Das klang schon schärfer und bedrohlicher, als die erste scheinheilige Frage nach dem Zustand des Pferdes. Hans bereute, überhaupt etwas über die Form des Pferdes verraten zu haben. Aber er konnte ja nicht ahnen, daß man ihn daraufhin gleich festnageln würde.

Er wollte noch einen Rückzieher machen und meinte: „Ich weiß ja nicht, wieviel bessere Pferde in dem Rennen sind. Schließlich ist es doch ein großes Rennen, und wahrscheinlich sind nur Spitzenpferde am Start. Ich habe ja nur gesagt, daß ich dabei sein könnte."

Aber nun war jedes Wort vergebens.

„Wat quatschste solange mit dem rum", meldete sich jetzt Berni zu Wort und richtete seine stechend schwarzen Augen auf Hans. „Sag ihm lieber wat passiert, wenn wir unser Geld verlieren."

„Also Hans", meinte Rudi, „wenn de morgen verlierst, brauchste janich mehr von det Pferd abzusteigen, weil wir nämlich janz in deiner Nähe auf dich warten. Haste uns jut verstanden?"

„Ja, aber", wollte Hans einwenden.

„Nee, hier jibt et keen Aber. Ick globe wir verstehn uns, wa? Und jetzt kannste jehn, damit de morgen gut ausgeruht uffs Pferd kommst." Die Runde lachte lauthals und entließ ihn mit einer unmißverständlichen Handbewegung.

Hans verließ den Raum mit weichen Knien und wußte jetzt, daß seine Ahnung über die Notiz berechtigt war. Er hatte keine Lust, noch irgendwohin zu gehen und schlich auf sein Zimmer. Er blätterte noch etwas in der Sport-Welt und versuchte, möglichst schnell einzuschlafen, was ihm aber nicht gelang. Immer wieder grübelte er darüber nach, was ihm passieren würde, wenn er nicht unter den ersten Vieren wäre. Was sollte er bloß machen? Er konnte doch den anderen Pferden nicht zurufen: Bleibt hinten! Ich muß vorn sein!

Schweißgebadet wachte er um 3 Uhr früh auf. Letzter war er im Traum geworden. Man ließ ihn nicht vom Pferd und peitschte ihn Runde um Runde um die Bahn, bis er tot vom Pferd fiel. Nach diesem Traum konnte er überhaupt nicht mehr einschlafen und wälzte sich wie ein Fieberkranker im Bett herum. Erst gegen Morgen fand er noch etwas Schlaf und hätte um ein Haar den Wecker nicht gehört. Das würde noch fehlen, dachte er, daß ich nicht pünktlich zur Rennbahn komme.

An der Rezeption lag ein Stapel der neuesten Tageszeitungen. Er nahm eine mit und las begierig die Artikel über die heutigen Rennen.

„Was sucht das Außenseiterpferd Mamertus in diesem Rennen?" konnte er in dicken Lettern lesen. „Dieses Pferd gehört doch gar nicht hierher. Dafür hätte man sicher ein geeigneteres Pferd laufen lassen können!"

Na, wunderbar, dachte er. Warum bin ich bloß gestern in das Hotel gegangen? Ich hätte doch sagen können, daß ich keine Nachricht erhalten habe. Jetzt bin ich ganz schön in der Scheiße.

Unausgeruht und nervös stand Hans im Führring neben dem Besitzer und dem Trainer, der ihm eine genaue Order vorpredigte. Hans gab sich alle Mühe zuzuhören. Dabei überlegte er fieberhaft, ob der Besitzer mit den schrägen Vögeln etwas zu tun haben könnte. Wer hatte denen denn gesagt, wie lange er schon in Köln war, und daß er Mamertus für das Rennen gut vorbereitet hatte?

Der Aufgalopp und die Wartezeit vor dem Start kamen Hans heute besonders lang vor. Sein Pferd machte einen ruhigen Eindruck, was man von ihm nicht behaupten konnte.

„Hans, mein Lieber", hörte er eine vertraute Stimme neben sich, „du wirkst etwas nervös."

Es war Hänschen Hiller, den er noch aus alten Hoppegartener Zeiten gut kannte und schon in der Jockeystube begrüßt hatte. Er saß auf Alma Mater, einem favorisierten Pferd. „Bleib ganz ruhig. Denke an dein großartiges Rennen mit Mamertus beim Großen Preis der DDR. Du wirst hier schon zurechtkommen." Hans dankte ihm mit einem schmerzlichen Lächeln.

„Weißt du, es ist nur so, ich habe heute sehr schlecht geschlafen. Ich bin diese Bahn nicht gewöhnt, ist alles so anders hier."

Endlich gab der Starter das ersehnte Zeichen.

Mamertus kam gut ab und galoppierte einen sauberen Strich. Hans konnte ihn weisungsgemäß bis zur Zielgerade im letzten Drittel halten. Er hatte ihn vorsichtig nach außen genommen, zeigte ihm kurz die Peitsche und schnalzte mit der Zunge. Sie kämpften sich hinter Salut und Alma Mater auf den dritten Platz vor. Hans glaubte schon, diesen Platz halten zu können. Da fegte der Waldfrieder Maranon mit großem Speed an ihnen vorbei und drängte sie auf Platz Vier zurück. Noch bin ich dabei, dachte Hans. Doch im nächsten Moment kam ihnen Prodomo bedrohlich näher. Hans versuchte wie ein Wahnsinniger, den vierten Platz zu halten. Kopf an Kopf kamen sie dem Ziel immer näher. Sie waren nicht voneinander zu trennen.

Das Ziel war passiert. Hatte er es geschafft? Er wußte es nicht. Er ließ das Pferd ausgaloppieren und kam mit flauem Gefühl im Bauch zurück. Wenn er nun knapp geschlagener Fünfter war? Sie mußten doch seinen verbissenen Kampf gesehen haben. Pferde sind doch keine Maschinen, das mußten die doch auch wissen und ein Einsehen haben.

Hans ließ sich besonders viel Zeit, das Pferd zum Absattelring zurückzureiten. Endlich kam die Durchsage des Rennbahnsprechers:

Sieger im Gerlingpreis ist Salut (ein Mydlinghofer, Trainer Otto Schmidt, Jockey Dünschede (91:10),

Zweiter Alma Mater (Gestüt Rösler, Jockey Hiller),

Dritter Maranon (ein Waldfrieder mit Jockey Dilger),

Vierter Mamertus (Gestüt Buschhof, Jockey Pförtke).

Die nächsten Plätze belegten die Jockeys: Reibl, Starosta, Bollow, Gutkäß, Lommatzsch, Drechsler und Langner.

Hans Pförtke konnte es nicht fassen. Ein vierter Platz in diesem Feld, und mit der schlechten Presse kam für ihn fast einem Sieg gleich. Mehr konnten auch der Trainer und der Besitzer nicht erwarten. Als sie ihm zufrieden die Hand drückten, versuchte er im Gesicht des Besitzers eine Antwort auf die bohrende Frage zu finden: Hatte er etwas mit den Berliner Typen zu tun? Aber er konte keine Antwort in dessen Miene finden. Er schaute recht zufrieden aus. Vielleicht hat er auch ein paar Mark auf Platz gesetzt, so ganz für sich allein, dachte Hans. Das wäre doch sehr erfreulich. Wie er später erfuhr, war die Platzquote 50:10, außergewöhnlich hoch für eine Platzwette. Mamertus wurde eben nur als Außenseiter eingeschätzt.

Als sich der ganze Rummel gelegt hatte und längst die nächsten Rennen liefen, kam »Rudi« auf ihn zu. Hans war schon umgezogen und bemerkte eine Hand in seiner Jackentasche.

„Jut jemacht, alter Junge", begrüßte Rudi ihn strahlend. „Bis demnächst in Hoppegarten!" Dann war er wie vom Erdboden verschwunden.

Hans hat diese Typen zum Glück nie wieder gesehen.

Er ging zur Toilette, griff in seine Jackentasche und holte ein Bündel Geldscheine heraus. Konnte er es annehmen?

Ja! – dachte er. Ich habe nichts Unrechtes getan. Ich habe gekämpft und mein Bestes gegeben. Nur die Angst, die kann man mir nicht bezahlen. Und deshalb will ich das Geld auch nicht behalten.

Nach dem Rennen ging er in eine Jockeykneipe, in der viele arbeits- oder glücklose Jockeys herumsaßen.

„Eine Runde für alle!" rief Hans. Alle blickten ihn verwundert an. Er bestellte ihnen so lange Essen und Trinken, bis die letzte Mark ausgegeben war. Jetzt war ihm wohler zumute. Auch wenn es kein unehrlich erworbenes Geld war, es hatte ihm in der Tasche gebrannt. Nun konnte er wieder ruhig schlafen. Die anderen Jockeys hatten den spendablen Hans noch lange in guter Erinnerung und wußten keine Erklärung für dessen Großzügigkeit. Er hatte doch gar kein Rennen gewonnen!

Ein netter Kerl, dachten sie, ob die alle in der DDR so sind?

Hans Pförtke erzählte mir diese Episode im Oktober 1994 in Hoppegarten. Auch den Anfang, wie er zum Sport kam, fand ich ein paar Zeilen wert.

Hans Pförtke in Hoppegarten

Hans Pförtke, Jahrgang 1910, kam mit 14 Jahren aus der Schule und wollte, wie so viele Jungen, Mechaniker oder Elektriker werden. Er fand nirgends eine Lehrstelle, weil er zu klein und zu leicht war.

So wurde er Page in einem bekannten Berliner Tanzinstitut.

Das Tanzinstitut befand sich in der ersten Etage, und die Tür unten war verschlossen. Nun war es die Aufgabe des Pagen, bei jedem Klingeln hinunterzurennen und die Tür zu öffnen.

Um 18 Uhr war Tanzunterricht für die Jugend und ab 20 Uhr für die älteren Semester.

„Das war mir bald zu blöde", erzählte Hans Pförtke. „Ich überlegte noch, ob ich nicht was anderes machen könnte, als jemand zu mir sagte: 'Du mit deiner Figur kannst doch zum Sport gehen und Jockey werden.'

Das fand ich schon besser, und so machte ich mich auf die Suche nach einer Lehrstelle. Ich fand eine und fing mit 14 ½ Jahren in Karlshorst bei Trainer Scholz an. Seine Frau, die mich immer Heinz nannte, fand mich zu schwach. Aber der Trainer gab mir trotzdem einen Lehrvertrag.

Als ich schon ein paar Wochen in der Lehre war, sagte ich einmal zu Frau Scholz: 'Ich heiße nicht Heinz, sondern Hans.'

Da guckte sie mich ganz entsetzt an und rief: 'Um Gotteswillen, einen Hans hätte ich nie genommen! Mit einem Hans haben wir mal ganz schlechte Erfahrungen gemacht.'

Na egal, nun war ich einmal da und habe mich ihretwegen nicht umtaufen lassen. Wir waren zehn Lehrlinge an dem Stall. Meine Lehrzeit betrug fünf Jahre, und obwohl ich Hans hieß, habe ich den Trainer nicht enttäuscht.

Wieviel Sieger ich geritten habe? Das habe ich nicht gezählt. Ich bin kein Zahlenmensch. Ich habe mir das nie notiert."

Westkontakt verboten. Klaus Neuhaus

Obwohl Klaus Neuhaus 1942 in Köln geboren wurde, ist er kein richtiger Kölner Junge geworden. Der Zweite Weltkrieg, der Millionen entwurzelte, vertrieb auch ihn aus seiner Heimatstadt.

Während der Vater an der Front war, wohnte die Mutter mit den fünf Kindern in Köln, in der Columbiastraße. Während der Fliegerangriffe wurde ihre Wohnung mehrfach beschädigt. Als durch einen Volltreffer das ganze Haus zusammenstürzte, mußten die Bewohner aus dem Luftschutzkeller freigebuddelt werden.

Frau Neuhaus wurde mit ihren fünf Kindern nach Königsberg evakuiert. Dort gab es zwar keine täglichen Bombenangriffe, dafür rückte die Rote Armee immer näher. Kurz bevor die Russen einmarschierten, flüchtete Frau Neuhaus mit ihren Kindern Richtung Westen. Sie konnten sich bis nach Thüringen durchschlagen. Dort wurden sie wenige Tage vor Kriegsende auf einem Rittergut bei Schlauditz, Kreis Altenburg, einquartiert. Zum Zeitpunkt der Kapitulation im Mai 1945 standen dort englische Truppen, die bald den Russen das Feld überließen.

„Als kleiner Junge mußte ich zusehen, wie die Russen das gesamte Rittergut plünderten. Das bißchen, das wir nach der Flucht noch besaßen, flog aus dem Fenster in bereitstehende Lkws. Mutter hatte noch einen schönen dicken Pelz, in den sie uns Kinder immer einwickelte und wärmte, da kein Ofen vorhanden war. Auch den nahmen sie ihr weg und warfen ihn zu den anderen Sachen. Das habe ich mein Leben lang nicht vergessen.

Ich wuchs nun in Schlauditz auf und ging in Monstab zur Schule. Als ich im letzten Schuljahr war, sollte ich meinen Berufswunsch nennen. »Jockey« schrieb ich in das Formular. Mutter hatte mir oft von der Kölner Rennbahn vorgeschwärmt, die sie als junges Mädchen besucht hatte. Die großen Jockeys Hein Bollow, Walter Held und Micki Starosta hatten es ihr besonders angetan. Auf dem Rittergut hatte ich erste Bekanntschaft mit Pferden gemacht und bin oft herumgeritten.

'Das ist ein Kapitalistensport, so etwas gibt es in der DDR nicht', meinte der Schuldirektor verärgert und hielt mir das Formular vor die Nase. Obwohl es bis zur Rennbahn in Leipzig Scheibenholz nicht weit war, wußte der gute Mann leider nicht, daß es diesen Sport sehr wohl gab.

Bitter enttäuscht nahm ich eine Lehrstelle in einer Elektrofabrik für Haushaltswaren an.

Als meine Mutter mit mir ein paar Tage Urlaub in Potsdam machte, fiel mir bei einem Spaziergang ein Schild mit der Aufschrift »Wettannahme« ins Auge. Wo gewettet wird, da muß es auch Pferde geben – hoffte ich. Und wirklich, man konnte dort Wettscheine für Pferderennen abgeben.

Das nächste Rennen sei in Berlin-Karlshorst erfuhren wir. Ich überredete meine Mutter, mit mir dorthin zu fahren. Karlshorst war ja mit der S-Bahn gut zu erreichen. Mein Gott, wie war ich enttäuscht, als ich sah, daß die Jockeys nicht oben auf den Pferden saßen, sondern in so kleinen Kistchen mit Rädern hinterhergezogen wurden.

Das war doch kein richtiges Pferderennen!

Nach Hoppegarten müsse ich, hieß es. Dort fänden richtige Galopprennen statt. Ich besorgte mir die Anschrift vom dortigen Rennverein und schickte einen Brief mit der für mich so wichtigen Frage: 'Wie und wo kann ich Jockey werden?'

Eine Antwort erhielt ich nie.

Als ich 1959 meine Schwester in Dresden besuchte, lernte ich einen Jockeylehrling kennen. Der zeigte mir die Dresdner Rennbahn und machte mich mit allerhand Leuten bekannt. Gerhard Günther, der damalige Auswieger und Zielrichter, gab mir den Rat, mich bei den Trainern Erwin Streubel und Bruno MacNelly vorzustellen.

Beide Trainer fragten mich nach Alter, Schuhgröße und Gewicht. Meine Hände besahen sie sich besonders genau. Trainer MacNelly bot mir einen Lehrvertrag an. Da meine Mutter zustimmte, durfte ich die Lehre wechseln und mein Wunschtraum, Jockey zu werden, sollte sich doch noch erfüllen."

Schon als Lehrling gewann Klaus Neuhaus öfters Rennen für Walter Genz. Das war seinem Lehrherrn MacNelly überhaupt nicht recht. Er wollte die Gewichtserlaubnis lieber für seine Pferde und seine Besitzer in

Nach dem Sieg mit Macbeth – rechts Trainer Genz

Anspruch nehmen. Weil er keine guten Pferde hatte, war er schon froh, wenn er wenigstens Platzgelder bekam. Durch einen guten Reiter mit Erlaubnis hoffte er auf mehr Erfolge und mehr private Besitzer.

1962 beendete Klaus Neuhaus die Lehre. Trainer MacNelly hatte nur 15 Pferde im Stall und konnte sich neben Stalljockey Benno Domschke keinen zweiten Mann leisten.

Alle großen Rennställe befanden sich damals in Hoppegarten, deshalb wechselte Klaus Neuhaus 1963 zu Walter Genz. Er wußte, daß er dort als »leichter Mann« gute Chancen bekommen würde.

Der Umzug nach Berlin brachte ihm nicht nur beruflich bessere Aussichten, auch privat änderte sich einiges. Klaus Neuhaus lernte seine spätere Frau Anneliese kennen. 1964 wurde geheiratet und im nächsten Jahr kam Sohn Ralf zur Welt.

„Es war furchtbar schwer, eine Wohnung für meine kleine Familie zu bekommen. Man mußte erst verheiratet sein, um sich in eine

Wohnungsliste eintragen zu können. Dann hieß es Geduld haben und warten.

Trainer Rudi Lehmann hörte von meinem Dilemma. Er schätzte meine reiterlichen Qualitäten und fragte mich, ob ich nicht zweiter Jockey bei ihm werden möchte. Da er uns auch eine Wohnung anbieten konnte, nahm ich gern an. Sein Stalljockey war Alex Mirus.

In der DDR war ich, außer bei meinem Lehrmeister, nur bei Walter Genz und Rudi Lehmann. Beide waren nicht nur erstklassige Trainer, sondern auch menschlich und sportlich meine Vorbilder. Zu mir waren sie wie väterliche Freunde. Es gab kaum Spannungen. Wenn ich mal zu laut sagte, was ich dachte, schüttelten sie zwar den Kopf, zeigten aber Verständnis. Und gab es wirklich mal Ärger, dann sorgte ich dafür, daß er bald wieder vom Tisch kam.

Sportliches, korrektes Verhalten war für die beiden keine Floskel, sondern eine Selbstverständlichkeit. Rudi Lehmann ließ mich zum Beispiel auch 1969 für Walter Genz reiten, obwohl er im Championatskampf Kopf an Kopf mit ihm vorne lag. Das hätte nicht jeder gemacht.

Punktgleich teilten sie sich das Championat der Flachtrainer."

Klaus Neuhaus war bei Rudi Lehmann recht erfolgreich. Auch andere Trainer setzten den begabten Nachwuchsreiter gern auf ihre Pferde.

Es gab aber auch Rückschläge, denn welcher Jockey bleibt von Stürzen verschont? In diesem Beruf braucht man neben einer gehörigen Portion Glück, auch eine gute Konstitution und eine stabile Psyche, um Unfälle und ihre Folgen wegzustecken.

Klaus Neuhaus mußte schmerzhaft erfahren, wie schnell es einen erwischen kann. Er hatte 1966 mit Yukon für Trainer Friedrich Müller die Leipziger Meile gewonnen. Ein Jahr später hatte er wieder einen aussichtsreichen Ritt mit dem gleichen Pferd.

Das Glück war diesmal nicht mit ihnen. Yukon brach sich ein Vorderbein und war nicht mehr zu retten. Klaus Neuhaus wurde vom fallenden Pferd geschleudert und blieb bewußtlos auf dem Geläuf liegen. Er wurde sofort in die Leipziger Uniklinik transportiert, für einige Tage war sein Zustand sehr kritisch. Der sechste Halswirbel war angebrochen. Über drei Monate mußte er pausieren. Die längere Nachbehandlung erfolgte durch den Nervenarzt Dr. Jammer in Berlin-Lichtenberg.

1968, ein Jahr nach dem Unfall, erhielt er den Einberufungsbefehl zur NVA (Nationale Volksarmee), das gefiel ihm gar nicht. Er suchte Dr. Jammer auf und sagte:

„Herr Doktor, die wollen mich zur Armee ziehen. Ich bin nicht mehr der Jüngste und durch meinen Unfall auch nicht mehr der Gesündeste. Ich will da nicht hin."

„Machen Sie sich keine Gedanken", beruhigte ihn der Arzt. „Ich gebe Ihnen ein Attest für den Musterungstermin, das legen Sie vor, und dann werden Sie sehen, daß Sie mit einem blauen Auge davon kommen."

Als Klaus Neuhaus bei der Musterung in Strausberg das Schreiben vorlegte, mußte er Ewigkeiten vor der Tür warten. Endlich sollte er reinkommen und wurde aufgefordert, Wehrpaß und Foto abzugeben. Der Schreck fuhr ihm durch die Glieder. Er hatte den Wehrpaß gar nicht mitgenommen, so sicher war er sich, daß man ihn nicht nehmen würde.

Zu seiner grenzenlosen Erleichterung erfuhr er dann, daß er Paß und Foto für den Ausmusterungsschein brauchte. Schnell rief er seine Frau an, die ihm die benötigten Dinge sofort nach Strausberg brachte.

„Herr Neuhaus", fragte ein Major abschließend, „eines können wir uns nicht erklären. Wie können Sie nur mit dem kaputten Rücken, so viele große Erfolge als Reiter haben?"

Ein schöner Ehrenpreis – Trainer Fritz Borrack

Neuhaus erzählte ihm etwas von einer neuen Methode, durch die das Reiten in gewissen Maßen den Rücken wieder stärken würde.

So hatte dieser gräßliche Unfall dem Pferd das Leben gekostet und dem Reiter die Armee (NVA) erspart.

„Alex Haremski war viele Jahre Stalljockey bei Walter Genz. Als er 1970 aufhörte und selbst Trainer wurde, holte mich Walter Genz wieder an seinen Stall zurück. Als erster Jockey an einem so großen Rennstall gehörte ich mit 28 Jahren zu den etablierten Reitern.

Gleich im ersten Jahr holte ich für Walter Genz das Trainer- und für mich das Jockeychampionat. Damit war ich der erste, der die Serie von Egon Czaplewski (16 Championate in Folge) unterbrechen konnte."

Schon nach kurzer Zeit erzielte Klaus Neuhaus, große sportliche Erfolge. Ob für das VE Gestüt Lehn, Trainer Lehmann, oder für den VE Stall Hoppegarten, Trainer Genz, ihm gelang fast alles.

Er gewann 1972 das Derby mit Wolke und den Großen Preis von Hoppegarten mit Soho, den Großen Preis der DDR mit Falkenstein für Jürgen Gröschel und alle großen Zweijährigen-Rennen.

„Bis Ende der sechziger Jahre, war es bei uns im Rennsport recht ordentlich. Im Vergleich mit den anderen Ländern des Ostblocks sahen wir nicht schlecht aus. Das war hauptsächlich Dr. Gereke zu verdanken. Er war zweifacher Doktor, wir sagten aber nur »Der Doktor«, da wußte jeder wer gemeint war. Dr. Gereke kam 1954 aus der BRD in die DDR, er soll sich mit Adenauer überworfen haben.

Nach dem Tod von Dr. Gereke wurden die Zustände unerfreulich.

Der Rennsport in der DDR unterstand dem Landwirtschaftsministerium und man wollte, daß der Rennbetrieb kostendeckend arbeitet. Wenn nun die Privatbesitzer Rennen gewannen, gingen die Preisgelder den Staatlichen (Volkseigenen) Rennställen verloren.

Es gab sowieso nur noch ganz wenig Leute, die sich ein Rennpferd leisten konnten. Aber für uns Jockeys waren sie ein guter Nebenverdienst, da gabs immer etwas extra. Wenn ich zum Beispiel für einen Metzgermeister ein Rennen gewann, war schon eine kleine Prämie fällig. Das mußte nicht unbedingt Geld sein!

Als dann noch ein Herr Sommer, so ein Fuhrunternehmer, das Derby gewann und 55.000 Mark kassierte, war das Faß übergelaufen. Die Behörden griffen ein.

Ab 1970 durften die führenden Jockeys keine Privatpferde mehr reiten. Wir wurden vor die Alternative gestellt: Entweder staatlicher Jockey oder nur noch Privatpferde. Die Privaten sollten nur noch Reiter der zweiten Garnitur bekommen.

Zu der Zeit wurde ein Gesetz erlassen, daß alle Privatbetriebe mit mehr als zehn Angestellten, verstaatlicht werden. Auch durften die Besitzer ihre Pferde nicht mehr über die Betriebe absetzen, sondern es zählte als Hobby. Sie bekamen keine Sprünge mehr von den guten Deckhengsten der DDR. Alles wurde mehr und mehr beschnitten. Ihnen wurde langsam aber sicher die Luft abgedreht.

Es war offensichtlich: die Privaten sollten ganz weg.

Aber auch uns »Staatlichen« – Trainern und Jockeys – wurde der Gürtel immer enger geschnallt. Bevor die Rennställe Volkseigene Betriebe wurden, lief das unter den Gestüten, und die haben uns auch bezahlt. Da hatten die Trainer mehr Entscheidungsfreiheit.

Prominenter Ehrengast: Renate Stecher

Nach der Gründung des VEB Vollblutrennbahnen 1974 wurde alles von oben geregelt. Präsident war jetzt Dr. Franz.

Die Trainer und Stalljockeys der VE Rennställe wurden im Herbst zur Jahreshauptversammlung eingeladen. Die Trainer mußten Rechenschaftsberichte über die laufende Saison vorlegen.

Da hieß es dann: Graditz – Gestüt und Rennställe – muß kostendeckend für den Bereich Zucht, Leistung und Rennstall arbeiten. Die Pferde sollten mit den Rennpreisen das Ganze abdecken. Dafür wurde ein Plan erstellt.

Wer soundsoviel Zweijährige hat, der hat soundsoviel Zweijährigen-Rennen zu absolvieren. Auch die Starts in Flach- und Hindernis-Rennen für dreijährige, vierjährige und ältere Pferde wurden genau festgelegt. Jedes Pferd hatte eine ganz bestimmte Anzahl Starts zu erfüllen. Für einen Renntag mit 8 bis 10 Rennen waren etwa 120 Pferde erforderlich. Das mußte abgesichert sein. Waren dann an den Wochenenden auf zwei oder drei Bahnen Rennen, konnte es den Trainern passieren, wenn sie ihre Pferde für Magdeburg genannt hatten, daß diese in Hoppegarten gebraucht wurden. Waren in einem Rennen nur 5 oder 6 Pferde, gab es nur 2 Platzwetten, deshalb sollten immer mindestens 7 Pferde laufen.

Auch bei uns Jockeys wurde gespart. Die Prozente wurden beschnitten. Es gab statt 5 nur noch 4% aufs Sieg- und Platzgeld. Und die kleinen Rennen waren ja nur mit 1300 Mark ausgeschrieben. Bei Rennen auf anderen Bahnen erhielten wir Spesen.

Der erste Jockey bekam damals 640 Mark brutto und der zweite 545 Mark. Dazu kamen die Reitgelder und Prozente

Uns Spitzenjockeys und den Spitzentrainern hatte ja im Prinzip nichts gefehlt. Wir haben gut verdient. Ich hatte mein eigenes Haus, 1000 qm Grundstück mit Garage, Auto und Telefon, das mir sogar die Stasi besorgt hatte. Da war einer bei der Stasi, ein Freund vom Jockey Klaus Otto. Wir nannten ihn immer Stasi-Klaus. Der hatte Wettschulden und brauchte dringend Geld. Da verkaufte er an mich und Wilfried Flüshöh Telefonanträge. Für 250 Mark Ost bekamen wir innerhalb von vier Wochen Telefon, andere mußten zehn Jahre darauf warten. Da wurde sogar noch ein Mast vor meine Tür gesetzt, weil gar keine Leitung vorhanden war. Es wurde überall geschoben und unter dem Tisch gehandelt.

So banale Dinge wie Briketts waren Mangelware. Wir hatten doch alle Ofenheizung und brauchten Kohlen. Jeder Haushalt bekam pro Personenzahl eine gewisse Menge zugeteilt. Wenn es auf dem freien Markt keine gab und der Winter besonders kalt war, mußte man eben frieren. Es sei denn, man hatte Beziehungen. Wir fuhren nach Karlshorst zu den Russen. Die zockten gern, aber ihnen fehlte das Geld dafür. Für Fünfzig Mark haben sie mir mal fünfzig Zentner Briketts vor die Tür gefahren. Die Russen konnten wieder zocken, und wir hatten eine warme Stube.

Ein Funktionär hielt mir mal vor, daß ich mehr verdienen würde als ein Minister. Daß ich dreimal soviel bekam wie er selbst, das ärgerte ihn wohl am meisten.

'Da kann ich doch nichts dafür, daß Sie kein Jockey geworden sind', gab ich ihm zur Antwort. 'Und was ist mit dem Risiko? Wie sieht es morgen aus, wenn ich falle und zum Krüppel werde? Dann werde ich mit ein paar Mark abgespeist!'

Auch an den Ställen wurde die Stimmung schlechter. Anfangs haben wir nur vormittags mit den Pferden gearbeitet und uns nachmittags mit Ausgleichssport wie Laufen und Sauna fit gehalten. Später fingen die Stalleute an zu motzen: 'Die verdienen das große Geld, und wir müssen die Arbeit machen!'

Also mußten wir auch nachmittags in den Stall kommen, Pferde putzen und solche Sachen. Nicht, daß wir uns dafür zu schade waren. Wir sind sowieso von uns aus nachmittags hingegangen, haben Pferde getrabt und geritten, damit die guten Pferde mehr Bewegung hatten. Das haben wir mit unseren Trainern abgesprochen, ohne daß man uns das sagen mußte.

Zum Schluß waren Trainer und Jockeys nur noch die Prügelknaben. Der Trainer konnte nicht mehr frei entscheiden, wo er die Pferde laufen lassen wollte. Er mußte Pferde einsetzen, für die eine Pause besser gewesen wäre.

Wir hatten auch die Auflage, mit den Dreijährigen pro Jahr mindestens 30 Hindernisstarts zu absolvieren. Dafür mußte man erst mal geeignete Pferde haben, mit denen man kein Risiko einging. Bei Walter Genz hatten wir den großen Vorteil, den besten Hindernisreiter der DDR zu haben – Wolfgang Thom. Wir haben sieben Jahre zusammen gearbeitet, er war absolute Spitze. Ich habe selber mit Wolfgang gearbeitet, die Dreijährigen mit eingesprungen, und Jagdgalopps mitgeritten.

Wie Wolfgang die Kraft der Pferde in der Distanz einteilte und immer genau richtig sprang – das war einmalig.

Für mich war er ein Phänomen. Der Wolfgang hätte auch im Westen zu den Erfolgreichsten gehört.

Heute ist der Reitstil anders, als zu unserer Lehrzeit. Die extrem kurzen Bügel, die von den Engländern und Franzosen übernommen wurden, sind zwar für die Flachrennen okay, denn man nimmt den Luftwiderstand besser, aber für Hindernisrennen sind sie einfach zu kurz. Man kann damit das Pferd in keiner Weise mit dem Unterschenkel unterstützen oder an das Hindernis herführen. Man kann nur noch versuchen, die Balance zu halten und hoffen, daß die Pferde gut springen.

Walter Genz war manchmal denen gegenüber, die auf der Rennbahn das Sagen hatten, etwas zu ängstlich.

Die fingen an zu testen, welche von den Zwei- oder Dreijährigen am schnellsten waren. Da wurden im Abstand von 400 Metern Lichtschranken gesetzt, und wir mußten die Strecke Topspeed gehen. Es sollte festgestellt werden, welcher Hengst die schnellsten Nachkommen brachte.

Wir hatten damals den Anflug, der war als Zweijähriger ungeschlagen. Das erste Rennen hatten wir überlegen mit Weile gewonnen, obwohl ich ihn schon vor dem Ziel in Ruhe ließ.

Dafür bekam ich einen Anschiß von Herrn Rudolf, warum ich das Pferd nicht mehr gefordert hätte, vielleicht wäre ja ein neuer Bahnrekord möglich gewesen.

'Ein Bahnrekord? Das interessiert mich doch überhaupt nicht. Ich will mit dem Pferd große Rennen gewinnen!' entgegnete ich ihm.

Mitten in der Saison fand wieder so ein Test statt, der Anflug sollte auch dabei sein. Wir wollten aber mit ihm am Sonntag das Fabula-Rennen gewinnen, außerdem war er für internationale Rennen vorgesehen. Da wollte ich doch mit dem Pferd keine Faxen machen und fünf Tage vorher 400 Meter Topspeed gehen.

'Trainer, das Spiel machen wir nicht mit. Den geben wir dafür nicht her', hab ich Walter Genz gleich gesagt.

Seine Antwort war: 'Dann gehst du runter und sagst das. Ich mach das nicht.'

Zuerst ging ich zum Tierarzt Dr. Richter. 'Doktor, der Anflug soll am Dienstag 400 Meter durch die Lichtschranken gehen, was ja sowieso Schwachsinn ist. Sie wissen doch, daß er nervig ist. Ihnen ist doch auch daran gelegen, daß er Sonntag gewinnt. Sie haben ja den Trainingsplan miterstellt.'

Für die guten Pferde wurde ein Trainingsprogramm erarbeitet von Trainer, Jockey, Futtermeister in Abstimmung mit dem Tierarzt.

'Sie wollen doch auch wissen, ob Ihre Kenntnisse als Veterinärmediziner mit unserem abgestimmten Plan richtig liegen, da können wir uns mit diesem Blödsinn keinen Klops leisten. Ich geh jetzt zum Rennstalleiter und sage, daß der Anflug am Test nicht teilnehmen kann, er hätte Schienbeine.' (Das ist eine Entzündung des Schienbeinknochens. Dann wird das dick und sie gehen ganz steif. Bei Zweijährigen kommt das häufig vor, wenn man sie überarbeitet oder wenn sie weiche Knochen haben.)

'Deine Schienbeine kennen wir', war die Antwort. 'Der soll am Sonntag laufen. Wir wissen schon, was du willst.'

'Ihr könnt ja selber hochkommen und nachschauen. Faßt ihn ruhig an, aber laßt euch keine von ihm knallen. Der schlägt, wenn man ihm an die Beine packt.'

Anflug gewinnt

Anflug wurde aus dem Test gestrichen, und am Sonntag gewann ich mit ihm das Fabula-Rennen in Hoppegarten.

Es gab immer wieder neue Anordnungen, so auch die Fahrkostenregelung zu den Rennen. Wer mit dem Pkw zum Rennen fuhr, mußte mindestens zwei Kollegen mitnehmen. Wer allein fuhr, bekam keine Fahrkosten erstattet. Das Geld für Bahnfahrten zweiter Klasse, ab 200 Kilometer erster Klasse, bekam man ersetzt.

Die Bahnfahrten waren immer ein Ereignis. Wenn wir auf dem Berliner Hauptbahnhof den Hungaria-Express nach Dresden, oder den Intercity, der in den Westen fuhr, zum Rennen nach Leipzig oder Magdeburg, bestiegen, hielten wir nur den Sattel hoch. Dann war der Speisewagen für Jockeys und Trainer reserviert. Das Bedienungspersonal, das uns schon kannte, bekam von uns immer gute Trinkgelder, was sie von anderen Reisenden nicht gewohnt waren. Auch die Schaffner und Kontrolleure bedachten wir üppig. Dafür nahmen sie es mit unseren Fahrkarten nicht so genau.

Hinzu ging es uns schlecht, weil wir immer aufs Gewicht achten und fit bleiben mußten. Aber auf dem Rückweg haben wir Sieg oder Niederlage gefeiert. Einer hatte immer gewonnen. Das war eine Kameradschaft. Die Kollegialität unter den Sportlern war in der Ex-DDR viel besser als im Westen. Das kann man überhaupt nicht vergleichen.

Als ich hierherkam, mußte ich zuerst lernen, mit den Ellenbogen zu kämpfen. Das kannte ich überhaupt nicht. Hier ist jeder nur darauf bedacht, den anderen möglichst an die Wand zu drücken.

Wie oft hab ich im Osten dem Trainer gesagt: 'Laß doch in dem Rennen, wo ich reiten sollte, mal den zweiten Jockey oder den Jungen oder das fleißige Lehrmädchen reiten. Die geben sich so Mühe. Ich krieg ja noch genug Ritte.'

Als ich das hier mal vorschlug, hieß es: 'Du bist wohl verrückt. Du kannst doch nicht den und den empfehlen. Der sagt beim nächsten Mal, er will dein Pferd wieder reiten, weil du mit dem nicht klarkommst. Das darfste doch nicht machen.'

Ich hab zum Beispiel mal eine Verwarnung der Rennleitung bekommen, weil ich Lutz Mäder meine Peitsche gegeben habe. Er hatte seine verloren. Ich saß auf einem geschlagenen Pferd. Sein Pferd war im Kommen und meins fiel zurück. Lutz hatte das bemerkt und rief: 'Gib mir deine Peitsche!' Ich gab sie ihm, er wurde Zweiter, und ich war irgendwo. Das konnte man im Rennfilm deutlich sehen. Ich hab der Rennleitung die Situation erklärt, aber man sah das nicht ein. Es war nicht normal, einem anderen zu helfen.

Normal war, man begrüßt sich in der Jockeystube, trinkt vielleicht mal einen Kaffee zusammen, wechselt ein paar Worte. War man fertig mit Reiten, hieß es Duschen, Umziehen, ins Auto und weg.

Alle, die in der Ex-DDR im Reisekader waren, also jeder, der zu den internationalen Meetings fahren durfte, Reisefuttermeister Rudi Höse und das Stallpersonal nicht ausgenommen, mußte zur Reisekaderschulung nach Karlshorst.

Da kam so'n abgehalfterter Major vom ASK (Armee Sport Klub) oder von Dynamo, legte die Uhr auf den Tisch und sagte: 'So meine Damen und Herren, wir haben jetzt 45 Minuten zur Verfügung, um über die neuesten politischen Ereignisse zu diskutieren. Wer meldet sich bitte zu Wort?'

Da sich nie einer meldete, erzählte er uns selbst, was so im Lande und um uns herum geschehen war.

'Haben Sie noch irgendwelche Fragen? Nein? Dankeschön, Sie können gehen.'

Dafür mußten wir extra nach Karlshorst. Es wurde sogar eine Anwesenheitsliste geführt.

Unsere guten Pferde wurden gezielt für die Internationalen Meetings vorbereitet. Die fanden abwechselnd in Moskau, Budapest, Prag, Warschau und Berlin statt.

Für uns war das eine willkommene Gelegenheit mal ins Ausland zu reisen. Einmal war es ein Vergleich mit anderen Jockeys, zum anderen war es die Möglichkeit mal zu schauen, ob man was günstig einkaufen konnte. Im Osten herrschte ja Warenmangel – wir hatten zwar Geld, aber es gab nichts zu kaufen. Das war das eigentliche Problem. Diese Schnäppchenjagd war manchmal ganz lustig.

Einmal wollte ich meiner Frau aus Moskau eine Uhr mitbringen. Ich machte mit Alex Mirus einen Stadtbummel. Wir durften nur zu zweit in die Stadt gehen. Einer allein, das ging nicht. Oder der Reise-Kaderleiter ging mit »Gruppa«, wie die Russen das ausdrückten.

Alex kannte ein gutes Uhrengeschäft. Wir gingen hin, und ich schaute mich so um. Da sah ich eine wunderschöne Uhr in einem Stein, an einer Kette zu tragen. Genau das Richtige als Mitbringsel für meine Frau.

Ich ging zu dem Kasten, in dem eine Frau saß und sagte: 'Ich möchte diese Uhr – Uri – Uri.'

'Njet', war die Antwort.

'Warum njet?'

'Heute nix kaufen, heute nur gucken.'

Kopfschüttelnd verließ ich den Laden und ging am nächsten Tag wieder hin.

'Heute nix verkaufen Damenuhren – heute verkaufen Herrenuhren.'

Es blieb mir nichts anderes übrig als noch ein drittes Mal in den Laden zu gehen, um die »Damenuhr« zu erwerben. Meine Frau hat sich sehr gefreut. Sie hat die Uhr noch heute.

Im GUM, dem größten Kaufhaus von Moskau, wollte ich mir ein paar Schuhe kaufen. Mir gefielen welche, die aussahen wie echte Budapester – das sind ganz noble Markenschuhe.

Alex, der sich dort besser auskannte, erklärte mir dann den Ablauf:

'Zuerst mußt du gucken, welche Schuhe du kaufen willst. Der Verkäufer gibt dir einen Zettel, da steht drauf, welche du dir ausgesucht hast. Damit stellst du dich an der Kasse an und bezahlst. Du bekommst einen Bon und stellst dich bei der Warenausgabe an, die geben dir dann deine Schuhe.'

Eigentlich ganz einfach, man brauchte nur etwas Zeit, denn im GUM werden viele Schuhe gekauft. Als ich endlich am Ausgabeschalter an der Reihe war, gab es diese Schuhe nicht mehr. Jetzt bekam ich nicht etwa mein Geld zurück. Mir wurde eine Wurst in die Hand gedrückt.

Na ja, schlecht geschmeckt hat sie nicht. Aber was sollte ich mit einer Wurst im Hotel Rossija? Dort gab es genug zu essen.

In Budapest ist uns auch mal was passiert. Unsere Gruppe war auf der Margareteninsel im Schwefelbad. Anschließend bummelten wir durch die schöne Stadt und tranken in einem Straßen-Café einen Espresso.

Da kommt eine Zigeunerin und flüstert mir zu: 'Du kaufen Ring für Frau? Echt Gold, Brillant 14karätig. Pst, mitkommen wegen Miliz.'
Ich sag zu den Kollegen und Fernfahrern, die mit uns zusammen waren so aus Blödsinn: 'Wenn ich nicht wiederkomme, dann kommt ihr nach.'
Die Zigeunerin geht mit mir in so einen alten Hausflur rein. Nimmt den Ring, geht an eine Glasscheibe und – ritz .
'Echt Diamant! Hundert Mark!' sagt sie.
'Ostmark?' frage ich.
'Nein, gute Mark – D-Mark.'
'Hab ich nicht, ist zu teuer.'
'Gut, Ostmark', sagt sie enttäuscht.
Jetzt wollte ich ihr aber nicht zeigen, wieviel Geld ich bei mir hatte, vor allem nicht, daß ich doch Westmark hatte.
'Ich muß zu Kollega gehen', sagte ich.
Wir gingen zu meinen Kollegen, die immer noch friedlich in der Sonne saßen. Da denke ich: Ach, was sollste deiner Frau einen Ring kaufen, die hat schon soviel Ringe, das ist doch Blödsinn.
Ich sage zu Emil, unserem Fernfahrer: 'Emil, du hast doch noch kein Geschenk für deine Frau. Die hat einen echten Diamantring, dafür will sie nur hundert Ostmark haben. Erst wollte sie West, dann hat sie Ost gesagt. Die hat sich bestimmt versprochen. Sie hat mir den Diamanten an einer Glasscheibe vorgeführt. Die Scheibe ist gesprungen, also muß der Stein echt sein. Wenn das auch noch 585er Gold ist, kann sie den nur geklaut haben.'
'Gut', sagte Emil und kaufte ihr den Ring ab.
Dann hat mir das keine Ruhe gelassen. 'Zeig mir den Ring nochmal', sagte ich zu Emil. Ich guck den an und fand, daß er sehr tief gestempelt war. Das sah ein bißchen ulkig aus. Da kommt die Bedienung, eine ältere Dame, die etwas deutsch sprach.
'Ach, das ist Ring aus Wundertüte', sagt sie auf unsere Frage, was der Ring wert sein könne.
Da hat Emil mit mir geschimpft, weil er hundert Mark losgeworden ist. Er wollte das Geld von mir wiederhaben. Das war schon ärgerlich – aber es gibt Schlimmeres, und wir haben uns geeinigt.

Als mein Vater 1976 starb, durfte ich zur Beerdigung nach Köln reisen. Ein Jahr später heiratete mein Bruder, und ich beantragte wieder eine

Besuchserlaubnis. Aber dieses Mal ging das nicht so einfach.

Herr Rudolf verlangte, daß ich 1977 mit nach Moskau fahren müsse. Ich hatte aber gute Chancen das Championat zu gewinnen, deshalb lehnte ich ab.

'Ich möchte mein Championat verteidigen. Da kann ich mir nicht erlauben, vier oder fünf Renntage weg zu sein', erklärte ich ihm.

'Außerdem hatte man mich 1972 mit Wolke, der erfolgreichsten dreijährigen Stute der DDR, mit der ich das Derby gewonnen hatte und mit Anflug, dem erfolgreichsten, ungeschlagenen Zweijährigen nicht mitgenommen, weil ich kein Genosse und kein Mitglied der Gesellschaft für Deutsch-Sowjetische Freundschaft war. Wenn ich damals nicht für die Reise tragbar war, dann bin ich es heute auch nicht.'

1977 – Mondsonde macht kleine Schwierigkeiten

'So, du willst Moskau ablehnen? Aber nach Köln zu deinem Bruder, das willst du? Entweder du fährst mit nach Moskau oder aus deiner Reise nach Köln wird nichts.'

Damit hatte ich keine Wahl mehr, wenn ich vom Betriebsleiter Rudolf keine Erlaubnis für die Reise nach Köln bekam, brauchte ich in Strausberg bei der VP-Stelle erst gar keinen Antrag zu stellen.

So blieb mir nichts übrig, als im August 1977 mit nach Moskau zum Meeting zu fahren.

Wir gewannen in Moskau kein einziges Rennen. Mit Intervall, den Georg Sowa in Obhut hatte, wurde ich Zweiter. Ich war dann noch ein paarmal plaziert. Unsere dreimal gelaufene und ungeschlagene zweijährige Stute

Meerschwalbe bekam hohes Fieber. Die hätte ich nicht laufen lassen. Aber sie mußte laufen, weil sie nun mal da war. Auch die Russen wollten, daß sie lief. Das arme Tier, so eine hübsche Stute – sie war wie ein Baby. Im Rennen blieb sie unplaziert. Das war alles nicht erfreulich.

Am Ende des Meetings saßen wir von der DDR-Equipe auf unserem üblichen Platz mit Flagge und so auf der Tribüne. Gleich nebenan saß die bundesdeutsche Equipe. Sie wurde vom Landwirtschaftsministerium als Beobachter geschickt. Dabei waren unter anderem Heinz Kütemann, der Geschäftsführer vom Gelsenkirchner Rennverein, und Herr Schmah, der stellvertretende Geschäftsführer vom Kölner Rennverein, mit ihren Frauen. Da wir nun die Loge daneben hatten, kamen wir mit ihnen ins Gespräch.

Wir wohnten zwar alle im gleichen Hotel, im Rossija direkt am Roten Platz, aber dort gab es eine strenge Trennung. Die Ostler wohnten im Ostfügel, die Westler im Westflügel, die Skandinavier im Nordflügel. Wir hatten einen Ausweis, den mußten wir einer Matka, die im Gang saß, vorzeigen. Wollten wir auf eine andere als unsere Etage, sagte sie: 'Njet!' Na bravo.

Jeglicher Kontakt mit Westlern war uns verboten. Kurios war nur, daß unsere »Leitung« zusammen mit der bundesdeutschen Equipe das Gestüt Woschod besucht hatte. Sie sollen sich dort mit den Bundesdeutschen gut verstanden haben, wenn auch nach reichlichem Genuß von Wodka.

Woschod war das größte Gestüt der damaligen UdSSR. Nikolai Nassibow war dort Trainer.

Wir Jockeys waren während des Meetings einmal bei ihm zu Hause eingeladen, das war sehr schön. Wir haben uns direkt ein bißchen angefreundet.

Nassibow war damals der berühmteste sowjetische Jockey. Auch in der Bundesrepublik war er kein Unbekannter, denn er hatte in Köln mehrfach den Preis von Europa gewonnen. Dreimal als Jockey mit Anilin, einmal als Trainer mit Aden.

Als er den Preis von Europa mit Aden in Köln gewann, war ich schon im Westen.

'Was du machen hier? Bist du dumme Kerl!' war sein Kommentar, als er mich sah.

Aber zurück nach Moskau. Trotz aller Verbote plauderten wir mit der bundesdeutschen Equipe. Wir verstanden uns richtig gut, und sie luden uns zu einem Abschlußessen ein. Sie hätten soviel Rubel und wüßten nicht, was sie mit dem Geld machen sollten. Mitnehmen ging ja nicht, das war verboten.

Da sie mich inzwischen am besten kannten, fragten sie mich, ob ich alles organisieren könne. Sie baten mich auch, die Reservierung zu erledigen, da ich mit meinen russischen Sprachkenntnissen weniger Probleme hätte.

Ich ging also runter und bestellte den Tisch für »Gruppa«. Sie möchten alles schön eindecken, bat ich. Habe noch zwei Kerzen im Intershop geholt, damit es nett aussah. Als unsere Kollegen nach dem Rennen ins Hotel kamen, habe ich allen Bescheid gesagt.

Schon auf der Bahn hatte ich Herrn Rudolf und Dr. Richter von der Einladung informiert. Ich ging davon aus, daß sie nach »Woschod« keine Einwände hätten und hörte auch nichts gegenteiliges.

Es wurde Abend, und wir gingen in die Hotelbar. Alles war schön eingedeckt, unsere Gastgeber begrüßten uns, und wir nahmen Platz.

Später kam unsere »Leitung« – der Präsident der Zentralstelle für Pferdezucht, Herr Karl-Heinz Thierbach, der Betriebsleiter, Herr Rudolf, der Rennstall-Leiter Rainer Linke und der Tierarzt Dr. Richter – und setzte sich an einen anderen Tisch.

Ich dachte, ich gucke nicht richtig, ging rüber und sagte: 'Sie sind doch auch eingeladen.'

'Neuhaus, Sie müßten doch wissen, daß jeder Westkontakt verboten ist. Sagen Sie den Kollegen, sie sollen aufstehen und gehen, sonst hat das Folgen', war die Antwort von Rudolf.

'Sie können mir nichts verbieten, ich bin ein freier Mann und mache was ich für richtig halte. Auch wenn Sie nicht kommen – wir feiern!' erwiderte ich.

'Das wird Konsequenzen für Sie haben', mischte sich Thierbach ein.

Ich habe meinen Kollegen nicht gesagt, daß sie gehen sollen. Zu unseren Gastgebern sagte ich, daß die Herren vom Nebentisch die Einladung nicht mitbekommen hätten und deshalb nicht kämen. Unsere Leute ahnten natürlich was los war. Keiner getraute sich mehr, was zu sagen. Jeder verzehrte stumm sein Essen und versuchte, sich schnell aus dem Staub zu machen.

Am nächsten Morgen am Stall putzte mich Herr Rudolf vor versammelter Mannschaft runter. Was mir einfiele, mit den Westdeutschen zu feiern. Das wäre uns doch verboten. Ich flöge aus dem Reisekader.

Ich erwiderte nichts. Ich ahnte, daß er den Auftrag für die Standpauke von Thierbach bekommen hatte. Wir machten unsere Pferde für die Heimreise fertig. Sie fuhren in Spezialtransportern zurück, begleitet von den Betreuern und dem Tierarzt. Die Jockeys, der Equipe-Trainer und die leitenden Herren sind alle geflogen. Während des Fluges wurde ich von einer Stewardeß zu Herrn Thierbach bestellt. Er saß alleine auf so einem Zweiersitz.

Er erklärte: 'Herr Neuhaus, wir können den Vorfall im Rossija vergessen. Aber ich verlange folgendes:

Erstens – Sie werden das Seminar über Moskau halten. (Immer wenn wir von den Meetings zurückkamen war es unsere Pflicht über alles, was mit den Ställen zu tun hatte, über Erfolg oder Mißerfolg zu sprechen. Es gab eine große Versammlung, und einer von uns mußte das leiten.)

Zweitens – Ich habe gehört, daß Sie weder Mitglied der SED noch der Gesellschaft für Deutsch-Sowjetischen Freundschaft sind. Das muß sich ändern. Wir wollen nicht Müller, Meier, Schulze sondern Männer wie Mirus, Neuhaus und Rölke in unseren Reihen.'

'Herr Thierbach', war meine Antwort, 'das mit der Partei können Sie vergessen und das mit der Deutsch-Sowjetischen Freundschaft auch. Ich kann nicht Menschen als Freunde bezeichnen, die meine Mutter ausgeplündert haben. Die ihr das Letzte weggenommen haben, was sie noch besaß.

Wenn ich mit den Russen reite, bin ich kollegial. Das ist selbstverständlich. Aber bis ich zu jemand Freund sage, muß er sich das erst verdienen.'

Damit war für mich das Thema beendet.

Am Mittwoch kamen wir in Berlin an. Samstags ritt ich noch in Halle den Fliegerpreis, fuhr anschließend nach Hause – und um 23 Uhr saß ich schon im Nachtzug nach Köln. Das Visum hatte ich schon vorher in der Tasche, sonst wäre ich nicht mit nach Moskau gefahren.

Ich kam nicht mehr dazu, vor der Versammlung Rapport zu erstatten.

Da war ich schon weg!

Als ich in Köln ankam, rief ich gleich Heinz Kütemann an. Der holte mich ab und machte mich mit der westdeutschen Turfwelt bekannt. Zuerst sind wir zur Kölner Rennbahn gefahren. Dort stellte ich mich Hein Bollow, Heinz Jentzsch, Albert Schlaefke und Bruno Schütz vor.

Mein Name war ihnen bekannt, da ich im Osten in der aktuellen Statistik die Führung hatte.

Lutz Mäder war zu der Zeit Stalljockey bei Albert Schlaefke und lud mich nach Krefeld ein. Dort traf ich Friedrich Müller, den Ex-Staatstrainer von Leipzig, der jetzt in Krefeld trainierte. Ich freute mich, ihn wiederzusehen und erzählte ihm, über was ich mich alles so geärgert hatte und daß die Verhältnisse immer unerfreulicher würden.

'Dann bleib doch hier', schlug mir Friedrich Müller vor. 'Du kannst sofort bei mir als erster Jockey anfangen. Wir schaffen es schon, daß du deine Frau und deinen Jungen rüber kriegst.'

'Ich lasse meine Frau nicht im Stich. Ich bleibe nur, wenn gewährleistet ist, daß meine Familie nachkommen kann. Wenn nicht, fahre ich wie geplant, nach acht Tagen wieder zurück', entgegnete ich.

Friedrich gab mir eine Telefonnummer vom Ministerium für Innerdeutsche Beziehungen in Bonn. Ich sollte einen Herrn Ott verlangen und ihm die Sachlage erklären. Das tat ich sofort.

Herr Ott gratulierte mir zu meinem Entschluß und sagte: 'Wir vermitteln Ihnen einen Anwalt, der dreimal in der Woche in Westberlin ist und mit dem DDR Anwalt Dr. Vogel Kontakt hat. Sie schicken Ihre Frau zu Dr. Vogel und wenn er sie als Klientin annimmt, ist sie so gut wie hier.'

So lief das Ganze, allerdings dauerte es noch ein Jahr und zehn Tage, bis wir endlich wiedervereint waren.

Meine Frau hätte viel früher mit dem Jungen rausgekonnt. Die Ausreisepapiere wurden vom Ministerium in Frankfurt/Oder zur zuständigen Behörde nach Strausberg weitergeleitet. Dort ließ man sie aus Rachsucht liegen.

Wir erfuhren davon, als ich mich an eine Münchner Richterin wandte, deren Rennpferd ich ritt. Diese wandte sich an einen SPD-Minister und erzählte ihm, daß meine Frau im Osten festgehalten würde. Der Mann rief in Frankfurt/Oder an und erfuhr, daß meine Frau schon längst hätte weg sein müssen.

Die Strausberger haben meiner Frau, auf ihre vielen Anfragen immer nur gesagt: 'Sie kommen nie weg!'

Einige gute Möbelstücke hatte Anneliese schon vorher an Verwandte verschenkt.

Wir hatten einen reinrassigen Schäferhund, den wollte die Polizei haben. Sie nahmen ihr die Hundemarke und die Papiere weg, damit sie ihn nicht verkaufen konnte. Als sie ihn später abholten, konnten sie ihn nicht anfassen. Sie bekamen Angst, daß er sie anfiel.

Meine Frau war nervlich total am Ende. Sie war vielen Repressalien ausgesetzt. Im Februar 1978, sechs Monate nach meiner Flucht, wurde sie mit einer fadenscheinigen Begründung von ihrer Arbeitsstelle entlassen. Nun bekam sie gerade noch zwanzig Mark fürs Kind. Ihre Post wurde geöffnet, das Telefon überwacht, das Geld auf dem Bankkonto beschlagnahmt. Sie lebten nur noch von der Hand in den Mund.

Zur gleichen Zeit wurde sie zur Betriebsleitung des VEB Vollblutrennbahnen bestellt. Herr Rudolf sagte ihr: 'Sagen Sie ihrem Mann, er kann zurückkommen. Wir begrüßen ihn zwar nicht mit Rosen, aber es wird ihm nichts passieren.'

Für die Herren Funktionäre war es ein Schlag ins Gesicht, daß ihr Aushängeschild weg war. Ich war zu populär, um mir irgend etwas anzuhängen.

Die nächste Attacke war, sie solle sich scheiden lassen. Sie bekäme in der DDR, wo immer sie wolle, ein anderes Haus.

Eins war aber sehr komisch. Weil mir noch etwa 3000 Mark Reitgelder und Siegprozente zustanden, ging meine Frau zur Rennbahn, zu Herrn Rudolf, um das Geld abzuholen. Erst wollte er nicht so recht, dann hat er Anneliese das Geld in Raten gegeben. Bei diesen Gelegenheiten, hat er ihr dann erzählt, was ich im Westen so machen würde. Er wußte, wer mich eingeladen hatte, mit wem ich in der Sauna war – und, und, und …

Das war ein scheußliches Gefühl, zu wissen, daß ich selbst hier noch überwacht wurde. Der Verfassungsschutz hatte mich schon gewarnt. Es könne passieren, daß ich beschattet würde. Sie gaben mir eine Telefonnummer, die ich sofort anrufen sollte, falls mir was auffiele.

Als ich merkte mit der Ausreise von Frau und Sohn tut sich nichts, habe ich es über die Öffentlichkeit versucht. Ich informierte die Presse. Und meine Geschichte war bald in vielen Zeitungen zu lesen. Die Artikel kopierte ich und schickte sie meiner Frau. Die hat sie dann auf der Rennbahn in Hoppegarten verteilt. Anneliese war jetzt Klientin von Dr. Vogel. Ich sagte ihr, sie solle ihm Grundstück, Haus, alles anbieten. Hauptsache Ralf und sie kämen raus. Er nahm es aber nicht an.

Endlich bestellten sie meine Frau nach Strausberg und legten ihr eine Verzichtserklärung für Haus und Grundstück zur Unterschrift hin. Aus steuerlichen Gründen hatten wir noch eine letzte Hypothek von 8.000 Mark auf dem Haus, die mußte sie ablösen. Der Staat DDR wollte ein schuldenfreies Haus geschenkt haben.

Als die Hypothek abgelöst war, bekam sie den Wisch, daß sie die DDR binnen 24 Stunden zu verlassen hätte. Es wurde alles fotografiert, damit nichts mehr verkauft werden konnte."

Nach einem Jahr zermürbendem Nerven- und Papierkrieg war die Familie Neuhaus wieder vereint. Sie gaben viel auf für die Freiheit, denn wirtschaftlich war es ihnen nicht schlecht gegangen. Aber Gängelei und Bevormundung, die schon reine Willkür waren, kann eben nicht jeder vertragen.

Klaus Neuhaus, dem von Friedrich Müller anfangs sehr geholfen wurde, hatte in dem Jahr des Wartens für seine Familie eine 82-Quadratmeter Mietwohnung komplett eingerichtet. Frau und Sohn, sollten es gut haben

1978 – Familie Neuhaus endlich vereint

nach all den Entbehrungen. Anneliese hatte nie den Mut und die Zuversicht verloren. Als sie die Grenze in Helmstedt passierte, konnte sie es gar nicht glauben, daß alle Widrigkeiten jetzt hinter ihr lagen. Tränen der Freude rannen über ihr Gesicht.

Klaus Neuhaus blieb auch im Westen nicht lange ein unbeschriebenes Blatt. Gleich zu Anfang war er mit Trainer Friedrich Müller das erfolgreichste Trainer-Jockey-Gespann im Krefelder Stadtwald. Große Siege gelangen ihnen vor allem in den Flieger-Rennen und auf mittleren Distanzen. Es gab kein Wochenende ohne Neuhaus-Siege.

Als Altmeister Herbert Cohn, nachdem er viel Pech mit seinen Jockeys hatte, wieder einen festen Stalljockey suchte, bekam Klaus Neuhaus diese Chance. Herbert Cohn hatte 33 Vollblüter, darunter die Cracks wie Sabik, Dionysos, Murak und Park Romeo.

Für Trainer Cohn gewann Neuhaus gleich im ersten Jahr über dreißig Rennen, davon zum Teil sehr bedeutende. Fünfter wurde er im Deutschen Derby 1979 mit Sevelaner. Er konnte gute Ergebnisse erzielen und war in der Jockeystatistik stets in der engeren Spitzengruppe zu finden.

Das beste Pferd, das Klaus Neuhaus in der Bundesrepublik ritt, war Nephrit.

An ihn denkt er gern zurück. Der Besitzer, Dr. Jörg Urban, wechselte von Trainer Friedrich Müller, zu Fritz Drechsler und später zu Walter Held. Im Sattel von Nephrit aber saß immer Klaus Neuhaus.

Mit dem Dreijährigen gewann er 1978 den Internationalen Kaufhof-Preis (Gruppe III) beim Europameeting in Köln.

Zwei Jahre später gewann er mit ihm das Benazet-Rennen in Baden-Baden.

Später wurde Nephrit von Walter Held auf längere Distanzen umgestellt und gewann mit Klaus Neuhaus im Sattel 1981 den Großen Preis von Nordrhein Westfalen (Gruppe III) in Düsseldorf.

Leider machte ihm Anfang der achtziger Jahre die Gesundheit einen Strich durch die Rechnung. Ein Bandscheibenschaden beendete seine Karriere. Nach einer ersten Operation versuchte er wieder in den Rennsattel zu steigen.

Herbert Cohn und Klaus Neuhaus

Er ritt für Herbert Cohn in der Morgenarbeit und bildete Lehrlinge aus. Aber es zeigte sich immer deutlicher, daß sein Körper nicht mehr mitmachte. Ein Jahr später war eine zweite Operation fällig.

Fazit der Ärzte: 'Nie mehr reiten!'

Der kleinste Reitunfall könne zu einer Querschnittslähmung führen, teilte man ihm mit. Damit war seine erfolgreiche Jockeylaufbahn beendet.

Im Rennsport bot man ihm verschiedene Halbtagsjobs an, wie Dopingproben entnehmen und ähnliches.

Klaus Neuhaus wollte einen Fulltimejob. Schweren Herzens nahm er eine Stelle als Pkw-Fahrer bei einer Niederlassung der BASF in Krefeld an.

Das nächste Malheur waren Gleichgewichtsstörungen. Klaus Neuhaus kam mitunter plötzlich und ohne ersichtlichen Grund zu Fall. Er verlor einfach das Gleichgewicht.

Erste Diagnose: Hörsturz.

Nach zwei Operationen stellte es sich heraus, daß es kein Hörsturz war.

Erst Professor Ellis in Bielefeld stellte durch eine Computertomographie fest, daß Haarrisse im linken Innenohr – eine Spätfolge von Stürzen –

die Ursache dieser Störungen waren. Bei plötzlicher Bewegung oder Druck drang aus den Haarrissen Gleichgewichtswasser zum Gehirn.

Diese Risse konnten operativ abgedichtet werden. Trotzdem durfte er in den nächsten 1½ Jahren nicht radfahren, nicht Auto fahren und nicht schwimmen, selbst das Laufen fiel ihm schwer.

„Ich bin nach der Operation sehr unsicher gegangen, da haben die Leute bestimmt gedacht, der ist morgens schon besoffen. Zum Glück hat sich das mit der Zeit gegeben.

Ich hatte durch den Bewegungsmangel so zugenommen, daß mir die Ärzte rieten, ich solle mir einen Hund anschaffen, um viel draußen zu sein und viel zu laufen. Das hat mich wieder stabil gemacht. Außerdem nahm ich tatsächlich zehn Kilo ab."

Seit 1993 ist Klaus Neuhaus im krankheitsbedingten Ruhestand. Um nicht ganz aus dem Renngeschäft zu sein, betreut er auf der Krefelder Rennbahn ehrenamtlich Gästegruppen, übernimmt Führungen mit Stallbesichtigungen. Wenn er Zeit und Lust hat, besucht er Mario Hofer oder die Mäders im Stall, bringt Möhrchen für die Pferde und kann mal wieder ein bißchen Stalluft schnuppern.

Nun könnte man glauben, daß Klaus Neuhaus mit sich und der Umwelt im Einklang lebt. Aber es gab etwas, was ihm zu schaffen machte. Ihm kam zu Ohren, daß eine Stasi-Akte über ihn existiere. Alte Freunde und Bekannte erzählten ihm so manches, was er einfach nicht glauben konnte und wollte. Um sich Klarheit zu verschaffen, suchte er bei der Gauck-Behörde um Akteneinsicht nach.

Er bekam einen Termin und fuhr mit seiner Familie nach Berlin. Was er dort, in der Normannenstraße zu sehen bekam, schockierte ihn.

Mehrere IM's hatten Berichte über ihn verfaßt. Fassungslos sah er, daß darunter auch ehemalige Freunde waren, von denen er nie geglaubt hätte, daß sie sich dafür hergeben würden. Auf 500 Seiten waren unzählige Alltäglichkeiten, die sich in der Familie oder im Rennstall zugetragen hatten, penibel verzeichnet.

Wann mit wem telefoniert. Wann zum Friseur und ähnliche Wichtigkeiten.

Aber was hätte auch drin stehen sollen? Was spielte sich im Rennstall schon ab, daß man sich solch eine Mühe mit der Überwachung machte?

Klaus Neuhaus meint heute: „Ich weiß nicht, wie ich mich verhalten hätte, wenn mich die von der Staatssicherheit unter Druck gesetzt hätten. Wenn man gefordert hätte: 'Wenn Sie Ihren Vater in Köln nochmal sehen wollen, müssen Sie für uns arbeiten.'

Wahrscheinlich hätte ich abgelehnt, aber mit letzter Sicherheit kann man das im nachhinein nicht sagen.

In einem bin ich mir allerdings sicher, hätten die ihre Wirtschaft mit der gleichen Energie und Pedanterie geführt wie den Überwachungsapparat, dann wäre vieles besser gewesen."

Der Widerspenstige. Lutz Pyritz

Lutz Pyritz ohne die Mauer? Ohne die Grenzen zwischen den beiden deutschen Staaten – wie anders hätte sein Leben wohl ausgesehen!
Ich bin sicher, wir hätten diesen talentierten Reiter in der Jockeystatistik eines geeinten Deutschlands ganz vorn finden können.

In der Ex-DDR war er die Nummer eins, ein Top-Jockey. Als 5facher Champion gewann er neben 848 Flachrennen auch 23 Hürden- und Jagdrennen. Seine feine Hand ließ ihn mit den schwierigsten Pferden umgehen. Auf sensible Stuten konnte er sich besonders gut einstellen – nur auf Funktionäre nicht.

Da ist er spröde und aufmüpfig, heißt es. Er habe sich vor den Juroren als nicht einsichtig genug gezeigt. Aber was soll er einsehen, wenn es für ihn nichts einzusehen gibt?

Gemeint ist hier der erst auf sechs, dann auf drei Monate befristete Lizenzentzug in der Saison 1995 wegen Nichtwahrnehmung der Gewinnchancen auf der Stute Shalimara.

Lutz Pyritz sagt dazu: „Es war ein überpacetes Rennen. Obwohl das Pferd schon zwei Jahre Probleme mit den Fesselköpfen hatte, wurde mir vorgeworfen, ich hätte rechts festgehalten und links

Lutz Pyritz und sein Derbysieger Zingaro 1985

zugestoßen – für die Zuschauer. So was habe ich noch nicht gehört. Wie kann man ein kaputtes Pferd anders als geradeaus nach vorne reiten? Die Pferde gehen ja meistens auf'm Schmerz. Da muß man sie festhalten und die andere Seite lose halten, damit sie in der Spur bleiben."

In den neuen Bundesländern löste dieses Urteil heftige Emotionen aus. Man sprach von einem Exempel, das hier statuiert würde, und daß man mit zweierlei Maß messen würde. (Siehe Dopingfälle, wo es für Wiederholungstäter Strafen gab, die aus der Portokasse bezahlt werden konnten.)

Trainer, sogar einige Offizielle, hielten zu Pyritz und waren ratlos. Sie konnten nach mehrmaligem Anschauen des Rennfilms keine Straftat entdecken. In den alten Bundesländern nahm man wenig Notiz davon. Wer ist schon Pyritz – doch nur einer von drüben!

„Mir ging es durch die Lizenzentzüge sehr schlecht, mein Ruf wurde mächtig geschädigt. Aus so einer Misere wieder rauszukommen, ist wirklich nicht einfach.

Lutz mit seinem Sohn Tino

Ick passe ganz besonders auf. Gebe am liebsten gar keine Interviews. Mit der Presse halte ick mir total zurück. Ick will weder im Positiven noch im Negativen erscheinen. Ick will nur meine Ruhe haben."
(Original Pyritz über Pyritz!)

Es kam auch ein bißchen viel für ihn zusammen. Drei Monate Sperre mitten in der Saison von Hoppegarten. Trennung von der Lebensgefährtin. Lutz lebte eine Zeitlang mit seinem Sohn Tino allein. Die finanziellen Mittel waren aufgebraucht. Seine Mutter mußte ihm Geld borgen, damit er dem Kind was zu essen kaufen konnte.

„Ich komme nicht aus einer Rennsportfamilie", erzählt Lutz Pyritz. „Bei uns zu Hause war's nicht üppig, sondern eher ärmlich. Ich hatte noch sieben Geschwister, zwei Mädchen und der Rest Jungen. Ich war genau der Mittelste. Der Anfang meiner Karriere war sehr mühevoll; ich mußte mich immer allein hochrappeln, überall durchbeißen."

Begonnen hatte Lutz, wie viele andere Jockeys auch, als Kind im Turniersport, Sektion Reiten und Springen. Die entscheidenden Impulse für die Berufswahl gab der Görlsdorfer Gestütsleiter Ingo Wendt, bei dem Lutz in den Ferien arbeitete.
 Sein Lehrmeister war der frühere Spitzenjockey der DDR, der 16fache Champion Egon Czaplewski, der in Hoppegarten trainierte. Gleich seinen ersten Ritt 1975 mit Fama gestaltete Lutz siegreich.
 Anfangs erging es ihm wie anderen Lehrlingen auch: Die Ritte in den größeren Rennen waren für die Stalljockeys reserviert, und die blieben jahrelang am Stall. Es wurde nicht so oft gewechselt wie im Westen. Nur was die anderen nicht reiten wollten, was übrig blieb, bekamen die Stifte. Anders bei den Hindernisrennen, die reitet nicht jeder gern. Also ritt Lutz die ersten zwei Jahre fast nur Hindernisrennen. Gleich nach Beendigung der Lehrzeit gewann er das größte Jagdrennen der DDR, das Rennen der NVA, mit Tramina für Trainer Ecki Gröschel, mit einer Sensationsquote.
 „In diesem Rennen (4600 Meter) gingen nur sechs Teilnehmer an den Start. Den Ehrenpreis überreichte mir ein General oder so'n anderer Bonze.

Als Hürdenreiter war ich eigentlich zu leicht und durch die Scheiß-Bleiplatten hatte ich ständig offene Knie. Unter 62 Kilo ist ja nichts gelaufen. Ab 62 Kilo nach oben.

Für die Armee war ich bei der ersten Musterung wegen Herz-Kreislauf-Störungen untauglich. Normalerweise muß man gleich nach der Lehre zum Militär. Den Musterungstermin hatte ich vergessen. Da holten sie mich mit einem Polizeiauto vom Hof ab. 1978 gab es dann kein Entrinnen mehr. Und von wegen nach Hause und so. Mit Reiten ging in der Zeit gar nichts mehr. Einen Haflinger habe ich mir manchmal von der Weide gegriffen und bin mit ihm in die Berge geritten.

Nach der Armeezeit fing ich bei Trainer Ringewald an, dann wurde ich laufend versetzt, immer dorthin, wo einer fehlte, wo einer gebraucht wurde."

Das erste große Flachrennen gewann Lutz mit Tarnkappe (Magdeburger Stutenpreis). Weitere Siege für Ringewald waren der Sommerpreis mit Syringa und der Herbstpreis mit Turandot.

Siegerehrung nach der Saxonia in Leipzig 1987
Lutz Pyritz und Trainer Alex Mirus – Preise gestiftet vom VEB Edelpelz

Erst als Klaus Otto verunglückte und Klaus Neuhaus die DDR verließ, wurden Stellen frei, und es gab an den großen Ställen Platz für den talentierten Nachwuchsreiter. Jetzt kam der Durchbruch in die Spitzenklasse. Die Zahl der Siege ging steil nach oben.

Seinen ersten Derbysieg errang Lutz 1983 mit Zigeunerheld für Trainer Sowa. Für den gleichen Trainer gewann er 1985 das Derby und den Großen Preis der DDR mit Zingaro. Am Jahresende erreichte Lutz mit 71 Siegen das erste Championat.

Bis zu seinem dritten Derbysieg mit Filutek 1990 folgte Sieg auf Sieg in namhaften Rennen. Elf internationale Siege, wovon die mit Orantes, Bayan und Filutek sowie mit Bolero (das Pferd des Jahres 1988) in Bratislawa und Prag besonders zu erwähnen sind.

„Mit Wohnraum hatte ich zu DDR-Zeiten immer meine Not. Bei der Armee habe ich im Zelt gewohnt, Sommer wie Winter.

Nach meiner Lehre wohnte ich zuerst bei Eckhart Gröschel im Stall, im Aufenthaltsraum. Da standen eine Couch, ein Tisch und paar Sessel drinne, wo die Leute frühstückten oder sich einen Kaffee kochen konnten. Das war direkt im Stall, inne Kammer, die früher 'ne Pferdebuchte war. Angenehm war das nicht. Im Sommer die Fliegen, im Winter die Kälte. Wat willste machen, wenn keen Wohnraum da ist? Da hätte ick nach Hause gehen müssen.

Dann bekam ich von der Rennbahn in Hoppegarten eine Bruchbude zum Ausbauen zur Verfügung gestellt. Das war in der alten Schmiede gegenüber der Haupttribüne. In dem Ding hatte ich auf der einen Seite unten zwei Zimmer mit Küche und Bad eingebaut.

Für damalige Verhältnisse war das eine richtig tolle Wohnung.

Auf der anderen Seite war noch die Schmiede drin. Da hämmerte der Schmied den ganzen Tag rum. Das war besonders nervig, wenn ich mich mittags nach der Morgenarbeit hinlegte. Durch das frühe Aufstehen brauchen die Trainer und Jockeys nun mal mittags ein wenig Schlaf.

Nach zwei Jahren kam mein Bengel zur Welt, da habe ich gesagt: 'Wir müssen hier weg, sonst kriegt der 'ne Macke.'

Nach ein paar Monaten haben wir dann eine Tauschwohnung in Strausberg gefunden. Als wir ein Jahr später wieder nach Hoppegarten wollten, fanden wir einen Rentner, der lieber nach Strausberg wollte und unsere Wohnung gegen sein kleines gemietetes Häuschen mit Garten tauschte. Darin wohne ich jetzt seit 1987. Das ist ein Westgrundstück, und irgendwann gibt es bestimmt Ärger wegen der Eigentumsverhältnisse.

Als wir noch eingesperrt waren im Osten, kamen wir nur zu den Meetings raus. Als führender Jockey mußte ich in den letzten 10 Jahren überall hin, wo was los war. Man ist ja gern gefahren, weil man sonst kaum aus der DDR rauskam. Da ließ man auch die ungeliebten Schulungen über sich ergehen.

Da wir uns bei den Meetings selbst verpflegten, packten wir den halben Pferdetransporter voll mit Fressalien und Getränken. Wir selbst fuhren mit der Bahn oder sind geflogen. Freitags vor den Rennen prüfte eine internationale Kommission die Pferde auf Identität, begutachtete wie sie aussahen, ob sie mal für die Zucht tauglich sein könnten und so weiter. Dazu brauchten wir immer viele Helfer, die wir vor Ort engagierten.

Einmal in Moskau, als die Helfer gerade mit unseren Pferden aus dem Stall gingen, nahm ich aus einer Reisekiste eine Flasche Schnaps und sagte zu den Leuten, daß sie die nachher als Belohnung bekämen. Wir haben ja nie mit Geld, sondern immer mit Naturalien bezahlt. Das hätte ich lieber nicht ankündigen sollen.

Auf einmal ließen die alles fallen, ließen die Pferde stehen und machten sich über die Kruke her, bis sie leer war. Am nächsten Morgen komme ich in den Stall rein, schaue in unsere Reisekiste, da war alles leer – trotz Stallwache Tag und Nacht. Die hatten gesehen, wo ich die eine Flasche hergeholt hatte.

Am letzten Tag, als wir nach Hause fahren und alles verladen wollen, standen nur noch die Pferde in den Boxen. Alles andere, Sattel, Zaumzeug, Halfter – alles weg. Wir hatten immer so 10 bis 12 Sättel mit, alles geklaut. Was sollten wir dazu sagen? Waren doch unsere Freunde, war doch alles Volkseigentum. Da gab es kein Theater, das wurde unter den Teppich gekehrt.

Abgeschrieben!

Unser Lager bestand aus ungefähr fünf Leuten. Da war immer abwechselnd einer von den besten Trainern dabei, anfangs noch Rudi Lehmann,

Im Tunnel von Warschau

dann Eckhart Gröschel, Heinz Schäfke und so weiter, und ein paar Offizielle, wie Herr Rudolf.

Eine ganz moderne große Rennbahn ist in Warschau. Die Leute kommen gar nicht an die Jockeys ran. Durch einen Tunnel geht es in den Führring rein, dann unter der Haupttribüne durch einen zweiten Tunnel aufs Geläuf. Eine Riesenbahn, mit einem Oval von mindestens 2400 Metern. In Budapest gibt es ebenfalls eine tolle Bahn, die ist mindestens 2800 Meter lang und hat eine Gerade von 800 Metern.

Wenn ein bißchen Zeit übrig war, haben wir uns gern die Städte angesehen. Auf diesen Reisen war ich von der schönen Stadt Prag sehr beeindruckt und auch von Moskau durch den Kreml.

Wir erhielten die Vorschrift, uns nicht mit irgendwelchen Westlern einzulassen oder mit ihnen zu reden. Kein Kontakt! Aber wenn uns keiner beobachtete, haben wir uns nie so dran gehalten. Es wurde auch aufgepaßt, daß man um zehne im Bette war.

In den achtziger Jahren hatte ich mal ein tolles Erlebnis bei einem Einladungsrennen in Moskau. Das war kein Meeting, sondern so 'ne Jahresfeier. Bestimmt 15 Jockeys aus ganz Europa waren eingeladen. Ich hatte zum ersten Mal richtigen Westkontakt, und zwar mit Peter Remmert und Hänschen Frömming. Wir mußten die Pferde auslosen, das war ein Spaß. Aber es waren richtige, knallharte Rennen, Galopprennen auf der Sandbahn mit richtig Gas aus der Maschine und Tempo: Start – Ziel, nicht wie bei uns mit Taktik. Außer den Galopprennen gab es noch ein paar Trabrennen, an denen Frömming teilnahm. Jedenfalls sind wir da zusammen geritten, und jeder von uns hat ein Rennen gewonnen.

Alexander Tschugujewez, der letzte russische Spitzenjockey, ist rumgerast und hat uns allen eine Handvoll Abzeichen geschenkt. Die Abzeichen sind bei denen Tradition, die behängen sich damit wie'n Weihnachtsbaum. Peter Remmert knallte sich gleich so'n großen Orden an die Jacke. Ich habe ihn dann geflachst, da sagte er: 'Hier kann ich ihn ja noch tragen, aber wenn ich aus dem Flugzeug aussteige, lasse ich ihn gleich verschwinden.'"

Peter Remmert erinnert sich auch noch an dieses Ereignis in Moskau:

„Ich stand mit Pyritz im Gespräch zusammen, da kam so'n Funktionär von denen und trennte uns. Kein Westkontakt, hieß es. Das machte mich sehr wütend, und ich sagte zu ihm: 'Wenn das so ist, daß man sich noch nicht mal in solcher Runde unterhalten kann, dann werde ich gleich aufstehen und eine Rede halten über die freundschaftliche Verbindung, die so eine Einladung bringen soll.'

Alexander Tschugujewez

Das wollte der nun gar nicht hören. Er entschuldigte sich und nahm später sogar ein Souvenir von mir an. Mit uns konnten die so was nicht machen, aber die aus dem Osten mußten sich viel zuviel gefallen lassen.

Der Russe Tschugujewez war kaum zu schlagen. Er hatte die meisten Punkte gesammelt. Ich habe zu ihm gesagt, wenn er als Sieger aus diesem Match hervorgeht, muß er uns Champagner mit Eis servieren. Er gewann, und wir waren alle eingeladen. Tschugo ging nach Hause. Wir haben gewartet und gewartet. Er kam nicht wieder. Erst nach einer knappen Stunde kam er und brachte neben Krim-Sekt eine Riesenschale mit Speiseeis. Er hatte mich falsch verstanden. Gemeint war Champagner auf Eis, beziehungsweise eisgekühlter Champagner (Sekt). Aber er hatte das mißverstanden und schleppte große Mengen von Speiseeis an. Wir waren von den Socken. Daß die Russen gerne Eis essen, erfuhren wir erst später. Tschugo dachte, das wäre ein ganz besonderer Wunsch von uns – Speiseeis mit Champagner. Das war ein netter Kerl, und ich denke noch oft an diese lustige Begebenheit. Mit seinen Medaillen und Orden, einem großen und ein paar kleinen, dekoriere ich immer meine Russenkappe, wenn ich in Köln zum Karneval gehe."

Sieg in Hoppegarten mit Bayan – 1988

1988 lernte Lutz die Schattenseite seines Berufes kennen. Da hing sein Leben nur noch an einem seidenen Faden. Bei einem Sturz in Leipzig drang ihm eine zersplitterte Aussteckstange in den Hals. Einige Millimeter tiefer wäre es aus und vorbei gewesen. Dreimal wurde er operiert. Gott sei Dank scheint das Ausheilen bei den durchtrainierten Jockeys leichter zu sein, als bei Normalsterblichen.

„Die Wende kam für meine Karriere wirklich zehn Jahre zu spät", sagt Lutz traurig. „Im Osten hatte ich als Jockey alles erreicht. Entweder wäre ich weitergeritten und wieder Champion geworden, oder ich hätte angefangen zu trainieren.

Die Trainerprüfung, das hieß damals Pferdewirtschaftsmeister, hatte ich nach dem Agrar-Ingenieur-Studium gemacht. Im Osten bekam man seinen Posten, sein monatliches Geld und brauchte sich nicht mehr um viel zu kümmern. Diese Ausbildung, die mich, obwohl die Schule frei war, viel Geld gekostet hatte, reichte nun nicht mehr aus.

So meldete ich mich zur Trainerprüfung in Köln an, die ich dann nach sechs Monaten im Frühjahr 1996 bestand. Da war gar nichts umsonst. 6000 bis 8000 DM kostete schon der Lehrgang. Dazu die Fahrtkosten, Unterbringung, Essen und Trinken, alles zusammen fast 20.000 DM. Das muß man erst mal aufbringen. An den Wochenenden bin ich immer auf irgendeine Rennbahn zum Reiten gefahren.

Neu war für uns der Konkurrenzkampf, der nach der Wende auf uns alle zukam. Da gab es viele Dinge, die wir gar nicht kannten. Die ersten zwei bis drei Jahre haben wir ja überhaupt nichts gewonnen. Ob die Trainer aus dem Westen mit ihren Pferden zu uns kamen oder wir rüberfuhren, wir standen doch da wie die letzten Trottel. Da kann man schon das Selbstbewußtsein verlieren. Am Anfang war es die Qualität der Pferde, dann die Umstellung auf die Marktwirtschaft, Training, Management und allet wat dazu gehört. Außerdem gibt es im Westen genug Jockeys, so daß wir gar nicht an die guten Pferde rankommen. Als ich das Angebot von Röttgen ausschlug, weil ich überzeugt vom »Aufschwung Ost« war, habe ich einen Riesenfehler gemacht. Ich hätte meine Familie ja mitnehmen können, wär doch gar kein Problem gewesen. Zu dem Zeitpunkt war Theo Grieper noch da. Mit ihm und seiner Frau habe ich mich sehr gut verstanden. Ich hätte gleich mit Sympathie auf beiden Seiten einsteigen können.

Doch ich hing zu sehr an Hoppegarten und glaubte fest daran, daß es in kürzester Zeit in Hoppegarten boomt und daß große Ställe aus dem Westen rüberkommen würden.

Heute an irgendeinen kleinen Stall in den Westen wechseln würde ich nicht. Zweiter Mann bei Jentzsch oder Schütz, das wäre schon eher was. Aber ich bin nun mal Berliner, hier kenne ich alles, kenne das Umfeld, und drüben kenne ich nichts. Wie gesagt, alles kommt 10 Jahre zu spät.

Bei den großen, den Gruppe-Rennen in Hoppegarten, kommen sie alle angewandert. Da treffen die großen Ställe aufeinander. Für die hiesigen Jockeys ist es heute fast unmöglich, ein Gruppe-Rennen zu gewinnen. Da mußt du eine Rakete haben, und die muß auch so trainiert sein. Es ist bei der starken Konkurrenz schon in den kleinen Rennen schwierig. Sogar ins Sieglosen-Rennen schickten sie einen Fuchs wie Royal Abjar, ein Pferd ganz anderer Klasse, das mit Weile gegen 15 andere Pferde gewann. Da sehe ich eher eine Chance, an dem Tag ein Rennen in Köln oder anderswo zu gewinnen."

1993 legte Lutz Pyritz auf Magical River in Hannover einen Glanzritt hin. Er verwies Peter Schiergen auf Monsun im eindrucksvollen Finish auf den zweiten Platz. Am 8. Mai 1994 stellte Lutz einen einmaligen Rekord auf. Er errang an einem Renntag in Dresden bei neun Ritten sieben Siege. Vier Wochen später gewann er mit einem taktisch klugen Ritt mit Novize (Trainer Ecki Gröschel) hauchdünn vor Takin unter Lutz Mäder. Novize war das erste in Hoppegarten trainierte Pferd, das einen »Hunderttausender« gewann. Gröschel stellte ihm denn auch ein gutes Zeugnis aus: 'Lutz hat einen guten Sitz und eine feine Hand. Er

Lutz Pyritz siegt mit Ihmenixe – 1996

ist im Endkampf stark. Außerdem beschäftigt er sich auch morgens intensiv mit den Pferden.'

Am Telefon oder am Mikrofon bei Siegerehrungen ist Lutz immer sehr zurückhaltend. In letzter Zeit trifft man ihn selten in Lokalen an. Er ist mißtrauisch geworden und zieht sich immer mehr zurück. Dabei kann er in geselliger Runde sehr gesprächig sein.

Ich hoffe, daß sich die Wende für ihn schließlich doch noch positiv auswirken wird.

Vom Rennrad aufs Rennpferd. Alfred Lehmann

Ich wollte schon immer mal den berühmten Graditzer Hof in Hoppegarten kennenlernen.

„Kein Problem", sagte Wolfgang Thom, als wir mit ihm und seiner Frau Ute in der Gaststätte Memory, nahe der Rennbahn Hoppegarten, zusammensaßen.

„Kommen Sie morgen mittag, dann habe ich Zeit und zeige Ihnen alles." Thoms wohnen auf der Görlsdorfer Seite. Die Gestüte Görlsdorf und Graditz hatten ihre Rennställe auf dem gleichen Areal. Dort lernten sich auch die Mäders als Lehrlinge kennen. Erika war im Graditzer- und Lutz im Görlsdorfer Rennstall angestellt, alles dicht beieinander.

Das unter Denkmalschutz stehende Gelände ist beeindruckend, doch der Zahn der Zeit hat nur allzusehr an den Gemäuern genagt. Wäre ich Millionär, dieses Traumgelände würde ich sofort kaufen und alles im alten Stil sanieren. Dann würde ich für die dortigen Trainer Besitzer besorgen, die glücklich über so eine Trainingsmöglichkeit wären. Es wäre

Die Lots der Rennställe Graditz und Görlsdorf

ein Prunkstück und fände kaum seinesgleichen. Aber leider bin ich kein Millionär.

Am Ende meines Rundganges landete ich im Rennstall von Alfred Lehmann – für ihn völlig überraschend, denn Besuch war nicht angesagt. Aber wie die Berliner so sind, da gibt es keine Hemmschwelle. Futtermeister Alfred Sage kam sofort angerannt und kochte für uns alle Kaffee. Mir, als Berlinerin, ging gleich das Herz auf. Da war soviel Aufgeschlossenheit und Herzlichkeit, daß ich bedauerte, aus meinem Berlin weggegangen zu sein; ich wohnte früher in Ostberlin im Bezirk Prenzlauer Berg. Wären nicht so widrige Umstände gewesen, ich hätte diesen Schritt nie getan. Aber das ist eine andere Geschichte. Es gelang mir jedenfalls, noch vor der Mauer in den Westen abzuhauen.

Ehe wir uns über den Galoppsport unterhielten, entdeckten wir eine gemeinsame Leidenschaft – den Radsport. Ich schrieb in meiner Berliner Zeit für den »Illustrierten Radsport« und ließ nie ein Rennen aus. Auch Alfred Lehmann und sein Futtermeister Alfred Sage waren begeisterte Radsportler. Wir entdeckten soviel Gemeinsames, daß ich ganz vergaß, weshalb ich eigentlich auf dem Graditzer Hof war.

Alfred Lehmann war früher bei Lok Schöneweide Sektionsmeister im Radsport. In Hoppegarten und rund um Neuenhagen sei er rumgedonnert. Einmal nicht mehr in den Rennsattel zu steigen und keine Radrennen mehr zu fahren, hätte er sich nie vorstellen können. Das war eben sein Hobby, aber kein Beruf. Davon konnte man nicht leben.

Im Osten gab es eine Zeitschrift: »Das Magazin«. Wenn man es nicht abonniert hatte, war es schwer zu bekommen, meistens nur unter dem Ladentisch. Das »Magazin« war vor allem wegen der Fotos von nackten Frauen so begehrt, eine Seltenheit in der sonst so prüden DDR. Alfreds Vater hatte es zu Hause herumliegen, wahrscheinlich abonniert. Einmal wurde in der Zeitschrift über den Galoppsport und natürlich über Ewald Schneck und Egon Czaplewski berichtet. Damit wurde bei Alfred das erste Interesse für den Pferdesport und den Jockey-Beruf geweckt.

Als Alfred noch in der siebenten Klasse war, begann er sich nach einer Lehrstelle umzusehen. Außer Radfahren interessierten ihn auch Tiere. Nun ist es in Hoppegarten oder Neuenhagen nicht verwunderlich, wenn man sich mal in Pferdeställen ein bißchen umsieht und Interesse am Rennsport zeigt. Es sind auch meistens gute Ratgeber zur Stelle, die einen zu den Rennställen dirigieren.

Ausgerechnet auf dem Graditzer Hof fand er sich zuerst ein. Richard Kortum trainierte dort. Er schaute sich Alfred an und meinte:

„Deine Hände sind zu groß, du wirst zu groß. Du bist nicht der richtige Jockeytyp."

Beleidigt zog Alfred weiter und kam zu Willi Frommann. Der winkte gleich ab. Er könne keinen Lehrling mehr gebrauchen, er hätte schon zwei. Nachdem er auch in zwei weiteren Rennställen eine Abfuhr erlitt, fuhr er entmutigt nach Hause.

Am nächsten Tag zog er lieber wieder mit seinem Rennrad los und trainierte fürs nächste Rundstreckenrennen. Als er nach Hause kam, rief sein Vater schon von weitem:

„Los, Alfred, schnell runter vom Fahrrad. Zieh dir um, ich hab einen neuen Trainer."

Vaters Avo-Motorrad stand schon bereit. Alfred sprang in den Seitenwagen, und schon brauste der Vater los. Das Ziel war Trainer Walter Zimmermann in der Goetheallee, direkt an der Rennbahn. Die Vorstellung war ein Erlebnis. Wohlwollend betrachtete Walter Zimmermann den kleinen Alfred.

„Kleen biste, leicht biste und wie heißte? Lehmann? Ick heiße Zimmermann. Aus dir mach ick einen Jockey!"

„Jetzt brauchte ich ein Schreiben für die Schule," erzählte Alfred Lehmann. „Denn das war so: Man mußte 10 Klassen machen. Wer aus der siebenten oder achten Klasse rausging, war entweder ein bißchen doof oder mit mehreren Geschwistern allein bei der Mutter und mußte Geld zum Leben dazu verdienen. Da ich nicht doof war und meine Eltern beide Arbeit hatten, entließ man mich nur dann nach der achten Klasse, wenn ich einen festen Ausbildungsplatz nachweisen konnte. Walter Zimmermann gab mir einen Zettel, darauf stand nur:

'Alfred Lehmann kann bei mir am 1. September 1964 als Lehrling anfangen.' Dann habe ich mich auf den Hosenboden gesetzt und die achte Klasse mit einem guten Zeugnis abgeschlossen. Was mich bekümmerte war nur, daß ich jetzt kein Englisch mehr lernen konnte. Ich sollte auch nicht mehr radfahren. Außerdem hatte ich nebenbei in Babelsberg beim Film ein bißchen mitgemischt. Alles gestrichen! Jetzt galt es nur noch, eine richtige Lehre zu machen.

Es war am Anfang meiner Lehrzeit, wir hatten ein pferdefreies Wochenende, und ich hatte frei. Da habe ich noch ein Rundstreckenrennen in Berlin Mitte gefahren. Während des Rennens fing es an zu nieseln, und ich flog auf dem nassen Kopfsteinpflaster hin, das Knie war auf. Am nächsten Morgen kam ich in den Stall gehumpelt.

Da sagte mein Trainer: 'Aus, Schluß! Du willst Jockey werden, hast dich dafür entschieden – Radrennen gibt es nicht mehr!'

Da saß ich zu Hause auf dem Küchenstuhl und habe geflennt. Meinen Radsport sausen lassen, das war eine Scheiße.

Aber Walter Zimmermann war ein sehr guter Lehrherr. Wenn ich den nicht gehabt hätte! Da waren viele Lehrlinge, die kleiner und vielleicht talentierter waren. Aber Walter hat immer zu mir gehalten. Bei ihm habe ich das Einmaleins des Galoppsports gelernt. Drei Jahre, von 1964 bis 1967, war ich bei ihm. Das war eine prima Zeit.

In der Zeitung haben sie mal geschrieben: 'Vom Rennsattel in den Pferdesattel, Alfred Lehmann wechselte bloß seinen Stall.'

Nach Beendigung der Lehre mußte ich $1^{1}/_{2}$ Jahre zur Armee.

Danach fing ich im Rennstall Lehn bei Rudi Lehmann an. Dort lernte ich meine spätere Frau kennen, die Amateurreiterin Petra Zabel. Obwohl es mir im Lehnstall gut gefiel, habe ich oft gewechselt. Ich wollte nicht immer zweiter Jockey hinter Alex Mirus sein. Manchmal ritt ich nur 14 Tage bei Rudi Lehmann, dann bei Ringewald, mal in Leipzig, dann wieder bei Lehmann. Wenn ich sagte: 'Trainer, ich könnte dort als erster Jockey anfangen', war er nicht sauer sondern sagte: 'Alfred, machs, geh hin.'

Und wenn ich zurück kam und fragte: 'Trainer, kann ich wieder anfangen?', sagte er immer: 'Ja.'

Viermal war ich bei ihm. Olle Rudi war ein strenger Trainer, der hat uns aber Gang gemacht, das brauchten wir auch. Es war eine gute Truppe bei ihm, sonst wär ich ja auch nicht viermal hingegangen. Rudi war immer akkurat, hat uns immer mit »Sie« angesprochen.

Sieben Jahre war ich dann noch einmal bei Walter Zimmermann, das war wirklich ein guter Mann. Jetzt, wo ich selber Trainer bin, nehme ich ihn gern als Vorbild. Walter war auch sehr humorvoll. Wenn ein Pferd eine Wunde hatte, so einen Kratzer, sagte er immer: 'Ach, bis du heiratest, ist es wieder jut.'

Eines Tages sagte Ecki Gröschel: 'Jetzt kommste zu mir!'

Also wechselte ich wieder und habe für Gröschel bestimmt 200 Rennen gewonnen, unter anderem auch die zwei Derbys, 1984 mit Eresma und 1989 mit Rienzi.

Bei Ecki Gröschel am Stall herrschte Zucht und Ordnung – da mußte man schon diszipliniert und vor allem pünktlich sein. Aber damit hatte ich keine Probleme, das fiel mir nicht schwer. Ich war erster Jockey, lag vorn in der Statistik und hatte an seinem Stall meine besten Erfolge. Ich war der Jockey, der am längsten bei ihm war – $7^{1}/_{2}$ Jahre. Das müßte ins Guinnessbuch der Rekorde. Solange hatte es keiner ausgehalten. Martin Rölke wollte am ersten Tag schon flitzen. Wir mußten jeden Tag ackern, hatten nur am Mittwochnachmittag frei. Wenn wir zum Rennen nach Leipzig oder auf eine andere Bahn fuhren, durfte ich früh in die Sauna; ich hatte immer Gewichtsprobleme. Danach schnell zum Stall, den Trainer abgeholt und los gings. Ich habe große Rennen gewonnen, mich aber auch über jedes Hammelrennen, zum Beispiel einen Ausgleich V, gefreut. Ich kann von mir sagen, daß ich immer ehrlich geritten bin. Das honorierte auch das Publikum. Wenn ich ein Rennen gewonnen hatte, schwenkten sie ein rot-weises Tuch, so groß wie ein Laken, auf dem »Alfred« stand und riefen: 'Alfred! Alfred!' – wie beim Fußball.

Derbysieg mit Rienzi 1989

Als ich beim Derbysieg mit Rienzi den Arm grüßend und winkend vor dem Ziel hoch hob, bekam ich Ärger mit Gröschel.
'Wie kannst du so etwas machen. Du bist wie beim Radrennen. Die heben auch immer den Arm. Wie bei der Friedensfahrt, da haben sie sogar beide Arme hochgerissen', nörgelte er. Aus Wut darüber nahm er kein einziges Foto vom Derby, er wollte mich deswegen sogar bei der Rennleitung anzeigen.
Na, det war'n Ding?
Ich war eben damals der Publikumsliebling, und die Zuschauer freuten sich über so eine Geste, vor allem nach einem großen Sieg. Heute ist so etwas allgemein üblich.
14 Tage nach dem Derby gewann ich in Hoppegarten das Haupthürdenrennen mit Barakuda, einem sehr bekannten Pferd. Barakuda hatte noch nie dieses Hürdenrennen gewonnen. Sogar Wolfgang Thom hatte ihn ein paarmal geritten, und ausgerechnet ich habe mit ihm gewonnen. Das Pferd ging eher über die Jagdsprünge, die festen Sprünge, als über die Hürden.
Dieser Renntag war so ein richtiger Glückstag für mich. Ich hatte vier Ritte und alle vier gewonnen. Die Zuschauer hatten mich scheinbar alle auf ihrem Wettzettel, sonst hätten sie sich nicht so gefreut und mir applaudiert. Am nächsten Tag hatte ich eine gute Presse und bekam viel Fanpost.
Einmal ritt ich Buffo von Ecki Gröschel. Parade war üblich bei jedem Hammelrennen. Die Musik spielte, da hauten die auf die Pauke, daß der Buffo einen Satz machte, mich abwarf und allein um die Bahn sauste. Am nächsten Renntag guckte Buffo schon irritiert auf die gleiche Stelle. In dem Moment fiel eine Reklametafel aus Blech scheppernd zu Boden, der haute wieder ab, und ich konnte mich gerade noch festhalten. Dieses Rennen haben wir trotzdem gewonnen.

In den achtziger Jahren war die Qualität unserer Pferde nicht mehr so gut, da ging es bergab. Ich war 1984 mit Auerberg der letzte internationale Meetingsieger in einem 2jährigen Rennen. 1985 waren wir nur noch Fünfter, da waren sogar die Bulgaren vor uns, die zu Hause noch nicht mal eine richtige Rennbahn hatten. In Polen haperte es zwar mit der Lebensmittelversorgung, aber in den Vollblutrennsport haben sie alles reingesteckt. Die hatten eine ganz dufte Bahn. Wo bei uns nur geflickt wurde, so ein bißchen Farbe rübergestrichen, war dort alles tadellos. Sie hatten einen Jockeydiener, Sauna auf der Bahn, alles in einem Komplex. Da konnte man vorher schnell noch ein Pfund Gewicht machen.

Ja das Gewichtmachen – das war nicht nur mein Problem. Um soviel Gramm wie möglich zu sparen, hatte ich eine Idee – und diese auch in die Tat umgesetzt."

Voller Stolz zeigte mir Alfred Lehmann die vielen eingerahmten Fotos an den Wänden des Aufenthaltsraumes.

„Sehen Sie sich mal die Sättel, Rennstiefel und Rennhosen auf den Bildern an – alles Eigenbau. Ein Sattel kostete damals 400 Westmark. Bei einem Kurs von 1:5, teilweise sogar bis zu 1:10, kostete ja so ein Sattel zwei bis vier Mille. Da hätte ich ja im Jahr zwei Derbys gewinnen müssen, um mir so einen zu leisten.

Die Idee bekam ich, als ich bei Rudi Lehmann in einer Abstellkammer eine alte schwarze Nylonjacke hängen sah. Ich fragte den Futtermeister Peter Stazynski, wem die Jacke gehöre.

Lehmann auf Traumprinz. Der 500. Sieg für Eckhart Gröschel

'Weeß ick nich, kannste dir nehmen', antwortete er. Da habe ich die Jacke aufgetrennt, mir zu Hause einen Schnitt gemacht und aus dem Nylonstoff ein paar Stiefel genäht. Schön mit Schuhcreme eingewichst, sahen sie aus wie richtige Lederstiefel. 24 Gramm, sagte der Auswieger erstaunt. Damit habe ich angefangen.

Die Stiefel waren so dünn, wenn du damit in den Führring gingst und bist über die Steine gelaufen, war das wie barfuß gehen. Jeden Stein haste gespürt. Bei vier bis fünf Grad waren die Zehen blau.

Diese »Stiefel« habe ich nicht nur für mich, sondern auch für einige meiner Kollegen mit Gewichtsproblemen angefertigt.

Von Walter Zimmermann bekam ich eine alte Reithose. Wieder aufgetrennt, Schnitt nach meinem Maß angefertigt, und bis heute bestimmt 200 Reithosen selber genäht mit Lederbesätzen und allem Drum und Dran – auch nicht nur für mich.

Mit Jeans, Turnschuhen und Chaps zu reiten, kommt für mich nicht in Frage. Selbst Peter Remmert sah mich erstaunt an, als er mich morgens in Baden-Baden so sah – Lederjacke, Reithose und meine »aus London mitgebrachten«, handgearbeiteten Stiefel. So sehen Jockeys aus!

In der Jockeystube von Dresden saß ich einmal neben Dave McCann. Der holte einen kleinen braunen australischen Ledersattel aus der Kiste. Da holte ich meinen raus, auch so klein. Da hat der erstmal geguckt.

'Was is denn das?'

'Das ist Eigenbau.'

'Was, auch so'n kleiner Sattel? Der ist ja leichter als meiner', sagte McCann. 'Ich dachte schon, meiner sei leicht.'

'Ich habe noch einen anderen', sagte ich und zeigte ihm meinen roten Schwindelsattel. Aus Sperrholz hatte ich mir Bügel angefertigt und sie silbergrau angestrichen. Im Sattel war Schaumgummi, und aus Fallschirmseide hatte ich Gurte gemacht. Dieser Eigenbau sah aus wie ein richtiger, guter Sattel.

Zum Schluß zeigte ich Dave McCann noch die Perlonstiefel. Da hat der aber gestaunt.

'Ich dachte, der Osten ist 10 Jahre hinter uns', sagte er zu mir. 'Aber ihr seid ja 10 Jahre weiter als wir. So ein leichtes Rennzeug haben wir nicht.'

1989 lag Alfred Lehmann in der Jockeystatistik auf dem zweiten Platz hinter Lutz Pyritz. Nach der Wende wollte er eigentlich noch bis zu seinem 50. Lebensjahr weiterreiten. Aber schlimme Stürze machten ihm einen Strich durch die Rechnung.

Der erste Unfall war 1992. Bei einem Sturz in der Morgenarbeit mit dem zweijährigen Hengst Rekord brach Alfred sich das Brustbein und einen Knöchel. Eine längere Pause war unvermeidbar. Nach der Heilung wollte er wenigstens die 500 Siege voll machen. Es fehlten nicht mehr viele.

Doch 1993 kam sein schwerster Unfall, und das war das Aus. Es passierte im September bei einem Rennen in Hoppegarten. 16 Pferde waren im Feld. 500 Meter nach dem Start konnte ein Reiter nach dem Einsatz der Peitsche sein Pferd nicht mehr gerade halten. Er geriet vor ein anderes Pferd. Dieses fiel und zwei andere Pferde konnten nicht mehr ausweichen. Alfred Lehmann war dabei. Ihn erwischte es am schlimmsten. Offener Schienbein- und Wadenbeinbruch. Die Ärzte schraubten und nagelten, der Heilungsprozeß zog sich in die Länge. Dann trat einige Monate später eine Infektion im Knochen ein und ließ Schlimmstes befürchten. Es wurde schon eine Beinamputation erwogen. Doch dann wendete sich das Blatt. Auf einmal heilte alles rasch, und Alfred war wieder gut zu Fuß. Am liebsten wäre er wieder aufs Pferd gestiegen. Doch zum 1. September 1994 bekam er die Chance, ins Trainerlager zu wechseln und den Stall von Gert Niemann zu übernehmen.

Es war auf den Tag genau 30 Jahre nach seinem ersten Schritt als Lehrling bei Walter Zimmermann.

„Aus dir mache ich einen Jockey", sagte Zimmermann damals. Er hat Wort gehalten. Alfred wurde ein guter Jockey und eine Persönlichkeit im Rennsport. Sein guter Sitz, das wirkungsvolle Finish und die verbindliche Art zum Publikum sorgten für Popularität. Kaum ein anderer Reiter hatte einen so großen Fan-Club.

„Alfred, Alfred!" tönte es von den Tribünen, wenn »Lehmännchen« ins Finale eingriff. Und es wurden wirklich rot-weiße Fahnen geschwenkt.

10 bis 13 Pferde betreut Alfred Lehmann in dem Stall auf dem Graditzer Hof, in dem einst Egon Czaplewski trainierte. Er ist zufrieden und sagt:

„Wenn man Besitzer hat, die zahlen, kann man auch gutes Futter kaufen und seine Leute anständig bezahlen. Ich habe einige gute Besitzer und kann mich nicht beklagen. Ich kaufe gute Mohrrüben, keine gammeligen. Wenn die ankommen, essen wir die auch. Sie sind süß und haben Geschmack. Wir haben schon Eintopf davon gekocht. Als Jockey habe ich immer davon geträumt, richtig essen zu können, vor allem Rouladen, dick wie ein Ofenrohr. Wenigstens diesen Traum konnte ich mir nach meiner Jockeyzeit erfüllen."

Alfred Lehmann wurde am 6.8.1949 in Strausberg bei Berlin geboren. Er ist verheiratet und hat einen Sohn.

Alfred ist auch heute noch ein Energiebündel, lustig und sympathisch. Schade, daß ich kein Millionär bin!

Keine zwei linken Hände. Rainer Kalmus

Doppelrenntag im August 96 in Hoppegarten. Ich sitze auf der Terrasse im Logierhaus mit Blick auf eine der schönsten deutschen Rennbahnen. Das letzte Rennen ist vorbei, und ich warte auf Rainer Kalmus.

Es ist mir klar, daß ein Jockey nach dem Rennen nicht gleich so gesprächsbereit ist und erst einmal ein bißchen Zeit zum Ausruhen braucht.

Ich lasse ihm alle Zeit der Welt. Bestelle bei Willi ein kühles Bier, studiere die Speisekarte und plaudere mit Rainer, der inzwischen an unserem Tisch sitzt, ganz zwanglos. Ein sympathischer, natürlicher Junge, denke ich. Erst nach dem Essen kommen wir nun zum eigentlichen Thema.

In Weissenberg bei Bautzen ist er am 3.1.1955 geboren. Gewohnt hat die Familie auf einem Dorf bei Löbau.

Mich interessiert, unter welchen Umständen die Jockeys in der DDR zu Honeckers Zeiten lebten und ihrem Beruf nachgingen. Rainer erzählt frei von der Leber weg.

„Ich wollte immer etwas mit Tieren machen. So den ganzen Tag an einer Maschine stehen oder hinter dem Schreibtisch sitzen, das hätte ich mir nicht vorstellen können. Eigentlich wollte ich erst

Rainer

nach Dresden in den Zoo gehen und Tierpfleger werden. Dort war aber kein Internat. Ich hätte jeden Tag mit dem Zug von Löbau nach Dresden fahren müssen. Da wäre zuviel Zeit weg gewesen.

In meinen Schulferien arbeitete ich auf dem Gestüt Lehn, das war vier Kilometer von uns zu Hause weg. Dort habe ich eines Tages den Trainer Rudi Lehmann und den Jockey Alex Mirus vom Rennstall Lehn kennengelernt. Sie machten einen Gestütsbesuch, und Gestütsdirektor Herbert Ossang stellte mich ihnen vor:

'Kleiner Kerl, mit 14 Jahren anderthalb Meter groß und nur 45 Kilo schwer.'

Da meinte Rudi Lehmann, er würde mich nehmen. Und so habe ich nach der zehnten Klasse, mit 16 Jahren, bei ihm in Hoppegarten angefangen zu lernen.

Seit 1971 wurden nur noch in Hoppegarten Lehrlinge ausgebildet. Sie wurden auf vier bis fünf Trainer aufgeteilt. Internat und Berufsschule waren zusammen in einem Gebäude in Neuenhagen.

Meine Lehre dauerte nur zwei Jahre, von 1971 bis 1973. Ab dem zweiten Lehrjahr konnte ich Rennen reiten. Da habe ich dann dreimal geritten. Beim ersten Mal war ich Zweiter, beim zweiten Mal Vierter, und beim dritten Rennen war ich bereits Sieger. Ich schwebte schon auf Wolken.

Aber das blieb nicht so. Ich war nach der Lehre noch ein Jahr bei Rudi Lehmann und wollte schon fast das

Der erste Ritt – auf Mamaia Hoppegarten 1972

Handtuch schmeißen. Es gab den ersten Jockey, Alex Mirus, und zweiten Jockey, Alfred Lehmann, die fast alle Rennen ritten. Die Lehmanns waren nicht verwandt. Schildhauer, ein etwas leichter Hindernisjockey, Bärbel Fürstenau, die auch Rennen ritt, Hartmut Gädge, der vor mir ausgelernt und noch Erlaubnis hatte. Reiter ohne Ende bei 30 Pferden. Für mich blieben nur noch wenige Rennen im Jahr übrig.

Rudi Lehmann war ein harter, aber sehr akkurater Trainer. Er konnte sich durchsetzen, vor ihm hatte jeder Respekt. Wenn es hieß: 'Der Alte kommt!', dann war Ruhe im Karton. Die Lehrlinge waren bei ihm genauso anerkannte Persönlichkeiten wie jeder Jockey oder andere Erwachsene im Stall.

Kam man zu spät, gab es richtig Feuer. Wenn man am Nachmittag hingekrochen ist und sich entschuldigte, gab es trotzdem Feuerwerk. Aber am nächsten Tag war das weg, war das vergessen. Man wurde schon mal runtergeputzt und angeschrien, doch geprügelt, wie es früher üblich war, wurde nicht mehr.

Alex Mirus erzählte uns manchmal aus seiner Lehrzeit. Da hat der Futtermeister schon mal die Mistgabel hinterhergeschmissen.

Bei Rudi Lehmann wurde nach der Stallarbeit auf dem Hof immer noch Fußball gespielt. Der Futtermeister bestand darauf, daß alle, die jung und beweglich waren, mitspielten. Das hat uns auch Spaß gemacht, und wir waren gern dabei. Trotzdem wollte ich weg, es waren mir zuwenig Ritte.

Trainer Ringewald – Rainer Kalmus Magdeburger Stutenpreis 1982

Trainer Ringewald, mit dem kein leichtes Auskommen war, und der deshalb immer Leute suchte, hatte gehört, daß ich pünktlich, leicht und verträglich sei.

'Den nimmste!' sagte er sich. Dann ist er mir zwei Tage hinterhergelaufen und hat mich belatschert. Obwohl ich schon meine Koffer gepackt hatte und wieder nach Hause wollte, habe ich bei ihm noch eineinhalb Jahre gearbeitet.

Bei Ringewald lief es dann eigentlich ganz gut. Da gewann ich im ersten Jahr gleich 15 Rennen.

Dann wurde meine Frau schwanger. Wir waren schon seit der Schulzeit zusammen, aber noch nicht verheiratet. Sie lebte noch zu Hause.

Es war einfach nicht möglich, hier eine Wohnung aufzutreiben. Ich hatte ein Zimmer, da gab's kein fließendes Wasser, nichts. Da konnte man doch keine Frau mit einem Kleinkind wohnen lassen. Am Wochenende konnte ich nie zu ihr hinfahren. Mit »frei« war es sowieso ganz knapp – höchstens mal nachmittags. Aber da war eine Heimfahrt nicht möglich – das waren 250 Kilometer. Und ein Auto hatte ein einfacher Ostler sowieso nicht.

Deshalb hörte ich aus familiären Gründen 1975 beim Sport auf. Beruflich hätte ich eigentlich keinen Grund gehabt.

1976 haben wir dann geheiratet. Jetzt haben wir drei Kinder. Den Großen, Marko (1975 geboren), Tom (1978 geboren) und die Kleine. Die war noch so'n Nachzügler. Sie kam 1986 auf die Welt und heißt Julia, genannt Jule. Sie ist das Gelbe vom Ei.

Meine beiden Söhne sind groß und kräftig – keine Jockey-Typen. Besonders der Älteste nicht.

Tom wäre noch gegangen, aber er müßte das Interesse dafür mitbringen und nicht hingegängelt werden. Er kam mal eine Zeitlang mit in den Stall, hat auch ein bißchen geritten, getrabt und so. Aber nur, weil der Sohn vom Klaus Otto dahin ging, und die beide so ihren Geigel bei Stech auf'm Hof hatten. Zum Galoppieren ist es nicht gekommen. Dann war's wieder vorbei. Ich habe das auch nicht erzwingen wollen, höchstens ein bißchen gefördert. In unserem Beruf mußt du voll dahinterstehen. Du mußt mit Herz und Seele dabei sein, sonst wird das nichts.

Ich arbeitete nun als Kraftfahrer bei »Obst und Gemüse«. Dann kamen eineinhalb Jahre Armeezeit. Das war ja Pflicht. Anschließend habe ich an so'ner Mischanlage für Straßenbau gearbeitet. Ich mußte ja Geld verdienen. Es hat aber keinen Spaß gemacht.

Ich hatte in der Zeit wenig Kontakt zum Rennsport. Wenn ich mal was im Fernsehen sah, juckte es mir in den Fingern. Dann war ich drei Tage nicht zu gebrauchen. Es war noch nicht vergessen; aufgestauter Frust kam hervor. Ich war echt sauer auf mich selbst. Weil ich das, was ich eigentlich hätte werden können, nicht gemacht habe.

Durch einen Zufall fing ich nach sechs Jahren Pause 1981 wieder an. Wir kamen gerade aus dem Urlaub von der Ostsee. Unterwegs haben wir in Berlin bei einem Kumpel von mir Halt gemacht. Rein »zufällig« wurde gerade das Derby gelaufen. Das mußte ich mir natürlich ansehen. Und wie das halt so ist, steht plötzlich mein Altmeister, Trainer Ringewald, vor mir.

'Mensch, du bist ja immer noch klein und leicht. Fang doch wieder bei mir an!' drängte er mich. Er hatte – wie so oft – wieder mit allen Zoff gehabt und keinen Jockey.

Meine Frau stand daneben und meinte: 'Ich weiß ja, daß du immer noch an den Pferden hängst. Bevor du dich noch lange mit anderer Arbeit rumquälst, versuche, daß du wieder hinkommst.'

'Trainer – 'ne Wohnung, und ich fang noch heute an!' sagte ich zu Ringewald. Es war aber keine Wohnung aufzutreiben. Es hat ein halbes Jahr gedauert, bis er mir eine »Wohnung« besorgen konnte, und zwar überm Stall – die hatte drei Jahre leer gestanden. Unter der Tapete waren die Wände schwarz. Jedenfalls fing ich dann im Januar 1981 bei Ringewald an.

Meine Familie konnte noch nicht gleich mitkommen, da die Wohnung in solch gräßlichem Zustand war. Am Tag habe ich für den Stall gearbeitet und nachts die Wohnung renoviert.

Leitungen gelegt für Strom und Wasser, Ofenheizung eingebaut, Fenster abgedichtet, alles gestrichen – und das bei dem Materialmangel! Ich habe mir die Hacken abgelaufen, bis ich alles zusammen hatte. Zum Schluß wurde noch tapeziert, und im April konnte die Familie endlich nachkommen.

Meine Frau ist Kindergärtnerin. Sie hat gleich eine Stelle bekommen und arbeitet heute noch als Kindergärtnerin. Nun ging es wieder bergauf.

Bei Ringewald blieb ich zwei Jahre. Eigentlich habe ich in Hoppegarten bei fast allen Trainern gearbeitet. Ich war zwei Jahre bei Bauermeister,

Trainer Alex Mirus – Jockey Rainer Kalmus
Großer Preis von Dresden 1982

dann bei Lubenow, Stech, Gröschel und Dunkel. Nirgends bin ich im Bösen weggegangen. Man wechselte eben, wenn man ein anderes, besseres Angebot bekam.

Zu DDR-Zeiten gab es 65 Mark Reitgeld, 675 Mark im Monat am Stall und vier Prozent von der Siegprämie. Im Vergleich zum normalen Arbeiter haben wir ganz gut verdient.

Ich hatte mir von Anfang an vorgenommen: Du baust auf alle Fälle einmal im Leben ein Haus. Die Wohnung überm Stall hatte viele Mängel und nur Ofenheizung. Oh Gott, war das manchmal kalt. Außerdem war es immer laut. Die Pferde unter uns konnten wir Tag und Nacht hören.

Hier bleibst du nicht lange, dachte ich und meldete mich zum Hausbauen an. Grundstücke konnte man nicht kaufen, die wurden von der Gemeinde zur Verfügung gestellt. Die Wartezeit, bis man so ein Grundstück zugeteilt bekam, betrug acht Jahre. Das war eigentlich gar nicht so lange. Auf einen Trabbi wartete man länger.

Dann durfte ein Berliner Betrieb hier in Neuenhagen, gegenüber der Neuenhagener Trainierbahn, eine größere Anlage mit 30 Häusern bauen.

Unser damaliger Direktor, Herr Rudolf, beantragte davon drei Häuser für den VEB Vollblutrennbahnen. Er hatte über 50 Wohnungssuchende, und ich stand hinten dran. Er bekam einige Grundstücke für Eigenbau angeboten und fand außer mir keinen, der selber – so neben der Arbeit – ein Haus bauen wollte.

So begann ich 1983 mit dem Abenteuer »Hausbau«. Da ich ziemlich geschickt bin und schwer geackert habe, konnten wir bereits 1985 einziehen. Wir wohnen heute noch dort. Es ist eine ruhige Lage, man ist gleich im Wald.

Ich gehe über die Straße und bin auf der Trainierbahn. Dort kann ich joggen.

Die Lauferei ist wegen des Gewichts, wegen der Fitneß, und um die verflixte Raucherei auszugleichen, besonders wichtig für mich.

Mitte der siebziger Jahre erzielten wir noch Erfolge bei den Meetings der sozialistischen Länder. 1973 haben wir in Warschau vier Rennen gewonnen und waren etliche Male plaziert.

So richtig bergab ging es erst in den achtziger Jahren. Da war für uns auf den Meetings nichts mehr zu holen.

Früher lachten wir über die Bulgaren, wenn sie mit Längen hinterherkamen. Jetzt waren es unsere Pferde, die den anderen hinterherliefen.

Wir haben ja nichts mehr investiert, alles wurde schlechter. Das fing beim Futter an und setzte sich in allen Bereichen fort. Die Zucht kochte nur noch im eigenen Saft. Wenn nicht über Polen ein paar englische Deckhengste reingekommen wären, hätte es noch schlimmer ausgesehen.

Nach der Wende wurden fast alle Pferde zum Verkauf angeboten. Etliche Trainer fanden Besitzer, die diese »Ostpferde« kauften. Ein Teil blieb im Stall, andere gingen als Reitpferde weg.

»Alle Rennpferde in Hoppegarten werden geschlachtet!«, stand mal als Überschrift in BILD.

Das war wie ein Aufruf. Jetzt kamen viele Westberliner, die teils aus Mitleid, teils um ein Schnäppchen zu machen, Pferde kauften. Einige Besitzer sind heute noch da, aber die meisten verschwanden schnell wieder.

Nach der Wende wurden die Pferde noch zu Ostgeld verkauft. Das war doch für einen Wessi kein Thema. Eins zu fünf tauschen und davon für'n Appel und 'n Ei die Pferde gekauft! Als dann die Währungsunion kam, und für das Training harte DM bezahlt werden mußte, sah die Situation schon anders aus.

Ein Pferd für 1000 oder 2000 Ostmark kaufen, das konnte ja jeder. Aber dann die Folgekosten!

Die ersten zwei Jahre nach der Wende wirtschafteten wir fast nur mit DDR-Pferden, die im Training geblieben waren.

Pferde wie der alte Wolgasturm, Bolero und Filutek gewannen noch viele Rennen. Tauchsports Nachkommen sind echte Görlsdorfer und wurden auf Auktionen gern als Hindernispferde erworben.

Daß sie genug Talent geerbt hatten, zeigte ja Registano, den Herr Becker damals gekauft hat.

Viele Pferde wurden ganz aus dem Rennsport rausgenommen. Da blieben so manche Ställe leer. Hoppegarten, das Zentrum des deutschen Galoppsports? Lang, lang ist's her. Ob es das jemals wieder geben wird?

Ich habe zu DDR-Zeiten noch mit dem Agrar-Studium begonnen. Der VEB Vollblutrennbahnen legte Wert auf geschulte Kader. Um weiterzukommen, mußtest du eine zusätzliche Ausbildung haben. Am liebsten hätten sie gesehen, wenn wir alle ein Studium absolvierten. Wie viele andere auch, fing ich ein Fernstudium in Zierow, das ist bei Wismar, an. Eine Woche im Monat war richtiger Unterricht, auch die Prüfungen wurden dort abgelegt.

Von Hoppegarten fingen zehn Leute mit dem Studium an. Dann kam 1989 die Wende, da meinten einige gleich:

'Na, nun doch nicht mehr, jetzt wird alles anders.'

Ich war der einzige aus der Gruppe, der die Sache vier Jahre lang durchgezogen und alle Prüfungen gemacht hat. Nun hatte ich den Titel »Agrar-Ingenieur«. Und was habe ich jetzt davon?

1990 war die letzte Trainerprüfung in Hoppegarten, die hätte ich auch gern gemacht. Doch zur gleichen Zeit hatten wir so viele Prüfungen in Zierow, daß ich es sein ließ. Vielleicht wäre es besser gewesen, wenn ich mich dafür entschieden hätte, dann hätte ich jetzt den Trainerschein.

Bei den heutigen Zuständen glaube ich allerdings nicht, daß ich gern Trainer wäre. Erst muß man die Pferde ranholen und dann dem Geld hinterherlaufen. Hier in den neuen Bundesländern ist es einfach zu

Meerdünung mit Rainer Kalmus – rechts – gewinnt gegen den Derbysieger Filutek mit Christian Zschache im Klassischen Großen Herbstpreis 1990

schwer. Es fehlen die Besitzer, die sich so ein teures Hobby leisten können und wollen.

Zur Zeit läuft es bei mir wieder ganz ordentlich. Seit März 1997 bin ich im Stall Diana als Jockey angestellt. Als Leichtgewicht bekomme ich auch oft gute Ritte für westdeutsche Trainer vermittelt.

Natürlich mache ich mir Gedanken, wie es weitergehen soll. Solange die Gesundheit mitmacht, möchte ich auf jeden Fall weiterreiten. Erst wenn ich nicht mehr gefragt bin, werde ich aufhören. Nur ganz wenige Jockeys können sich eine große Rücklage schaffen, um später abgesichert zu sein. Auf alle Fälle werden wir in Hoppegarten bleiben. Meine Frau und ich sind so erzogen, daß wir uns nicht vorstellen können, nur zu Hause zu bleiben. Ich habe keine Angst vor der Zukunft. Mir wird schon etwas einfallen. Ich habe keine zwei linken Hände, und ich arbeite gern.

In Urlaub fahren wir fast nur im Winter. Das heißt, wenn auf der Sandbahn Ruhe und auf Gras noch nichts los ist. Die Kleine geht ja noch in die Schule und hat im Februar nur eine Woche Ferien – also ist auch der Winterurlaub sehr kurz bemessen

Einmal waren wir eine Woche auf Madeira, das nächste Jahr eine Woche auf Teneriffa. Die Zeit reichte gerade zum Eingewöhnen, dann mußte man schon wieder weg.

Eigentlich interessieren mich andere Länder – wie Skandinavien oder Kanada – mehr, aber dort würde ich lieber in den Sommermonaten hinfahren.

Ich habe mir mal erlaubt, im Sommer 14 Tage nach Amerika zu reisen. Mein Sohn Marko war dort ein Jahr bei einer Gastfamilie zum Schüleraustausch.

Als das Jahr vorbei war, haben wir ihn abgeholt. So kam es, daß ich zwei Wochen mit meiner Frau und meinem Sohn in den USA verbrachte. Wir landeten in Denver und sind dann 10 bis 12 Tage mit einem Mietwagen durch die Rocky Mountains, Colorado, Wyoming, South Dakota, Nebraska und Kansas gefahren. Das war ein einmaliges, herrliches Erlebnis. Wenn ich daran denke, schlägt mein Herz heute noch höher.

Als ich wieder zurückkam, spürte ich, wie schnell man in unserem Job vergessen wird. Zwei Wochenenden habe ich gebraucht, um wieder richtig ins Geschäft zu kommen. Am ersten Wochenende bekam ich nur einen Ritt an zwei Renntagen.

Meine Hobbys sind Heimwerken, Joggen und leidenschaftlich gern: Angeln. Mit dem Starter Wolfgang Thom bin ich bestimmt einmal die Woche unterwegs an einem See in der näheren Umgebung.

Wolfgang Thom und ich wollten schon immer eine größere Angeltour machen. Wir kannten viele Hobby-Angler vom Sport, und so organisierte ich über einen

Rainer Kalmus mit Beute

Angel-Reiseanbieter eine Tour für sechs Personen nach Spanien an den Ebro.

800 DM verlangte der Veranstalter pro Person. 'Das ist für diese Jahreszeit zu teuer', protestierte ich. 'Außerdem sind wir alle nicht so betucht.'

Da ist er auf 620 DM heruntergegangen. Im Preis enthalten war die Übernachtung in Wohnmobilen, Angelschein und Motorboot für eine Woche.

Freitag früh, am 1. März 1997, starteten wir – verteilt auf zwei Autos, die Etzdorf und ich fuhren. Mit von der Partie waren: Wolfgang Thom (Ex-Hindernisjockey, jetzt Starter), David Smith (irischer Jockey in Hoppegarten), Dimo Hötker (ritt früher bis er zu schwer wurde), Joachim Etzdorf (früher Hindernisreiter, heute Rennleitung, Dopingbeauftragter oder Ringsteward) und Bernd Meinhold (ein Pferdefreund aus Halle).

Um Zeit zu sparen, fuhren wir 24 Stunden ohne Übernachtung bis nach Spanien. Samstag um 10 Uhr waren wir im Angelcamp.

Kurze Einweisung auf dem Ebro. Nachmittags kurvten wir schon selber, je zwei Mann in einem Motorboot, dort herum.

Die Angelsaison hatte gerade am 1. März begonnen, und das Wasser war noch sehr kalt. Aber es soll das beste Wels-Gewässer in Europa sein. Der Wels ist ein schöner, großer, kräftiger Fisch.

In einer Woche wurden drei Stück gefangen. Einer von unserer Gruppe, der war knapp einen Meter lang, und zwei von einer bayerischen Gruppe, die waren 1,40 Meter lang und wogen ungefähr 35 Kilo. Es war wünschenswert, die ganz großen Welse wegen der Nachzucht wieder reinzusetzen. Das haben die Bayern auch gemacht. Aber unseren haben wir auf sechs Leute verteilt, eingefroren und mit nach Hause genommen. Es wurde auch nicht beanstandet.

Der Ebro selbst war noch zu kalt, dort biß in drei bis vier Stunden kein Fisch an. So angelten wir in einem toten Arm von fünf Kilometern Länge.

Dort haben wir Karpfen ohne Ende gefangen, Dave an einem Tag mal sechs Stück. Die haben wir alle wieder reingeschmissen. Aber es hat Spaß gemacht.

Angeln ist eben auch Sport. Man soll dabei nicht nur ans Essen denken. Zander haben wir gut gefangen und mit nach Hause genommen. Zander ist ja was Feines, ein besserer Speisefisch als der Karpfen, der zu viele Gräten hat.

Wir waren eine gute Truppe. Jeden Mittag um elf Uhr fuhren wir raus und angelten bis abends gegen acht Uhr. Jeder hat Kaffee gekocht. Fast drei Kilo haben wir in einer Woche verbraucht. Mittags haben wir Stullenpakete mitgenommen und draußen gegessen.

Den ersten Abend haben wir gegrillt. Ich hatte Fleisch von zu Hause mitgenommen, das mußte weg, war ja leicht verderblich. Ich hatte für zweihundert Mark eingekauft. Im Wohnwagen war ein Gaskocher mit zwei Kochplatten. Jeder sagte, er hätte keinen Hunger. Aber wenn das Essen auf dem Tisch stand, war es ruck, zuck weg. Einmal habe ich Spaghetti mit Hackfleisch-Tomatensauce gemacht, und von dem restlichen Hack gab es zwanzig Buletten. So schnell konnte man gar nicht gucken, wie die verputzt waren.

Tagsüber waren bis zu 24 Grad. Nur morgens und abends war es recht kühl. Wenn wir eine Angelstelle hatten, wo kein Wind hinkam, saßen wir mit freiem Oberkörper da. Wir fanden das Wetter ganz toll. Es gab keinen Regen, und die Kirschblüte war in vollem Gang.

Wolfgang Thom hatte immer einen Korb mit allen Utensilien dabei. Eine Thermoskanne, ein großes, scharfes Küchenmesser, Stullen und seine Brille. Wie er einmal ins Boot steigen will, das ja nur an einer Seite

Sechs Angler und ein Hund

am Steg festgebunden ist, macht er so langsam eine Grätsche, kann sich gerade noch halten, aber der Korb fliegt ins Wasser. Die Stullen, sein Messer, sein Porzellansalzstreuer, alles weg. Zum Glück schwamm die Brille im Etui oben, und wir konnten sie an Land fischen.

Zum Schluß ist ihm noch die Trense kaputtgegangen. Das heißt, er hat sich am harten, knusprigen Brot seinen Zahnersatz zerbrochen. Da war der Tag für ihn gelaufen. Er traute sich gar nichts mehr zu essen, schnitt immer die Krusten ab.

Trotz der langen Fahrzeit würden die meisten von uns so eine Tour gern wiederholen – irgendwohin, wo kein Streß ist, keine Verpflichtung – einfach dem Alltag entfliehen! Wir denken gern an diese Tour zurück."

Das Bild über meinem Bett. Ute Thom

„Früher hieß ich Ute Lyschik. Mit neun Jahren habe ich mich dem Reitverein angeschlossen. In unserem Dorf Förderstedt gab es eine kleine Sektion Reiten und Springen. An den Wochenenden fanden immer irgendwo Dressur- und Springturniere statt, daran konnten auch die Förderstedter, wenn sie denn gut genug waren, teilnehmen. Förderstedt liegt im Kreis Staßfurt, Bezirk Magdeburg.

Zuerst wurde voltigiert. Der Lehrer hielt das Pferd an der Longe und wir machten auf dem laufenden Pferd verschiedene Kunststückchen. Wir lernten auf dem Sattel zu stehen, Schulterstand und ähnliches mehr. Es gab bestimmte Pflicht- und Kürübungen, da wurde nach Punkten bewertet, ob auch alles akkurat war.

Schon die kleinsten Kinder konnten mitmachen. Der Jüngste war damals vier Jahre alt. 15 Jahre war die Obergrenze. Mit 12 Jahren habe ich Dressur, Springen und Voltigieren gemacht. Heute hat sich das alles geändert. Es gibt viele neue Begriffe und Benennungen.

Meine Freundin Anke wohnte gleich um die Ecke. Wir besuchten zusammen bis zur zehnten Klasse die POS (Politechnische Oberschule) und waren beide im Reitverein.

An den Wochenenden fuhren wir, wenn immer wir eine Chance bekamen, zu diesen

Ute Lyschik mit Dressurpferd Serenade

Turnieren. Das machte uns großen Spaß. Anke kaufte sich immer die schönen Reitkalender. Wenn sie abgelaufen waren, teilten wir uns die Bilder. Als ich 15 Jahre alt war, schenkte sie mir den Kalender vom Vorjahr. Ich schaute mir die Fotos an, alles Bilder von Dressur und Springen. Die Erläuterungen standen auf der Rückseite.

Ein einziges Bild fiel aus dem Rahmen. Es zeigte einen Fuchshengst mit einer schmalen Blesse darauf einen lächelnden Jockey.
Auf der Rückseite stand:
'Geschafft! Dem erstaunt, freudigen Gesicht Wolfgang Thoms ist anzusehen, daß auch für diesen Klassejockey der Sieg im Großen Preis der DDR überraschend kam. Für alle drei, Jockey, Trainer und Pferd, war das der bisher größte und wertvollste Sieg in ihrer bisherigen Laufbahn. Die wenigen Turffreunde, die auf Diskus gesetzt hatten, konnten die enorme Quote von 616:10 kassieren, die mit Abstand höchste in der 28jährigen

Das Bild über meinem Bett

Geschichte dieses Rennens. Auf Diskus saß zum erstenmal der 17fache Hindernischampion Wolfgang Thom.'

Ich wußte nichts von Hindernisrennen, kannte keinen Wolfgang Thom, aber das Bild imponierte mir. So schmiß ich die anderen 11 Fotos weg und gab diesem einen würdigen Platz über meinem Bett. Viele Bilder hingen an der Wand. Hin und wieder sortierte ich einige aus, und es kamen neue dazu. Nur das eine Bild des mir unbekannten Reiters mit Namen »Thom« blieb immer hängen. Das Gesicht war mir inzwischen lieb geworden und übte eine magische Anziehungskraft auf mich aus.

1974 war das Rennen – 1975 war das Bild im Kalender, und 1976 bekam ich es geschenkt!

Da Reiten nun mein Hobby war, wollte ich möglichst eine Lehre auf einem Gestüt machen. Ich bewarb mich auf sämtlichen Gestüten. Auf Redefin haben sie grundsätzlich nur Jungen genommen. Das Warmblutgestüt Radegast bevorzugte größere und kräftigere Leute. Hier 'ne Absage und da 'ne Absage. Ich dachte: Na, wenn das so ist, wenn mich keiner haben will, dann gehe ich überhaupt nicht arbeiten.

Ich überlegte schon, einsamer Schäfer zu werden. Nichts mehr sehen und hören, nur Schafe und einen Hund. Da hast du deine Ruhe und keinen Streß mit anderen Leuten, dachte ich. Bevor ich mich nun in die Einsamkeit zurückzog, ging ich noch einmal zur Berufsberatung.

'Was soll ich machen?' fragte ich. 'Ich will auf einem Gestüt arbeiten, weil es das einzige ist, was mich interessiert. Aber alle haben mich abgelehnt!'

'Na, Sie sind doch klein und leicht. Warum bewerben Sie sich denn nicht in Hoppegarten?' meinte der Berufsberater.

'Hoppegarten?' fragte ich verblüfft. 'Was kann ich denn dort machen? Was ist das überhaupt?'

'Dort ist eine Rennbahn, und da gibt es Ausbildungsmöglichkeiten als Berufsrennreiter.' Man gab mir den Tip, mich zuerst auf der Magdeburger Rennbahn, möglichst in einem Rennstall, umzusehen.

Das machte ich sofort. Ich landete bei der Trainerin Inge Rieke. In den Sommerferien durfte ich eine Woche im Stall mitarbeiten und mir alles ansehen. Na gut, dachte ich, wenn man mich auf einem Gestüt nicht haben will, bewerbe ich mich eben in Hoppegarten. Ich bekam Broschüren, denn ich wußte noch nicht einmal, wo das liegt.

Zu der Zeit wurden nur in Hoppegarten Lehrlinge ausgebildet. Sie waren in einem Internat untergebracht und wurden nach Abschluß der Lehre zu bestimmten Trainern auf die Rennställe verteilt. Alles war gelenkt. 15 Lehrlinge brauchten sie in Hoppegarten, 400 Bewerbungen gingen ein. Meine war auch dabei. Die Gewichte waren mit 40 bis 45 Kilo angesetzt. Schwerer sollte man nicht sein. Ich wog schon bei der Bewerbung 49 Kilo – die habe ich heute noch – versprach aber, daß ich den Babyspeck mühelos abhungern könne.

Meine Chance, die Lehrstelle zu bekommen, war nicht sehr groß. Jeden Tag rief ich im Büro an und fragte, ob ich genommen würde. Wahrscheinlich bekam ich die Lehrstelle, damit die täglichen, nervtötenden Anrufe endlich aufhörten.

Am 31.8.78 war die Anreise in das Internat, und am 1. September begann ich meine Lehre bei Trainer Wilhelm Kuschnik an der Goetheallee, gegenüber dem Kompaktstall.

Im Internat teilte ich das Zimmer mit zwei Mädels. Susanne Scheibner, später Trainerin in Leipzig (bis 1996) und Daniela, jetzt Frau Rölke.

Wir beschlossen, abends ins Logierhaus zu gehen. Da wollten wir unseren Einstand begießen. Früher war es so üblich, daß sich die Jockeys noch im Logierhaus trafen, wenn sie von den Rennen außerhalb Berlins zurückkamen. Nach den Hoppegartener Rennen konnte man fast alle dort antreffen. Das gibt es heute kaum noch. Viele haben das Geld nicht mehr, und der Zusammenhalt ist auch nicht mehr so wie früher.

Susanne kannte das Logierhaus schon und dirigierte uns an einen Tisch gleich vorn links am Fenster. Gegenüber, auf der rechten Seite, saßen einige Jockeys und schauten zu uns herüber. 'Ah, die neuen Stifte!'

Jedenfalls hat man sich damals schnell kennengelernt und war per du. Das war eben so. Wenn ein Neuer kam, gehörte er gleich dazu.

Irgendwie kamen die Jockeys an unseren Tisch und begannen, sich mit uns zu unterhalten. Natürlich verrieten sie uns auch ihre Namen. Plötzlich hörte ich den Namen Wolfgang Thom. War das nicht der Jockey über

Jockey bei Walter Genz

meinem Bett? Ich glaube, ich wurde ganz rot vor Verlegenheit. Auf Anhieb hätte ich ihn nicht erkannt. Aber nun, wo ich den Namen wußte, guckte ich ihn mir etwas genauer an und bemerkte die Ähnlichkeit mit dem Foto. Ich dachte, wenn du das erzählst, denken die, du hast einen Schaden.

Es war damals nicht so sehr erwünscht, wenn die Lehrlinge im Logierhaus erschienen. Ganz verboten war es lange vor meiner Zeit. Wenn es später als 22 Uhr wurde, hieß es schon mal: 'Jetzt aber ab nach Hause.' Am besten nur schnell Abendbrot essen und gehen.

Wolfgang Thom war Jockey bei Walter Genz, ritt aber auch für meinen Lehrherrn Kuschnik. An den Wochenenden fuhren wir Lehrlinge mit zu den Rennen. Wir halfen beim Verladen der Pferde, bewachten sie in den Gastboxen, brachten sie in den Führring und führten sie dort herum. Da habe ich schon mal dem Zufall etwas nachgeholfen. Wenn ich wußte, daß Wolfgang in Leipzig ein bestimmtes Pferd für Kuschnik ritt, richtete ich es ein, daß ich auch nach Leipzig fuhr und sein Pferd führen konnte.

Der Rennbetrieb war ja damals viel beschaulicher als heute. Wir waren wie eine große Familie. Da traf man immer die gleichen Leute – jeder kannte jeden. So blieb es nicht aus, daß man sich immer besser kennenlernte. Heute gibt es viele in der Jockeystube, die kenne ich überhaupt nicht.

Im Internat konnten wir uns ziemlich frei bewegen. Durch unsere Arbeit an den Wochenenden hatten wir immer am Mittwoch frei. Da waren wir natürlich Dienstag abends auf Achse.

Heute gibt es kaum noch einen freien Tag. Höchstens im Winter, wenn keine Rennen sind. Wenn einer etwas ganz Wichtiges vorhat, bekommt er mal einen freien Nachmittag. Vor lauter Arbeit wissen wir nicht mal, ob Weihnachten oder Ostern ist. Das geht alles an einem vorbei. Urlaub gibt es heute 21 Tage, das waren früher nur 18 Tage.

Wie ich schon sagte, war unter den Jockeys ein guter Zusammenhalt. Am Dienstag abend war mal bei dem und mal bei jenem was los. Da waren wir auch öfters bei Wolfgang. Es kam, wie es kommen mußte. Wir verliebten uns ineinander und waren bald unzertrennlich.

Nach einem knappen Jahr war ich schwanger. Ich mußte meine Lehre um vier Monate verlängern, denn in der Zeit vor und nach der Entbindung war ich bei meiner Mutter zu Hause. Im Dreibettzimmer des Internats konnte ich ja schlecht mein Kind zur Welt bringen. Meine Tochter Antje ließ ich bei meiner Mutter. Sie bekam später einen Platz in der Krippe. Nach der Geburt wog ich noch 47 Kilo. Das war für meinen Beruf nicht schlecht.

Als Wolfgang mich zu Hause besuchen kam, entdeckte er erstmals sein Foto über meinem Bett. Ich hatte es nie erwähnt. Er war ganz verdutzt, als ich ihm erzählte, wie lange ich ihn schon vor Hoppegarten kannte.

Als ich meine Lehre beendet hatte, zogen wir zusammen, und ich holte unsere Tochter nach Hoppegarten. Wir wohnten auf dem Graditzer Hof, wo ja der Graditzer und der Görlsdorfer Rennstall angesiedelt waren.

In dem Haus wohnte unten der Trainer für Görlsdorf, und darüber lag unsere Wohnung. Seit 1989 bewohnen wir die untere Wohnung.

Der ganze Hof war immer staatlich und steht unter Denkmalschutz. Er soll nicht parzellenweise, sondern als Einheit verkauft werden mit den Stallungen und Koppeln. Aber bisher hat sich niemand dafür interessiert.

Als unser Sohn Peter geboren wurde, machte ich eine längere Pause. Ich bin zwei Jahre nicht mehr geritten. Heute bin ich zwar Berufsrennreiterin, aber nur selten im Sattel. Ich gehe jetzt auch nicht mehr nachmittags in den Stall. Bis zur Wende ritt ich für Hendrick Ücker, der nach dem Tod von Wilhelm Kuschnik dessen Stall übernahm. Als Trainer Ücker krank wurde, übernahm Frau Veronika Zantow den Stall. Ich wechselte zu Trainer Matthias und ritt 1½ Jahre bis zur Wende für ihn. Dann wurden wir alle entlassen. Meistens reite ich jetzt für die Trainerin Eva Maria Leistner, auch mal für Werner Bauermeister, oder wer mich sonst mit meinem noch immer leichten Gewicht von 49 Kilo draufsetzt.

Nachdem wir 15 Jahre zusammengelebt hatten und unsere beiden Kinder schon lange in die Schule gingen, haben Wolfgang und ich im Oktober 1994 geheiratet. Wir haben den Spruch: »Drum prüfe was sich ewig bindet« wirklich ernst genommen.

Eigentlich war es reine Bequemlichkeit, daß wir es so lange aufgeschoben haben. Dann, als die Kinder schon groß waren, dachte ich: Ehe sie ganz aus dem Haus gehen, könnten wir uns ja endlich aufraffen und heiraten. Ich ging zum Standesamt und sagte abends zu Wolfgang: 'Damit du Bescheid weißt, nächste Woche Freitag heiraten wir.'

'Was', staunte er, 'so schnell schon?'

Nach so einer langen Zeit wollten wir in aller Stille und nicht mit Trara heiraten. Nur meine Mutter und eine gute Bekannte sollten dabei sein.

**Ute auf Senny,
Tochter Antje, 12 Jahre, führt – 1992**

Deshalb sagten wir nichts zu den Kindern, damit sie es nicht überall herumposaunten. Einen Tag vorher sagte ich ihnen: 'Ihr geht morgen mal nicht zur Schule.'

'Warum? Weshalb? Weswegen?'

Vor allem die Tochter hörte nicht auf zu löchern, bis ich den Grund nannte: 'Mama und Papa wollen morgen heiraten.'

'Ihr habt wohl 'ne Meise', war ihr Kommentar.

Sie wollte, daß alles so blieb, wie es war. Dabei hat sich nichts geändert, außer, daß wir jetzt alle den gleichen Namen haben."

★★★

Der einstige Klassejockey Wolfgang Thom mußte seine 30jährige Laufbahn wegen eines schweren Sturzes bei einem Hindernisrennen in Dresden frühzeitig beenden. Am 12. Juli 1981 sprang sein Pferd Alanus am letzten Hindernis zu früh ab, überschlug sich, und das Pferd eines nachfolgenden Reiters zertrümmerte ihm das linke Schienbein.

Wolfgang Thom war 20facher Champion der Hindernisreiter. Er gewann 569 Rennen, darunter sechs auf der berühmten Bahn von Pardubice und

Wolfgang Thom – der Hindernis-Champion

vier im Preis der NVA, dem schwersten Jagdrennen der DDR. Er war nicht nur als ausgezeichneter Taktiker bekannt und enorm stark im Endkampf. Er hatte auch das nötige Feingefühl für die schwierigsten Pferde.

Jeder Reiter lobt noch heute seine große Kameradschaft und die Fähigkeit, sein Wissen und Können an die junge Generation weiterzugeben.

Der ehemalige Hindernis-Champion von 1982, Joachim Etzdorf, sagte einmal:

„Drei Jahre arbeitete ich mit Wolfgang Thom im volkseigenen Rennstall Hoppegarten zusammen. Diese Zeit hat mir viel gegeben, denn ich konnte eine Menge von ihm lernen. Nie hat er im Rennen die Unerfahrenheit junger Reiter ausgenutzt. Er machte sowohl beim Training als auch nach den Rennen auf Fehler aufmerksam, damit sie sich möglichst nicht wiederholten. Das werde ich nie vergessen."

Auch Jockey Lutz Pyritz war voll des Lobes:

„Der Wolfgang, der war wirklich einmalig. Zwanzigmal war er Champion. Um den kann es einem leid tun, wat det für'n reicher Mann hätte sein können. Ick glaube nicht, daß es so einen noch mal in Deutschland gibt. Wie der den jungen Reitern geholfen hat. Der hat ihnen nicht nur gute Tips gegeben, der hat denen ja auch im Rennen geholfen. Wenn er gemerkt hat, daß einem das Pferd ausbrach – besonders bei Hindernisrennen – hat er es festgehalten. Oder hat denen um die Bögen geholfen. Das muß man erst einmal können, und dann muß man es noch machen!"

Heute widmet sich Wolfgang Thom engagiert seiner neuen Tätigkeit als Starter, vor allem in Hoppegarten, aber auch in Halle und Magdeburg.

Seine Hobbys sind: Kochen für die Familie und vor allem Angeln.

Jede Woche geht er mit Jockey Rainer Kalmus oder anderen Anglerfreunden, meistens vom Sport, zum Angeln. Dann nehmen sie immer seinen tollen Schäferhund Ali mit. Sicher ist sicher, denn es wurden schon mal Angler verprügelt und beraubt. Aber Ali ist ein großartiger Wächter. Wenn er schon in 100 Meter Entfernung jemand sieht, richtet er sich auf: Ohren hoch, Bürste hoch – da kommt keiner näher. Da bekommt jeder Angst.

Eines Morgens zogen Wolfgang und Rainer mit Hund um vier Uhr früh an den Buckower See, sie wollten Aale angeln.

Es war noch dämmerig, denn Aale sind ja Nachtjäger. Da raschelte es hinten im Wald. Ali knurrte und rannte rein ins Dunkle. Auf einmal hörten sie ihn aufjaulen, und er kam wie ein Verrückter zurückgerannt. Rute und Haare steil nach oben, knurrte er zum Wald hin und traute sich keinen Schritt mehr weg.

Jetzt wurden die beiden Angler neugierig, nahmen die Taschenlampen und schauten vorsichtig in den Wald hinein. Da kletterten gerade zwei Waschbären einen Baum hoch. Einer guckte linksherum und der andere rechtsherum hinter dem Stamm hervor. Die können sich mit ihren Krallen beim Klettern gut festhalten. Von denen hatte Ali, als er sich ihnen unangemeldet näherte, ein paar Ohrfeigen bekommen.

Ute Thom – Hoppegarten 1993

Obwohl sie sich Alis Schrecken gut vorstellen konnten, mußten sie doch lachen. Sie sahen aber auch zu possierlich aus, die kleinen Waschbären, wie sie hinter dem Stamm hervorlugten.

In letzter Zeit haben sie sich sehr vermehrt, gerade in der Umgebung von Berlin.

Ute und Wolfgang Thom kann man nur wünschen, daß sie noch recht lange Freude am Rennsport haben. Inzwischen hat Tochter Antje ebenfalls ihre ersten Rennen bestritten. Nun kann es vorkommen, daß Mutter und Tochter gemeinsam in einem Rennen antreten.

Mein Freund Tao. Sven Hoffmann

Es war an einem Abend während des 1997er Meetings in Bad Harzburg, als ich in der Alten Schmiede des Gestüts Sven Hoffmann kennenlernte. Dort, wo sich nach dem Rennen die Aktiven zu einem Bier, einem gegrillten Steak oder einer Bratwurst treffen, ist abends immer was los. Sven gehörte zur Gruppe der Starthelfer, die vergnügt am runden Tisch beisammensaßen, und irgendwie kam ich mit ihm ins Gespräch. Als er erfuhr, daß ich auf der Suche nach Turfgeschichten für mein nächstes Buch sei, war er zwar recht interessiert aber auch zurückhaltend, denn er kannte mich ja nicht. Im Laufe des Abends schaffte ich es dann, seine Rennsportgeschichte aus ihm herauszulocken. Es war eine lange Reise in die Vergangenheit eines wahren Pferdefreundes, aus dem die sehr persönlichen Erinnerungen an seine Turfzeit nur so heraussprudelten.

Als er später meine Aufzeichnungen zu lesen bekam, fand er, daß ich ihn zu sehr in den Mittelpunkt gestellt hätte. Ich sollte nur über sein Lieblingspferd Tao, aber nicht über ihn schreiben.

Da Tao nicht mehr lebt und sich mit mir auch nicht so interessant unterhalten hätte, mußte es zwangsläufig die Geschichte des jungen, sympathischen Sven werden.

Svens Vater besaß in Hamburg ein Zigarettengeschäft – trotzdem blieb sein Sohn Nichtraucher. Zu seinen Stammkunden gehörte auch ein Besitzer von Rennpferden, der Sven eines Tages fragte, ob er nicht Lust hätte, sich den Rennbetrieb einmal anzusehen. Natürlich wollte er. Sie fuhren nach Bremen in den Rennstall von Hubertus Fanelsa.

„Ich fand die Atmosphäre sehr beeindruckend", erzählte Sven. „Wie die Reiter auf den schönen Pferden über die Bahn galoppierten. Das Grün, die Arbeit im Freien, der leichte Stallgeruch in der Luft – welch ein Kontrast zum kleinen, engen Geschäft meines Vaters.

Mit meinen Geschwistern und meinem Daddy war ich schon bei einigen Derbys auf dem Horner Moor gewesen. Zum Beispiel war ich dabei, als Stuyvesant (1976) das Derby gewann. Das war mir im Gedächtnis geblieben, weil es die Zigarettenmarke mit dem gleichen Namen bei uns im Laden zu kaufen gab. Auch den Außenseitersieg von Ako (1982) mit Erwin Schindler habe ich miterlebt.

Aber das hier, der Alltag auf der Rennbahn, war noch faszinierender. Ich war damals ein langer, schlaksiger Junge von 15 Jahren, der nicht recht wußte, was er mit dem Rest seines Lebens anfangen sollte. Da kam mir der Gedanke, daß es eigentlich sehr schön wäre, mit den Rennpferden zu arbeiten, und ich fragte Herrn Fanelsa, ob er vielleicht einen Lehrling brauche. Der winkte ab und sagte, daß er nicht genug Pferde hätte und deshalb niemand mehr einstellen könne. Als Trainer Fanelsa meine Enttäuschung sah, rief er im Rennstall Wöhler an und fragte den Trainer, ob er noch einen Stift bräuchte.

Der Besitzer, der mir viel gezeigt und erklärt hatte, war von meinem Eifer überrascht und ging mit mir zu Adolf Wöhler.

'Na, du bist aber schon ganz schön groß', meinte der erstaunt.

'Aber ich bin sehr leicht', war meine Antwort. Ich war 1,73 Meter groß und wog nur 52 Kilo. Ich war ein guter Sportler, habe Fußball gespielt und Leichtathletik gemacht.

Trotz aller Skepsis sagte Adolf Wöhler: 'Na gut, wenn du unbedingt willst, kannst du anfangen.'

Und so begann ich zu meiner eigenen Überraschung eine Lehre als Pferdewirt.

Die ersten drei Monate durfte ich nur misten, putzen, Karre schieben und Eimer schleppen ohne Ende. Aber ich war ein zäher Bursche. Später durfte ich ein paar ruhige, ältere Pferde hinter dem Stall auf einem kleinen Zirkel von zehn Metern Durchmesser herumführen.

Bis ich aufs Pferd kam, vergingen noch viele Monate. Irgendwann im Winter, sagte der Trainer: 'Sven, hol dir mal einen Sattel.'

Mein Gott war ich aufgeregt. Immer, wenn etwas Neues auf mich zukommt, bin ich furchtbar aufgeregt. Jetzt sollte ich in den Sattel und wußte nicht, wie man so ein Pferd reitet. Hoffentlich geht es gut, war mein einziger Gedanke.

Good Lord hieß mein erstes Pferd. Ein gutmütiger, lieber Kerl. Nun durfte ich aufsitzen und ihn traben. Natürlich hatte ich gesehen, wie man ein Pferd reitet. Wie durch Ziehen am Zügel die Richtung gezeigt wird und so weiter. Jetzt saß ich selbst im Sattel, und alles war wie weggeblasen. Nichts konnte ich umsetzen. Trotzdem ging es gut.

Futtermeister David, der harte Hund am Stall, konnte gut mit Pferden umgehen, aber weniger gut mit Menschen. Als er eines Samstags frei hatte, setzte man mich auf sein Pferd Narzissus. Obwohl es ein gutmütiges Pferd war, war es für mich eine haarige Sache. Pferde merken sofort, ob ein Reiter oder ein Greenhorn im Sattel sitzt. Das nutzen sie manchmal aus und machen was sie wollen.

Narzissus ging mit mir gleich auf und davon. Ich hatte keine Ahnung, wie man ein Pferd anhält. Ich saß völlig hilflos im Sattel und hatte genug zu tun, oben zu bleiben. Endlich hielt er von allein an.

Wäre der Futtermeister da gewesen, hätte er mich vom Pferd geholt und mir den Arsch versohlt.

Adolf Wöhler schüttelte nur den Kopf und sagte: 'Was machst du denn für Sachen? Na, alles wieder klar?'

Adolf Wöhler war die ruhige Seele im Betrieb, der wurde nur laut, wenn wirklich etwas los war.

Anfangs hatte ich nicht viel Grund, auf mich stolz zu sein. Ich hatte richtigen Respekt vor den mächtigen Tieren. Erst nach und nach habe ich gemerkt, daß man alles ganz locker angehen muß. Ich habe mich dann darauf spezialisiert, Pferde – auch stark pullende – mit ruhiger Hand festzuhalten. Ich habe nicht am Maul herumgerissen, sondern versucht, mit menschenmöglichen Kräften das Pferd ruhigzuhalten, obwohl ich so ein dünner Hering war.

Das war meine Art, ein Pferd gut zu reiten.

Andere konnten gut vorwärts reiten – das konnte ich nie. Ein Pferd im Endkampf unterstützen, war nicht mein Ding. Daß ich kein Rennreiter werden würde, war mir bald klar.

Meine Einstellung war: Ein Pferd ist ein Lebewesen, das zwar im Rennen seinen Zweck erfüllt, das man aber auch liebevoll pflegen und behandeln muß. Man muß versuchen, ein Vertrauensverhältnis zu ihm zu entwickeln.

Mein Berufsziel wurde die Pflege und Betreuung der Pferde.

Erster Reisefuttermeister war damals der Franzose Jean-Marie Provost, der von allen Jonny genannt wurde. Er kam als junger Mann nach Deutschland und wurde von Adolf Wöhler aufgenommen. Er arbeitete seit über 20 Jahren als Reisefuttermeister am Stall. Mit ihm kam ich wunderbar zurecht. Er war ein Franzose der alten Schule, kantig und sturköpfig. Er ist der beste Reisefuttermeister, den ich kennengelernt habe.

Jonny war mein Vorbild, er war mein zweiter Lehrmeister.

Nachdem ich ausgelernt hatte, machte ich mir Gedanken darüber, wie es nun weitergehen sollte. Bleibe ich am Stall, oder mache ich etwas anderes?

Ich brauchte nicht lange zu überlegen, denn es war genau der Zeitpunkt, zu dem mich die Bundeswehr holte.

Als ich vom Stall wegging, erfuhr ich vom Tod meines Lehrherrn Adolf Wöhler. Ich habe sehr um ihn geweint.

Ich entschloß mich, vier Jahre zur Marine zu gehen. Ich war so naiv zu glauben, daß ich die weite Welt kennenlernen würde. Und es klappte. Ich kam auf einen Zerstörer, mit dem wir ins Mittelmeer, in die Karibik, in die USA und nach Norwegen in die Fjorde fuhren. Da habe ich wirklich was erlebt. Nach vier Jahren hatte ich genug. Ich bin ein Mensch, der gern mit Leuten auf einer Ebene lebt. Immer die unteren Dienstgrade zu siezen, das fand ich nervend. Ich mag es nicht, wenn der eine besser und der andere schlechter hingestellt oder behandelt wird. Es war eine schöne Zeit, aber ich dachte, bevor ich mich jetzt befördern lasse und Prüfungen mache, haue ich lieber ab.

Jonny (Jean-Marie) hatte schon während der Bundeswehrzeit oft gesagt: 'Sven, komm zurück an unseren Stall. Du kriegst bestimmt den Job als zweiter Reisefuttermeister.'

Wie habe ich mich gefreut, als ich wieder den Pferdemist riechen konnte.

Inzwischen war ich ein anderer Mensch geworden, nicht mehr der Lehrling, der dumme Junge. Bei der Marine bin ich erwachsen geworden. Ich hatte andere Charaktere kennengelernt. Es waren nicht die Offiziere, die mir etwas gaben, sondern die Mannschaft – die Kameraden, mit denen man auf engstem Raum zusammenlebte.

Trainer war nun Andreas Wöhler, der den Betrieb seines Vaters übernommen hatte.

Tao und Sven

Sehr gute Jährlinge und Zweijährige hatten wir jetzt am Stall.
Ich war für fünf Pferde verantwortlich. Sie waren alle meine Freunde. Einer war Star von Lahr, ein toller, gut gezogener Fuchs. Dann war da noch Tao, der meine Fürsorge am meisten brauchte. Den habe ich geliebt wie ein Kind. Tao wurde in Dänemark geboren. Aufgewachsen ist er in England, und nun wurde er in Deutschland trainiert. Ein ganz ruhiges Pferd. Er hatte eine schöne durchgehende Blesse und sah richtig schick aus.

Alle schwärmten damals von Lomitas, aber für mich war Tao das reellere Pferd, ein ehrlicher Kerl. Sein Besitzer war der Däne Willy Bechmann, der ein großes Lot im Rennstall Wöhler unterhielt. Tao und Glen Flight waren seine besten Pferde.

Schon zweijährig (1990) gewann Tao mit Peter Schiergen in Hamburg. Im Oktober wurde er unter Terry Hellier nach einem dramatischen Endkampf gegen Treecracker Zweiter im Preis des Winterfavoriten. Treecrackers hauchdünner Sieg war vor allem dem starken Endkampf von Georg Bocskai zuzuschreiben.

Terry Hellier hatte Tao nicht ausgequetscht. Für mich ist Terry ein ganz sensibler Reiter. Er ist ein Ausnahmejockey.

Mir war es doch schiet-egol ob Tao gewonnen hatte oder nicht. Er ging nach diesem Rennen auf jeden Fall frisch und gesund in den Winter. Das zählte!

Trotzdem war die Meinung des Trainers, daß Tao unter Lomitas und unter Martessa stehe.

Wenn ich Pferde in Pflege hatte, wollte ich sie auch führen, wenn es zum Rennen ging.

Meine Meinung war: Wenn meine Schützlinge ihre Höchstleistung bringen sollen, habe ich nichts zu Hause verloren. Ich muß dabei sein, egal, ob sie gewinnen oder nicht. Sie müssen spüren, daß ich zu ihnen halte, vor und nach dem Rennen.

So war es auch mit Star von Lahr. Ich war dabei, als er als Debütant in Hamburg lief und gegen New Suitor, dem Favoriten im Sierstorpff-Rennen, mit nur einer halben Länge verlor. Es war eine großartige Leistung. Als im Frühjahr 1991 die neue Saison begann, gehörte auch Tao zu den Cracks, und Star von Lahr stand hintendran, weil er weniger gezeigt hatte.

Da dachte ich, jetzt kümmerst du dich mal ein bißchen mehr um Star von Lahr. Sein Spitzname war Eric, weil sein Besitzer auch Eric hieß. Der ließ sein Pferd gleich im ersten Frühjahrsrennen in Krefeld laufen.

'Jonny, ich möchte mitfahren', sagte ich zum Reisefuttermeister.

'Nein Sven, das geht nicht', antwortete er. 'Ich fahre mit.'

Da war ich sehr geknickt. Ich hatte so ein Gefühl, unbedingt mitfahren zu müssen, ich wußte nicht warum.

Am Tag des Rennens, gegen 17 Uhr, klingelte das Telefon. Es war Simon Stokes.

'Sven, sitzt du gut?' fragte er.

'Warum, was ist denn los?'

'Eric ist gestorben', sagte er. 'Er hatte einen Aortaabriß und ist in der Boxe verblutet.'

Ich war wie gelähmt. Warum durfte ich nicht mitfahren? Ich wollte doch bei meinem Pferd sein. Das habe ich Jonny nie vergessen.

**Sieger im Großen Preis der Steigenberger Hotels mit Ole Larsen
Freude bei Ehepaar Bechmann – Frankfurt 1991**

Nun kümmerte ich mich noch mehr um Tao und gab ihm meine ganze Zuneigung. Mit Ole Larsen lief er gleich im Frühjahr in Frankfurt im Großen Preis der Steigenberger Hotels, einem Gruppe III-Rennen über 2000 Meter.

Ich dachte: Oh Gott, mit dem Reiter! Der Ole war früher bestimmt mal gut. Sein Sohn, der Mark Larsen, reitet ja auch und ist ein guter Jockey. Aber der Ole mit seinen Ohrenklappen – aus Angst vor einer Ohrenentzündung –, der ist doch viel zu alt für dieses Pferd.

Ich hatte mich geirrt. Tao gewann das Rennen mit Ole Larsen, obwohl es schon im ersten Bogen sehr schlecht für ihn aussah. Almendares, der Favorit mit Bruce Raymond im Sattel, hatte ihn ganz nach außen gedrückt. Dadurch kam Tao total aus dem Rhythmus, Mitte gegenüber lag er scheinbar hoffnungslos hinter den anderen Pferden. Doch im Finish entwickelte er seinen Speed! Er kam angeflogen wie eine Rakete und gewann sicher. Mein Gott, was für ein Pferd!

Im Mai wurde er in München Zweiter im Großen Hertie-Preis, hinter dem nachgenannten Malmsey unter Steve Cauthen. Danach hatte er eine Pause bis Ende Juni.

Dann sollte mein Tao im Dänischen und im Deutschen Derby starten.

Weil Willy Bechmann noch nie das Dänische Derby gewonnen hatte, wollte er unbedingt Tao an den Start bringen.

Andreas Wöhler dagegen wollte Tao in Hamburg laufen lassen als Rückversicherung, falls Lomitas, der Derbyfavorit, nicht in die Startbox ginge. Dann sollte Tao in die Bresche springen.

Die größte Aufmerksamkeit des Trainers galt Lomitas, der ihm ja einiges Kopfzerbrechen bereitete. Beim Mehl-Mülhens-Rennen war Lomi nicht in die Startbox zu bewegen. Da herrschte Ratlosigkeit, und ein bis dahin recht unbekannter Pferdemann aus Kalifornien wurde eingeflogen. Er hieß Monty Roberts und sollte sich speziell um Lomitas kümmern. Das war natürlich ein Riesenspektakel. In den Medien wurde er gleich als Pferdepsychologe gepriesen. Lomitas hatte wirklich einen Dickschädel. Nur mit großer Mühe und mit viel Geduld gelang es, ihm seine Marotten auszutreiben.

Tatsächlich parierte Lomitas anschließend vor der Startmaschine – und ging hinein.

Das eigentliche Problem im Rennsport ist, daß man zu wenig Zeit hat, sich intensiv um seine Pflegebefohlenen zu kümmern.

Deshalb sollte Tao also in beiden Rennen starten, obwohl nur wenige Tage dazwischen lagen.

Ich protestierte: 'Ihr könnt doch das Pferd nicht eine Woche vorher in Dänemark laufen lassen, mit der ganzen Fahrerei, der Belastung, und es nach dem großen Rennen gleich ins Hamburger Derby schicken. So ein Tier muß man doch schonend behandeln.'

Meine Bemühungen, den Besitzer und den Trainer umzustimmen, waren vergebens.

Dann kamen wir nach Dänemark auf ein Gestüt, eine halbe Autostunde entfernt von der Rennbahn Klampenborg. Es war richtig schön dort. Sie hatten eine eigene Rennbahn, weite Felder und einen guten Schmied, der sich noch einmal genau die Hufe anguckte.

Die Rennbahn Klampenborg ähnelt, außer daß sie größer ist, Bad Harzburg. Sie geht auch so bergauf und bergab. Der Boden war weich. Tao

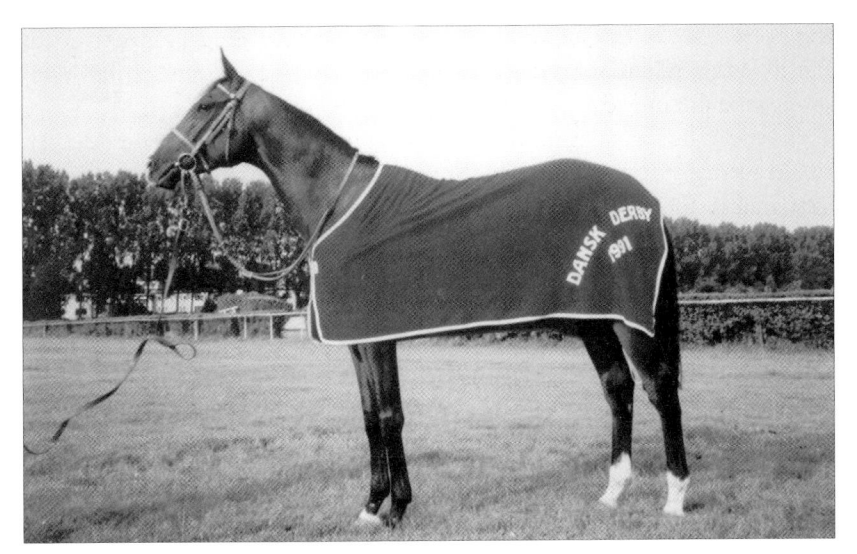

Tao gewinnt das Dansk Derby 1991

kam von ganz hinten und gewann das Derby mit Terry Hellier im Sattel überlegen mit 2 ½ Längen. Zweiter wurde Willy Bechmanns Icecolt unter Ole Larsen. Also hätte Bechmann in jedem Fall das Dänische Derby gewonnen. Am Montag fuhren wir nach Hause. Und am Sonntag drauf sollte Tao nun im Hamburger Derby laufen.

Am Montagnachmittag kamen wir zurück nach Bremen. In mir brodelten gemischte Gefühle. Einerseits war da noch die Freude über den tollen Sieg, andererseits wurde ich mit der Aufgabe betraut, am nächsten Tag mit Glen Flight nach Norwegen zu fahren. In Oslo fanden am Donnerstag die 2000 Guineas über 1600 m statt.

Das bedeutete, ich mußte Tao für vier Tage alleine zurücklassen, und das so kurz vor dem Deutschen Derby. Hoffentlich nahm er mir das nicht übel.

Auf der Fähre war es unheimlich heiß, und Glen Flight war unten im Laderaum. Ich dachte, das Pferd muß doch schwitzen. Man sagte mir, daß ich nicht in den Lkw-Bereich rein dürfe. Aber ich setzte mich durch.

'Ich muß da runter, das Pferd braucht Wasser', sagte ich.

Ich konnte es nicht ertragen, daß es mir oben gut ging, während mein Pferd da unten leiden mußte. Zweimal war ich unten und habe ihm Wasser gegeben, dann erst konnte ich ruhiger schlafen.

In Norwegen angekommen, klappte alles wunderbar. Ich habe Glen Flight nochmal gecantert, bin zwar runtergefallen dabei, aber das machte alles nichts. Er fühlte sich pudelwohl und war gut drauf.

Glen Flight wurde mit Terry Hellier im Sattel Zweiter. Doch meine Gedanken waren immer zu Hause bei Tao. Mit Glen Flight hätte jeder mitfahren können. Andere hätten sich tierisch gefreut, mal nach Norwegen zu kommen, aber ich hatte mich nicht wohl gefühlt. Ich hänge da in Norwegen rum, und mein Tao muß in nur sechs Tagen im schwersten deutschen Rennen antreten. Nach seinem Sieg in Dänemark denkt er sicher, daß er etwas Tolles geleistet hat. Wenn er gleich nochmal antreten muß, glaubt er doch, er wird bestraft.

'Wir müssen die erste Fähre kriegen, ich muß Samstag wieder bei Tao sein', sagte ich. 'Ich kann nicht erst am Sonntag kommen.'

Samstag um 16 Uhr waren wir zurück am Stall in Bremen.

Am Sonntag um 11.30 Uhr haben wir – Monti, Martina und ich – Lomitas und Tao verladen. Als Tao auf den Transporter raufging, spürte ich, daß er keine Lust hatte. Er schaute mich traurig und vorwurfsvoll an.

'Junge, solange ich bei dir bin, kann dir nichts passieren', versuchte ich ihn zu trösten.

Er trug die Startnummer drei, weil er schon soviel Geld gewonnen hatte.

Vor dem Start flüsterte ich ihm zu: 'Tao, es nützt alles nichts, du mußt hier durch.'

'Ole', sagte ich zu seinem Reiter, 'wenn er nicht geht, dann laß ihn in Ruhe.'

Es kam leider so, wie ich es vorausgesehen hatte, und was ich nicht vergessen kann.

Tao hat sich die ganze Strapaze nicht anmerken lassen, trotzdem war er noch nicht ganz der Alte. Er belegte nur den elften Platz. Lomitas wurde Zweiter hinter dem von Frankie Dettorie gerittenen Außenseiter Temporal.

Es macht mich heute noch ganz traurig, wenn ich daran denke, was sie Tao angetan haben. Man muß doch ein Pferd schonend behandeln. Hätte Tao eine reelle Chance im Hamburger Derby bekommen, hätte er allen zeigen können, was für ein Kerl er war. Aber die Chance bekam er nicht.

Dann gewann er in überwältigendem Stil mit 13 Längen am 11. August das Schwedische Derby, auf der Bahn von Jägersro, auf ungewohntem Dirt – trockenem Sandboden. Zum ersten Mal mit dem Maestro Lester Piggott im Sattel.

1991 – Sieg mit Lester Piggott im Fürstenberg-Rennen – am Führzügel Sven

Im Fürstenberg-Rennen in Baden-Baden, am 25. August 1991, ritt ihn wieder Lester Piggott. Er gewann Start-Ziel. Es waren nur noch fünf Pferde im Rennen. Die anderen, auch der Favorit All Top, blieben fern, weil sie ahnten, daß sie gegen Tao keine Chance hätten.

Es war Lester Piggotts Wiederkehr in Iffezheim nach sechs Jahren. Da er mit Glen Flight auch noch den Preis des Casinos Baden-Baden gewann, machte er den Besitzer Bechmann zum glücklichsten Menschen an diesem Tag. Lester Piggott wußte, was Tao wert war. Er wollte ihn unbedingt im Arc reiten. Auch Andreas Wöhler wußte, was er an Tao hatte.

Aber wieder zurück zu Tao: Als Tao zweijährig war, haben wir mal einen Abend in Dänemark verbracht. Herr und Frau Bechmann hatten unser Team eingeladen. Wir hatten einen schönen Abend bei ihnen.

Im Laufe dieses Abends habe ich Willy Bechmann erzählt, daß in einem Rennstall viel mehr dahintersteckt, als man an der Oberfläche so sieht. Da

Mein Bild

sind die Pfleger, der Hufschmied, die Fahrer – alles gehört zum Rennbetrieb. Am nächsten Tag wurde Tao Zweiter im Dänischen Winterfavoriten und Herr Bechmann gab jedem ein schönes Trinkgeld. Das gleiche machte er in Baden-Baden. Da haben alle gestaunt, als er sogar dem Transportfahrer Geld in die Hand drückte.

In Baden-Baden sagte ich zu Herrn Bechmann: 'Ich kenne einen Maler, der würde Tao gern malen.' Als Willy Bechmann den Entwurf sah, war er gleich Feuer und Flamme. 'Das kaufe ich sofort', sagte er. Auf seinem Gemälde waren die beiden schönen Kränze mit den Schärpen vom Dänischen und Schwedischen Derby – so an die Koppel angelehnt, zu sehen. Daß Herr Bechmann das Bild kaufte, freute mich sehr. Es gab mir das Gefühl, daß ihm Tao etwas bedeutete, und er auch stolz auf sein Pferd war. Riesig gefreut habe ich mich, als ich später auch ein Bild von meinem Liebling bekam.

Tao war noch dreijährig, als ihm plötzlich der Kiefer anschwoll. Er wurde am Donnerstag in die Klinik gebracht, und am Freitag kam er in den OP, da haben sie ihm die beiden Backenzähne rausgenommen. Ich wollte bei ihm bleiben, bis er alles überstanden hat. Ich wollte nicht zurück in den Stall. Doch es hieß: 'Du kommst zurück, der bleibt sowieso ein paar Tage da.'

Was dann kam, ist für mich bis heute mysteriös geblieben. 'Er ist wieder okay', hieß es Montag früh, wir sollten ihn abholen. Wir haben ihn abgeholt und wieder in den Rennstall gestellt. Für mich ging das alles zu schnell. Er mußte doch erst wieder auf die Beine kommen, psychisch und physisch. Die ganze Stabilität mußte erst wieder stimmen. Vier Tage nach der Operation bekam er einen Rappel. Sein Kreislauf hat das alles nicht verkraftet. Man erklärte mir später, daß er eine Gastritis bekommen hätte.

Als ich am Dienstag früh in den Stall kam, sagte einer der Stallangestellten zu mir: 'Geh mal gleich zu Tao, dem geht es ganz dreckig.'

Ich rannte in die Boxe. Tao lag am Boden, und ich versuchte, ihn zum Aufstehen zu bewegen. Er stöhnte laut, aber ich hielt es für das Beste, ihn zu bewegen, um seinen Kreislauf wieder in Schwung zu bringen. Ich schleppte ihn mehr, als er ging, 10 Meter, 15 Meter, bis ich aufgab. Er hatte zu große Schmerzen, und ich brachte ihn zurück in die Boxe. Er legte sich sofort hin. Ich setzte mich zu ihm auf den Boden und hielt seinen Kopf, streichelte ihn und redete beruhigend auf ihn ein.

Aber es war alles zu spät – er starb in meinen Armen.

In nur einem Jahr hatte ich zwei gute Freunde verloren. Star von Lahr und Tao, beide dreijährig.

In der Presse konnte ich lesen: 'Galopper Tao eingegangen. Rätselhafter Tod des erfolgreichen Pferdes in Bremen.'

Dann ein paar Zeilen tiefer: 'Taos Kadaver wurde zur Obduktion in die tierärztliche Hochschule Hannover geschafft.'

Schon über das Wort »Kadaver« war ich richtig unglücklich. Meinen Freund, den ich nie vergessen werde, so zu nennen.

Ich wollte gerne von der Obduktion einen Bericht haben – den bekam ich nie zu sehen. Dann sagte ich: 'Kann man Tao nicht auf der Rennbahn beerdigen?'

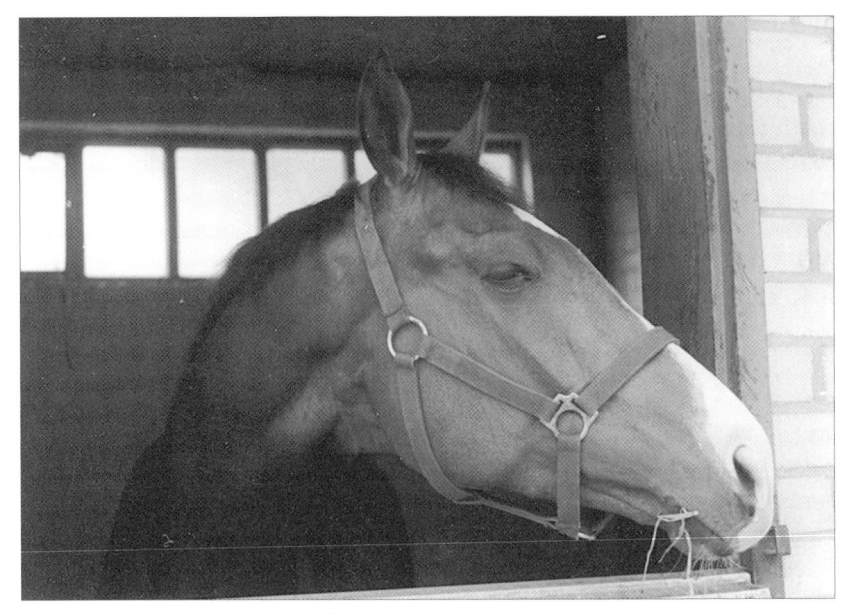

Tao – Ich werde ihn nie vergessen

'Nein, der muß verbrannt werden', hieß es.

Ich habe ihn nie mehr gesehen. Meine besten Freunde haben mich getröstet. Sie kamen alle, auch der Pferdemaler. Es war so schlimm für mich. Es war so, als wenn ein Mensch seinen besten Freund verliert.

Ich werde Tao nie vergessen!

Heute sagen noch viele Freunde zu mir, mir sei damals das Herz gebrochen. Das Herz kann zwar brechen, aber man muß trotzdem Charakter zeigen und dabeibleiben, weil die anderen Pferde ja nichts dafür können, daß das eine gestorben ist.

Geheult habe ich noch einmal, aber diesmal nicht aus Trauer, sondern vor Wut. Es gab Lehrlinge, die schlecht mit den Pferden umgingen. Ich habe gesehen, wie sie Pferde mißhandelten. Vielleicht haben sie es gemacht, weil sie mit ihrem Job nicht zufrieden waren. Jedenfalls habe ich aus diesem Grunde einen Lehrling geohrfeigt und einem anderen die Peitsche über den Hintern gezogen. Dabei bin ich richtiger Pazifist. Doch ich

bereue das nicht, ich habe es aus tiefstem Herzen getan und würde es immer wieder tun, wenn ich sehe, daß Leute schlecht zu Pferden sind.
Ich habe dem Trainer gesagt, wenn das nicht sofort abgestellt wird, dann gehe ich. Andreas Wöhler stellte die Betreffenden zur Rede, aber die stritten alles ab. Das war im Mai – im Juli war ich weg.

Ich bin dann zum Arbeitsamt gegangen und habe nach einem Job, möglichst draußen an der frischen Luft, gefragt.
Sie schickten mich noch am gleichen Tag in ein Informationszentrum, wo gerade ein Ingenieur einen Vortrag über den Bereich Landschaftsgärtnerei hielt. Wir waren elf Leute. Zehn Abiturienten, die ein Praktikum machen wollten, und ich, der Arbeit suchte. Als der Vortrag beendet war, fragte der Ingenieur, ob noch jemand eine Frage hätte.
Ich meldete mich: 'Ja, ich. Wann kann ich bei Ihnen anfangen?' Ich dachte, gleich oder gar nicht.
'Gut, komm mal bei uns vorbei. Wenn Du Glück hast, wirst Du genommen.'
Jetzt bin ich seit 5 Jahren Landschaftsgärtner und glücklich und zufrieden mit meinem Job.
Doch weil ich immerhin drei Jahre Pferdewirt gelernt habe, und mir die treuen Vierbeiner sehr fehlen, bin ich nebenbei Starthelfer, bin jeden Sonntag irgendwo auf einer Bahn. Vor allem in Bremen, Hannover, Bad Harzburg und während der Derbywoche natürlich in Hamburg.
Das ist meine einzige Chance, noch etwas mit Pferden zu machen. Solange ich das arrangieren kann, muß ein Pferd immer fair behandelt werden. Es darf nicht bestraft werden für etwas, wofür es nichts kann.
Wir sind keine alten Daddys, sondern alles junge Männer, die kräftig anpacken. Wir haben Respekt vor den Pferden, aber keine Angst. Wenn man Angst hat, hat man schon verloren. Lieber in der Startbox stehenbleiben, als gleich abzutauchen. Die Pferde müssen merken, daß du ihr Freund bist, und nicht ihr Feind. Diese Tiere, die uns so viel Freude bereiten und voller Leidenschaft sind, verdienen es einfach, daß man ihnen Respekt zollt, um ihnen ihr wirklich hartes Leben etwas angenehmer zu gestalten."

Nicht jeder, der den Beruf Rennreiter und Pferdewirt gelernt hat, der mit Herz und Seele dabei war, ist ein berühmter Jockey oder Trainer geworden. Viele mußten zu ihrem Leidwesen wegen Gewichts- oder Wachstumsproblemen aufstecken. Die meisten bleiben am Stall als Futtermeister oder Pferdepfleger. Denn wer einmal mit dem Lebewesen Pferd zusammengearbeitet hat, kommt so schnell nicht davon los.

Ein Rennpferd für die Lindenstraße.
Wolfgang Grönebaum

Als Fan der »Lindenstraße« freute ich mich besonders, daß ein Team dieser populären Serie ein Rennpferd gekauft hatte.

L'Heure bleue, trainiert von Peter Remmert, lief im Frühjahr 1996 in Baden-Baden. Als ich Wolfgang Grönebaum, alias Egon Kling, unter einem Baum sitzend, die Sport-Welt studieren sah, dachte ich, sieh an, ein Fachmann. Ich setzte mich daneben und kam mit diesem sympathischen Mann bald ins Gespräch.

Seitdem begegneten wir uns immer wieder auf den Rennbahnen, ob in Baden-Baden, Köln oder Frankfurt.

Als L'Heure bleue in Frankfurt zum letzten Mal lief, bevor sie in die Zucht ging, waren Wolfgang Grönebaum und seine Frau Helga als Repräsentanten der Besitzergemeinschaft Stall Lindenstraße anwesend. Wir feierten im Restaurant des Golfclubs Abschied von der Stute und

Abschied von L'Heure bleue in Frankfurt – 2.11.1997

dabei entstand dieses Interview. Denn ich wollte genau wissen, wie Schauspieler zum Galoppsport und zu einem Rennpferd kommen.

„Der Kontakt der »Lindenstraße« zum Galoppsport kam durch den ehemaligen Jockey Bernd Selle zustande", erzählt Wolfgang Grönebaum.

„Den Bernd kenne ich schon mehr als 20 Jahre. Kennengelernt habe ich ihn auf einer Tournee mit Diana Hinz in der Schweiz. Diana ist die Schwester von Knut Hinz, der für die »Lindenstraße« extra das Stottern lernen mußte. Wir spielten im Zürcher Stadttheater und eines Abends, als wir gemütlich zusammensaßen, entdeckte ich neben Dianas entzückender Tochter einen kleinen, ganz jungen Burschen, der ziemlich verliebt in das hübsche Mädchen schien. Er hatte, wie man in Köln sagt, ein »Fisternölchen« mit dem Töchterchen. Woanders sagt man Techtelmechtel oder im Süden Gspusi.

Der junge Mann sei Jockey, erklärte man mir. So lernte ich Bernd Selle kennen, dem ich im Laufe meiner Rennbahnbesuche immer wieder begegnete.

Als der Bernd einen Herzinfarkt erlitt, mußte er mit dem Rennsport aufhören. Er zog sich in seine heimatlichen Gefilde zurück, und ich habe ihn vorübergehend aus den Augen verloren.

Bernd Selle pachtete mit seiner Mutter eine Kneipe. Das Geschäft ging sehr gut. Seine Mutter war die Seele des Geschäfts. Sie kam aus der Branche und kochte ausgezeichnet. Leider erkrankte sie nach ein paar Jahren an Krebs und starb innerhalb kurzer Zeit. Da mußte er den Laden zumachen.

Nach einer Weile nahm er wieder Kontakt zum Galoppsport auf und ritt bei Peter Remmert in der Morgenarbeit. So blieb es nicht aus, daß wir uns auf der Kölner Rennbahn begegneten. Weil er keine richtige Altersversorgung hatte, versuchte er irgendwo wieder Fuß zu fassen. Er fragte mich, ob ich nicht in der Lindenstraße eine kleine Nebenbeschäftigung für ihn finden könne. Es klappte, und er konnte als Komparse ein Jahr lang mitspielen.

Natürlich kam in den Kaffeepausen das Gespräch auch auf Pferderennen. Bernd erzählte so lustige und spannende Geschichten über Pferde und Zocker, daß alle begeistert zuhörten.

Lindenstraße – die Dauerserie mit Erfolg – Bild aus Folge: 433 – 1994

Als Peter Remmert für seine Neuerwerbung L'Heure bleue, aus dem Bestand von Albert Steigenberger, einen Besitzer suchte, sagte Bernd zu mir, es wäre doch eine gute Idee, wenn sich ein paar Leute aus dem Lindenstraßen-Team zusammentäten, um dieses Rennpferd zu kaufen.

So ist das Ganze entstanden. Wir bildeten eine Besitzergemeinschaft – ich war der Initiator – und nannten uns Stall Lindenstraße. Es war eine ganze Reihe aus unserem Team dabei, insgesamt neun Besitzer, sowohl Aktive, als auch einige Mitarbeiter aus dem Hintergrund. Unser Boß Hans Wilhelm Geißendörfer stieg auch mit ein, dazu noch Joachim Hermann Luger (Hans Beimer), der Jo Bolling (Andy Zenker), die Andrea Spatzek (Gabi Zenker), der Produktionsleiter, Joachim Christian Huth, wobei alle verschiedene Anteile hatten.

Ich wußte, daß es eine stille und heimliche Sehnsucht meiner Frau war, einmal als Besitzerin eines Vollblutpferdes auf die Bahn zu kommen. Diese Möglichkeit ergab sich nun. Als ich mich erbot, zwei Anteile zu übernehmen, sagte sie sofort: 'Ich will auch einen.'

'Den mußt du aus der Haushaltskasse finanzieren', scherzte ich."

„Ja, dafür mußte ich stricken", wirft Frau Grönebaum augenzwinkernd ein. Es war so eine schöne Stute. Um die Unkosten zu finanzieren, hätte ich tatsächlich Heimarbeit angenommen."

„Die Sache mit der Besitzergemeinschaft war was Neues, da wollten zuerst viele mitmachen", berichtet Wolfgang Grönebaum weiter. „Doch obwohl die Stute ein wahrer Glückstreffer war, hielt die Begeisterung nicht lange an, sondern vertröpfelte so'n bißchen. Das fand ich ziemlich traurig.

Unsere Stute war nicht nur sehr erfolgreich, sondern hat uns auch viel Freude bereitet. Als ich sie das erste Mal sah, hatte ich ein ausgesprochen gutes Gefühl. L'Heure bleue war nicht nur ein hübsches, sondern auch ein sehr liebes Pferd und hat das auch die ganzen zwei Jahre voll beibehalten. Sie war mehr als handzahm, so wie die Pferde, die wir zu Hause aus unserer Zucht gewöhnt waren. Liebenswert, ehrlich und in jeder Beziehung vertrauensvoll. Daß sie obendrein noch dem entsprach, was man von einem Rennpferd erwartet, war für mich ein gutes Omen.

Sie lief ihr erstes Rennen in Düsseldorf und wurde in einem relativ schweren Rennen gleich Dritte. Das war ein guter Anfang. Es dauerte eine Weile, bis wir wußten, daß die Meile, also 1600 Meter, genau ihre Strecke war. Wenn sie gewonnen hat, dann immer auf dieser Distanz. Sie war ein ausgesprochenes Sommerpferd. Sie mochte es gern warm und liebte trockenen Boden.

Der Anschaffungspreis und die Stallkosten kamen schon im ersten Jahr wieder rein. Es blieb sogar ein kleiner Überschuß.

In Baden-Baden lief sie in der ersten Woche in einem Rennen über eine Distanz von 1900 Metern. Der Weg war für sie zu weit. Da entschieden Peter Remmert und ich: 'Die ist so topfit, die kann am nächsten Sonntag noch mal laufen.'

Peter Heugl auf L'Heure bleue

Siegerehrung in Baden-Baden – 1996

Sie blieb die Woche in Baden-Baden und wurde vom Trainer jeden Morgen ein bißchen gearbeitet. Da er mit ihrer Leistung sehr zufrieden war, meldete er sie für ein Rennen über 1600 Meter nach. Dieses Rennen hat sie leicht mit dreieinhalb Längen gewonnen. Peter Heugl war der Siegreiter, den wir in letzter Minute aus der Sauna heraus für diesen Ritt verpflichten konnten."

Auch nächsten Jahr war L'Heure bleue erfolgreich und gewann zwei Rennen. Bei ihrem letzten Auftritt auf der Rennbahn belegte die Stute einen guten zweiten Platz. Ihr GAG betrug nun beachtliche 80 Kilo. Nicht ohne guten Grund hat sie Albert Steigenberger für die Zucht zurückgekauft. Auf ihre Nachkommen sind wir gespannt.

Dem Ehepaar Grönebaum fiel der Abschied von L'Heure bleue sichtlich schwer. Aber es wird nicht ihr letztes Pferd gewesen sein. Es wird zwar keinen Stall Lindenstraße mehr geben, das steht schon fest. Aber vielleicht einen Stall »Kling«?

Ein Jährling, gekauft auf der Badener Auktion, ist schon im Gespräch und wird wieder in der Obhut von Peter Remmert stehen.

L'Heure bleue war zwar das erste Vollblutpferd der Grönebaums, aber ihr erstes Pferd war es beileibe nicht. Ganz im Gegenteil!

„Mein Vater war Remontenmeister in Ostpreußen", erzählt Wolfgang Grönebaum, „der hat den Pferdebazillus in unsere Familie hineingebracht. Seitdem steckt dieser Bazillus in mir drin. Der Gedanke, ein eigenes Pferd zu haben, ist mir eigentlich nie gekommen. Als Schauspieler am Düsseldorfer Schauspielhaus war ich in so einer Tretmühle, daß ich nicht mal Zeit hatte, einen Gedanken an meine Familie zu verschwenden, geschweige denn an ein Pferd.

Wolfgang Grönebaum in der Rolle des Casca »Julius Caesar« von William Shakespeare Düsseldorf 1965

Glücklicherweise war meine Frau nicht auch Schauspielerin, sonst hätte unsere Ehe wahrscheinlich nicht so lange gehalten.

Der Beruf war dabei, mich »aufzufressen«, deshalb sagten meine Frau und ich: 'So geht es nicht weiter. Unser gemeinsames Leben soll nicht für Geld und Karriere geopfert werden.'

Aus meiner wirklich gut dotierten Position heraus machte ich in Düsseldorf einfach Schluß. Das liegt jetzt so 30 Jahre zurück, und um es vorwegzunehmen – ich habe es nie bereut.

In den letzten zwei Jahren am Schauspielhaus hatten wir uns in Katzenbach bei Morsbach an der Sieg, einem außerordentlich ländlichen Gebiet, ein Wochenendhaus gebaut. Ich ließ die Schauspielerei langsam ausfließen.

Fuhren wir Sonntagabend zurück nach Düsseldorf, vergossen unsere beiden Söhne auf dem Rücksitz Tränen, weil sie wieder in die Stadt mußten. Das war für sie das Schlimmste, was es gab. Zu Hause, das war für sie jetzt draußen auf dem Land, im Grünen, mit Tieren, dem kleinen Häuschen mit Schwimmbecken hintendran.

Dieses Wochenendhäuschen war die Ausgangsposition für unser jetziges Haus. Im letzten Jahr in Düsseldorf beschäftigte mich der Intendant nicht mehr, weil ich mich mit ihm überworfen hatte, trotzdem bekam ich noch Gage. In der Zeit konnte ich meine Fühler ausstrecken, um etwas Geeignetes zu finden. Ich war nun freischaffend und lebte vor allem von dem, was mein Prä ist – von meiner Stimme. Die habe ich verkauft.

Ich habe alles gemacht. Ich habe Dokumentarfilme gesprochen und viel synchronisiert. »Aktenzeichen XY ungelöst« habe ich jahrelang als Sprecher begleitet. Ich habe viel Werbung gemacht und dadurch die ganze Geschichte am Leben erhalten.

Meine Frau war nun mit den Kindern in unserem Haus mehr oder weniger allein, denn Vater mußte ja die Kohle heimbringen. Da sie irgendwie Kontakt brauchte, ging sie mit unserem Zehnjährigen zum Reiterverein. Beide lernten reiten, was ihnen bald riesigen Spaß machte. Ich habe dem Jungen ein Shetti geschenkt. Unglaublich, was er mit dem Pferdchen alles gemacht hat. Als seine Beine immer länger wurden, meinte meine Frau:

'Wir brauchen ein Pferd, das sowohl ich als Amateur reiten kann als auch der heranwachsende Junge.'

Wir kamen auf den Gedanken einer Offenstallhaltung. Wir wollten keinen richtigen Stall bauen, sondern einen

**Helga Grönebaum
mit der dreijährigen Rustica**

winterfesten Offenstall. So kamen wir auf die Connemaras, weil sie nicht nur die richtige Größe, sondern auch die nötige Härte haben. Obendrein sind sie auch noch ganz schicke Pferde. Unser Einstieg waren zwei deutsche Stuten. Dann flogen wir beide nach Irland und schauten uns dort nach Connemaras um. So wuchs »peu à peu« unsere Zucht. Später uferte das etwas aus – wir hatten zeitweise 20 Pferde."

„Wenn Vater abends todmüde ankam und ich sagte: 'Jetzt müssen wir noch eine Stute abprobieren', brach totaler Jubel aus", erzählt jetzt Frau Grönebaum.

„Das Abprobieren, ob sie den Hengst angenommen hat, ist eine ganz scheußliche Beschäftigung. Ja, Wolfgang war manchmal ganz schön überfordert. Oftmals waren viele Hände nötig, wenn ein Stall zu Bruch gegangen war oder ein Zaun repariert werden mußte.

Unsere Connemarazucht war draußen im Freien. Wir hatten einen Stall mit fünf großen Boxen. Im Winter holte ich die Pferde von der Weide. Kam ich mit ein paar Grashalmen an, war ich der King, denn auf der Koppel gab es ja nichts mehr zu fressen. In der Zeit habe ich dann die jungen Pferde ausgebildet. Das ging wunderbar. Ich konnte sie in dem halboffenen Stall halten, ohne daß sie mir abhaarten."

„Was wir da geackert haben", sagt Vater Grönebaum. „Ich habe Kilometer Zäune gemacht. Jeden Pfahl selber mit einem 30-Pfund-Hammer in den steinigen Boden eingeschlagen. Aber unsere Connemarazucht war außerordentlich erfolgreich.

Wenn man freischaffend ist, hat man schon viele Probleme. Keine feste Gage auf dem Konto. Man muß die Altersversorgung und die Krankenkasse selber bezahlen. Und vor allem, wenn man baut und jeden Tag eine gesalzene Portion Rechnungen im Briefkasten vorfindet, dann kann man schon die Hände über den Kopf zusammenschlagen und sagen: 'Wie sollen wir das schaffen?'

Aber wir haben es geschafft, Gott sei Dank.

Daß ich zur »Lindenstraße« kam, war reiner Zufall. Damit hatte ich gar nicht gerechnet. Eines Tages trat eine Agentur an mich heran, die einen Typ wie mich suchte. Ich ging hin und habe ein Casting gemacht. Danach

Wolfgang Grönebaum – Schauspieler und Pferdefreund

habe ich mit Hans Wilhelm Geißendörfer eine Stunde lang probiert und bekam das Engagement. Seitdem bin ich der Hausmeister Egon Kling, der jetzt geschiedene Mann von der Else Kling, in der Lindenstraße.

Die Connemarazucht, die wir vor etwa 10 Jahren aufgaben, haben wir fast 30 Jahre lang betrieben. Wir haben mit der Zucht nicht abrupt Schluß gemacht, sondern sie langsam auslaufen lassen. Wenn wir einen guten Platz bei Freunden fanden, gaben wir wieder ein Pony ab.

In Schönbach bei Herborn findet jedes Jahr einmal ein großes Ponyfest statt. Ich hatte die Schirmherrschaft dafür übernommen. Einmal hatten wir Andrea Spatzek, die Gabi Zenker aus der Lindenstraße, überredet, an dieser Veranstaltung aktiv teilzunehmen. Nach einem Proberitt ist sie auf einem Connemara-Pony mit einem Stockmaß von 1,50 Meter unter dem Jubel der Zuschauer in das Areal hineingeritten. Sie kam unwahrscheinlich gut an.

'Mein Gott, daß die auch reitet und so perfekt', sagten die Leute. Sie dachten, die sitzt immer auf einem Pferd. Das Connemara war nicht kleiner als ein Vollblut, da muß man schon reiten können. Das hatte die Andrea ganz toll gemacht. Danach, im nächsten Jahr, übernahm sie die Schirmherrschaft über diese Veranstaltung.

Meine Frau hat Anfang der siebziger Jahre die Connemara-Interessengesellschaft gegründet. In jedem Jahr wurde eine Ausstellung organisiert, wo die Zuchtstuten mit Fohlen und auch die Hengste vorgestellt wurden. Bei diesen Ausstellungen waren unsere Pferde außerordentlich erfolgreich. Wir bekommen heute noch Berichte über prächtige, gesunde Enkel aus unserer Zucht.

Am Stall – das Fohlen ist 8 Stunden alt

Der besondere Liebling meiner Familie war die erfolgreiche Stute Lilly. Die bekam mit 23 Jahren ihr letztes Fohlen. Die hätte sogar noch eins haben können, denn sie war noch puppengesund. Aber da meinte meine Frau:
'Das lasse ich nicht mehr zu.'
Sie hatte recht. Irgendwann muß man aufhören.

Der Pferdebazillus ist in unserer Familie auf unsere Enkelin Susanne übergegangen. Sie konnte es nicht abwarten, bis sie 6 Jahre alt wurde. Da sagte sie an ihrem Geburtstag:
'So, jetzt bin ich 6 Jahre alt, jetzt gehe ich voltigieren, das darf ich jetzt.'
Na mal sehen, wie es weitergehen wird. Der jüngste Enkel ist erst 9 Monate alt, der interessiert sich noch nicht für Pferde."

Rennsportfotograf und Abenteurer. Frank Nolting

Hört man Frank Nolting Geschichten aus dem Rennsport erzählen, ist man versucht zu sagen: 'Das mußt du unbedingt aufschreiben.'
Wir saßen acht Stunden in der Kölner Rennbahngaststätte zusammen, und keine einzige Minute war langweilig.
Vor 100 Jahren wäre er als Abenteurer in die Geschichte eingegangen, heute gebraucht man dieses Wort seltener. Aber wenn ich den Titel vergeben müßte – er wäre der erste Anwärter dafür.

Frank wurde 1962 in Herford/Westfalen geboren. Als Kind war er ein großer Fußballfan. Weil sich der Vater beruflich verbessern konnte, zog die Familie 1969 nach Bremen. Dort wurde die Fußballeidenschaft erst richtig geweckt. Werder Bremen war gerade der richtige Verein, und so spielte Frank in der erfolgreichen Jugendmannschaft, die sogar Meister wurde. Er will Fußballprofi werden!

Seine Begeisterung war so groß, daß er nicht nur mit Turnschuhen, Stutzen und dem Werder-Trikot zur Schule ging, sondern der Vater auch die Wände in Franks Zimmer bereitwillig in den Werder Farben Grün-Weiß anstrich. Auch das Bett, die Vorhänge, der Teppich, sogar das Aquarium – alles grünweiß. Als in der Rudi Carell-Show »Am laufenden Band«

Frank Nolting

Rudi Carell-Show 22.7.1974
Frank (erste Reihe, dritter von links) = Uli Hoeneß

Kinder als Nachwuchs-Fußballer gesucht wurden, trat Frank als Uli Hoeneß im Nationaltrikot auf. Für einen 12jährigen, in der damals noch pubertierenden Medienlandschaft, ein unvergeßliches Erlebnis.

Doch wie kam nun die Begegnung mit dem Rennsport zustande? Das weiß Frank sehr genau zu berichten:

„Angefangen hat alles in den frühen Siebzigern in Bremen. Der »kleine Zarte«, der neben mir die Schulbank drückte, hieß Andreas und sein Vater machte was mit Pferden. Er war schüchtern, aber lieb – wie sein Outfit. Mit Fußball hatte er es nicht so, war eher auf dem Leichtathletiktrip.

An einem Wochenende Dauerregen – so ein Mist. Dadurch fiel mein Fußballspiel aus.

Ersatzprogramm? Spaziergang mit den Eltern in der Bremer Vahr. Ätzend – plötzlich stehen wir vor dem Eingang der Rennbahn. Die Kassenhäuschen sind schon leer, die Veranstaltung ist sicher bald zu Ende. Ein fragender Blick zu den Eltern – schon sind wir drin. Hin zu den Pferden. Der Braune fällt mir sofort ins Auge.

'Wöhler hat Form', meint mein Nachbar und deutet in ein Heft.
Wöhler? Der Papa vom »kleinen Zarten« macht hier also midde Galopper.
Okay – Geld muß her. Papa rückt fünf Mark Taschengeldvorschuß raus. Hin zu den Bretterbuden mit Schildern wie: Platz, Sieg, Einlauf, Dreierwette – verwirrend.
Sieg muß Sieg sein. Ran ans Fenster. Geld aufs Wöhlerpferd – die Drei! Ablehnendes Kopfschütteln, sie woll'n mein Geld nicht – Alter und so. Schnell den Papa geholt. Der Handstempel saust donnernd nieder.
Die Vorsehung nimmt ihren Lauf. Die Drei gewinnt. Ein Gefühl, als hätte ich einen Elfmeter eingenetzt. Hin zur Bude, Papa vorsichtshalber gleich mitgeschleppt – man weiß ja nie.
'Der war heiß, zahlt 24', höre ich in der langen Schlange. Ob das Geld für alle reicht, frage ich mich.
Endlich bin ich dran – kriege sechs Mark für zweieinhalb – riesig. Aber was war mit 24? Muß wohl mit Mathe zu tun haben. Flugs zum Führring – letztes Rennen. Dasselbe in Grün – wieder drin. Wie ein Alter hole ich den Gewinn ab. Diesmal gibt es einen Schein – zehn Mark! Meine Augen leuchten.
»Big Zock« hatte mich am Fänger!

Kurz darauf gingen die schönen Jahre in Bremen zu Ende. Andreas versuchte noch rührig, mir während der Aufnahmeprüfung fürs Gymnasium mit allen unerlaubten Mitteln zu helfen. Doch ich fiel durch das Raster und landete nach einem Umzug hart auf dem Realschulboden in Hannover.
Es war kein Abschied für immer. Nach vielen Jahren sollten wir uns im Rennsport wiedersehen. Diese Schulwechsel gestalteten sich schwierig, besonders für meine Noten. Irgendwie waren die Kids hier auch anders drauf. »Bravo« verschlingende Teenies konnten mit dem Sport-Welt lesenden Eigenbrötler in der letzten Reihe nichts anfangen.
So dümpelte ich als eifriger Saisonarbeiter vor den Zeugnissen von Klasse zu Klasse. Tarnte das »Vollblut« im Atlas, die Rennzeitung im Schreibheft und wartete verzweifelt auf den nächsten Renntag in Hannover Langenhagen. Mit dem Führen einer Statistik über die Pressetips in der Sport-Welt, in die ich mich imaginär einklinkte, konnte ich mich

schulstundenlang beschäftigen. Das Ergebnis war verblüffend und deprimierend zugleich. Am Jahresende war stets die Sport-Welt vorne, während ich mich auf Platz zwei und drei wiederfand. Leider konnte ich das schwer erarbeitete Fachwissen noch nicht in klingende Münze umwandeln, denn das Tor zu einer neuen Welt, die Ladentür von Buchmacher Albers, blieb für mich aus Altersgründen vorerst verschlossen. Ich weiß nicht, wie oft ich mir die Nase an der Scheibe plattgedrückt habe, um einen Blick zu erhaschen.

An einem grauen Wintertag nahm ich mein Herz in die Hand. Also, rein in die Bude und ... mit »Geleitschutz« sofort wieder raus. Viele Jahre später habe ich Herrn Albers als liebenswerten und großzügigen Geschäftsmann kennengelernt. (Lavirco – Derbyfestkurs 380 : 10 !)

Vielleicht sollte man besser gleich bei den Aktiven einsteigen? Jockey sein! Das wär mal was. Schließlich brachte ich trotz meiner Größe nur 52 Kilo auf die Waage. Einer diesbezüglichen Äußerung im Hause Nolting folgten dramatische Szenen. Mein Vater, aufmerksamer Beobachter meiner ständig sinkenden Schulnoten, hatte schon vor längerer Zeit einige Weggefährten engagiert, die mich gegen viel Bares mittels Nachhilfestunden in das unauffällige Mittelfeld des Klassendurchschnitts zurückführen sollten.

Die Vorstellung von Franky, dem reitenden Stangenspargel, muß so etwas wie einen Schock bei ihm ausgelöst haben. Jedenfalls gestikulierte und artikulierte er sich in bis dahin nicht bekannter Weise.

Rasch beschloß ich auf Bankkaufmann umzusatteln, sonst wäre ich wohl bestenfalls mit Entmündigung davongekommen. Seit drei Jahren jonglierte ich erfolgreich mit meiner Konfirmationskohle an der Börse. Ein Praktikum in der Wertpapierabteilung der Dresdner Bank schürte das Feuer noch. Doch ein Blick auf das Halbjahreszeugnis der zehnten und letzten Klasse stimmte bezüglich einer Bewerbung berechtigt pessimistisch.

Dann die rettende Idee. Da ich in meiner Schulkarriere nie sitzengeblieben war, durfte ich mir ohne Folgen eine Ehrenrunde leisten. Bei dramatischem Formverlust im zweiten Halbjahr müßte es mir gelingen, doch mal sitzenzubleiben und ein dickes »Nicht versetzt« im Zeugnis zu erhaschen. Gleichzeitig würde ich aber eifrig weiterlernen, um im Wiederholungsjahr Bankkaufmann-like aufzutrumpfen. Ähnlichkeiten mit einem Handicap-Pferd vor Baden-Baden wären natürlich rein zufällig.

Aber würde meine Regierung mitspielen? Zu Hause schlugen sie die Hände über dem Kopf zusammen. Energisches Kopfschütteln. Besinnung.

Gute Idee, das machen wir. Nein, das war sogar eine klasse Idee, die mein Leben verändern sollte.

'Hallo, hier kommt Alex.' Mit diesen Worten wurde mir der wohl einzige Mensch an der Penne vorgestellt, der auch die Sport-Welt lesen konnte. Der war eine Klasse unter mir, jedoch nach meinem freien Fall durch den Notenspiegel bald wieder gleichauf und natürlich mein neuer Tischnachbar in der Endrunde.

Aus strategischen Gründen wählten wir die letzte Reihe und fachsimpelten mit der Rennzeitung auf den Knien. Schnell hatten wir erkannt, daß wir bezüglich der Pferdewetten auf der falschen Seite saßen. Nämlich auf der Seite der Wetter. Bookie müßte man sein, um frisch zu werden. Wir saßen also schön weitab vom Schuß. Neben uns an der Wand so'n Pinnboard. Das Plakat »Schluckimpfung ist süß – Kinderlähmung ist grausam« mußte unseren ersten Festkursen für Fußballbundesliga und Eishockey weichen.

So begannen wir unseren Mitschülern langsam aber sicher – in kleinem Rahmen – das Kakaogeld aus der Tasche zu ziehen. Später haben wir sie dann auf die Pferde gehetzt.

Alex kannte einen Buchmacher, wo er schon untertauchen durfte. Er versprach mir, mich am Wochenende dorthin mitzunehmen. Herzpuckernd folgte ich ihm in eine schmale Häuserschlucht zu einer knarrenden Holztür, die den winzigen Innenraum von der Außenwelt trennte. Die Strahlen der summenden Neonröhren bahnten sich nur mühsam ihren Weg durch den beißenden Zigarrenrauch, der durch umherhuschende Gestalten durchgequirlt wurde. Die Fenster waren mit lindgrüner Folie fast vollkommen zugeklebt. Nur mittags fielen einige Sonnenstrahlen auf den dunklen Linoleumboden. In der etwas gespenstischen Atmosphäre irrten merkwürdige Existenzen herum, die drei- bis viermal so alt waren wie wir. Hinter den getönten Scheiben, am Tresen, steigt Zigarrenqualm auf. Der Bookie! Langsam arbeite ich mich nach vorn und will meine erste Wette plazieren. Angst. Flieg ich raus? Mein Blick fällt durch die Unterbrechung der Trennscheibe direkt in seine großen Brillengläser. Ein kleiner älterer Mann, der seine Haarpracht, bis auf einen

Restkranz, längst gegen eine fleischfarbene Badekappe eingetauscht hat. Stotternd möchte ich wetten. Er grinst nur – Zigarre im Mund. Einen Augenblick mustert er mich, dann schreibt er meinen ersten Wettschein. Erleichterung. Ich wurde in dieser Halbwelt geduldet.

In der Schule planten wir nun gezielt unsere Bereicherung. Wochenende für Wochenende annoncierten wir bei den Mitschülern immer einen heißen Favoriten und sammelten eifrig Fünfzigpfennigstücke ein. Die trugen wir dann zum Bookie, schütteten sie auf den Tresen und fragten ihn mit großen Kinderaugen nach einem Festkurs auf den Tip des Tages. Günter, so haben wir unseren Bookie getauft, hatte sichtlich Spaß an uns. Genüßlich drückte er seinen Zigarrenstummel aus, lehnte sich mit der Sport-Welt in den Händen im Drehstuhl zurück und studierte den Wettmarkt. Da wir nur mit Milchgeld operierten, zeigte sich Günter oft gönnerhaft. Diese Minute von Anfrage bis Antwort hatte immer einen Hauch von Bescherung. Dann beugte er sich wieder wichtig zu uns heraus, flüsterte fast: 30 für zehn!

Bei einer Wettmarktquote von 20:10 war das natürlich klasse. Wir luden ab. Der heiße Kocher gewinnt im Jubel und zahlt am Toto 16:10. Exakt diese Quote schütten wir am Montag in der Penne aus. Alle waren glücklich. Durch die geheimgehaltene Differenz zum Festkurs haben wir uns Woche für Woche in kleinem Rahmen die Taschen gefüllt und das Geld für einen großen Coup gespart.

Am 23. Juni 1979 war es dann soweit. Derbywoche in Hamburg Horn. Im Otto-Schmidt-Rennen sollte einer der besten Zweijährigen der Saison 1978 seine Derbyanwartschaft untermauern und unsere Barschaft vervielfachen. Wir waren uns einig – alles auf ESCLAVO! Seit der Vorwoche hatten wir Riesenpropaganda für das »gute Ding« gemacht, und dank unserer Trefferquote der letzten Wochen verwunderte es wenig, daß uns wildfremde Mitschüler anderer Klassen auf dem Schulhof ansprachen.

'Seid ihr nicht die, wo man auf Pferde wetten kann?' Sie drängten uns ihr Geld förmlich auf. Alex war wie im Rausch, notierte Wette um Wette, vergab Zettel mit dem Namen ESCLAVO, und ich sammelte die Kohle ein. Ende der Woche wäre der Klingelbeutel einer Dorfkirche vonnöten gewesen.

Der große Tag. Hin zum Bookie. Das Procedere lief wie gehabt. Günter zelebrierte den Wahnsinnsfestkurs – wir würden reich sein. Angereichert mit meinem Geburtstagsgeld legte ich Geldscheine auf den Tresen und stieß somit in eine neue Dimension vor.

Es war ein Fehler. Wir waren zu weit gegangen, haben seine Gutmütigkeit ausgenutzt. Günter reagierte mit einem sehr, sehr bösen Blick. Brummelte vor sich hin, war richtig angefressen. Aber, er hielt Wort. Mit gemischten Gefühlen zogen wir davon.

Als ich abends nach Hause kam, hörte ich sofort per Telefonansage die Ergebnisse ab.

'Es siegte: Cirkon. Auf den Plätzen zwei und drei Totes Rennen zwischen Nuncio und Federbusch', sagte eine monotone Stimme.

Herzstillstand! Esclavo war unplaziert. Der war Nichtstarter, das war mir sofort klar. Dann kamen die Quoten und die Stimme fuhr gnadenlos fort:

'Es liefen sieben.'

Er war auch nicht bei den Nichtstartern. Ich rief sofort Alex an.

'Der kann nicht stehen', sagte der nur. Esclavo war nicht über diese verflixten 2200 Meter gekommen. Er war in der Geraden einfach verhungert und wurde sieben Längen zurück Vierter.

Sein Rennen war vorbei – unser Spießrutenlauf begann. Ich traute mich gar nicht in die Schule. Schon im Hof fingen sie mich ab.

'Wo ist unser Geld?' – 'Was ist mit dem Esel-lavo?'

Die haben ihn nur Esel-lavo genannt. Das tat weh. Alle Welt hat uns ausgelacht und beschimpft. Die ganze schöne Kohle war weg. Von diesem Tag an Tag war ich geheilt. Ich annoncierte keine Wetten mehr oder sammelte irgendwie Geld ein. 'Der Bookie sieht mich nie wieder!' schwor ich mir.

Na, ja, bis zum nächsten Samstag. Er grinste, löffelte einen Joghurt. 'Früher oder später kriegen wir euch doch!' verriet mir sein Gesicht. Recht hatte er.

Wir wurden älter. Alex bekam sein erstes Auto. Damit konnten wir am Wochenende endlich in den Westen zu den Pferderennen fahren. Das war aufregend. Die halbe Nacht hatte ich die Sport-Welt ausgewertet. Gerechnet und gerechnet. Unser erster Auftritt in Dortmund war grandios. Es blieb vorerst bei den kleinen Wetten von 2.50 Mark auf Sieg, oder einem blanken Einlauf. Ich spielte in vier Rennen den Einlauf geradeaus mit 2.50 Mark. Alle vier Rennen drin. So etwas vergißt man nicht. Da fühlt man sich wie ein König. Die Einläufe brachten zwar kein Vermögen, aber für so'n armen Nochschüler war das riesig viel Geld. Als ich mich dann im fünften Rennen zwischen zwei Pferden nicht entscheiden konnte, brach ich mit meinem 2.50 Mark-Vorsatz und spielte die beiden Pferde hin und zurück. Das kostete fünf Mark. Was soll ich sagen, es war genau zwischen diesen beiden Pferden Totes Rennen auf dem ersten Platz – ich dachte, ich bin der Zockergott.

Auf der Rückfahrt hab ich mir bereits die nächsten Renntermine ausgeguckt. Wo könnten wir hinfahren? Unser einziges Ziel – Pferderennen! Jetzt würden wir nur noch »on the road« sein, dachte ich. Doch mehr und mehr wurde mir der gutaussehende Alex von den Mädchen abgeworben. Und in Ermangelung eines Fahrers bin ich dann auf die Deutsche Bundesbahn umgestiegen und habe mit ihr den Westen erobert.

In der Penne wurde die Operation »Ehrenrunde« ein voller Erfolg, wenn auch bei Bewerbungsgesprächen die Ausbildungsleiter schmunzelten. Bei der Dresdner Bank bekam ich den Zuschlag. Allerdings wurde mir nahegelegt, noch ein halbes Jahr Höhere Handelsschule dranzuhängen, um die Zeit bis zum Einstellungstermin zu überbrücken. Geht leicht – dachte ich. Um gleich darauf in der ersten Unterrichtsstunde einer Schreibmaschine und den Stenoblöcken den Krieg zu erklären. Nein – diese Zeit kann man sinnvoller nutzen. Und so setzte ich mich fast täglich nach der zweiten Stunde zum Buchmacher ab.

Ein neuer Plan mußte her. Wenn ich in jedem Fach nur die erste Klassenarbeit, die leichteste, mit befriedigend abliefern würde, ergibt das ein prima Zeugnis. Alle daraufolgenden Arbeiten würden meinem labilen Kreislauf zum Opfer fallen. So kam es dann auch. Ein tolles Halbjahr. Unter der Woche wurde der Bookie zu meiner Wahlheimat, am Wochenende via Bundesbahn, dank Tramper-Monatsticket für 99 Mark Live-Renntage bis zum Abwinken.

Zu Hause merkten sie nichts. Nur meine Klamotten stanken eklig nach kaltem Rauch, wenn ich täglich vom Bookie kam. Papa, mit seinem erheblichen Zigarettenverbrauch, war selbst ein halbes HB-Männchen und konnte sich entsprechend aufführen, wenn der Raucherverdacht mal wieder auf mich fiel.

'Nein, nein, Handelsschule, die sind jetzt in dem Alter', versicherte ich, und sofort war er beruhigt.

Freudestrahlend ging ich pünktlich in die Schule, um mein Durchschnittszeugnis abzuholen. Das war riesig spannend. Die haben bei der alphabetischen Vergabe sogar meinen Namen übersprungen und mich an den Schluß gesetzt – dachte ich. Aber nach dem Namen Zeller, kam nichts mehr. Nach dem Klingeln bin ich unsicher zum Lehrerpult vorgedrungen und bat um Aufklärung.

'Ja, Herr Nolting (man galt hier als erwachsen), das Lehrerkollegium sah sich nicht in der Lage, Sie gerecht zu beurteilen. So kamen wir zu dem Entschluß, Ihnen kein Zeugnis auszustellen. Wofür auch?'

Ich wurde blasser, als ich eh schon war. Scheiß-Buchmacher! – fuhr es mir sofort durch den Kopf. Schwer angezählt zu Hause angekommen, ereilte mich der endgültige k.o. am Briefkasten.

'Bitte reichen Sie umgehend Ihr Zeugnis ein', erbat sich mit freundlichen Grüßen die Dresdner Bank.

Ich sackte zusammen. Aus! Ausbildungsplatz weg! Die Bookiebesuche hatten mir den schulischen Supergau beschert.

Abends kamen die Eltern heim. Erklärungsnotstand. Es gab nur eins: Die gnadenlose Wahrheit – die Flucht nach vorn. Papas endlose, feurige Monologe lasse ich hier mal weg. Aber die Narbe in meiner Augenbraue habe ich wirklich von meiner allerersten Schlittenfahrt.

Am nächsten Tag traute ich meinen Augen nicht. Auf dem Küchentisch lag mein Zeugnis. Alles Dreier und Vierer, so wie ich es einst geplant hatte.

Papa trat ein, sah mich an. 'Aber wie hast du?' wollte ich leise fragen. Er winkte ab und entgegnete: 'Jetzt bist du am Zug, Sohnemann.' Tiefgerührt nahm ich ihn in den Arm, drückte ihn ganz fest an mich und dachte, echt toll so'n Papa.

Irgendwann hatte er die Story vom vielreisenden Geschäftsmann mit dem daheimliegenden, schmächtigen und ständig kranken Jungen mal andeutungsweise rausgetan. Es muß wohl eine bühnenreife Vorstellung gewesen sein, auf den Brettern, die für ihn in diesem Moment die Welt bedeuteten. Wie gern hätte ich an diesem Tag im Lehrerzimmer Mäuschen gespielt.

Während der Lehre wurde jeder Urlaubs- und Feiertag auf der Rennbahn verbracht. Die Wochenenden sowieso. Es lebe das Tramper-Monatsticket.

Hannover – Westen – und zurück. Sonntagmorgen das gleiche. Geld für Übernachtungen hatte ich nicht. Viele Freunde auch noch nicht. Ich war ein glücklicher, in mich gekehrter Einzelgänger, der nur für den Rennsport lebte. Aber noch stand das Wetten, das Rechthaben, das Bessersein als die Fachzeitungen, im Vordergrund. Daraus habe ich meine Erfolgserlebnisse gezogen. Alle Sport-Welten und Rennprogramme wurden fein säuberlich vom ersten Tage an gesammelt.

1980 bekam ich dann eine Pocketkamera geschenkt. Sie war bei jedem Rennbahneinsatz dabei. Viel Ritsch-Ratsch für wenig Klick beim Betrachten der Fotos. Alles verschwommen – war nix mit Bewegungsaufnahmen. Da ich konsequent jedes Rennen nur ein Pferd 2.50 Mark Sieg spielte, beschloß ich – wenn drin – aufs Geläuf zu springen und meinen Sieger im Schritt zu fotografieren.

Anfang Mai 1981 wurde in Bremen mit dem Schlenderhaner Index, meinem Langzeit-Derbytip, das Archiv eröffnet. Natürlich hatte ich keinen blassen Schimmer von der gerade vollzogenen Grundsteinlegung zu meinem zweiten Bildungsweg.

Drei Wochen später dann das einschneidende Erlebnis – die erste große Liebe. In Gelsenkirchen Horst schreitet ein riesengroßer, hochbeiniger Schwarzbrauner vor dem Henckel-Rennen durch den Führring. Peter Alafi schwingt sich im hellblau-weißen Dreß in den Sattel. Ich renne zur zweiten Tribüne, dann wieder zurück. Vor Aufregung das Wetten vergessen. Das Feld kommt in die Gerade. Mit gewaltigen Sätzen geht meine große Liebe nach vorn und dann schreien alle um mich herum nur noch seinen Namen:

'Orofino! Orofino!'

Vor lauter Aufregung verwackel ich alle Aufnahmen nach dem Rennen. Was für ein Pferd! Und zu allem Überfluß trägt er auch noch meine Lieblingsfarben der Kindheit, hellblau-weiß, für das Gestüt Zoppenbroich. Ich liebte sie, vielleicht weil es die Farben des Himmels waren.

Schon die Gehäuse meiner Weinbergschnecken hatte ich so angemalt und mit einer roten Nummer versehen, wenn wir nach dem Kindergarten auf der Garageneinfahrt Schneckenrennen veranstalteten, und so mancher Brausegroschen den Besitzer wechselte. Zurück in freier Wildbahn haben diese »Rally-Aliens« bestimmt so manchen Spaziergänger erschreckt.

Jetzt mußte ich Flagge zeigen. Bei meiner Tante Elke, einer begeisterten Strickerin, gab ich einen Pullover à la Zoppenbroich-Renndreß in Auftrag. Begeistert, wie ein Fan in der Ostkurve, habe ich ihn jahrelang im In- und Ausland getragen. Bei Orofinos Laufen in Deauville erhaschte ich sogar die freudigen Blicke der kleinen Besitzertochter Anne-Claire Bresges, obwohl mir die Aufmerksamkeit der mittleren Tochter Alexandra noch etwas mehr bedeutet hätte.

Dann kam der Derbytag. Orofino bezog als heißer Favorit die Box. Der Totalisator brach zusammen, und ich konnte meine Siegwette nicht abgeben. So'n Mist. Aufgeregt saß ich auf der zweiten Tribüne und hielt meinen Langzeitwettschein auf Index in der Hand. Doch der war der einzige Nichtstarter im Derbyfeld. Vor meinem Auge steckte sich mein Bookie gerade wieder eine besonders dicke Zigarre auf meine Kosten an.

Hoch spritzt der Dreck – das Geld ist weg. War im nachhinein auch völlig belanglos. Minuten später mußten alle Rennbahnbesucher, egal für wen ihr Herz auch schlug oder auf wen sie gesetzt hatten, so denken und so fühlen wie ich. Danke, daß wir dabeisein durften!

Aus meinem damaligen Rennbahntagebuch:

»Unter ohrenbetäubendem Geschrei des Horner Publikums pulverisierte Orofino das Feld in der Zielgeraden mit riesigen Galoppsprüngen und enteilte dem Feld. Exakt 12 $^1/_2$ Längen Vorsprung notierte der Richter im Ziel. Der Rekord der Wunderstute Schwarzgold, die das Derby 1940 mit 10 Längen Vorsprung gewann, war ausgelöscht. Die Leute tobten. Orofino hatte sie in ihren Bann gezogen.«

Ich war fix und fertig. Erstmals tropften Tränen auf den Pullover. Es sollten nicht die letzten sein.

Die Farben ändern sich mit den Zeiten. Folgte dem Werder-Grün das Zoppenbroicher Blau, so war nun Oliv vorherrschend. Bei der Bundeswehr hatte ich einen guten Job. Nach mehrmaligem Verweigern des Schießbefehls landete ich in einem sogenannten Feldhaus. Das war so 'ne runtergekommene, klapprige, winzig kleine Notunterkunft mit Ölofen. Völlig abgelegen, in einem kleinen Wäldchen der letzten Kasernenecke. Aufgrund meiner recht ordentlichen Handschrift, wurde ich dort als

Schreibtischsoldat und Verwalter für Panzerersatzteile eingesetzt. Ich saß dort mutterseelenallein. Der Vorgesetzte ließ sich nur zweimal am Tag blicken. Die »Krummis« und Gefreiten gingen natürlich den ganzen Tag bei mir ein und aus. Kein Wunder, hatte ich die Hütte doch in meinen ersten Buchmacherladen umfunktioniert. Sie kamen aus ganz Deutschland. Entsprechend fielen die Fußballwetten aus. Mein Buch war immer rund.

Wenn du den Urlaubssachbearbeiter auf deiner Stube hast, ist das immer eine feine Sache, ja geradezu eine Notwendigkeit bei so vielen Rennterminen und Galoppmeetings.

So kam Baden-Baden. Ewald, meine Buchmacherbekanntschaft, wurde mein neuer Rennbahnbegleiter. Er wohnte mittlerweile in Frankfurt, unser Quartier während der Badener Rennwoche. Doch an diesem Morgen ging es nach Paris Longchamp. Orofino lief dort im Prix Dollar. Ein absolutes Muß!

Als Orofino Mitte der Geraden nach vorne geht und richtig aufdreht, drehe ich durch. Seinen Namen brüllend, drängle ich mich von der Tribüne runter, Richtung Geläuf. Drei Franzosen purzeln gleich hinterher. Außen greift Yves St.Martin mit Welsh Term bedrohlich an. Aber das Ziel kommt rechtzeitig. Noch im Laufen erkenne ich: Drin das Ding!

Mit einem gewaltigen Satz aufs Geläuf, meinen Orofino abholen. Doch ich traue meinen Augen nicht. Die reiten und reiten, die Peitschen fliegen in der Ferne. Der Fluch von Longchamp – das zweite Ziel! Auch Jockeys haben sich hier schon vertan. Bei bestimmten Renndistanzen wird der Zielspiegel des Hauptziels weggeklappt und etwa 200 Meter weiter das zweite Ziel als Entscheidungspunkt festgelegt. Wer hatte also gewonnen? Da kamen schon die Greifer und warfen mich zappelnd, genau so dreist, wieder über die Hecke in die Menge zurück.

'Peter, Peter, habt ihr gewonnen?' rief ich Alafi zu. Der schüttelte nur den Kopf. Nach der Riesenfreude – der tiefe Fall in die Enttäuschung. Diesmal keine Tränen, nur Schürfwunden lecken.

Orofino würde wiederkommen. Nein, wir würden wiederkommen. Zum Griff nach den Sternen – zum Prix de l'Arc de Triomphe.

Mein Freund Alex

Anfang Oktober war eine große Übung bei der Bundeswehr angesetzt, die den Traum vom größten Rennen Europas wegen Terminüberschneidung platzen ließ. Absolute Urlaubssperre. Ausnahmen – ausgeschlossen. Bestechung und Flucht aus der Kaserne waren filmreif. Ich mußte nur Montagmorgen zum Appell wieder da sein. Vielleicht hatte der Wachhabende aber auch etwas Mitleid, weil meine Kameraden so tolle Fotos von ihren Freundinnen im Spind hatten – oder wenigstens die Playmaus des Monats – und bei mir nur Orofinobilder klebten.

Alex hatte sich wieder auf die wirklich wichtigen Dinge des Lebens besonnen und begleitete mich ab Hannover im Zug Richtung Paris. Bei einem kurzen Aufenthalt in Köln starteten wir ein zeitlich riskantes Unternehmen. In neuer Weltjahresbestzeit rannten wir in die Eintrachtstraße zum Stoof-Verlag, um uns deutschsprachige Rennzeitungen für die Pariser Rennen zu besorgen. Beim Nachtwächter griffen wir fünf druckfrische Exemplare des »Jockey« ab und verschwanden wieder durch die Straßen Richtung Zug. Zurück im Abteil spielte das Leben Schicksal. Vier junge Männer waren zugestiegen.

'Mensch, dat jivet doch janich, der Bresges von Zoppenbroich', rief einer, nachdem er mich verblüfft in meinem hellblauen Pullover gemustert hatte.

'Der Mann hat 'nen »Jockey«', schrie ein anderer. Die Frage: 'Fahrt ihr auch zum Arc?' hätten wir uns schenken können.

'Tausche Six-pack gegen »Jockey«', lautete das Angebot des Dritten. Es wurde eine ganz gemütliche Bahnfahrt mit heißen Diskussionen und kühlem Bier. Diese Oberhausener Bande mit Professor, Zahnarzt, Rot–Kreuz und Schüler Schorsch war auf eine sympathische Weise leicht weggetreten. Hier begann eine tiefe Rennbahnfreundschaft unter Pferdeverrückten, die bis auf den heutigen Tag Bestand hat.

Der Arc-Tag ist leider schnell geschildert. Orofino ging unter. Mit diversen Nachtzügen erreichte ich wieder meine Kaserne und trat gerade noch rechtzeitig in Oliv statt Hellblau an.

Nach der Bundeswehrzeit zog es mich zurück in meine Heimatstadt Herford, wo ich als Bankkaufmann mein Geld verdiente. Immer noch ohne Führerschein brachte mich die Bahn mittels Interrailticket auch ins Ausland. Ich wollte die Galopper sehen, die Turfgeschichte schreiben. Die richtigen Cracks.

Stellvertretend sei der Besuch des Augustmeetings in York erwähnt. Nur ausgerüstet mit Fotoapparat, Walkman, einer Zahnbürste ohne Paste und den Jeansklamotten am Leib ging es nach der romantischen Stadtbesichtigung direkt zur Rennbahn – alles zu Fuß. Eintritt in England ist riesig teuer und ein Loch im Zaun habe ich bis heute auf jeder Rennbahn gefunden. Nach einem wunderschönen ersten Renntag mit Fotos aller Cracks, bei bestem Wetter, beschloß ich, direkt hier zu übernachten. Eine Loge der Haupttribüne war ein schöner, aber kurzer Schlafplatz, der vom Rennbahnverwalter höchstpersönlich geräumt wurde. Einmal vors Haupttor abgesetzt, war ich flugs durch den Zaun auf der Gegengeraden wieder drin und bereitete mir mein Bett direkt auf dem Geläuf. Das hohe Gras war trocken. Und so legte ich die Sporting Life als Unterlage darauf, um mich mit dem Greyhoundteil derselben Zeitung zuzudecken. Der Walkman spielte Tangerine Dream, und über mir funkelte der Sternenhimmel. Die Gedanken waren bei Mill Reef und Brigadier Gerard, die ihre Hufe vielleicht just an dieser Stelle einst aufgesetzt hatten.

Es war eine Melange aus Glück, Zufriedenheit, Romantik und Turfgeschichte. Ein irres Gefühlswirrwarr, das gut schlafen läßt. Erst am nächsten Morgen wurde ich durch kleine Krabbeltierchen im Gesicht geweckt, die sich aber schnell als Regentropfen entpuppten. Zeit für die neue Rennzeitung und den Frühstücksbummel über den Wochenmarkt. McDonald wurde nur zum Waschen und Zähneputzen aufgesucht. So vergingen die schönen Tage und das Leben wurde preiswerter, da sie mir das Obst auf dem Markt mittlerweile schenkten. Irgendwie erweckte mein Erscheinungsbild wohl Mitleid. Die Kombination von ungewaschenen Haaren mit dreckigen Fingernägeln bis hin zu ausgelatschten Turnschuhen umgab ein Hauch von »4712« in Ermangelung fehlender Wechselwäsche. Sie mußten mich wohl für den leibhaftigen »Pig-pen« der Peanuts gehalten haben.

Ende September 1985 brach ich zu einer einwöchigen Reise Richtung Paris auf, an deren Ende der Prix de l'Arc de Triomphe stehen sollte. Am Samstag kam ich bis Krefeld, um den dortigen Renntag mitzunehmen. Schauriges Wetter, Wind, Nieselregen. Plötzlich steht Orofinos Betreuer, Klaus Loges neben mir. Er trägt nur ein dünnes Leibchen, friert wie ein Schneider. Klaus lächelt mich an. Das Eis ist gebrochen. Ich wage ihn anzusprechen.

'Herr Loges, darf ich Ihnen meinen Pullover leihen?'

'Kannst Klaus zu mir sagen, den Pullover nehme ich trotzdem', entgegnete er freundlich. Rasch wird gewechselt.

Peter Alafi auf Orfino

'Wo willst du denn hin?' fragt er mich.
'Ich will morgen weiter nach Paris.'
'Und wo schläfst du heute nacht?' Achselzucken.
'Komm doch mit zu uns. Du kannst gern im Transporter mit nach Köln fahren und bei mir über dem Mitzlaffstall schlafen', lud er mich ein.

Das war, als wenn eine Fee dich mit ihrem Zauberstab berührt und sagt: 'Du bist auserwählt.'

Hier begann mein Einstieg bei den Aktiven. Seine kleine Wohnung war richtig gemütlich, und der Duft von Pferden allgegenwärtig. Freundin Beverly, eine sehr liebe Engländerin, zauberte ein leckeres Abendessen, und Klaus ging mit mir runter in den Stall. Fahles Mondlicht fiel auf die Boxen. Als er die obere Klappe einer Box öffnete, schaute sofort ein kleines Köpfchen neugierig heraus.

'Kannst das Waisenkind ruhig mal streicheln', meinte Klaus. Ich hatte noch nie ein Rennpferd gestreichelt. Vorsichtig fuhr meine Hand über seine warmen Nüstern – irres Gefühl.

'Waisenkind?' fragte ich erstaunt.

'Ja Frank, das ist Orofinos rechter Bruder Orfano. Seine Mutter starb bei der Geburt.'

Ich war hin und weg. Die Fee hatte diesmal richtig zugeschlagen. Die Nacht über dem Stall war schlaflos. Logisch. In aller Herrgottsfrühe wurden die Pferde für den St.Leger-Tag in Dortmund verladen.

'Komm doch mit. Du kannst auf den Sieger aufpassen.'

Also über Dortmund nach Paris. Klaus erzählte aufregende Geschichten im Transporter. Ich streichelte Kamiros und Königstraum. Es sollte sich lohnen. Kamiros wurde nach Protest St.Leger-Sieger, Königstraum Vierter.

Ich brach auf nach Paris. Drehte mich noch einmal um – da winkte ein neugewonnener Freund.

Am Sonnabend des Union-Meetings im darauffolgenden Jahr war ich wieder am Mitzlaffstall zu Gast. Der kleine Orfano hatte sich mittlerweile zu einem ansehnlichen Rennpferd gemausert und galt neben Oldtimer als aussichtsreicher Kandidat für die morgige Derbyvorprüfung.

Der große Tag. Im frisch gewaschenen Pulli auf der obersten Etage der Kölner Haupttribüne. Das Feld kommt in die Gerade. Oldtimer hat an

den Innenrails die Spitze und versucht sich abzusetzen. Die Menge brüllt. In der Bahnmitte greift Orfano unter Verlust meiner Stimme energisch an. Geht vorbei – und gewinnt leicht gegen Oldtimer.
Voller Begeisterung stürme ich die endlos erscheinende Treppe vom Tribünendach herab, um unseren Sieger vom Geläuf zu holen. Unten angekommen, brechen alle Dämme. Orfano marschiert durch die jubelnde Menschenmenge Richtung Waage. Klaus links am Führzügel – ich rechts mit Zoppenbroich-Pullover, wie ein stolzer Besitzer. Ich hätte vor Glück die Welt umarmen können. Mein kleiner Orfano, den ich einst in einer Mondnacht streicheln durfte, hatte es wirklich geschafft. Er stand nun an der Spitze seines Jahrgangs. Die Leute bereiteten uns eine »Via triumphalis«, die ich nie vergessen werde. Schauer liefen mir über den Rücken, eine Gänsehaut hatte ich sowieso. Aber es sollte noch aufregender kommen.

Nach einem Zoppenbroicher Sieg in Gelsenkirchen stehe ich mit meinem Pullover stolz am Absattelring. Trainer Sven von Mitzlaff begleitet seinen Sieger zurück zur Waage, als sein Blick auf mich fällt. Er stutzt, lächelt und spricht mich tatsächlich an.
'Na Bub, war's recht?'
'Oh, oh ja, Herr von Mitzlaff, sehr recht', antworte ich und bekomme einen puterroten Kopf. Damit trage ich nun ungewollt die ursprünglichen Farben: Hellblau, weiße Schnüre, »rote Kappe«. Der Große Mann des Turfs hatte mich wahrgenommen. Ich wurde gleich ein Stück größer. Minuten später stehe ich an den Sattelboxen. Trainer von Mitzlaff hat einen weiteren Zoppenbroicher Starter und hält offensichtlich verzweifelt Ausschau nach seinem Personal. Wieder fällt sein Blick auf mich und er ruft:
'Komm mal her, du kannst uns beim Satteln helfen!'
Ich hatte noch nie einen Sattel in der Hand gehabt. Zum Glück war Klaus Loges dabei. 'Du mußt nur halten. Das mit dem Riemen mach ich schon', sagte er. Mir klopfte das Herz bis zum Hals. Ich durfte einen Zoppenbroicher satteln. Der wurde dann Dritter. Für mich war das ein unvergeßlicher Tag.

Aber es gab auch die Schattenseiten. In Mailand zog sich Orofino vor meinen Augen, mit dem Sieg in der Hand, eine Fissur zu, die sein sofortiges Ende bedeuten würde. Tränenüberströmt irrte ich durch die Stallungen der Mailänder Bahn, um ihn zu suchen. aber niemand verstand mich. Zwei Tage wähnte ich ihn im Pferdehimmel. Dienstagmorgen – wieder Tränen. In der Sport-Welt steht zu lesen: Orofino – schwerer Accident. Aber er kann für die Zucht gerettet werden.

Nur wenige Jahre später geht er leider viel zu früh an einem Blinddarmdurchbruch ein. Und manch einer wunderte sich bestimmt über diese kleine Anzeige in der Sport-Welt:

> **OROFINO**
> Du hast es verstanden, eine ganze Rennsportnation zu begeistern und in mir die Passion für unseren schönen Sport zu wecken. Wir werden Dich als einen der ganz Großen des deutschen Turfs niemals vergessen.
> Dein treuester Fan, der Dich auf allen Reisen begleitet hat.

Vom K.Nips bis Nolting-Fotos

Das Fotoarchiv meiner Sieger wuchs ständig. Aber den Aufnahmen nach dem Rennen fehlte der Kick. Eine neue Kleinbildkamera sollte Abhilfe schaffen. Damit würde ich die tollen Actionfotos machen. Leider entpuppte sie sich als teurer Fehlkauf. War vom ersten Tage an kaputt. Jedenfalls waren die Bilder unscharf, wenn ich das Pferd überhaupt einmal beim Klick im Sucher hatte. Nach dem Rennen funktionierte sie komischerweise wieder. Also doch kein Naturtalent. Mürrisch wurde die Gebrauchsanweisung gelesen.

Ersatzrennen mußten her. Also rasch an die nahegelegene Autobahn und los ging's. Schon nach zehn Minuten wurde mir schwindelig, nach zwanzig Minuten war ich wütend und nach dreißig Minuten an der Landstraße. Schon besser. Wochenlang übte ich das Mitziehen der Kamera, um die bewegten Objekte nicht aus dem Sucher zu verlieren. Erlerntes wurde nun auf der Rennbahn umgesetzt. Die Fotos, mittlerweile recht ansehnlich, fanden bei befreundeten Pferdepflegern reißenden Absatz. Kein Wunder, waren ja auch umsonst. Über die schönen Aufnahmen wurde ich immer fröhlicher – und ärmer.

Also: Selbstkostenpreis verlangen.

Sie zahlen! Später eine Mark draufgeschlagen, um die Bahnfahrkarten zu finanzieren. Sie kaufen weiter. Noch 'ne Mark. Kaufrausch. Ich sei eh der Günstigste. Und noch 'ne Mark.

Rote Karte! Die Profis unter den Rennbahnfotografen brachten nach mehrfacher, verbaler Ermahnung meinen lichtbildnerischen Kleinbasar an den Außenrails zum Erliegen. Aus der Traum! Wieder fürs Archiv fotografiert.

Später kreuzte Klaus Zellmann meinen Weg. Er war einer von diesen frisch Infizierten, die Jahre ihres Lebens verschenkt sahen, weil sie viel zu spät zum Rennsport gefunden haben. Als erfolgreicher Versicherungskaufmann reichten seine geschäftlichen Verbindungen neuerdings auch ins Turflager. Sympathisch, redegewandt und einer schnellen Mark nie abgeneigt, überzeugte er mich, nach Darlegung meines Problems, ein gemeinsames Gewerbe anzumelden.

'Du machst die schönen Fotos – ich besorge dir den Markt.' Unser Kind wurde ZENO getauft. ZE für Zellmann – NO für Nolting. Es wurde ein voller Erfolg. Ständig las ich in irgendwelchen Fotomagazinen und Büchern, probierte und resignierte, übte, lernte und schaute anderen auch mal was ab. Mein Ziel war stets – das »tolle Foto« zu schießen und zu verkaufen, obwohl acht bis zehn nett anzusehende Aufnahmen wohl wirtschaftlicher gewesen wären. Offensichtlich lagen wir damit im Trend. ZENO expandierte. Die Doppelbelastung mit dem Job in der Bank war jedoch für alle Beteiligten nicht mehr haltbar.

Immer auf dem Sprung

Es gab nur eins: entweder der sichere Arbeitsplatz, mit festem Einkommen, oder das professionell betriebene Hobby zum Beruf machen. Das Herz schlug für den Rennsport und entschied gegen die Bank.

Es war ein riskantes Unterfangen: Der Sprung in das finanzielle Abenteuer Selbständigkeit, aber nach Lage der Dinge unvermeidbar; denn das NO in ZENO hätte mich nicht ernährt.

So reise ich mit meiner Kamera glücklich auf den Rennbahnen dieser Welt umher, um meinen Traumjob auszuüben. Dabei erlebe ich jene starken Empfindungen und unvergleichlichen Momente unseres Sports, die man nicht missen möchte.

Augenblicke für die Ewigkeit – meine Fotos halten sie für uns fest.

Lester – der Fuchs

Große Woche 1991 in Iffezheim. Lester Piggott ist der Mann der Stunde, gewinnt drei Grupperennen. Im Fürstenbergrennen gelang mir eine schöne Nahaufnahme vom Maestro auf Tao. Ich beschloß, mir am nächsten Renntag ein Autogramm von ihm darauf zu holen. Ausgerüstet mit zehn Fotos und einem wasserfesten Schmalspuredding wartete ich am Ende des Renntages geduldig, aber aufgeregt, im Iffezheimer Waagegebäude auf Lester. Schließlich wußte ich um seine kauzige Person. Interviews und Autogramme waren nicht sein Ding. Fein rausgeputzt im Jackett und offenbar bester Laune steuerte die Legende geradewegs auf mich zu. Mit Ehrfurcht in der Stimme sprach ich ihn schüchtern an. Schließlich war er der ewige Champ. Steuerte Nijinski und Co. schon zu Zeiten zum Sieg, als ich noch mit der Trommel um den Weihnachtsbaum gehopst bin.

Vorsichtig lege ich ihm zwei Fotos vor und reiche ihm den Stift.
　'Lester, please sign my photographs.' Er nuschelt irgendwas vor sich hin, wie jemand, der seine Zähne nicht dabei hat. Kommt meiner Bitte jedoch nach. Rasch lege ich drei weitere Fotos hinterher. Da meine ich deutlich zu hören:
　'Beautiful pictures.'

Der Maestro auf Tao

Stolz und mutig geworden, schiebe ich ihm die restlichen fünf unter, und er signiert und signiert. Ich hatte den alten Fuchs überlistet. Beim vorletzten Foto angekommen, fragt er mich deutlich: 'Do you sell them?'

Natürlich wollte ich die nicht verkaufen. 'No, no only for my friends.' Doch offenbar sehe ich aus wie jemand, der nicht viele Freunde hat.

Mit den Worten: 'For your friends', reicht er mir großzügig zwei Fotos, die restlichen acht verschwinden in einer Tasche seines Jacketts. Den Edding habe ich auch nie wiedergesehen.

'Ascot' oder 'Das dicke Ding mit der Queen'

Mit Zelli und drei weiteren Freunden – die aus dem Zug nach Paris – will ich nach England. Wir schmeißen unser Geld in einen großen Pott und holen uns – noch in Deutschland – einen Leihwagen. Einen schönen, großen, geräumigen Mercedes. Als der Angestellte all die Gestalten sieht, fragt er, wo wir damit hinwollen. Wahrheitsgemäß sagen wir: 'Zu einem Wochenendausflug.'

Daß es nach England gehen soll, lassen wir mal lieber weg. Wir nehmen noch ein Zelt mit, und rauf auf die Fähre nach England. Bis dahin ging alles reibungslos. Wir waren wie immer mit Wein und so bestens ausgerüstet und hatten viel Spaß.

Auf den englischen Landstraßen kamen wir nicht so richtig voran. Das Wetter wurde schlechter, und es begann zu nieseln. Es war der Vorabend des großen Rennens »King George VI and Queen Elizabeth Diamond Stakes«, wo unser Acatenango laufen sollte.

Es wurde spät und später. Wir kamen nicht mehr bis Ascot und suchten den nächstbesten Campingplatz auf. Als wir im Dunkeln das Zelt aufbauten, merkten wir, daß es viel zu klein war. Das war ja nur ein 2-Mann-Zelt. Wir hatten es doppelt so groß erwartet. Was nun?

Meine drei Freunde, Hans Georg – genannt Schüler-Schorsch, weil er so jung aussah, Udo – genannt der Zahnarzt, und Jörg – genannt Rot-Kreuz, quetschten sich ins Zelt. Zelli und ich mußten im Auto schlafen.

Der Mercedes war ziemlich geräumig und hatte schöne Klappsitze. Nur nachts wurde es sehr kalt. Zelli hatte sich richtig eingemummelt in verschiedene Decken. Vor allen Dingen hatte er obendrauf noch eine dicke Jacke. Als er schlief und immer lauter schnarchte, zog ich mal seine Jacke rüber. Habe mich darin eingerollt, da ging es gleich besser. Doch als ihm kalt wurde, hat er mir die Jacke wieder geklaut. Das ging so hin und her. Es war eine grausige Nacht. Ich hatte kaum geschlafen, nur die Jungs im Zelt waren richtig ausgeruht.

Als ich morgens mit dicken Klüsen aus dem Auto kroch, gab es einen Lichtblick. Das Wetter hatte sich gebessert.

Schlonsig wie wir waren, liefen wir wie 'ne Entenfamilie, fünf Mann im Gleichschritt hintereinander, zur Dusche. Alle Leute sahen uns an. Einer geduscht – raus, der nächste geduscht – raus. Als die Reihe an mir war, drehte ich um. War mir zu kalt – Haarspray tat's auch.

Zurück am Zelt beratschlagen wir, wie es weiter geht. In Ascot kommste ja nur rein, wenn de hochwohlgeboren und vornehm angezogen bist. Also nur mit Schlips und Kragen! »Schüler-Schorsch« hatte seit seiner Konfirmation nie wieder einen Schlips getragen. Doch ich hatte in weiser Voraussicht einen mehr mitgenommen.

Die Herren vom Sport in Ascot

Nun verteilten wir uns zum Umziehen – wie gehabt – zwei Mann ins Auto und drei in die Hütte. Als unsere Kumpels in Unterhose, Handtuch über die Schulter, ins Zelt reingingen, gab es bald darauf ein mächtiges Gerummel und die Seiten beulten sich aus. Die vorbeigehenden Leute blieben erschrocken stehen und dachten bestimmt: Was geht denn da drin ab?

Minuten später kommen drei elegante Herren in Anzug und Krawatte heraus, sogar mit geputzten Schuhen. Da haben die aber alle geguckt!

Zelt abgebaut – hinten rein – klapp, Tür zu und auf geht's nach Ascot. Plötzlich fragt einer: 'Was kostet eigentlich der Eintritt dort?'

'Fünfzig Pfund', sagt Zelli.

Das Pfund stand damals so bei drei Mark. Also waren das 150 Mark für einen Platz, wo man die Königin sehen konnte. Man konnte auch auf die »Klopfertribüne«, so'n Platz fürs einfache Volk. Aber wir wollten ja unbedingt auch an'n Führring. Und das war nur mit Anzug, Krawatte und 50 Pfund möglich. Edel sahen wir ja nun aus – aber das Geld. Viel zu teuer!

Was nun?

Da hatte Zelli eine Idee: 'Die wissen hier doch bestimmt nicht, wie die Besitzer aussehen. Wir sagen einfach: 'Wir sind die Deutschen und haben heute den Acatenango laufen."

'Nee, kannste nicht bringen', sagte ich.
'He, geil, geil!' schrien die anderen. 'Das machen wir, das machen wir.' Die meinten das im Ernst.
'Nee, das geht nicht, das geht nie', warf ich ein.
'Das geht leicht', meinte Zelli. 'Macht ihr mit? Stiftengehen können wir immer noch, also versuchen wir es. Oder willste 50 Pfund bezahlen? Die kannste doch besser auf Acatenango draufstellen.'
'Also gut – überredet.' Soviel Geld hatte ich ja nun auch nicht. Wir suchten den Sondereingang für Besitzer und Promis, kamen ganz forsch an und sagten:
'Owner – Acatenango – Germany.'
Wir klopften auf die Zeitung mit dem Foto von Acatenango und zeigten auf die Überschrift des Rennens in Ascot. Zelli, der schon in Deutschland ein Rennpferd hatte, zückte dazu noch seinen Besitzerausweis. Als er dann noch betonte, daß wir die Herren vom Fährhof seien, haben sie uns tatsächlich reingelassen.

Nun hatten wir den Eintritt geschnappt und wollten uns schnell verpieseln. Aber daraus wurde nichts. Wir bekamen Geleitschutz. Für Zelli, der am seriösesten aussah, stellten sie gleich einen Mann ab, der ihn direkt ins Hauptgebäude führte. Es ging ein paar Treppen rauf in ein Büro. Dort stürzte gleich ein englischer Gentleman auf ihn zu und rief:
'Oh, Sir, you are welcome. Nice to see you. Nice to meet you.'
Er bekam sich fast nicht ein, ging zum Schreibtisch und blätterte in einem Kasten – Zellis Krawatte wurde eng. Freundlich lächelnd legte er die vorbestellten Logenkarten auf den Tresen – Zeit zu türmen!

Zunächst verstreut, trafen wir uns alle am vollbesetzten Führring wieder.

Und jetzt – Fotos machen! Geht überhaupt nicht. Fotografieren in Ascot ist ganz schwer verboten. Am Eingang hatten wir schon gesehen, daß sie teilweise in Handtaschen oder in verdächtige Plastikbeutel guckten, und daß auch ab und zu ein Besucher abgetastet wurde. Suchten sie nach Fotoapparaten oder nach Waffen?

Immerhin war ja die englische Königin anwesend.

Daß man nicht fotografieren darf, wußte ich vorher. Ich hatte deshalb meine Kamera auseinandergebaut. Das Gehäuse hatte ich unterm Pullover. Wenn das Objektiv ab ist, fällt es kaum auf. Das Teleobjektiv steckte ich vorn in die Unterhose. Da war ich jetzt gewaltig ausgefüllt. Ein 30 cm Objektiv! Doch da ich eine weite Hose anhatte, fiel auch dies nicht weiter auf.

Erste Pferde betreten den Führring.

'Guck mal, ist der schick, mach ma'n Foto', sagt Udo zu mir.

'Ich hol doch dat Dingen nicht aus der Unterhose, bloß weil du im Vorrennen ein Pferd schick findest', protestierte ich. 'Es wird erst fotografiert, wenn Acatenango in'n Führring kommt.'

Dann erschien Acatenango. Der Führring war proppevoll. Ich greife unbemerkt in die Unterhose, hole das große Dingen raus und schraube es auf die Kamera. Wenn unser Crack vorbeikam – zack – fotografiert.

Als die Pferde den Führring verließen, das Dingen wieder abgebaut und zurück in die Hose. Vor der Haupttribüne hatten wir uns einen guten Platz auf ein paar Stufen verschafft. Cash Asmussen, den ich immer bewundert habe, sitzt im Sattel unseres Pferdes. Fieberhaft beobachten wir das Rennen. Als sie in die Gerade kommen sieht Acatenango noch gut aus. Wir haben alle geschrien. Ich, schnell mein zweitbestes Stück aus der Hose geholt, auf die Kamera geschraubt und drei bis vier Fotos vom Endkampf gemacht. Acatenango fiel relativ früh zurück, und Asmussen hat den völlig durchgesägt. Der war schon geschlagen, da muß man doch den Stock wegpacken. Doch da er nicht weit weg vom vierten Geld war, hat er noch auf ihn eingeprügelt. Das war 'ne Sauerei. Das Rennen hatte Acatenango sehr viel Substanz gekostet, das konnte er nicht so leicht wegstecken. Und dabei hatte man noch soviel mit dem Pferd vor. Gewonnen hat ganz souverän der englische Derbysieger Reference Point, und unser Acatenango wurde Siebenter.

Natürlich waren wir alle bitter enttäuscht – unsere Kohle war weg. Wir hatten alles auf Platz und Sieg gesetzt. Die anderen Rennen waren auch noch interessant, und so blieben wir bis zum Schluß.

Für die »King George VI and Queen Elizabeth Diamond Stakes« stiftete die Diamantenfirma De Beers – damals noch richtig reich und beherrschend – einen dicken Diamantring. Das war so'n großer Klunker – sah schrecklich aus. Dieser Ring wurde bei der Siegerehrung traditionell von der Königin übergeben.

Ich hatte alles wieder weggepackt, stand am Absattelring und wollte mir die Siegerehrung aus der Nähe angucken. Da kommt auf einmal von hinten eine Berliner Stimme: 'Mann, dir schickt der Himmel!'

Es war Reisefuttermeister Uli Beator. 'Du kannst doch gut Englisch', sagte er zu mir, 'geh doch mal inne Jockeystube zu Cash Asmussen und hol unsern Dreß. Wir haben's eilig, wir müssen weg.'

'Das geht nicht! Jetzt ist die Siegerehrung, und ich kann doch hier nicht über den heiligen Rasen laufen. Siehste nicht die vielen Ordner?' Die sahen aus wie die Reklame von Beefeater.

'Uli, da kann ich jetzt nicht rein. Das ist hier alles hochoffiziell, die lassen doch keinen durch', sag ich nochmal.

'Wir müssen aber weg. Mann geh rein, du sprichst doch Englisch.'

'Also gut, ich versuch's mal', ließ ich mich breitschlagen.

Dann habe ich einen Beefeater angehauen und dem auf englisch verklickert, daß ich zu unserem Pferd gehöre, daß wir es eiligst verladen müssen, und ich den fehlenden Dreß aus der Jockeystube holen soll. Der wollte erst nicht.

Und ich immer wieder, 'I'm in a hurry' und immer gesagt, daß wir weg müssen. Zum Schluß sagte er entnervt: 'Okay' und gab mir eine ganz genaue Order: 'Also, du gehst jetzt über den Platz. Dahinten sind zwei Türen. Du gehst durch die linke – geh nicht durch die rechte! Und wenn du dann durch die linke Tür gegangen bist, gehst du nach rechts. Da siehst du sofort die Jockeystube.'

Das hat er mir mehrmals auf englisch gepredigt. 'Aber geh nicht durch die rechte Tür!' sagte er noch einmal.

Am Absattelring stehen die Besucher in Fünferreihen. Alle warten darauf, daß die Königin mit ihrer Gefolgschaft und dem Diamanten antanzt. Wie ich nun so auf die beiden Türen zugehe, denke ich, was für ein Quatsch. Wieso soll ich erst durch die linke Tür gehen und dann gleich wieder nach rechts. Du gehst jetzt durch die rechte und hast den kürzeren Weg. Also, im letzten Moment schwenke ich um, mache die rechte Tür auf und denke mich trifft der Schlag. Ich möchte nur noch in der Erde versinken.

Vor mir steht die Königin mit ihrem Gefolge und starrt mich an. Die sind gerade im Anmarsch zur Siegerehrung. Sie warteten auf das Öffnen der Tür, statt dessen kam der Nolting von der falschen Seite. Da habe ich

Die Queen rollt an

in meiner Verzweiflung die Tür ganz weit aufgemacht, mich in Grundstellung ganz eng dagegen gepreßt – die Bundeswehrzeit war noch sehr nah – und habe ihr zugenickt. Sie guckte mich an und lief mit ihrem ganzen Gefolge im Abstand von 50 cm an mir vorbei. Als sie draußen waren, wollte ich mit klopfendem Herzen und weichen Knien weitergehen.

Da stürzten sich zwei Beefeaters auf mich und packten mich fest am Arm. Ich hatte immer noch das Dingen, das Objektiv, in der Hose. Wenn die das für eine Waffe gehalten hätten. Nicht auszudenken!

'What do you want?' wollten sie wissen.

'Ich bin German, ich bin der arme, arme Kerl, der einen Dreß aus der Jockeystube holen soll.' Ich war den Tränen nahe – das war alles zuviel für mich.

Sie gingen mit mir zur Jockeystube und warteten, bis Cash aus der Dusche kam. Der Dreß lag zwar da, aber ich wollte ihn nicht einfach wegnehmen. Als Cash ankam, begrüßte er mich erfreut, fragte, wie es mir geht und begann zu erzählen, wie stark Acatenango gekämpft hätte.

Aber ich wollte nichts mehr hören – nur raus hier. Als der ganze Schnickschnack draußen zu Ende war, konnte ich Uli mit zittrigen Händen die Seide übergeben.

Viele Jahre später werden Zelli und ich als akkreditierte Fotografen wieder hier auflaufen. Wir werden freien Eintritt haben, die Ordner sich verneigen und dürfen nun ganz offiziell unsere »Dinger« zeigen.

'In einem Käfer nach Paris' oder 'Viel Rauch um nichts'

Mai 1990 – kurz vor dem Badener Frühjahrsmeeting. Knatternd hält ein VW-Käfer vor meiner Haustür. Am Steuer – mein Freund Yves aus Hannover. Kurze Begrüßung. Wir steigen ein.

'Hat mal 500 gekostet', sagt Yves und klopft gleich ein bißchen zu stark aufs Armaturenbrett. Ich nicke eher mitleidig über diesen rostigen Seelenverkäufer und entgegne: 'Geht ab!'

Schon an der Autobahnauffahrt lege ich den Walkman beiseite, das Motorengeräusch übertönt alles. Trotzdem ist die Stimmung gut, denn Mondrian knattert heute Nachmittag in Saint-Cloud, und wir werden dabei sein. Mit gefüllten Taschen soll es dann direkt weitergehen nach Iffezheim.

Parkplatz Gütersloh. Yves fährt ab.

'Was jetzt?' frage ich besorgt.

'Habe bei der Mitfahrerzentrale angerufen, wir sammeln hier einen Studenten ein und schnappen uns auf den mal einen Fuffi.'

'Gutes Ding', erwidere ich.

Es klappt. Der Junge sitzt schweigend auf der Rückbank. Kann bei unserer Turfdiskussion eh nicht punkten. Stilvoll werden Rotwein, Baguette, Käse und die Sport-Welt gereicht. Das rollende Bistro wird zunehmend lauter – aber der Rotwein schmeckt.

'Was ist mit Stau?' frage ich.

'Kein Stau', Yves lapidare Antwort. Er zeigt auf das große Loch, wo einst ein Radio saß. Plötzlich beginnt er zwischen dem Lenkrad heftig zu Wischen und zu Klopfen. 'Kann eigentlich nicht sein – der will schon wieder Öl!'

Raststätte in Belgien. Öl aufgenommen – Rotwein entsorgt.

Der Zeitplan wird eng. Yves tritt jetzt richtig rein und meint entsetzt: 'Der packt gar nicht richtig an!'

Es beginnt komisch zu riechen – wir verlieren an Fahrt. Frankreich. Husten von der Rückbank. Tja, wer das Rauchen nicht verträgt! Später huste ich mit. Blaue Dämpfe steigen aus der Mittelkonsole hoch.

'Der verbrennt Öl', sagt die Rückbank.

Wir stoppen – legen nach, Liter um Liter. Der »Herbie« für Arme kriegt seine letzte Ölung. Wir schließen die Kühlerhaube.

In Saint-Cloud öffnen sich die Boxen!
Werden immer langsamer – nicht nur wegen der jetzt weit geöffneten Fenster. Die Laster hupen – überholen. Wir machen kaum noch Fahrt – gerade mal 50 km/h auf der Autobahn. Zum Glück zieht der blaue Qualm nach hinten. Der Junge dort sieht echt mitgenommen aus. Es geht nicht mehr. Bei Chantilly fahren wir ab. Letzte Etappe über die Landstraße.

Boxen auf in Saint-Cloud!
Mit der Rauchfahne eines abgeschossenen Jagdfliegers knattert der Käfer im Schneckentempo durch die Pariser Vororte. Wir müssen dicht dran sein, kennen den Weg aber nicht. Zielsicher hält Yves vor der Menschenmenge an einer Bushaltestelle. Eine alte Frau gibt Auskunft: 'Zwei rechts – zwei links. Aber nicht mehr mit »dem« Auto!'

Sprachs – und wurde auch schon von beißendem Qualm eingehüllt, wie das gesamte Auto, dessen Motor wir mittlerweile schon gar nicht mehr abgestellt haben. Wir müssen hier unbedingt weg, bevor die Gendarmerie uns abgreift. Ohnehin glauben viele Beobachter dieser Szene, hier würde ein Film gedreht.

Der Mitfahrer springt mit seinem Bündel ab, solange er noch kann. Hat die Nase gestrichen voll. Die Wegbeschreibung war klasse. Vor uns der Rennbahnparkplatz.

Ordner wollen uns stoppen, doch die Zeit drängt. Wir fahren durch. Wild gestikulierend laufen sie dem in blauen Qualm eingehüllten Käfer nach, der langsam ausrollt und schließlich mit einem Ruck zum Stehen kommt. Schlüssel raus – wir sind am Ziel. Schnell raus aus dem Qualm. Da sind auch schon die Ordner.

Mit den Worten »Propriétaire allemand« weisen wir uns als deutsche Besitzer aus und zücken zur Untermalung die Paketkarte von der Post mit einem aufgeklebten Paßbild, sowie den abgelaufenen Ausweis der Stadtbibliothek.

Das macht hier schwer Eindruck. Freundlich bitten uns die Ordner, den Käfer nochmal umzuparken, doch Schlüssel und Anlasser harmonieren nicht mehr miteinander. Yves letzter prüfender Blick in den Motorraum, Kopfschütteln, die Klappe fällt runter.

'Ist tot', meint er und streicht dabei mit dem Finger über die Kehle. Die Ordner nicken: 'D'accord!'

Jetzt rasch zum Eingang. Die Paketkartennummer verläuft erneut reibungslos. Zweimal Eintritt geschnappt. Im nächsten Rennen läuft Mondrian. Kassensturz! Was kann draufgestellt werden? Wie kommen wir überhaupt wieder nach Hause? Nach Baden-Baden? Noch haben wir ja die Munition für Iffezheim dabei. Trotzdem brauchen wir jetzt ein kleines Wunder. Wir stehen so vor der Tribüne, da entdecke ich zwischen den vielen Zuschauern ein deutsches Pärchen.

'Mensch, Yves, da sind zwei die ich kenne', rufe ich begeistert.

Die beiden hatten mich letztes Jahr auf dem Parkplatz der Iffezheimer Rennbahn angesprochen und gefragt, ob ich auch Menschen fotografiere. Die Kamera noch um, war es ein leichtes, ihnen diesen Gefallen zu tun. Natürlich gratis.

'Tausend Dank. Sie müssen wissen, wir sind große Kevin Woodburn- und Mondrianfans. Und nach dem Triumph im Großen Preis von Baden wollten wir als Erinnerung an diesen schönen Tag ein Foto von uns beiden haben', hatten sie in einem großen Dankesbrief geschrieben.

Uns war klar, die mußten wir anhauen. Also rein in die Menschenmenge. Schon beim ersten Blickkontakt entfuhr der Dame ein freudiges:

'Wie putzig, das ist ja der Fotograf aus Baden-Baden', um gleich darauf einen Monolog anzustimmen. 'Ich bin ja so aufgeregt, ob Mondrian das Gruppe II-Rennen gewinnt. Mein Mann Peter ist Holländer, und Mondrian war ja so'n ganz berümter holländischer Maler. Schon deswegen sind wir große Fans. Im Derby haben wir auf ihn natürlich richtig angeschafft. Heute ist es ja schwerer. Aber unser Jockey Kevin wird's schon wieder richten. Die Kohle ist schon drauf. Obwohl? Ich weiß ja nicht – ich weiß ja nicht?

Heute morgen unter der Dusche hatte ich eine Vision. Meine Gedanken kreisen so um Mondrians Rennen, da geht auf einmal das Licht aus.

'Peter, mach sofort das Licht wieder an!' rief ich zu meinem Mann.

'Wieso, ich habe doch nichts ausgemacht', sagte der.

'Peter, mach das Licht wieder an!'

Er kommt rein, hat wirklich nichts gemacht – das Licht ist aus. Später geht es wieder an. Warum? Wieso? Wissen wir nicht.

Jetzt schaue ich ins Programmheft, da läuft ein Pferd gegen Mondrian, das heißt doch tatsächlich »Lights out«. 'Meine Vision! Ist doch putzig. Ob der gewinnt?' fragt sie mich und holt endlich Luft.

'Kann schon sein. Bei unserem Käfer ist eben sogar das Lebenslicht ausgegangen, und jetzt stehen wir hier', antworte ich.

Wir schildern das Problem, und die beiden bieten uns erst das Du und dann sofort eine Mitfahrgelegenheit nach Baden-Baden an. Anita und Peter. Super!

Jetzt aber schnell zum Wettschalter.

'Du schleppst immer Leute an. Die Tante ist ja völlig weggetreten', meint Yves.

'Darum passen die ja auch so gut zu uns', entgegne ich und wette Mondrian. Das Rennen geht ab.

Kevin orientiert sich am heißen Favoriten, geht immer knapp hinter ihm. Das Tempo ist langsam. In der Zielgeraden kommt der Favorit nicht in die Gänge, und die Außenseiter springen vorne noch mal förmlich ab. Als der Sieger das Ziel passiert, erreicht Mondrian gerade die Parkplatzhöhe, riskiert vielleicht einen Blick auf das qualmende Auto. Kevin hat ja vernünftigerweise die Hände heruntergesetzt, als vorne alles entschieden war. Mondrian trudelt aus wie unser Käfer. Für diese Vorstellung waren wir also angereist.

Resignation!

Es sollte schlimmer kommen. Für eine satte Quote siegt: Lights Out!

Wir treffen nichts.

Es sollte noch schlimmer kommen – wir treffen Anita!!

Drei schweigende Herren mit einer wild lamentierenden Frau an der Hand verlassen sofort die Rennbahn Richtung Parkplatz.

Wir laden den Käfer aus, machen ein Abschiedsfoto.

Tschüß Herbie

Eigentlich sieht er von außen ja noch ganz passabel aus. Peter verlädt unser Gepäck in seinen Wagen und bittet zum Einsteigen. 190er Mercedes mit vielen Extras. Noch nie dringesessen. Langsam versinken wir in den Ledersesseln und fühlen uns bei einer Flasche Rotwein wie vorgeführter Zocker-Gott in Frankreich.

Leider gibt es hier keine Trennscheibe wie in englischen Taxis. Denn vorne sinniert Anita weiter in rekordverdächtiger Länge über ihre vertane Vision. Ein letzter Blick zurück. Unser armer Käfer war wirklich mausetot. Wahrscheinlich steht er heute noch da – bis zur Unkenntlichkeit ausgeschlachtet. Rasch noch auf Iffezheim angestoßen.

Huja, dann gings ab. Peter hatte uns rausgehauen. Mit dieser Rückreise begann eine Freundschaft durch Dick und Dünn – besonders durch Dick ...

Aber das sind wieder andere Turfgeschichten.